学术法大

·第 2 卷·

卢春龙　卢少华／主编

中国政法大学出版社

2019·北京

编委会名单

顾　问：李树忠　常保国
主　任：卢春龙　卢少华
委　员：（以姓氏笔画为序）
　　　　　马呈元　王　洪　田为民　乐国安　曲新久
　　　　　孙忠群　杨　帆　杨　阳　杨秀清　何　兵
　　　　　赵红梅　侯廷智　宣增益　姚泽金　黄宜思
　　　　　焦洪昌　舒国滢

序 言
PREFACE

每年秋天，一批学生都会从中学半军事化的生活中走出来，投入到名为高等教育的怀抱。自此以后、四年之间，社会管我们叫"大学生"，我们自己则呼作"本科生"。

怎么去理解我们这群人呢？经济不独立，却已经开始面对这个丰富多变的世界。作为本科生，我们离开家庭，离开了自己熟悉的生活环境，尝试去融入一个全国性的、因招生计划而样板一般却具有多元性的学生集体；同时作为本科生，我们与研究生、博士生不同，我们尚不被学术共同体接纳为一部分，教师前辈亦不会视我们为同仁，倒不如说，我们是一群未开化的"小野兽"，特来等领教诲。而毕业之后，从事学术，以文章为生的人确实是少数，每一个本科生心中，或许都有对未来的千种理解。

不过正是因为如此，学术写作与学术发表，于本科生而言，既是重要的，也是必需的。

学术写作是对自身问题意识的正视与发展。问题是紫檀之木，写作是斫木之刀，在写作的斩削之下，紫檀方免于失落，方能被雕琢成一把良琴，摄人魂魄。辩论受学生喜爱，是因为对于扣动我们心弦的问题，我们期待最为热情的呈现。但在辩论之外，我们仍期待向前一步，将热情沉淀，将珠玑打磨。学术讲究言之有据，讲究自成其说，学术反对简单化与永动机一般的理论，警惕万能理论与政经法三界通吃的理论。自古以来的读书人们,曾不断地与神交锋,与谶纬之学龃龉,与社会进化论逆流,与粗糙的阶级出身论对抗——学术写作是与"一言以蔽之"的战斗。

这种战斗令人着迷。"涵泳工夫兴味长",文章的作者们都曾有过各种各样的为文惆怅的时期——徘徊在图书馆的书架之间,迷失在数据库的检索项上下,小心翼翼地避免与前人相同的道路,但又不能心猿意马,出离问题之外。做文章就像是翻开世界的一角,仔细去检点研究,如果能有一点进展,则可拍手称快。思路僵滞的不悦与一马平川的快感交织影响着作者的写作与生活,或许下一个灵感就出现在沐浴中半,临睡之时。耕耘文字,足有笔下青春意气。

而学术发表,则更是一种全新的自我表达方式。"奇文共欣赏,疑义相与析"——我们还记得人们对于能发表的喜悦、对于看得到的庆幸,"获此奇秘,如魇得醒。两人跃起,灯影下,读复叫,叫复读。"这就是文字的力量,借由发表,更多的人受此鼓舞,更多的人受此启发。不论如何稚嫩年轻,思维的可能性,总要经历一些敲打,给一个出口,让其拥有被批评的可能。正如1981年,为青年学生特地开辟过一块发表版面的《文史知识》所讲:

> 当然,青年人的论述不一定完全确切,但只要是经过独立思考的新见,持之有故、言之成理,即或不够成熟,也应在学林中占一席地位。值得注意的是,青年人常常能够在认真学习前辈学者的丰硕成果的同时,不盲目追随,又敢于破除迷信,大胆探索,这种学风是极可珍贵的。我们相信专家学者也不会对此求全责备,而会给以热情的提携和鼓励,帮助新的一代文史工作者健康成长。

序 言

通过学术发表，学术写作带给人的益处，总不会化为虚无，年轻时受到的鼓舞与批判，则更见珍贵——年轻有年轻自身的特点，年轻的学术观点不会因职业的自觉而自肃，反而可以在漫长人生岁月中为自己留下严谨而浪漫的片段。有着充足问题意识与探索心的本科生，得以拥有一个分享自身观点的平台，得以让自己的观点不断被批评打磨，得以让自己年轻的想法可以驻于铅字而不随岁月消失，这本身就足够美好。

《学术法大》编辑部为了这样的一个目标，已经跨越15年的岁月，服务法大与其间学子共计47期。现在，你正阅读的是《学术法大》第48期，作为《学术法大》第2卷付梓。

但实际上，我们远不满意于当前的工作，这离我们所追求的目标还很远。为了提醒自己我们为何制作编辑这份刊物，也为了让正在阅读这份刊物的你了解到这份略带幼稚的心意，我们写下了这篇序言。我们期待着你的阅读、你的来稿、你的加入，一起丰富这份刊物，这个鼓励本科生学术写作的阵地。

我们必将坚守阵地。

《学术法大》编辑部

致 谢

ACKNOWLEDGEMENTS

  本次《学术法大》第 48 期得以第 2 卷出版的形式与各位读者见面,首先应当感谢学生处思想教育科的任宇宁老师。任老师自 2017 年秋季学期接管《学术法大》指导教师工作,为编辑部的运作和风格带来了很大的改变,亦为《学术法大》之发展与进取提供了诸多支持。

  2018 年以来,编辑工作焕然一新,我们尝试了之前所未涉足的诸多领域,对编辑部与编辑个人都是全新的体验,在此我们当向任老师致以诚挚的感念。亦同样感谢学生处与教务处的各位主管领导与老师,为《学术法大》的发行与出版提供了值得珍惜的空间与机遇,我们得借以继续前行。

  还应当感谢过往 15 年来参与、维持、开拓《学术法大》编辑工作的诸位前辈。我们当中不少人仰前辈之榜样而加入这个社团,又在前辈的提携下不断奋进惕厉,思考着《学术法大》的定位与未来。15 年对于学生社团而言是很长的时间跨度了,新世纪之初的诸多轶事已不可考,惟这份心意代代传承,我们对此感铭在心而砥砺前行。出版仰赖社会力量的襄助,蒙中国政法大学出版社彭江编辑的指导与帮助,本书得顺利通过各类流程,鼓棹扬帆,通过各种海岬暗礁,从校园内刊走向社会出版。

  最后,我们将心底最诚挚的谢意献给你,陪伴学术法大 15 年

致 谢

的读者，特别是本科的同学们。这是从本科生收稿、本科生来编辑、再面向本科生发行的学术刊物，没有本科生的学术热情，便不会有《学术法大》存在的基础。阅读与写作将我们联系在一起，我们也期盼着与你一起继续注目本科生的学术努力。

《学术法大》编辑部

目录 CONTENTS

001 序　言

004 致　谢

001 新时代的"互联网+"

003　张　旭｜论人工智能生成内容的可作品性与制度安排

023 法窗小议

025　王显康｜哈特法理论中"内在观点"之内涵分析

040　周榆皓｜基础规范的先验论证之维——一个比较分析

052　张淼杰｜对我国混合担保中各担保人责任承担问题的研究

063　蔡仁杰｜Asgardia 太空建国的国际法视角分析

081 经世参法

083　黄　慧｜劳动力就业"极化"的经济效应分析——基于经济增长的视角

100　陶鹏远｜非物质文化遗产法律保护的巴泽尔困境及产权理论的纾困路径——以浙江越剧为例

131 政声人语

133　郭　梁｜汉初侯爵夺爵原因探究

165　陈昱含｜政府内部行政管理上下级之间的目标置换现象研究——以行政组织理论为分析视角

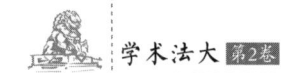

| 194 | 朱 恺 | 信笔臻识：驱逐安那其——试论沃尔夫权威困境的解决 |

"学术十星"优秀论文撷英

207	郑立晨	高校图书馆座位管理制度创新的量化研究——以中国政法大学昌平校区法渊阁图书馆为例
232	秦绍康	论盗窃罪与侵占罪的界限——刑法中占有概念的再展开
252	陈超跃	我国个人所得税法所得概念界定的理论证成和实证分析——以网络打赏收入为视角
279	张媛媛	我国环境损害赔偿金的监管模式研究
315	辛 婕	知名商品商标与特有装潢法律关系探析
335	徐 昊	中国古代法律图表发展源流初探

他山之玉

| 363 | [日] 吉中信人 | 日本的犯罪预防——环境犯罪学的意义、范围和局限性 |

新时代的"互联网+"

学术法大

论人工智能生成内容的可作品性与制度安排

张 旭[*]

绪 论

人工智能,是指"研究、开发用于模拟、延伸和扩展人的智能的理论、方法、技术及应用系统的一门新的技术科学,旨在了解智能的实质,并生产出一种新的能以人类智能相似方式做出反应的智能机器,其研究领域包括机器人、语音识别、图像识别、自然语言处理和专家系统等"[1],是当下富有巨大热度的科技应用领域。无论是"替代劳动"还是"替代思维",人工智能都对人们当下和未来的生产生活产生了前所未有的改变和影响,技术革命的又一次浪潮正冲击着每一个人的传统认知。

2016至2017年,由谷歌(Google)旗下DeepMind公司开发的人工智能程序"阿尔法狗(AlphaGo)"凭借"深度学习"的工作原理在对弈中击败了众多世界冠军;[2] 2017年10月18日,DeepMind团队又发表论文宣布新版AlphaGo Zero不需要依托于人类的定制设计而能够自主学习,并以100比0战胜了同系列的AlphaGo Lee。[3] AlphaGo系列人工智能的运用过程大体可以解释为依靠人工神经网络

---

[*] 中国政法大学刑事司法学院2015级本科生。

[1] 吴汉东:《人工智能时代的制度安排与法律规制》,载《法律科学》2017年第5期。

[2] 参见杨骏、黄堃、李宓:《"阿尔法围棋"再揭秘》,载新华网,http://www.xinhuanet.com/2017-01/06/c_1120261302.htm,最后访问日期:2017年1月6日。

[3] 参见方凌:《人工智能里程碑:新AlphaGo Zero横空出世,彻底摆脱人类》,载搜狐网,http://www.sohu.com/a/198978155_99981833,最后访问日期:2017年10月19日。

程序、整合信息、设计策略、进行评判、作出决策,从而在对抗中以类似于人类智力思考过程的方式战胜了人类;而其最新研发成果AlphaGo Zero更是脱离了人类指导,完全通过自我对弈、增强学习机制,产生策略。由此人工智能模仿和拓展人类思维,完成了超越人类、更超越前代人工智能自身的突破,这不仅使AlphaGo Zero成为年度极具争议的热点对象,同时也引发越来越多对这一极具发展潜力的科技领域的关注与投入。

在人类对人工智能策略原理方面的研究取得进展的同时,包括文字、音乐、美术等领域的人工智能生成物更是以有形成果的形式,模糊了程序活动与人类思维创作之间的界限,使人们更为明显地感受到人工智能所带来的改变与震撼。美联社的Wordsmith人工智能新闻写作平台每季度可自动撰写三千余篇财经和体育新闻报道;[1] 日本人工智能创作小说《计算机写作小说之日》通过了"星新一奖"的初审;[2] 巴黎索尼计算机科学实验室的EMI人工智能系统,通过模仿巴赫作品而创作出了两千多首乐曲,让专业音乐家们都难辨真假;[3] 在人类一定参与下,谷歌的人工智能设备DeepDream所生成的绘画也在拍卖中成交。[4] 这些带有"智力外观"的人工智能生成物在现实生活中频频出现,展现着科技的魅力,更对著作权规则造成极大冲击:不是由人,而是由人工智能产生的内容,能否定位为传统著作权法上的作品?其能否获得法律所赋予的保护性权利?

我国法律法规对作品有着大体相似的定义,其中《著作权法实施条例》认为作品"是指文学、艺术和科学领域内具有独创性并能以某种有形形式复制的智力成果"。在著作权立法中常见的"智力"二字,成为理论上横亘在人工智能生成内容与人类创作作品之间的隔断,人

---

[1] 参见付松聚:《从8月CPI报道看机器新闻与人工新闻差异何在》,载《中国记者》2015年第11期。

[2] 参见易继明:《人工智能创作物是作品吗?》,载《法律科学》2017年第5期。

[3] 参见易继明:《人工智能创作物是作品吗?》,载《法律科学》2017年第5期。

[4] 参见熊琦:《人工智能生成内容的著作权认定》,载《知识产权》2017年第3期。

们也常以"人工智能的程序运作过程不能被认定为人类思维的智力活动过程"来驳斥人工智能生成内容的可作品性。

然而，人工智能的技术愈发成熟进步，其程序的自主学习与自主产出过程愈发复杂多样。针对此情形下诞生的各类生成内容，应当如何划定标准，厘清可作品性的界限，从而防止武断地判断而过于限缩范围，损害到人工智能的市场价值与利益；或者防止盲目扩大范围，影响到知识产品领域的合理秩序，成为至关重要的环节所在。

而且上述问题的分析思考不仅是现实领域需要予以关注的，更是著作权法制度面对冲击而亟待回应的。如何以充分的理由阐释和确定人工智能生成内容的属性，回答理论界关于权利归属的争议；如何作出合理的制度安排，协调人工智能生成内容所涉的各方利益，都是全新视野下的著作权法理论研究的焦点。

鉴于对上述社会热点的关注与思考，笔者选取了人工智能生成内容的主题，首先欲对学界现有的存在偏差的观点进行初步检讨，划定对该类内容可作品性讨论的主要范围；其次结合著作权法对于可作品性的标准，客观公允地分析当下具有代表性的人工智能生成内容是否可以被认定为作品，并归纳出何种程度的内容能够纳入作品范畴；最后分析人工智能的发展现状和趋势，考察著作权法以及相关法律应当如何对这一新兴产物进行制度上的安排，以回应和解决其带来的潜在挑战，更为合理地处理和规制可能引发的利益争议。

一、讨论前提之一：抛开主体身份的固有预判

上文提到，人工智能本是科技发展的前沿领域，人工智能生成内容在著作权法上的定性问题在理论界更是属于新兴问题，研究尚不充足。于是在涉及该问题的论述中，有学者的观点模糊了讨论的必要前提与主要范围。如果不对之加以澄清，将会对问题的阐明造成障碍。故笔者首先将对其中两个比较重要的前提加以提示，从而便于在针对人工智能生成内容可作品性的探讨中不落入逻辑上的谬误。

回顾学界讨论，笔者发现部分研究者在涉及该问题的论证时以类似"人工智能不是人"的论调，在讨论之初就直接否定了论题的可证

立性。[1] 其大多为"人工智能不是著作权法规定的法定主体"，"实质意义上的作者只能是人，人工智能不能认定为作者"，"人工智能没有思想情感，其生成内容不能认定为智力表达下的作品"，归纳而言即是——在主体身份这一层面，强调人工智能与现有著作权法体系的不兼容性。

的确，正如前述《著作权法实施条例》定义作品时对"智力"的强调，我国《著作权法》中也将著作权人中的"作者"与"公民、法人或者其他组织"相并列，均一定程度上体现出作品"人属性"的关键要素；郑成思先生也指出"伯尔尼公约提及'作者'的各个条款，都无疑暗示着其自然人的特征"[2]。但是倘若在人工智能生成内容的定性这一特殊问题中，直接武断地以主体身份进行否定判断，就可能陷入循环论证的逻辑误区。

相关论断的逻辑推演大致可以归纳为"因为主体不是人，所以相关内容不是作品；因为相关内容不是作品，所以它没有作者，无需认定作者和著作权归属"[3]。自然，假设我们面对的只是宠物无意间沾染颜料"绘制"出的一幅看似"具有抽象风格的画作"，那么我们完全可以用上述的推断直接否定此类内容的可讨论性，因为此时宠物的所谓"创作"是绝对的偶然所致，和人类智慧知识的运用完全不同，更谈不上在著作权法上的作品定性。但是当面对人工智能这一全新问题时，我们就不能用简单的三段论去草率判定，因为论题的讨论背景就在于当今人工智能不断模仿和拓展人类思维的产生和变化过程，愈发接近甚至超越人类智识，以至于让人类在面对人工智能时已经产生了"自然人作为事实意义上作者"的原则是否可以被突破的思考。

人工智能在很大层面上已经对著作权法主体制度造成了挑战，故在进行论证阐述时就应当考虑这一因素，而非忽略此背景，反而再次

---

[1] 相关论述可参见朱秀芹：《论人工智能对知识产权法的影响》，载《科技经济导刊》2017年第33期；谭碧赟：《智能机器人"创作"作品的著作权归属》，载《黑龙江省政法管理干部学院学报》2017年第3期；贾媛媛：《有关"机器人记者"的著作权争议探析》，载《青年记者》2016年第22期。

[2] 郑成思：《版权法》，中国人民大学出版社2009年版，第32页。

[3] 王迁：《论人工智能生成的内容在著作权法中的定性》，载《法律科学》2017年第5期。

回复到主体身份的原点来思考问题。将主体身份与可作品性判定混合在一起讨论,也势必会含混在著作权法内部讨论人工智能生成内容定性问题的关键焦点——实质层面上的独创性判断。

故而笔者认为,在讨论人工智能生成内容的可作品性之前,需要确定的前提之一就是抛开人工智能的身份形式因素,而应主要从生成内容的内部特征来判断,考量其是否符合作品应具备的实质要素。明确了生成内容本身是否符合著作权法的作品实质要素后,再来看是否需要突破主体制度的限制来将其定位为作品,并确定相关权利的归属;而非一上来就以主体身份不契合的论调,否定生成内容的可作品性,从而防止过于武断的形式主义判断,使得讨论更加符合要旨。

二、讨论前提之二:从形式外观辨析可作品的内容范围

在确定讨论范围时还需要明确一个前提——坚持考察相关内容的外在表现形式:如果生成内容的形式外观本身就是不适用著作权法保护的对象,即无需将其纳入之后实质层面的讨论范围。

笔者对该前提的强调,源于发现学界讨论中有观点将《著作权法》第5条中为公共利益而规定的例外情况,包括"计算机生成的通用数表",当作人工智能生成内容可作品性的论据。[1] 此类论调都以人工智能的相关新闻为噱头,试图表明人工智能生成内容对版权制度的巨大冲击。然而这样的表述不仅模糊了重点,而且是不负责任的,因为可作品性更多涉及的是作品内涵的实质判断,而那些从形式上已被著作权法排除在规制范围以外的内容(通用数表等),自然就不应纳入讨论,否则就有"混淆视听之嫌"。

前述关于计算机生成通用数表的引用,正是忽略了人工智能生成姓氏排序电话号码簿、中奖字母排列表后,此类内容落入"通用数表"的范畴;同样地,洛杉矶时报的Quakebot算法程序可以在地震发生3分钟后,自动拟写地震新闻消息并予以发布,但由于新闻内容仅

---

[1] See Jani McCutcheon, "Curing the Authorless Void: Protecting Computer—Generated Works Following Ice TV and Phone Directories", 37 *Melb. U. L. Rev.* 46 (2013), p.56. 转引自王迁:《论人工智能生成的内容在著作权法中的定性》,载《法律科学》2017年第5期。

包含"震中、震级、时间"等非创造性成分，[1] 只能被认定为简单的文字或机械记录手段下的"时事新闻"。以上内容虽是人工智能生成的，但是立法者考虑到此类内容的公知公用性与表现形式有限性，认为不宜赋予独占专有性权利而影响公众生活，故而否定了它们被定性为作品的可能。[2] 因此，有学者对于此类论据进行引用，以佐证可作品性的做法，同样有失偏颇。[3]

除法律明文规定从形式角度排除在保护范围之外的内容外，《著作权法实施条例》第2条对作品的构成要件中也有外观上的要求：作品的文学、艺术和科学领域归属性，以及作品可复制性（相比较之下，作品须具备独创性则属于实质层面上的要件）。因此，从形式外观辨析人工智能生成内容的讨论范围时也应将上述因素考虑在内。例如AlphaGo系列虽然是当下最受人瞩目的人工智能程序，但是其本身蕴含的"深度学习"原理并不能产出有形的载体，不能复制传播；且对弈过程同样不属于"文学、艺术和科学"的著作权法保护领域，在讨论时亦不应将类似的人工智能程序纳入论据范围。

坚持从形式外观的角度进行第一次辨析与筛查，一方面是因为人工智能程序层出不穷，只有合理限定范围才能更为有效率地聚焦问题根源，避免花费时间在不必要的讨论之中；另一方面，从整个著作权法体系的更高位阶来看，对作品外在的形式要求也是著作权法本身立法目的或价值判断所致。例如地震新闻机器人所生成的时事新闻是否应当被归属为作品，涉及的是著作权法是否应当放开一定的形式限制，以加大对此类内容的保护。正如王迁教授所言："此时仅需要讨论作品的范围是否应当扩充，或者是否应当在著作权法中增设邻接权，以保

---

[1] 参见金兼斌：《机器新闻写作：一场正在发生的革命》，载《新闻与写作》2014年第9期。

[2] 参见冯晓青主编：《知识产权法》，中国政法大学出版社2015年版，第84页。

[3] 相关论述可参见陈明涛、王涵：《人工智能创作物的版权问题研究》，载《中国版权》2017年第3期；王文亮、王连合：《将法律作为修辞视野下人工智能创作物的可版权性考察》，载《科技与法律》2017年第2期；陈艺芳：《著作权法视域下人工智能生成成果的法律保护》，载《太原师范学院学报》2018年第2期。

护此种不构成作品的内容。"[1] 这样的讨论就并非著作权法针对人工智能生成内容所特有的问题，而是著作权法针对一般意义上包括人类创作物在内的所有内容物所需回答的问题，属于更广义的讨论框架，明显与人工智能的论题关系不大。因此笔者认为，对形式外观的审查判断应当作为讨论的又一个前提。

由于特定研究针对的是特定的对象，也就理应关注该对象与传统意义上的其他对象相比最为不同的特质，结合本论题即为人工智能运作程序与人类进行思维活动两者实质意义上的差别，以及这样的差别对所产生内容定性上的不同影响。举例来说，前述提到巴黎索尼计算机科学实验室的人工智能系统经过程序员训练，能够将习得的音乐家巴赫的352首乐曲，"转换成不同的音符，形成2503个作品"，受调查的包括音乐家、音乐系学生在内的1600名听众大多都误认为是巴赫本人原作。[2] 这样的人工智能生成内容，本身归属于艺术领域，可固定为乐谱复制传播，又不在著作权法规定的排除保护范围，通过形式考察完全有可能被定位为作品；因此方有必要通过第二步实质意义上的审查，判断其是否具备独创性，进而最终构成作品。笔者也将坚持上述的逻辑，在明确了以上两个讨论前提的基础上，从实质的独创性标准来分析人工智能生成内容的可作品性。

三、可作品性分析：独创性与生成过程

著作权法对其保护的客体——作品，有着几方面的构成要求：①文学、艺术和科学领域的归属性；②可复制性（可固定性）；③独创性；等等。其中针对人工智能生成内容的定性，关键的因素就在于独创性。因为在前述讨论前提已经确定的情况下，独创性的审查——分析人工智能生成内容的过程与机理，从而判断内容是否构成作品，就成了最后也最为重要的一环。

独创性，或称原创性，是指"一件作品的完成应当是作者自己选

---

〔1〕 王迁：《论人工智能生成的内容在著作权法中的定性》，载《法律科学》2017年第5期。

〔2〕 参见易继明：《人工智能创作物是作品吗?》，载《法律科学》2017年第5期。

择、取舍、安排、设计、综合、描述的结果,既不是依已有的形式复制而来,也不是依既定的程式或程序(又称手法)推演而来"[1],其并非要求作品是首创的,而要求作品不能是相互抄袭的,强调独立完成的过程。可见独创性的认定,需要对内容产生过程进行反复考量,斟酌其是否为独立产生、而非借助外力或抄袭剽窃而来。此外,独创性仅要求思想表达的独创,而非思想的独创,这是为了避免思想的垄断,亦即著作权法上著名的"思想与表达二分法"。

上述的观点引申到人工智能生成内容的定性问题中,即是判断人工智能究竟是如何生成内容的?究竟如何运用其"深度学习"的原理进行自主选材和产出?生成过程是依靠人类植入的固定程式与模型,亦或是能够不依赖程序而独立生成?

笔者接下来就将首先结合人工智能生成内容这一特殊问题,考察独创性认定的合理标准;其次结合当下以及未来一定时期人工智能的发展状况,分析内容生成过程是否符合独创性的要求,进而从实质意义上为人工智能生成内容的可作品性问题给出初步结论。

(一) 独创性判断标准选择

独创性的认定是著作权法中具有难度的内容,涉及内容创作过程的审查,以及表现结果与现有作品的对比,需要依靠一定的标准来辅助限定这一抽象问题的判断。标准含混就容易导致对特定对象难以得出定论,或者得出完全相反的定论。对人工智能生成内容的独创性判断同样应当确定合理公允的标准。

大陆法系国家对于独创性的认识重在作者的人性精神,认为作品是作者人格的外在延伸,强调作品中对作者思想、感情和认识的反映;而英美法系国家则奉行著作权"个人财产论",更强调人们对文化产品的生产投入以及作品自身的社会经济价值。不同的着眼点导致两大法系对独创性的要求标准不同,前者要求体现作者投入的创造力(较高要求),而后者要求作者的独立完成(较低要求)。

反思大陆法系的从严控制与英美法系的从宽控制,其实可以将其归因为不同地区历史宗教文化的差异,从而造就了法律关注的重心在

---

[1] 刘春田主编:《知识产权法》(第4版),中国人民大学出版社2009年版,第52页。

自然人格权利或是市场经济权利之间的游移。而我国借鉴了两大体系的合理因素，确定了"在形成过程上是作者是独立创作完成的，在表现形式上富有个性"[1]的标准，综合考量过程与结果两个方面，较之英美法系的标准有所提升，较之大陆法系的标准有所放宽。

笔者认为，自1709年英国《安娜女王法》颁布以来，版权思想的核心就在于保障作者纯粹意义上的经济权利，使作者能够依靠精神创造获得利益，维持生活与进一步创作，形成知识领域的良性循环。然而随着技术革新带来的传播范围拓展，作品被他人盗用牟利的情况常常发生，不仅给作者带来经济损失，更是使作者与辛勤创作的成果之间的联系被淡化，打击作者创作热情，于是人格权理论强化了对作者人身权的保护，同样地对作品独创性的要求也从"独立完成"上升到"有所创造"。而我国知识产权立法时间较晚，在两大法系标准间选取了折中程度的标准，既守住最低程度上的"独立完成"，又适当要求"体现作者个性"，属于国际上较为适当且易于理解的标准，既有利于防止文学艺术创作的简单重复，又提供了易于操作的尺度，防止裁判过于严格，导致作品受保护范围过窄而损害创作者利益[2]。

对应到人工智能生成内容之中，笔者认为可以适用上述标准进行独创性判断，以客观理性的方式对人工智能产出"作品"的运作过程进行剖析，以刨除主体身份的角度观察生成内容的"个性特征"，是"超脱于普适性标准而针对作品类型区别对待"[3]的选择。

（二）分析现有人工智能生成内容的独创性

从人工智能的程序运行过程来认定独创性，已有学者进行了实例分析，且得到的结论大致相同：当下的人工智能生成内容的过程仍是应用算法、规则和模板的结果，仅仅构成一种通过算法进行分析、选择所完成的机械式的输出[4]。

---

〔1〕 冯晓青主编：《知识产权法》，中国政法大学出版社2015年版，第67页。
〔2〕 陈明涛、王涵：《人工智能创作物的版权问题研究》，载《中国版权》2017年第3期。
〔3〕 赵锐：《作品独创性标准的反思与认知》，载《知识产权》2011年第9期。
〔4〕 王迁：《论人工智能生成的内容在著作权法中的定性》，载《法律科学》2017年第5期；曹源：《人工智能创作物获得版权保护的合理性》，载《科技与法律》2016年第3期。

笔者认为,针对当下的"深度学习"人工智能,需要谨慎分析其原理机制,以便更好检证上述观点以及审查人工智能真实的"独立完成"情况。就目前的技术发展水平而言,大部分人工智能所进行的仍是"符号性知识表达",依靠计算机既定运算法则进行信息处理与修正,"这种运算法则即为以标准英语编写的用于解决特定问题的流程图或者步进程序"[1]。以生成"机器人画作"的人工智能为例,其生成内容的过程可以描述为利用自身的拍摄装置对照片、画作或者现实景象进行扫描,获得矢量化图形,再根据程序员植入的算法程序提取特征点形成线段,由末端执行器进行绘制。[2]

通过对此类人工智能进行分析,可以发现虽然其能够自动生成各种风格形态的"画作",但本质上仍然利用一套复杂的算法来确定图像的色调、亮度、结构等要素,依靠算法来提取特征点、优化图画细节,最终产出内容。这依然是既定程序操控的定量计算过程,明显不符合"在形成过程上独立完成"的标准。

而且,如此意义下的"同质性创作"也无法满足"在表现形式上具有个性"的要求。对固定的算法规则只要输入相同或类似的信息,那么在输出端产出的"画作"都是唯一的,放之任何一个植入相同算法规则的机器人亦然,限制或排除了生成过程中可能的"个性化空间",每个处理结果都是流水线式的产物,价值层面上也无法丰富人类的文化创造财产。因此结合以上两个方面,前述持反对观点的学者们所举证的人工智能生成内容,大部分均不符合独创性的要求,理应不能被认定为作品。

然而人工智能研发的速度是十分惊人的,AlphaGo 系列"从战胜人到战胜智能"的历史突破也仅仅历时一年。因此对人工智能生成内容不能仅局限于上述简单的思考,笔者接下来将分析前述日本机器人生成小说的例子,以继续关注人工智能最新的发展动态。

---

[1] Timothy L. Butler, "Can a Computer be an Author? Copyright Aspects of Artificial Intelligence", 4 *Comment L. S.* (1981-1982), pp. 707, 718. 转引自曹源:《人工智能创作物获得版权保护的合理性》,载《科技与法律》2016 年第 3 期。

[2] 参见孟盼盼:《肖像绘制机器人技术研究》,转引自王迁:《论人工智能生成的内容在著作权法中的定性》,载《法律科学》2017 年第 5 期。

2016年作为日本科技科幻小说领域的著名奖项星新一文学奖,初选通过了实际由人工智能生成的小说《计算机写作小说之日》。据开发者介绍,人类在明示了关于时间、天气、活动等因素之后,人工智能即可通过由非监控性训练形成的深度神经网络,自行对海量数据源进行筛选,选取与之相关联的语句,在没有人为确定的规则下从事符合逻辑与背景的文章撰写。例如"人类直接地限定选择了'风很大'的天气,那么人工智能便会据此对行文加以调整,创作出诸如'窗户紧闭的房间'等自然的文脉"[1]。以上的过程一方面可以被认为"在形成过程上是独立完成的":虽然由人类给定主要背景词汇,但正如人类世界的主题征文比赛或者作文考试中,不能因为限定了主题就否定作者创作文章的独立性一样,人工智能仅仅根据人类给出的必要提示完成全文的构造与成稿,在客观形成的层面是称得上"独立"的;另一方面该过程也能够体现"表现形式的个性":可以想见的是小说撰写机器人面对存储了海量数据的数据库,模拟大脑的运行反复进行取样、分析、排列、组合,与绘画机器人定点定量的线段复刻不同,其在语句联合与语篇结构方面留下的"个性创作"的空间极其丰富,而其也在实际上面对绝对多数量的 N 次方情形时,筛选出了自身的最优解,形成了我们见到的小说全文。因此,类似完成小说撰写工程的人工智能生成内容就通过了独创性的审查,可以被认定为作品。

需要注意的是,此类型的人工智能并非仅存一例。AlphaGo 所推广的"蒙特卡罗树搜索"(Monte Carlo Tree Search)使得人工智能可以自我评估上一次选择,通过迭代影响下一次选择,直至产生一定次数迭代下的最优解。[2] 而且,日本、瑞士等发达国家也正在研发的非符号性知识表达的人工智能系统,大多都不依赖既定算法规则,而能够由类似人脑功能的"全脑仿真技术"(Whole Brain Emulation,简称 WBE)自动产生富有自身选择特质的内容。[3] 上述技术虽然仍处于

---

[1] 易继明:《人工智能创作物是作品吗?》,载《法律科学》2017 年第 5 期。

[2] 参见呼琦:《人工智能生成内容的著作权归属》,载《现代交际》2018 年第 2 期。

[3] 参见曹源:《人工智能创作物获得版权保护的合理性》,载《科技与法律》2016 年第 3 期。

试验改进阶段，并未大范围投入内容生产领域，但相信在可预期的未来，技术的进展会不断接近于人脑的创作方式，让我们见识到新型人工智能所生成内容的独创性魅力。

（三）小结

综合本节的论述，笔者认为对人工智能生成内容独创性的判断，应该结合具体实例作个案审查，而不应简单地归纳现今发展的大现状或大趋势而断定生成内容都具有或都不具有独创性。而划分的标准应当结合我国关于"形成过程独立完成"与"表现形式富有个性"两项要求，综合分析内容生产的自主性与特质性：如若生成内容属于既定植入的算法规则的产物，自身不具备一定的特质空间性，那么就应当在独创性的环节将其当作机械程序的衍生品，否定其被认定为作品的可能；而如若在人类限定的初步条件下，人工智能可以不依赖程序而完全自主地生成内容，在相当数量的基数上筛选出最优方案，就应当确认其"非程序符号"的深度学习能力，肯定其生成内容的独创性，进而认定为作品。

四、制度安排之一：从保护视角分析

通过前述的论证，我们可以发现人工智能生成内容种类繁多，经过可作品性审查，有的可以因一定程度上脱离算法程序控制而被认定为作品，有的虽然属于非作品范畴但同样具备一定的市场传播价值。那么在经过可作品性的分野之后，理论上法律就应当对人工智能生成内容作出适当的制度安排，以回应市场投资者、传播者、消费者各方的利益需求与争议，使这一新兴领域获得更为稳定长远的发展。

而法律是否作出安排，以及如何进行安排等倾向，很大程度上受到各个国家对于立法指向对象的政策重视程度影响，这可以从美、英等国在计算机程序研发上的领先地位和其重视计算机软件立法保护的关系看出。在人工智能发展迅猛的日本，近年来成立了"知识产权战略本部"，从政府层面对人工智能技术领域的各项知识产权进行保护性的宏观战略部署。该部门多次发布报告称，"具有一定市场价值的人工智能创作物亦有可能有必要给予一定的知识产权保护"，欲从专门立法、注册制度、竞争法兜底保护等方面来规范应用人工智能生成的小说、音乐等,希望能够通过立法使得权利人有权制止他人擅自利用,为侵权救济提供法律支持。[1]

我国对于人工智能的发展持支持态度,国务院也于2017年7月8日印发《新一代人工智能发展规划》,在智能经济的社会价值与国际竞争必要性的基础上,提出要"制定促进人工智能发展的法律法规和伦理规范","建立人工智能技术标准和知识产权体系",从国家战略的视野明确表示对人工智能发展的重视。因此,笔者认为有必要结合国家的政策倾向,对人工智能生成内容的各项潜在的法律争议作出制度上合理的安排,以尽可能保障人工智能在文艺领域的市场有效输出,更加合理地汲取并分配其中的社会财富,促进市场良性循环,践行知识产权立法的市场激励原意。

(一)针对构成作品的内容的保护

经过形式外观辨析与独创性标准审查后的人工智能生成内容,已经在作品各项构成要件上达到了标准,其主体理应获得著作权法所赋予的独占性权利。然而此时就遇到了法律逻辑上的一个困境:人工智能虽然是生成作品的来源,但却并不能成为作品著作权的主体。因为从人工智能本身作为程序而言,它是编写者或投资者的权利客体,在民法体系下"只可能是法定支配权的对象,无法成为权利主体"。这是私法原理中支配权的内涵所致,支配权体现的是主体针对客体的直接管领与控制,因此强调两者之间的"严格划分和转换禁止",在所有权、知识产权等领域不承认主体被支配,或者客体相互支配的现象存在。[2]

相较于作品"人属性"的循环论证,此时关于主体身份的考量才具有真正的意义——面对现实权利归属困境时反思人工智能能否成为新型的民事主体而享有权利(权利能力问题)?笔者认为答案暂时应当是否定的,因为纳入新的民事主体类型绝非应仅仅关注赋权,更需要关注法律人格背后的实质内容,以及民法体系制度的形式框架。

---

[1] 参见曹源:《人工智能创作物获得版权保护的合理性》,载《科技与法律》2016年第3期;朱雪忠、张广伟:《人工智能产生的技术成果可专利性及其权利归属研究》,载《情报杂志》2018年第2期。

[2] 参见[德]布洛克斯等:《德国民法总论》,转引自熊琦:《人工智能生成内容的著作权认定》,载《知识产权》2017年第3期。

一方面，作为法律技术性表达的"权利能力"，背后更多是哲学意义上的"人的自我理性和自我对感性现象的统觉能力"[1]，承认人工智能的主体地位与上述理念相违背。法律主体的历史发展，"第一阶段完成了法律主体与生物学意义上人范围的重合（承认奴隶的地位），第二阶段完成从自然人到拟制法人的拓展"[2]，但总体上仍然以"人"的抽象为中心，强调自然人基于自主人格、法人基于共同决策而拥有的"知性能力与感性经验"，因此法律才会赋予拥有此种"伦理上的自由"的主体以权利能力。然而在弱人工智能时代，智能程序的发展程度不一，并非都能做到整合分析客观经验，作出处理自身利益的理性决定。故而，将人工智能作为一类主体进行统一化承认，在实质层面有待商榷。

另一方面，承认人工智能的主体能力也意味着对民法体系制度的极大影响，在外在形式上也过于冒进。如若人工智能成为民事主体，将会使契约、侵权等理论出现逻辑障碍（试问人工智能如何与其他主体达成合意？如何独立承担民事责任？又如何在被侵权时独立寻求救济呢？）。由此，现有制度将难以调整现实的利益分配，人们面对人工智能时也会更加难以适从（例如，人们如何判断人工智能投资系统的"意思表示"；人们如何在受到人工智能系统伤害时证明其"过错"；人工智能的制造者又是否会借此推脱自身责任呢？）。法律主体制度的设计，其要义在于"围绕可普遍化、批量化处理的意向结构，降低面对客观世界的不确定性，使得各主体能够可预期地调整与改变自主行动的法律空间"[3]。然而承认其权利能力与主体地位，将极有可能使上述制度原意变为空谈。人工智能对法律制度的冲击是否已经达到需要颠覆民法体系中重要制度的程度，绝对是支持人工智能直接成为著作权主体的讨论者需要反思的。

因此笔者倾向于从著作权法内部寻求保护方案，以避免上述矛盾，

---

[1] 漠耘：《主体哲学的私法展开：权利能力研究》，法律出版社2012年版，第64页。
[2] 王勇：《人工智能时代的法律主体理论构造——以智能机器人为切入点》，载《理论导刊》2018年第2期。
[3] 余成峰：《从老鼠审判到人工智能之法》，载《读书》2017年第7期。

其中一个可以研究的途径就是借助法人作品的制度进行规制。分析财力投资者介入作品创作的过程，我们可以发现人类长期投入思想情感完成作品与作品实际获得收益之间存在一定的空档期，因此需要资金支持作者维持日常生活保持创作；而投资者也在洞察市场需求后，逐渐从"传播"向"策划"转变，以自身意志参与作品创作。然而投资者的经济投入同样意味着其需要承担相应的经济风险，当然投资者就要求突破自然人作者享有著作权的原则，获得风险与收益更为均衡的法律安排，因此法人作品、职务作品等制度也就应运而生。[1]

在人工智能领域，法人作品制度的原理也有适用之义。当下对人工智能进行研究的多是集团公司自有的或者资助的科学研究室（国外的IBM、谷歌，我国的百度、腾讯、搜狗等知名网络运营商均投资巨大），[2] 在实际付出层面上，投资者的巨大资本投入和专门化统筹管理是普通创作者远不能比的，可以不夸张地说"是投资者赋予了人工智能诞生的可能"。有学者甚至直接指出，在著作权市场可预期的未来中，分工细化与成本高企将会导致信息成本和资金优势在产业链中占据主导地位。[3] 因此为了平衡投资者与程序创作者之间的利益，也为了激励投资者继续贡献信息市场，应当将人工智能生成内容的著作权借助法人作品制度归于投资者。结合我国《著作权法》第11条第3款的规定，可以解构出法人作品的构成要件：①由法人主持；②代表法人意志创作；③由法人承担责任。[4] 显然，人工智能进行内容生成项目的整体策划、主题给定、经济风险负担均是由投资者掌控或承受的，充实了法人作品的三个要件。因此从现今已有的法人作品制度进行合理安排，既符合制度创设之初的本意，也在规范条文的解释层面不存在较大的压力。

---

[1] 参见邹晓红、许辉猛：《智力投入者和财力投入者分离下的著作权归属研究——评我国的委托作品、职务作品和法人作品制度》，载《湖南大学学报》2010年第2期。

[2] 参见朱雪忠、张广伟：《人工智能产生的技术成果可专利性及其权利归属研究》，载《情报杂志》2018年第2期。

[3] 参见熊琦：《著作权法中投资者视为作者的制度安排》，载《法学》2010年第9期。

[4] 参见王迁：《论"法人作品"规定的重构》，载《法学论坛》2007年第6期。

当然，有学者也尝试从职务作品或委托作品的角度来解读权利归属难题，[1] 笔者认为这些途径其实都是由投资者获得利益的路径探索，并无本质上的差异。关键之处在于法律要作出该条路径上的回应，从著作权法内部逻辑中选择能够自圆其说且最为合理的一种即可。

（二）针对非作品的内容的保护

如若构成作品的生成内容可以得到法人作品制度的完整保护，我们的思考也可以回到独创性认定时分野的另一端——在形式外观上类似作品，但实质上不构成作品的内容。这部分内容虽然在独创性上不能达到著作权保护的最低限度，生成它们的人工智能也并未开发到能够脱离程式而自主生成内容的程度，但是投资者、程序设计者同样为试验研发付出了资金与心力，希望一定的阶段性产出成果能够获得市场反馈与回报。因此笔者认为可以结合现实发展状况，有针对性地通过增加《反不正当竞争法》中的条款规定，防止市场竞争中的其他主体擅自利用这些非作品内容，侵犯到人工智能投资者的利益。

制止反不正当竞争权是"经营者遭受利益损害时得以请求救济的权利"，着重关注的是"在市场经济活动中，违反诚实信用原则，采取虚假、欺诈、损人利己等不正当手段谋取经济利益，以致损害国家、生产经营者和消费者利益，扰乱社会经济秩序的不法行为"[2]。其区别于知识产权法基于类型化权利进行保护的立法模式，而强调"行为规制"以维护市场秩序与相关主体利益，更为灵活全面。[3]

在人工智能时代，新技术的不断更新为竞争法发挥其"兜底保护作用"提供了机会。例如原创数据库得到了著作权法的类型化权利保护，非原创数据库却因独创性不达标被排除在著作权法之外，但其本身的经济价值需要在市场竞争中得到重视，否则就容易导致非原创数据库被轻易剽窃而打击相关主体的创作投资意愿。于是欧盟先行出台条例对非原创数据库进行了特殊保护，并推动世界知识产权组织以类

---

〔1〕参见梁志文：《论人工智能创造物的法律保护》，载《法律科学》2017年第5期；易继明：《人工智能创作物是作品吗?》，载《法律科学》2017年第5期。

〔2〕冯晓青主编：《知识产权法》，中国政法大学出版社2015年版，第366页。

〔3〕参见吴汉东：《论反不正当竞争中的知识产权问题》，载《现代法学》2013年第1期。

似方式限制在市场竞争中其可能遭受的损害。笔者认为，针对非作品的内容保护可以借鉴上述的经验，在竞争法中以单行条例的方式完善保护的边界，妥善处理相关主体的利益诉求，也不至于在著作权法的法定权利型保护模式限制下匮步不前。

五、制度安排之一：从防范视角分析

上节所作的制度安排建议，大体是从保障投资者利益，促进人工智能领域的持续投入，进而加快技术研发与完善进程的角度出发的。然而法律制度的设计需要考虑多个侧面，包括与权利主体相关的其他主体的利益保护，在人工智能生成内容的领域亦然。我们从生成内容可能会被其他主体侵害的角度，为其作出了保护安排后，也应反向思考权利主体是否会滥用生成内容，侵害其他主体的利益呢？

有学者已经对此表示了担忧，其认为对人工智能生成内容进行了法定权利或者其他特殊化的保护后，公共领域内的创作物容易剧增，供需两端比较下出现供过于求，进而导致创作物的价格趋于下降，作者或投资者的获利降低，其创作与投资意向都逐渐萎缩。而且如若获得权利的人工智能投资方凭借其雄厚的资本实力以及人工智能自身超高的产出效率，以低价方式恶意竞争，就会导致"除了一些具有高度独创性的文字作品或者依赖作者声誉的美术作品尚能附着版权价值之外，其他所有人类创作作品的版权价值都会无限趋向于零"，消费者更趋向选择人工智能生成内容，而放弃对人类创作作品的购买，最终挤占人类作品市场空间，榨干人类的创作动力，"产生类似劣币驱逐良币"的效果，使得知识市场名存实亡，从根本上否定了人类智慧进步的意义。[1] 也正是出于类似上述的理由，日本知识产权本部在保护人工智能生成内容的同时，也考虑在竞争法中进一步限制或禁止对其的滥用。

笔者认为这样的思考极具价值，因为人工智能领域的比拼竞争就

---

[1] 参见曹源：《人工智能创作物获得版权保护的合理性》，载《科技与法律》2016 年第 3 期；吴汉东、张平、张晓津：《人工智能对知识产权法律保护的挑战》，载《中国法律评论》2018 年第 2 期；孙山：《人工智能生成内容的著作权法规制——基于对核心概念分析的证成》，载《浙江学刊》2018 年第 2 期。

是资本支持下的智力对抗，最终仍然需要到市场中寻求价值的回复。而大集团大企业本身就在所处领域中占据一定优势，加之人工智能对生产效率的显著提升，更会使其相比同类其他竞争主体所拥有的大量竞争资源，得到成倍的扩张放大。因此，法律制度设计也应防止其滥用人工智能生成内容用于恶性竞争，更好地维护竞争秩序与实质正义，实现社会的整体效率。

将上述论点对应到我国法律，笔者认为可以在《反垄断法》对"滥用市场支配地位"作扩充解释，实现防范视角的制度安排。考虑"相关技术市场和创新市场"的概念，人工智能生成内容可以定位为"被许可的知识产权和在限制市场力量方面与其足够相似的近似替代品"，或者"未来新技术或者新商品"，进而防范投资方利用"不公平价格"达成垄断性竞争，[1] 防止其压榨人类创作作品的应有生存空间。

事实上，我国针对知识产权领域的滥用现象也已有警觉，国家工商行政管理总局针对《关于滥用知识产权的反垄断执法指南》向社会公开征求意见，文中明确提及"滥用知识产权排除、限制竞争行为损害了公平竞争，不仅不利于促进创新，反而会阻碍创新，背离知识产权保护的宗旨"。在知识产权法与反垄断法两者共同为创新与市场配置保驾护航的前提下，针对人工智能生成内容的滥用风险防范，借助反垄断法进行合理规制，应当是未来需要考虑的一个方向。

结 论

从造纸术、印刷术发明带来的书籍盛行，到数据网络普及带来的信息全球共享，每一次技术手段的革新都渐渐为知识产权制度的完善提供了基础，进而丰富了科技文艺领域独立的财产保护与利用形态。进入 21 世纪以来，高速发展的人工智能不仅在替代人类体力劳动方面取得重大突破，更是以其生成文学艺术等领域内容的方式对传统著作权法结构提出了新的挑战与要求：是否应将人工智能生成内容纳入作

---

[1] 参见王卫国、李东方主编：《经济法学》，中国政法大学出版社 2013 年版，第 302~307 页。

品范畴进行保护？法律针对人工智能的生成内容又应当作出怎样的制度安排以定纷止争，保障该新兴技术的长远稳定发展？

笔者通过检讨此论题研究中存在的一些问题，确定了讨论的前提——即应当暂时抛开主体身份的固有预判，防止逻辑循环；应当从形式外观对生成内容作第一步辨析，防止无意义地扩大讨论范围。基于以上前提，笔者以较为公允的独创性标准对当下人工智能生成内容进行了检验，阐明了何种内容可以划入作品范围，何种内容则因依赖既定程式而无法定位为作品。最后，从保护视角分析了法人作品制度对构成作品的内容进行转换性保护的可行性，反不正当竞争法对非作品的内容兜底保护的必要性；从防范视角说明相关主体滥用生成内容的潜在可能，并阐述反垄断法规制的路径选择。两方面的思考将全文的论证落脚于对人工智能生成内容较为全面细致的法律安排之上。

60年前麦卡锡首次使用了"人工智能"的概念，这位人工智能之父可能没有预想到60年后的今天，人工智能已经对人类社会生活造成如此重大深远的影响。技术创新总会引领着思想与制度的变革，正如航船技术使人类摸索到地球的全新领域，进而在国际交往间尝试建立规则规范国家关系；航天技术带领人类触碰宇宙的广大疆域，人类也逐渐建立制度协调各国对外层空间的探索。技术的发展不断让人类了解到原有认知的有限，选择以更为理性的角度涵盖新的问题，为社会生活作出新的安排。我们大可不必过分担忧人工智能取代人类独有的思维逻辑与艺术修养，因为"人工智能是有史以来能最大限度增强人类能力的东西"[1]，人工智能生成内容的出现也并非泯灭反而丰富了人类的知识领域，为文学艺术注入了新的想法和视角。

美国媒体人克莱·舍基曾说："制度和机构是为解决具体的社会问题而设立的，而它们总是试图不让这些问题得到彻底解决，从而维护自己存在的合理性。"当新科技革命的发展对经济社会助益显著之时，法律不应对相关争议话题保持沉默，我们需要结合法律的逻辑作出理

---

[1] [美] 明斯基：《心智社会——从细胞到人工智能，人类思维的优雅解读》，任楠译，机械工业出版社2016年版，第34页。

性安排,以"未来法治"[1]的态度更加积极地回应其所带来的挑战和机遇,让人工智能为人类进步迸发更为强大的能量!

(主审人:苏汉庭)

---

[1] 周洪双:《中国人民大学法学院成立未来法治研究院》,载光明网,http://legal.gmw.cn/2017-09/13/content_26236911.htm,最后访问日期:2017年9月13日。

法窗小议

学术法大

哈特法理论中"内在观点"之内涵分析

王显康[*]

一、绪论

作为20世纪最为重要的法学著作,哈特的《法律的概念》为挽救实证法学派而提出了一系列具有广泛影响力的概念,像"初级规则""次级规则""最低限度自然法""内在观点"等。这些概念组合而成的法理论成了近几十年法理论发展的基点,也成了法理论讨论的主线。其中,"内在观点"作为哈特法理论的框架之中的逻辑起点,[1]决定着这套理论在众多批判之下能否继续屹立不倒,而哈特法理论为分析实证主义法学派的理论核心,所以,"内在观点"也就关系着法律实证主义的命脉。为了更好地维护法律实证主义的地位,我们首先得明晰"内在观点"的实质内涵。为了准确认识这一概念,解答以下几个问题,我想是必要的。其一,"内在观点"为什么是必要的?其二,内在观点的准确含义为何?其三,内在观点这一概念所指向的对象为何?第一个问题主要关注的是在哈特理论之前的理论为何是失败的,然后通过其失败的基础是如何引出"内在观点"的;第二个问题关涉到法律"规范性"的问题,而"规范性"正是法律理论的起点,[2]因而说明内在观点是如何能够解释法律的;第三个问题是为了抵御相关理论的批判。

---

[*] 中国政法大学国际法学院2015级本科生。
[1] 参见陈景辉:《什么是"内在观点"?》,载《法制与社会发展》2007年第5期。
[2] 参见陈景辉:《什么是"内在观点"?》,载《法制与社会发展》2007年第5期。

二、"内在观点"为什么是必要的?

(一) 以威胁为后盾的命令及缺陷

哈特构建自己的法理论,是以奥斯丁(John Austin)为主的法理论的失败为基础开始的。哈特在《法律的概念》中,将奥斯丁的法理论提炼为"独立的主权者和具有服从习惯的臣民"和"以威胁为后盾的命令",以此将法律定义为"主权者或者其下的从属者所发出的,以威胁为后盾的一般命令"。[1] 这套理论注意到了"法律的存在最为显著的一般性特征即是:其存在意味着,某些类型的人类举止不再是随意的,而是在某种意义下具有义务的"[2],奥斯丁为了解释这种义务性,引用了对义务性最直观的感觉即"强制性",将关注点主要集中在"行为的一致性以及对偏离行为的制裁"这种法律的外在表现形式上,因此将法律等同于以威胁为后盾的一般性命令,即只要偏离法律的规定就会引来制裁,并且这个制裁足以使其遵守法律。将法律等同于以威胁为后盾的命令后,根据该种命令的特性而将发出该种命令的人称为"主权者","主权者"必须在其管辖领域内拥有至高无上的权力并且是独立的。另外,如果没有大多数人的自愿遵行,以及大多数人对于制裁违法者的同心协力,执行制裁的力量仍然无法存在,因此,必须认为大多数的命令在大多数的情况之下都得到了臣民的普遍地服从,并且不论服从的动机是什么。[3] 这保障主权者地位的人们就是"具有服从习惯的臣民"。[4]

由此,我们很容易看出,奥斯丁的这一套理论是建立在法律的外在表现形式"行为的一致性"之上的,这种对法律的研究方式,是一种外在的客观的类似于自然科学研究的方式。在哈特之前的理论家之

---

[1] [英] H. L. A. 哈特:《法律的概念》,许家馨、李冠宜译,法律出版社2011年版,第24页。

[2] [英] H. L. A. 哈特:《法律的概念》,许家馨、李冠宜译,法律出版社2011年版,第6页。

[3] 参见[英] H. L. A. 哈特:《法律的概念》,许家馨、李冠宜译,法律出版社2011年版,第22页。

[4] [英] H. L. A. 哈特:《法律的概念》,许家馨、李冠宜译,法律出版社2011年版,第46页。

所以用这种方式，很大程度上是因为受到了科学主义思潮的影响，极力地追求法律的客观性，站在法律之外来研究法律。[1]

然而这种研究方式，是不足以准确地解释法律作为一种社会实践的现象的，它与自然科学有着本质的区别，要准确地解释一个社会实践不能仅仅关注这个社会实践的行为模式上，还要关注身处这个社会实践的人们对这个行为模式的主观态度。[2]哈特为了证明这种研究方式所得出的理论的失败，在《法律的概念》第三、四章中，对其进行了深入的批判。首先对奥斯丁的理论起点"以威胁为后盾的一般性命令"这一陈述行了批判。"以威胁为后盾的一般性命令"这个起点意味着，只要偏离法律的规定就会引来制裁，并且这个制裁足以使人们遵守法律。这种观点将制裁作为了法律的必要成分，然而在我们的法律体系中，还存在着授权的法律。这种授权的法律分为授予私人权力的法律和授予公共权力的法律，授予私人权力的法律包括关于契约、遗嘱或婚姻有效成立的法律，授予公共的权力包括立法、行政、司法权。对于偏离这些法律的行为将被视为不具有法律效力。而就我们对制裁的认知，无效明显不能被看作为是一种制裁。虽然为了捍卫这种以制裁为中心的理论进一步提出了"将无效作为一种制裁"和"授予权力的规则作为法律的片段"这样的理论，但是前一种理论忽视了"制裁"与"无效"的区别，而后一种理论则忽视了授予权力的规则

---

〔1〕参见李华程：《从外在观点到内在观点——读〈法律的概念〉》，载《研究生法学》2009年第3期。

〔2〕马克斯·韦伯认为，在社会学思想中，我们必须按照行动者的有意义的方式去理解"社会行为"的观点是非常重要的。一个"社会行为"不同于客观存在的自然现象，某一自然现象是按照一定的自然规律运行存在着的，而一个"社会行为"不仅具有可观察的规律的外显现象，同时还具有行为主体对该"社会行为"的主观态度。这在彼得·温奇的《社会科学的观念》中得到详细的论证。仅注重"社会行为"规律性的一面，是模糊了"自然法则"和"社会规则"这两个概念的区分。自然法则所牵涉的事物之间的关系是一种必然的关系，即A发生那么与其相对应的B也必然发生；而社会规则所涉及的事物之间的关系则是一种规范关系，即A发生那么B应当发生。而只有后者才有规范性问题，而规范性同义务性具有天然的联系。详情参见徐向东：《道德哲学与实践理性》，商务印书馆2006年版，第53~93页；陈景辉：《法律的界限——实证主义命题群之展开》，中国政法大学出版社2007年版，第47~49页；徐显明主编：《法理学原理》，中国政法大学出版社2009年版，第78~81页；[英]尼尔·麦考密克：《大师学述：哈特》，刘叶深译，法律出版社2010年版，第63页。

作为法律的价值。[1] 因此，这种理论不能将授予权力的规则纳入到法律体系当中。

而将法律看作是一种命令，还会引发另外两个问题：其一，就是作为法律的命令对发布该命令的主体是否适用的问题；其二，在现代法体系中常常会出现"习惯法"这样特殊的法律，对于这种法律能否将其看作是主权者发布的问题。在以奥斯丁为代表的法理论中，为了解答第一个问题，提出了"官方身份"和"私人身份"二分的理论，但是这个理论本身又带来了一个问题，即区分这两种身份的法律与以威胁为后盾的命令有着明显的区分。[2] 而为了解答后一个问题，提出了对习惯的默示理论，即在将习惯纳入到法律体系当中时，主权者只要没有明确表示反对，就可以认为主权者发布了这样一条以习惯为基础的法律。但是这种理论存在着明显的缺陷，即主权者不反对并不一定就意味着其承认其法律地位，还有可能是因为主权者没有注意之类的其他原因。[3] 这两个问题反映出了，将法律视作"以威胁为后盾的命令"，不能将规定某种身份资格的规则和将习惯纳入到法律体系当中来。

（二）被习惯性服从的主权者及缺陷

对"法律是什么"这个问题的研究，除了对法律本身是由什么构成进行分析外，还不得不对法律的制定者的有关问题进行探讨，因为法律的存在和立法者的存在互为前提。[4] 同时，"以威胁为后盾的命令"这一陈述本身逻辑上也预设了一个"发布命令的主体"。因此，哈特在《法律的概念》第四章，将奥斯丁派法理论对法律的制定者的分析进行了深入分析，以进一步地证明奥斯丁所使用的研究法律的方

---

[1] 参见［英］H. L. A. 哈特：《法律的概念》，许家馨、李冠宜译，法律出版社2011年版，第26~39页。

[2] 参见［英］H. L. A. 哈特：《法律的概念》，许家馨、李冠宜译，法律出版社2011年版，第40页。

[3] 参见［英］H. L. A. 哈特：《法律的概念》，许家馨、李冠宜译，法律出版社2011年版，第39~45页。

[4] 立法者要获得法律权力，就必须先有法律权力，而法律权力又源于立法者，这就好比"先有鸡还是先有蛋"这个问题。详情参见［美］斯科特·夏皮罗：《合法性》，郑玉双、刘叶深译，中国法制出版社2016年版，第46~66页。

哈特法理论中"内在观点"之内涵分析

法的失败。

根据"法律是以威胁为后盾的一般性命令"理论，奥斯丁将发布命令的人称为"主权者"。之所以某一个被称为"主权者"的人所发布的命令会被称为法律，是因为人民对"主权者"具有服从的习惯。我们说某个人具有某个习惯，就是表示在过去相当长的一段时间里，他都是这么做的，并且还极有可能重复这个行为，例如我们常常说的早起习惯。对主权者的服从习惯就是人们在过去一段相当长的时间里普遍地服从主权者的命令，并且在未来极有可能继续这样做。这种服从习惯是每一个服从的臣民与主权者的个人关系：规律性地服从主权者的命令。作为服从主权者的一个臣民不需要表达他自己或者其他人对主权者服从的任何看法是否正确、适当或是被正当要求。[1] 这种理论会出现一种特殊情况，这种特殊情况出现在，当第一任主权者死后，其继任者并不会立即成为主权者，因为服从习惯要求成为主权者的人必须是在过去一段时间里被臣民所服从的人，并且在将来也极有可能被服从，然而其继任者刚上任时，其发布的命令即使被人民所服从也不能说其就是主权者。总结来说就是，对一主权者的单纯服从习惯，并不能授予新的主权者任何继承的权利，以及以自己名义下达命令的权利；服从习惯本身并不能够提供"新主权者的命令将会得到服从"这件事任何的可能性。[2] 这就造成了无法制定法律的一个过渡时期。然而，就我们对大多数法律体系的认识，立法权威的连续性是法律体系的其中一个显著特征，而要想从第一任主权者过渡到第二任的主权者，就不得不借助"继承资格""继承权利""立法权力"这样的表述。而规定这种资格和权利的规则和预设并不能通过"服从习惯"这个理论得出。[3]

此外，就大多数的法体系的另一个显著特征——法律的持续性而言，"服从习惯"理论也存在极大的困境。法律的持续性是指，在立

---

[1] 参见［英］H. L. A. 哈特：《法律的概念》，许家馨、李冠宜译，法律出版社2015年版，第50页。

[2] 参见［英］H. L. A. 哈特：《法律的概念》，许家馨、李冠宜译，法律出版社2015年版，第50页。

[3] 参见［英］H. L. A. 哈特：《法律的概念》，许家馨、李冠宜译，法律出版社2011年版，第50页。

法者死去后很久，人们仍然服从其制定的法律。就"主权者和臣民"理论来看，法律必定是现任的、受到臣民习惯服从的主权者发布的，那么对于以前的主权者所发布的命令是否还是法律就出现了疑问。对于这个问题，霍布斯（Thomas Hobbes）提出了一个奇妙的观点，并且得到了奥斯丁的赞同，其认为"立法者并不是那个以其权威将法律最初制定出来的人，而是以其权威使得法律现在继续作为法律的人。"[1]这个理论所说的主权者对法律只确认，又将我们带到了"默示表达"当中，但是正如我们前面已经分析过的一样，默示表达本身是有缺陷的。因此，必定有一个更为复杂的东西，来确认之前制定之法律的法律地位。也就是说服从习惯和主权者的理论并不能解释规定确定过去的法律之为法律的法律规则。

最后，关于主权者的地位，根据奥斯丁的理论，主权者在法律上是没有限制和不可限制的，因为只有当立法者习惯地服从于另一个立法者的命令的时候，才能存在对立法权力的法律限制，但是在这种情形中，他就不再是主权者了。然而在大多数法律体系中，我们明显可以看到各种对立法权力的限制，特别是在宪法当中。主权者在这个理论中不受法律限制，存在着各种问题，尽管试图通过将立法者和主权者分离来挽救这个理论，但是这个尝试也是徒劳的，其本身也存在着矛盾与混乱。[2]这就是说，"主权者和臣民"理论无法解释对立法权力的法律限制的法律规则。

（三）小结

根据上述分析，奥斯丁派的以"以威胁为后盾的一般性命令"和"独立的主权者与具有服从习惯的臣民"为核心的理论，这种在被认为处于法律约束力之外的主权者与那些习惯性服从者之间的垂直关系，并不能够解释一个法律体系中存在的授予权力的规则、确认立法者的规则、确认习惯法为法律的规则、确认过去的法律为法律的规则、限

---

[1] [英] H. L. A. 哈特：《法律的概念》，许家馨、李冠宜译，法律出版社2011年版，第58页。

[2] 参见[英] H. L. A. 哈特：《法律的概念》，许家馨、李冠宜译，法律出版社2011年版，第60~71页。

制立法权力的规则等。[1] 而这些规则都是法律体系中重要的组成部分。而这些规则之所以不能被奥斯丁派法理论纳入到法律体系当中，主要是因为其理论试图通过以"习惯"来确认立法权威，以"强制"来解释法律构成。而奥斯丁之所以以这两组概念来构建他的法律理论，是因为其使用了一种外在观察的方式，试图通过分析行为的规律性和可预测性来解释法律。而这种通过分析行为上的一致性以及偏离某些法律将受到制裁——法律的外在表现形式——以求发现某种规律性和可预测性来构建的法理论，其注定是片面的，不能完全展开法律的全貌。因为行为上的一致性与社会规则的存在通常在语言上显现出差异性，像"必须""应该""应当"这样的词汇对于后者来说不一定使用但可以使用，而如果将它们运用到前者将会造成许多误解；[2] 而将偏离某些法律将受到制裁中的强制性因素扩展到整个法律体系将是有失偏颇的。

（四）新的起点——内在观点

因此必须抛弃之前的研究方式，用一个更优的方式来分析法律，以构建一个更全面的法律理论。哈特在《法律的概念》中为了构建自己的法律理论，提出了一个新的方式——以"内在观点"为基础的方式来分析法律。那么，哈特为什么会提出"内在观点"而不是别的什么观点呢？

法律就算不是主要由规则构成的至少也一定包含着规则，这个想法无论如何都难以加以质疑，也实在不难理解。[3] 奥斯丁的理论虽然在一定程度上解释了刑法规则，但是我们发现还有其他与刑法规则不同的规则存在于法律体系当中，而奥斯丁的理论无法将其加以说明。因此，说一个法律体系存在，必然就意味着有一种更为复杂更为精细的社会实践，来解释法律中各种规则的存在。而为了说明这种更为复

---

[1] 参见［英］H. L. A. 哈特：《法理学与哲学论文集》，支振锋译，法律出版社2005年版，第67页。

[2] 参见［英］H. L. A. 哈特：《法律的概念》，许家馨、李冠宜译，法律出版社2011年版，第10页。

[3] 参见［英］H. L. A. 哈特：《法律的概念》，许家馨、李冠宜译，法律出版社2011年版，第8页。

杂的社会实践,我们应该回到奥斯丁理论的起点,来说明这种社会实践。将法律当作强制性的命令的理论虽然是错误的,但是哈特认为这个理论的出发点确实是完全正确的,即凡是有法律之处,人类的行为在某种意义上不再是随意的,或者说具有"义务性"。[1] 之前的理论所采用的外在观点的方式,仅仅注重了义务性所表现出来的行为的一致性,从而通过"习惯"和"强制"来构建法理论。但是"义务性"这一观念作为一种社会制度的法律的主要特征,不能仅仅通过外在观察的方式去描述,还需要对其进行解释性的理解。[2] 这就要求在理解一个存在于群体内的某个观念时,不能仅仅通过观察这个群体与这个观念有关的行为模式,还要分析这个观念在这个群体内部是如何运作的。义务性观念在一个群体内部的运作方式,就在于群体成员对社会规则的态度,而"内在观点"就产生于群体成员对社会规则的如下态度:对于规则而言,人们作为某一群体的成员不但接受这些规则,而且用它们来指导自身行为的立场。[3] 因此,通过解释内在观点,来理解群体对社会规则的接受,从而明确义务性观念在群体中的运作方式,是准确解释法律是什么的关键路径。

三、什么是内在观点?

既然"内在观点"对于回答"法律是什么"这个问题来说是必不可少的,那么内在观点的准确内容到底是什么?

哈特在《法律的概念》中表示人们接受某种规则所必备的条件是:对于被视为共同标准的特定行为模式持有反思性的批判态度。这种态度在评价(包括自我评价)中、在服从的要求中以及在承认批评与要求的正当中得以展现。我们可以在如下的规范性术语中发现这种

---

[1] 参见[英]H.L.A.哈特:《法律的概念》,许家馨、李冠宜译,法律出版社2011年版,第75页。

[2] See Max Rheinstein (ed.), *Max Weber on Law and Economy and Society*, Cambridge, MA: Harvard University Press, 1954,转引自[英]尼尔·麦考密克:《大师学述:哈特》,刘叶深译,法律出版社2010年版,第63页。

[3] 参见陈景辉:《什么是"内在观点"?》,载《法制与社会发展》2007年第5期。

态度的独特表达方式:"应当"、"必须"、"应该"、"对"与"错"。[1] 根据哈特的这一陈述,陈景辉教授将一个完整的批判性反思态度分为三个部分:首先,当他人有可能出现或者已经出现偏离规则的行为时,对他人进行批判并要求他人服从规则,同时这种批判和要求被普遍地认为是有约束力的;其次,当自己面对批判或要求服从时,承认其批判和要求的正当性;最后,在进行批判或发出要求以及对批判和要求的承认时,适用"应当""应该""必须"等规范性用语。而批判性反思态度在一个具体情况中是以两种方式表现出来的:其一,第一部分和第三部分结合而成的"规范性批判态度",通常表述为"你不应该(应该)这样做";其二,第二部分和第三部分结合而成的"规范性反思态度",通常表述为"我不应该(应该)这样做"。[2] 这样的分析虽然将批判性反思态度以更加清晰的形式表述出来,但是没有将这一态度所必备的要素表达出来,这样就不能帮助我们真正地理解这个概念。因此,还需要对这个概念进行进一步的分析。在一个具体情形下,不管是在"规范性批判态度"还是"规范性反思态度"中,我们都可以看出,在一个具体情形之下,某一群体成员知道某一行为模式是其与群体内的其他人应当去行为的,而不是别的行为模式。[3] 这就要求一种认知能力,这种能力就是指能够通过一般性的用语理解记录特定行为与特定环境之间的抽象关系。[4] 例如,在一个马路口,红灯时不能过马路,特定环境就是马路口的红灯亮,特定行为就是行人不能够过马路,认知能力就是能够认识到马路口红灯亮时就不可以过马路的这个关系。这种认知能力可能会附属一些对违反这种抽象关系的鄙视和对遵守这一抽象关系的赞扬态度。这种认知能力被麦考密克称为"认知因素"。在认识到这种特定环境与特定行为

---

[1] 参见[英]H. L. A. 哈特:《法律的概念》,许家馨、李冠宜译,法律出版社2011年版,第53页。

[2] 参见陈景辉:《什么是"内在观点"?》,载《法制与社会发展》2007年第5期。

[3] 参见[英]尼尔·麦考密克:《法律推理与法律理论》,姜峰译,法律出版社2005年版,第274页。

[4] 参见[英]尼尔·麦考密克:《大师学述:哈特》,刘叶深译,法律出版社2010年版,第70页。

的抽象关系后,为了能够将这种抽象关系作为一种标准,来要求自己和他人共同遵守这一抽象关系以及批判他人对这一抽象关系的违反或接受他人对自己违反这一抽象关系的批判,仅有认知因素是不够的。我们在某特定环境下说我们自己应当做出特定行为时,可能是外界强制力以不利后果威胁的后果,也可能是因为这一抽象关系是值得遵守的,因而是自己意志选择的结果。但是在特定环境下要求他人做出特定行为或者批判他人对特定行为的偏离,就不能用外界强制力要求这样行为否则就给予不利后果这样的理由。这是因为,基于他人偏离特定行为将会给其带来不利后果而对他人进行的"批判",更像是一种善意的提醒,而不能对其构成约束力。为了使对他人的批判或要求具有约束力,支持批判或要求的理由就必须正当化,这种正当化理由[1]给群体内的任何人在特定环境下做出特定行为提供支持。在对偏离特定行为进行批判或要求时,我们使用的理由是在特定环境下做出特定行为是一种标准,这个理由之所以具有正当性,是因为其是经过群体合意或者核准的。[2] 而之所以能够经过合意或核准,是因为群体成员能够意识到特定环境下的这种特定行为对社会生活的维持,或对社会生活的某些被高度重视的特征的维持而言是必要的,因此即使有可能同自己的利益相冲突也意愿选择它。[3] 这种"合意或核准"体现了群体成员的意志,表现了对特定环境之下特定行为的选择与接受。一个群体对某一特定环境之下的特定行为的"合意或核准"所体现出的群体成员的意志被麦考密克称为"意志因素"。这种意志因素,不仅给自己遵从某一标准提供了正当化理由,还给基于标准批判或要求他人提供了正当化的理由。

---

〔1〕 在伦理学领域理由被划分为说明性理由和正当化理由,说明性理由是指说明一个事件与另一个事件的因果关系,而正当化理由则为一个事件的发生可具可辩护性。例如,小明早上迟到了,如果他解释说早上睡过了,那么这就是说明性理由,而如果他说因为路上扶老奶奶过马路,那么这就是正当化理由。详情参见陈景辉:《实践理由与法律推理》,北京大学出版社2012年版,第49~59页。

〔2〕 参见[英]尼尔·麦考密克:《法律推理与法律理论》,姜峰译,法律出版社2005年版,第274页。

〔3〕 参见[英]H. L. A. 哈特:《法律的概念》,许家馨、李冠宜译,法律出版社2011年版,第79页。

综上，内在观点必然包含着两个因素：一个是"认知因素"，即群体成员能够认知特定环境与特定行为之间的抽象关系；另一个是"意志因素"，即群体对特定环境下为特定行为的合意或核准。第一个因素是行为人知道在特定环境下该为特定行为，第二个因素为特定环境下的特定行为提供正当化理由，从而使其具有可辩护性和约束力。而内在观点的具体表现形式为两种模式：一种为"规范性批判态度"，其通常表述为"你应当（不应当）做某事"；另一种是"规范性反思态度"，表述为"我应当（不应当）做某事"。一个完整的内在观点是上述两种模式的结合。

对于内在观点的以上分析，可以看出，"意志因素"在其中的重要地位，但是对于这个因素存在着一个重要的反对声音。即在按照给定的行为标准，对自己或他人某个实际上的行为进行批判或要求其按照标准行为时，在这批判或要求中并不是必然包含着其真实的意志。[1] 简单地来说，就是群体内的某些成员的内心并不接受某个标准而是反对它，但是迫于对违反该标准所带来的社会压力，而选择表面上遵从它。这就有悖于内在观点中的"意志因素"，而似乎又回到了以强迫为核心的理论上来。如果根据前面对强制性理论的分析（对不利后果的预测产生义务），继续发展这个反对意见，就会出现，当一个人不管是内心还是表面上都不遵守某个规则时，其就不具有遵守这个规则的义务了。并且根据我们前面对内在观点的分析，一个完整的内在观点才能产生约束力。[2] 那么这对内在观点所构建起来的理论看起来将是一个有效的打击。然而这个反对意见其实混淆了"行为人在某一规则之下具有义务"和"行为人接受某一规则而具有义务"，为了避免这个反对意见对内在观点理论的冲击，下一步将对内在观点所指向的对象为何进行分析。

---

[1] 参见［英］尼尔·麦考密克：《法律推理与法律理论》，姜峰译，法律出版社2005年版，第275页。

[2] 参见陈景辉：《什么是"内在观点"？》，载《法制与社会发展》2007年第5期；唐丰鹤：《试论法律的内在观点》，载《浙江学刊》2006年第5期，其中有关于该批判的较为细致的论述。

四、内在观点所指向的对象为何？

在分析内在观点所具备的意志因素时，我们说到群体对某一规则的合意或核准，在这个陈述当中，存在着一个非常模糊的部分——群体这个概念。我们说规则适用的那些人是一个群体，而可以适用的根据在于这个群体内的成员具有共同的特征，这些特征即为规则可以适用的理由。这种共同特征具有多样性，有的是由个人选择（例如俱乐部会员、兴趣爱好社团等），有的是基于个人选择而派生的（如工作），有的则完全独立于个人的选择（像国家、种族、民族等）。[1] 法律所存在的群体通常为最后一种群体，这种群体内的成员完全可能存在抵触这个群体成员身份或者抵触这个群体内部的某些部分。那么这样一个群体内，法律受到抵触就非常正常。那么，我们能不能说抵触法律的这部分人就没有义务遵守法律呢？显然不能这样说。可是，既然义务性观念必须借助于内在观点，内在观点产生于对规则的接受，而这些不接受规则的人，如何能将义务性观念加之于他们呢？回答这一问题，必须回到内在观点的意志因素上来，一个群体对某个规则的合意或核准到底是一种怎样的实践。这个问题转换到哈特的法理论中，即为法律效力的来源问题。

哈特将法律体系分析为是由初级规则和次级规则组成的。初级规则是科予义务的规则，这种规则包含对滥用暴力、偷窃，以及欺骗等的限制。[2] 次级规则是关于初级规则本身的，它们规定了初级规则被确定、引进、废止、变动的方式，以及违规事实被决定性地确认的方式。[3] 次级规则分为变更规则、裁判规则和承认规则，其中承认规则会指出某个或某些特征，如果一个规则具有这个或这些特征，众人就会决定性地把这些特征当作正面指示，确认此规则是该群体的规则，

---

[1] 参见［英］尼尔·麦考密克：《大师学述：哈特》，刘叶深译，法律出版社2010年版，第74页。

[2] 参见［英］H. L. A. 哈特：《法律的概念》，许家馨、李冠宜译，法律出版社2011年版，第85页。

[3] 参见［英］H. L. A. 哈特：《法律的概念》，许家馨、李冠宜译，法律出版社2011年版，第85页。

而应由该社会的压力加以支持。[1] 这就是说，初级规则以及次级规则中的裁判规则和变更规则的效力来自于作为次级规则的承认规则。而承认规则的存在则是一种事实问题，就是一种行为一致的实践活动本身，不能说承认规则有效力或没有效力。哈特将承认规则这种事实称为"社会规则"，所谓的社会规则就是指那些具有相应社会基础的规则，这种规则由行为的一致性和批判性反思态度（内在观点）组成。[2] 而作为承认规则所识别的初级规则或次级规则中的裁判规则或变更规则并不需要同时具备行为的一致性和批判反思态度，因为它们的效力来源于承认规则。这就是说，除了承认规则外，行为人具有义务并不需要具备批判性反思态度，只要行为人身处在承认规则所识别出来的规则组成的法律体系之下，就具有义务。所以内在观点并不是所有人都必须拥有的，但是正如前面所说，次级规则是由行为的一致性和批判性反思态度所组成的，所以次级规则存在的地方才是内在观点所必需的地方。而次级规则主要存在于政府和法院，因此对于政府官员和法官而言，内在观点才是必要的。[3] 虽然一般人也可以通过次级规则识别作为法律的规则，但是其识别出来的法律仅仅就其自己而言具有效力。

综上，内在观点所指向的对象为次级规则中的承认规则，而在承认规则所识别的规则组成的法律体系之下，行为人只需要服从法律，并不一定需要具有内在观点。只有作为次级规则发挥作用的政府和法院内的人员才必须具备内在观点，因为他们作为群体内的权威机构，识别出来的规则才能够作为普遍使用的法律，并受到人们普遍服从。因此，群体内的成员可能是基于外在观点害怕偏离法律所引来的社会压力而服从法律，也可能认为某一规则并不是法律而违反法律，但是这并不能说明其没有义务，因为群体内的成员之所以具有义务，是因

---

[1] 参见［英］H. L. A. 哈特:《法律的概念》，许家馨、李冠宜译，法律出版社2011年版，第86页。

[2] 参见陈景辉:《什么是"内在观点"？》，载《法制与社会发展》2007年第3期。

[3] 参见［英］H. L. A. 哈特:《法律的概念》，许家馨、李冠宜译，法律出版社2011年版，第104页。

为他们身处于次级规则识别的法律体系之下而具有义务。

五、结语

以奥斯丁为主的以外在观点的方式建立的以强制性和习惯为核心的理论无法解释法律实践中的诸种规则。因为作为一种社会实践的法律实践，其不仅包含了接受这一实践的群体内成员的行为的一致性，同时还包含着这一群体对该行为的一致性的内在观点。行为的一致性和内在观点共同构成了社会规则，作为社会规则的承认规则赋予了次级规则以法律效力，而承认规则本身作为一种社会事实不能用有效或无效来评价，因而追问承认规则的效力来源这个问题本身成了一个错误的问题，是违反语言规则[1]的对语词的误用，所以避免了因追问法律效力而落入明希豪森困境[2]，同时内在观点这一面向又避免了休谟"是"与"应当"划分理论的批判。所以，内在面向是研究法律的一个必要的切入点（从内在面向出发并不意味着忽视行为的一致性这一点），而一个法律规则的内在面向即是对规则的接受。[3] 命令理论无法说明一个更为复杂且精细的实践，而哈特从内在观点出发，为这种复杂的实践提供了一个解释。从内在观点出发，解释了法律中各种规

---

[1] 语言规则也是维特根斯坦提出的一个重要思想，后期的维特根斯坦认为"意义即使用"，语言的用法与规则相连，按照用法来使用是一种规则的管辖行为，因此符合语言规则的用法才是有意义的，才能够被理解，所以用语中也就有用对与用错之别。后期的维特根斯坦也为日常语言学派提供了重要的思想，而哈特也正是日常语言学派的一员。详情参见陈嘉映：《简明语言哲学》，中国人民大学出版社2013年版，第132~135页。如果想进一步了解维特根斯坦的哲学思想可参见韩林：《〈逻辑哲学论〉研究》，商务印书馆2016年版；《维特根斯坦〈哲学研究〉解读》，商务印书馆2010年版。

[2] 明希豪森困境即论证可能陷入的三种困境：无限倒退、循环论证、武断的终止论证。凯尔森的纯粹法理论所可能陷入的就是明希豪森困境中的无限倒退这一困境，而凯尔森为了避免这种困境将其"基本规范"视为一种超验的逻辑预设，这种超验的逻辑预设在我看来似乎又陷入了明希豪森困境中的"武断终止论证"这一困境。详情参见陈景辉：《法律的界限——实证主义命题群之展开》，中国政法大学出版社2007年版，第49~52页；徐显明主编：《法理学原理》，中国政法大学出版社2009年版，第54~55页。

[3] 详情参见陈景辉：《法律的界限——实证主义命题群之展开》，中国政法大学出版社2007年版，第69~72页。

则的存在基础。而"认知因素"和"意志因素"组成了内在观点，其有两种具体的表述形式——"规范性反思态度"和"规范性批判态度"。内在观点与法律的重要特征——义务性的关系为：内在观点和行为的一致性构建的承认规则，识别了一套法律体系，群体成员在这个法律体系之下，负有义务。同时承认规则并不需要得到群体内所有人的接受，只有对于作为权威的政府和法庭来说承认规则的接受才是必要的，也就是说，内在观点只有对于承认规则来说是必要的。哈特的内在观点，其实就是对"接受"的描述，这可能涉及价值判断，但是并不必然涉及，只有这种建立在"接受"之上的法理论才能对法律的功能与意义做一个全面的解释。

（主审人：周榆皓）

基础规范的先验论证之维

——一个比较分析

周榆皓[*]

一、导论

基础规范这一概念是凯尔森纯粹法理论中的亮点之一,也是纯粹法理论得以成立的核心概念。但是,自从基础规范问世以来,其遭受的质疑和批评数不胜数。这不仅源于凯尔森对其的论述本身不够明晰,还因为凯尔森的法律理论经历了几次转变。因此,淹没在各式各样评论中的基础规范,显得更加扑朔迷离。不过,凯尔森与康德认识论的思想渊源之深,是为学界所周知的,以至于有学者认为阅读凯尔森的著作,不难发现其理论与康德哲学之相似性一目了然。[1]

任何一种成熟的思想应该都有其哲学根基,若顺着哲学的脉络来解读思想,或许能达到事半功倍的效果。因此,为了理清纯粹法理论与康德哲学之间的关系,探寻纯粹法理论的哲学根源,本文选取了先验论证这一角度,对康德《纯粹理性批判》中的先验论证和凯尔森纯粹法理论中对基础规范的论证,进行一对照分析;从而进一步理解基础规范这一纯粹法理论中的重要概念。

为了达致上述目标,本文分为四个部分。第一部分将对康德的先验论证进行分析,重点是先验论证的结构和先验统觉;第二部分是对基础规范和纯粹法理论的简要叙述,以求为后文的分析进行理论铺垫;

---

[*] 中国政法大学法学院2015级本科生。

[1] 参见[美]斯坦利·L. 鲍尔森:《论凯尔森在法学中之地位》,载[奥]凯尔森:《纯粹法理论》,张书友译,中国法制出版社2008年版,第17页。

第三部分是本文的核心,即康德的先验论证和凯尔森对基础规范的论证之间的对照分析,重点同样是在基础规范与先验统觉的论证结构之上;第四部分将对全文进行总结。

二、对康德先验论证的分析[1]

(一) 先验论证在《纯粹理性批判》中的地位

形而上学的大厦已经风雨飘摇。理性派的独断论,在没有经验材料的支持下,单纯凭借理性的逻辑推理断言在我们之外存在着终极客体的知识;经验派的怀疑论,执着于最直接的感觉经验,怀疑一切客观实体和客观规律的存在,除了我们的感觉本身,其余一切都属于不可知的范围。[2] 自然科学成了虚妄,知识成了虚妄,乃至于理性也成了虚妄。作为科学之科学的形而上学何以沦落到这步田地?康德认为这源于人们对理性的盲目信任,以至于认为理性是万能的、理性认识是没有边界的。缺乏对理性局限性的认识,导致了对理性的滥用,我们应该对理性加以反思。可以说,康德的《纯粹理性批判》即缘起于此。康德试图通过对理性的反思,即批判,确立理性的疆界,并寻找科学知识的坚实基础,从而恢复形而上学的往日荣光。[3]

真正的数学知识、自然科学,真正的形而上学,都是由先天综合判断组成的。[4] 只有综合判断才能带来新的知识,但这还不足以支撑起科学知识,因其很有可能只是偶然的,无法抵御怀疑论的论断。因而,唯有先天综合判断方可赋予新知识以普遍必然性,科学知识的成立依赖于此。也就是说,"先天综合判断何以可能"方为《纯粹理性批判》的核心问题。[5]

综合判断很好说明,先天综合判断则不甚明朗。"一切物体都是有重量的"是一个综合判断,但其是否为普遍必然的,即先天的,就难

---

[1] 需要注意的是,本文所涉及的康德的先验论证,已经按照本文论述需要进行了剪裁,后文对此有较详细的论述。

[2] 参见邓晓芒:《〈纯粹理性批判〉讲演录》,商务印书馆2013年版,第16~17页。

[3] 参见邓晓芒:《〈纯粹理性批判〉讲演录》,商务印书馆2013年版,第15~17页。

[4] 参见 [德] 康德:《纯粹理性批判》,李秋零译,中国人民大学出版社2011年版,第38~41页。

[5] 参见邓晓芒:《〈纯粹理性批判〉讲演录》,商务印书馆2013年版,第35~41页。

以说明了。问题就出在"先天"二字,理性派将其视为不证自明,经验派则对其存在压根不予承认。先天综合判断中的先天成分源自何方?范围几何?客观有效性如何?这些问题被称为"先验问题",康德把它们都交给了先验论证去解决。[1] 由此,先验论证在《纯粹理性批判》中的地位可见一斑。

(二) 康德先验论证的结构

康德的先验论证有两种结构:主观演绎和客观演绎。这两种结构在《纯粹理性批判》的两个版本中轮番扮演了主角。学界通常认为,第一版从主观演绎到客观演绎,以主观演绎为主;第二版则从客观演绎到主观演绎,以客观演绎为主。[2] 对于康德为何要重写先验论证,以及两版中的先验论证孰优孰劣,学界向来众说纷纭;在此,本文主要采纳阿利森的意见。阿利森认为,第一版演绎的论证方式是含糊的,通过把注意力集中到第二版演绎,我们可以用最明了的方式来考察康德对先验问题的解决。[3] 对于第二版中先验论证的结构,可作如下表述:

> 如果 p 是 q 的必要先决条件,那么,q 就会因为 p 而成为如此这般的;事实上 q 确实是如此这般的,并且,不是如此这般的 q 是不可能想象得出来的,那么,p 就无疑是 q 的先决条件,p 就当然是真的。[4]

简化一下,就是"仅当 p,则 q;q 是真的,因此 p 也是真的"[5]。上述显然是相当形式化的说明,先验论证实际在内容上复杂得多。在此,笔者力求依照上述结构,对先验论证作一内容上的解读。

---

[1] 参见邓晓芒:《〈纯粹理性批判〉讲演录》,商务印书馆2013年版,第80~81页。

[2] 参见邓晓芒:《〈纯粹理性批判〉讲演录》,商务印书馆2013年版,第107页。

[3] 参见[美]亨利·E. 阿利森:《康德的先验观念论:一种辩护与解读》,丁三东、陈虎平译,商务印书馆2014年版,第205页。

[4] 赵汀阳:《先验论证》,载《世界哲学》2005年第3期。

[5] 陈嘉明:《康德与先验论证问题》,载《中国人民大学学报》2010年第4期。

(三) 对康德先验论证的内容解读

第二版先验论证开始于两个分析命题:"联结是杂多的综合统一的表象"[1],以及我的一切知识都是我的知识。在形式逻辑上,这两个命题都属于重言命题,即"A 等于 A";因此,形式逻辑保证了先验论证起点的坚实基础。不过,上述两个命题可不仅仅是"A 等于 A"那么简单,康德真正想要探讨的是在认识论的层面上,这两个命题何以可能。为此,康德提出了先验统觉的预设:

> "我思"必须能够伴随我的一切表象;因为如若不然,在我里面就会有某种根本不能被思维的东西被表象,这就等于是说,表象要么是不可能的,要么至少对我来说什么也不是。……也就是说,只是由于我能够在一个意识中把握这些表象的杂多,我才把这些表象全都称为我的表象;因为如若不然,我就会拥有一个像我拥有的我所意识到的表象那样驳杂不同的自己了。[2]

在此,"我思"即为康德所预设的先验统觉;先验统觉具有综合统一的功能,能够将来自感性的直观的杂多,综合统一成能够为人的意识所意识、为人的知性进行分析处理的表象,因而也就成为知识得以形成的先天条件。换句话说,就是"我的一切表象必须服从它们是我的表象这样一个条件"[3],这里的条件即为统觉的综合的统一。因此,在这一过程中,"知性本身无非就是先天地进行联结并把被给予的

---

〔1〕 [德] 康德:《纯粹理性批判》,李秋零译,中国人民大学出版社 2011 年版,第 107 页。联结是判断的基本形式。根据邓晓芒教授的解读,任何一个联结的判断都有杂多、综合和统一这三个要素。因为一个联结首先需要两个杂多,并通过综合把它们统合成一个整体,才能形成一个判断。因此,"联结是杂多的综合统一的表象"其实是一个重言命题。请参见邓晓芒:《〈纯粹理性批判〉讲演录》,商务印书馆 2013 年版,第 126~128 页。另外,康德认为,判断是知识的基本单位;正如前文所述,科学知识的成立依赖于先天综合判断;因此康德在先验论证的开头就论述了联结和判断的问题并不是一种偶然。

〔2〕 [德] 康德:《纯粹理性批判》,李秋零译,中国人民大学出版社 2011 年版,第 107~109 页。

〔3〕 邓晓芒:《康德〈纯粹理性批判〉句读》,人民出版社 2010 年版,第 418 页。

表象的杂多置于统觉的同一性之下的能力"[1]。紧接着，康德进一步作出了如下论述：

> 知性的全部其余应用所根据的、同时也完全不依赖于感性直观的一切条件的、最初的纯粹知性知识，就是统觉的源始的、综合的统一的原理。……对于人类知性而言，这一原理却不可避免地是第一原理，以至于人类知性对于另一种可能的知性不能形成丝毫的概念，无论它是自己直观的知性，还是虽然拥有感性直观、但却是以与空间和时间中的直观异类的直观来作为基础的知性。[2]

正如《纯粹理性批判》中第17节标题所述，统觉的综合统一的原理是一切知性运用的至上原则。先验论证开篇提出的两个重言命题，就是前文形式化叙述中的命题 q；命题 q 在形式逻辑上自然是成立的，但是在认识论上，其成立必然蕴含了统觉的先验统一的原理，即命题 p；因而，命题 p 和命题 q 之间的关系就可以被表述为"p 是 q 的先决条件"，即"仅当 p，则 q"。那么，既然命题 q 是真的，则命题 p 也是真的，统觉的先验统一的原理作为先天综合判断的先天成分即告证立。[3]

三、凯尔森纯粹法理论中的"基础规范"

凯尔森的纯粹法理论实际上经历了一个发展变化的过程。《纯粹法

---

[1] [德]康德：《纯粹理性批判》，李秋零译，中国人民大学出版社2011年版，第109页。

[2] [德]康德：《纯粹理性批判》，李秋零译，中国人民大学出版社2011年版，第110~111页。

[3] 事实上，本文所叙述的先验论证是不完整的。在第二版《纯粹理性批判》中，先验论证部分占据了第15节到第26节。长久以来，学界对先验论证结构的划分众说纷纭，不过通常将第15节到第19节作为一部分。阿利森认为这一部分说明了"从逻辑功能的角度确立意识与对象的关系"，即阐明了先验统觉的普遍必然性及其与一般性直观的关系。关于《纯粹理性批判》中先验论证的结构，参见董滨宇：《康德〈纯粹理性批判〉（第2版）中"先验演绎"结构研究》，人民出版社2016年版，以及[美]亨利·E. 阿利森：《康德的先验观念论：一种辩护与解读》，丁三东、陈虎平译，商务印书馆2014年版。由于本文重点考察的是凯尔森纯粹法理论中的"基础规范"，出于论述需要，笔者认为说明统觉的先验统一的普遍必然性即为已足，因此仅涉及了第15节到第17节的内容。

理论》有两个版本,第一版出版于 1934 年,名为"纯粹法理论"(Reine Rechtslehre),副标题为"法律科学问题导论"(Einleitung in die rechtswissenschaftliche Problematik)。第二版在 1960 年出版,仅保留主标题"纯粹法学"。对于凯尔森法律理论阶段的划分,学界主要有三分法和四分法两种声音。鲍尔森教授提出了三分法,根据他的研究,纯粹法理论的两个版本分属凯尔森法律理论的两个不同阶段,即新康德主义时期和怀疑主义阶段。[1] 这两个阶段的差异在于其哲学根基,反映在基础规范上就体现为,从作为先验逻辑预设的基础规范到作为一种拟制的基础规范。[2] 毫无疑问,本文在此主要考察的是前一时期,即作为先验逻辑预设的基础规范。

(一)纯粹法理论:独立的法律科学

凯尔森欲模仿康德确立理性疆界的做法,创制一独立的法律科学。因而,与康德的先验问题相似,凯尔森的纯粹法理论要解决的问题就是"法律科学何以可能"。不过,在"何以可能"之前应该还有"是否可能"的问题;对于康德来说,这并不是一个理论问题,从事实中就可以得出先天综合判断是可能的,因此,康德的先验论证实际上是直接从"何以可能"开始的。[3] 但是,这并不适用于法律科学,因为与科学知识的明晰性不同,对于何为真正的法律知识、法律科学的客体为何,并没有明确的说法。因此,法律科学的证立需要两步走,在确定明确的法律科学的客体之后才能考察"法律科学何以可能"这一问题。[4]

(二)双重纯粹性:法律科学客体的确定

纯粹法理论之所以"纯粹",在于其双重纯粹性。作为一法律实证主义者,凯尔森自然拒绝将道德和法律混为一谈;但是与之前的法律实证主义不同,凯尔森同样反对把法律视作社会事实。前者即为

---

[1] 参见李鑫:《论凯尔森基础规范的性质》,载《北京科技大学学报(社会科学版)》2014 年第 4 期。

[2] 参见李鑫:《论凯尔森基础规范的性质》,载《北京科技大学学报(社会科学版)》2014 年第 4 期。

[3] 参见邓晓芒:《〈纯粹理性批判〉讲演录》,商务印书馆 2013 年版,第 35 页。

[4] 参见许小亮:《法实证主义的方法论特质》,载《中外法学》2008 年第 3 期。

"分离命题",后者即为"规范命题",纯粹法理论坚持两者之结合。[1] 在将道德和事实拉出法学的范围之后,凯尔森认为法律科学的对象应当是规范,规范的具体表现形式即实证法。通过排除社会事实和意识形态的干扰,持守应然和效力的立场,法律科学的纯粹性得以保证,法律科学的客体始得确定。

(三)基础规范:法律规范效力的源头

传统自然法学派认为,实证法的效力源于其与自然法相符合;经验实证主义法学派则认为,法律的效力来源于社会事实。对于前者,凯尔森认为有使法学堕入意识形态泥淖中的危险;后者的可能性则被"休谟的铡刀"(Hume's guillotine)一扫而空。既然法律的效力并不源于上帝,也无法逾越"是"与"应当"之间的鸿沟,那么其究竟源于何处?凯尔森认为,唯有规范才能授予规范以效力,因此若追根溯源,必须预设一基础规范作为"诸规范之共同渊源","而构成某秩序之众多规范的统一性便在于斯"。[2]

这一关系表示如下:

(1)先验论证过程:最早的宪法 ← 基础规范

("←"表示先验论证)

(2)效力授予过程:具体规范 → 上一级规范 → 更上一级规范 → …… → 宪法 → 最早的宪法

("→"表示效力的来源,"……"表示效力传递链条中数量不定的规范)[3]

---

[1] 关于分离命题和规范命题,参见 [美] 斯坦利·L. 鲍尔森:《论凯尔森在法学中之地位》,载 [奥] 凯尔森:《纯粹法理论》,张书友译,中国法制出版社 2008 年版,第 14 页。

[2] [奥] 凯尔森:《纯粹法理论》,张书友译,中国法制出版社 2008 年版,第 81 页。

[3] 参见李旭东:《规范法学的逻辑原点——基础规范与承认规则之比较》,载《常熟理工学院学报(哲学社会科学版)》2010 年第 3 期。原文表示如下,具体规范 → 上一级规范 → 更上一级规范 → …… → 宪法 → 最早的宪法 → 基础规范("→"表示效力的来源,"……"表示效力传递链条中数量不定的规范。) 本文对此进行了修改,将之分为了各实证规范之间的效力授予和先验论证两个过程。之所以要做此区分,是因为先验论证只存在于"最早的宪法"与"基础规范"之间,且先验论证因其先验性而带有非实证属性;而从"最早的宪法"到"具体规范"的效力授予过程恰恰是实证的。

四、基础规范中的康德因素

从上一部分对基础规范的简要叙述中，可以发现康德先验论证的诸多影子。事实上，这并不是一种偶然，基础规范的成立离不开康德先验论证的思想资源。笔者认为，基础规范中的康德因素主要体现在论证结构和先验统觉的相似性上。

（一）基础规范与先验论证的结构

先验论证除了主观演绎和客观演绎之外，康德还提出了两种模式，即顺进式证明和逆溯式证明。鲍尔森教授将之表达如下：

顺进式证明　　　　　　　　　　逆溯式证明
(1) P（意识之素材，已知）
(2) 仅当 Q（作为条件之范畴），可能 P
(3) Q（作为结论之范畴）
(4) R（作为推论之对认识之陈述）→(1) R（对认识之陈述，作为已知）
　　　　　　　　　　　　　　　　(2) 仅当 Q（作为条件之范畴），可能 R
　　　　　　　　　　　　　　　　(3) Q（作为结论之范畴）[1]

由此可知，两种模式的差别主要在于其逻辑起点的不同：一为意识之素材，一为对认识之陈述。很明显，顺进式证明的逻辑起点较之逆溯式证明更易为怀疑论者所接受。尽管如此，顺进式证明和逆溯式证明的结构在实质上是一样的，均为"仅当 p，则 q；q 是真的，因此 p 也是真的"[2]。根据鲍尔森教授的研究，本文第二部分所述的康德的先验论证即采用了顺进式证明，凯尔森对基础规范的论证则采用了逆溯式证明。具体的论证步骤如下：

---

[1] 参见［美］斯坦利·L. 鲍尔森：《论凯尔森在法学中之地位》，载［奥］凯尔森：《纯粹法理论》，张书友译，中国法制出版社 2008 年版，第 27 页。
[2] 陈嘉明：《康德与先验论证问题》，载《中国人民大学学报》2010 年第 4 期。

（1）经由在制度化的法律科学中所建立的方法认定为真的规范法律命题是真的；

（2）经验知识的先天条件是规范法律命题得以为真的可能性的内在应有之意；

（3）所以，经验知识的先天条件是必要的。[1]

上述论证步骤略显抽象，仿照康德的论述，可将凯尔森的论述进一步表示如下：一切为真的实证法律规范都必须带有源自基础规范的效力；因为如若不然，在法律体系中就会有某些不符合纯粹法理论要求的规范存在。也就是说，符合纯粹法理论，即符合法律科学要求的法律规范不应该将其基础建立在虚无缥缈的自然法之上，也不应该向作为鸿沟另一侧的"是"寻求帮助。因此，法律科学所认定的为真的法律规范必然预设了其先天的效力来源，即基础规范；此为上述论证步骤第二点之意。而依据纯粹法理论的应有之义，真正的法律科学应坚持"分离命题"和"规范命题"；因而正如上述论证步骤第一点所述，唯有"经由在制度化的法律科学中所建立的方法认定为真的规范法律命题"才是真的；此即为逆溯式证明中的"R"，而"Q"则为前述基础规范在法律科学中的必要性。进而，依据逆溯式证明，既然凯尔森之法律科学确实为真，即 R 为真，则 Q 为真。基础规范作为法律科学的先天成分即告证立。

（二）基础规范与先验统觉

1. 论证结构的相对次要性

先验论证在康德《纯粹理性批判》中之重要地位，上文已有述及。尽管凯尔森同样采用了先验论证的结构，但是其重要性远不及于康德《纯粹理性批判》中先验论证的重要性。事实上，凯尔森并不看重先验论证的结构形式，他真正在意的是直接得出基础规范这一结果，因为他并不关心怀疑论者对其所使用的先验论证的态度。

> 本理论深知将某事实之特殊规范意义解释为法律仅属可能而

---

[1] 参见张龑：《凯尔森法学思想中的新康德主义探源》，载《环球法律评论》2012 年第 2 期。

非必然，且此可能有赖于对基础规范之预设。理论上之无政府主义视法学家称为法律者为赤裸裸之权力，除此之外不知复有他物。[1]

纯粹法理论无意于通过表述基础规范而在法学方法上另辟蹊径，只是将法学家所习焉不察者或心照不宣者昭示于众而已：法学家于对其研究对象加以概念化时，一面拒绝以自然法充任实在法之效力根据，一面仍欲将实在法理解为有效秩序，即将法律解释为规范而非偶发事态。凭借基础规范说，纯粹法理论才得以剖析长盛不衰之实在法认知方法，揭示其秘而不宣之先验逻辑前提。[2]

因此，凯尔森在《纯粹法理论》中并未对上述论证步骤中的第一点进行一系统之论述。根据张龑副教授的研究，他认为在《纯粹法理论》中能够证立第一点的论述仅在于"在每个社会，法以及法律程序都是普遍存在的事实"，也就是说"每个社会学意义上的法概念的建构都预设了法学意义上的法概念的建构"；因此，如果怀疑论者否认了第一点，"同时也否认了社会学意义上的法概念，从而使自己的怀疑也无法立足"。[3] 不过，相较于康德先验论证开篇的两个重言命题的必然性，凯尔森的论证自然无法与之同日而语。

2. 基础规范作为纯粹法理论的重要原理

基础规范之于纯粹法理论，与先验统觉之于《纯粹理性批判》相类似。对此，凯尔森有如下论述：

> 正如认识的先验的逻辑原则（在康德意义上的）并不是经验的法律，而仅仅是一切经验的条件一样，基础规范本身也不是实在法律规则，不是实在法律，因为它不是被造出来的，而只是被

---

[1] [奥] 凯尔森：《纯粹法理论》，张书友译，中国法制出版社2008年版，第62页。

[2] [奥] 凯尔森：《纯粹法理论》，张书友译，中国法制出版社2008年版，第84页。

[3] 张龑：《凯尔森法学思想中的新康德主义探源》，载《环球法律评论》2012年第2期。

假设为全部实在法律规范的条件。正如人们不能从先验的逻辑原则中,而只能借助于这些原则知道法律,所以实在法也不能从基础规范中,而只能借助基础规范得来。[1]

由此可知,基础规范与先验统觉具有相似的功能。阿列克西教授将之总结为三点:范畴转换、确立判准和建立统一性。[2] 若与先验论证的功能相对照,具体可作如下表述:其一,范畴转换。基础规范实现了从权力事实向实在法规范的过渡[3],先验统觉则完成了从杂多到知识的转换。其二,确立判准。基础规范设定了一个识别规范的标准,先验统觉则划定了理性的疆界。其三,建立统一性。基础规范使得其效力可追溯至同一基础规范的实在法规范构成规范秩序统一体,基础规范就是其最终的效力基础;先验统觉的综合统一使得表象得以综合,知识在综合统一中获得了可能性。[4] 实际上,基础规范的"建立统一性"功能还包括了"效力赋予"的作用,基础规范授予了宪法之父以创造宪法规范的权威,即最高造法权威;先验统觉的综合统一的原理作为一切知性应用的至上原则赋予了范畴以客观有效性。[5] 因此,正如先验统觉的综合统一的原理作为一切知性应用的至上原则一样,将基础规范称为纯粹法理论的最高原理并不为过。

五、结论

尽管基础规范问世以来经历的波折不断,但其作为纯粹法理论的核心是当之无愧的。正如本文所分析的,基础规范在纯粹法理论中的

---

[1] [奥]凯尔森:《法与国家的一般理论》,沈宗灵译,商务印书馆2013年版,第597页。

[2] 参见[德]罗伯特·阿列克西:《法概念与法效力》,王鹏翔译,商务印书馆2015年版,第112~114页。另外,阿列克西教授认为,基础规范的三项功能同样适用于康德的"规范性的基本规范",同上,第123~129页。

[3] 关于基础规范在范畴转换中的作用,参见[奥]凯尔森:《法与国家的一般理论》,沈宗灵译,商务印书馆2013年版,第596~598页。

[4] 此处对于基础规范三项功能的具体表述,参见董静姝:《论基础规范中的谜题》,载《北京科技大学学报(社会科学版)》2014年第5期。

[5] 关于基础规范的"效力赋予"功能的具体表述,参见董静姝:《论基础规范中的谜题》,载《北京科技大学学报(社会科学版)》2014年第5期。

作用与先验统觉在《纯粹理性批判》中所起到的作用是相似的，因此，基础规范无疑是纯粹法理论的重要原理。凯尔森对基础规范的论证结构与康德先验论证之间的关系，以及基础规范与先验统觉的诸多相似，应该不是巧合。事实上，凯尔森纯粹法理论的成立，对康德思想资源的利用是必然的。纯粹法理论从一开始，其所欲解决的根本问题，即"法律科学何以可能"，本身就带有浓厚的康德哲学色彩。

任何一种思想都或多或少地植根于其所处的时代及时代的哲学理论，纯粹法理论自然也不例外。康德哲学无疑是凯尔森纯粹法理论的哲学根源之一。正是在康德哲学的坚实基础之上，基础规范作为纯粹法理论的最高原理得以确立，单独的法律规范的效力以及法律秩序体系的统一性得到了保障，纯粹法理论引以为傲的"纯粹性"得到了捍卫。

（主审人：库浩辰）

对我国混合担保中各担保人责任承担问题的研究

张淼杰[*]

引 言

混合共同担保无论在理论还是实践中都是一个比较复杂的问题,保证人和物上保证人同时存在使得责任承担难以界定。《物权法》第176条对各担保人的责任承担顺序作出规定,明确债务人作为物上保证人时责任承担优先,第三人作为物上保证人时与保证人处于平等地位,并规定了各担保人对债务人的追偿权,却对各担保人内部是否存在追偿权保持沉默,至今未有规定。由此引发的理论实务界的巨大争议,实值探讨。建立在现有学者、实务工作者们的研究与实践成果的基础上,本文通过对立法的比较分析及各文献论著的综合考察,对混合共同担保中各担保人之间的责任承担问题进行讨论。

一、混合共同担保中各担保人的责任承担顺序

(一) 学界三种主要学说

混合共同担保[1]指物的担保(以下简称物保)和人的担保(以下简称人保)并存的担保方式。实践中混合共同担保的情形并不少见,

---

[*] 中国政法大学刑事司法学院2015级本科生。
[1] 在学理上,混合共同担保是指同一债权上设有两个或两个以上性质不同的担保类型的担保方式,既包括物的担保与人的担保并存的情况,也包括抵押权、质权和留置权并存的情况。本文所讨论的"混合共同担保"仅指物的担保和人的担保并存的担保方式。

其中,债务人以自己所有之物提供担保的情形,可称之为"自物保";第三人以其所有之物提供担保的情形,可称之为"他物保"。相对于人保即保证担保中的保证人而言,物保中的担保人称为物上保证人。

就目前来看,世界范围内关于物保和人保的责任承担顺序主要有三种学说:"物的担保责任绝对优先说"、"物的担保责任相对优先说"以及"物的担保责任与人的担保责任平等说"。[1]

第一,物的担保责任绝对优先说的理论基础在于"物权效力优先于债权"的物权优先效力原则,这一学说的理论基础长久以来被多数学者所批判,比如高圣平教授认为物权的优先效力表现在有物上担保的债权人优先于无物上担保的债权人,可以对抗这些一般债权人而在担保物上行使权利,[2] 并非意味着在物保与人保并存的情况下,其责任承担顺序也是物的担保责任绝对优先,王志皓教授也曾在其发表的论文中提到过这一点。[3] 照此来看,这一学说将"物权优先于债权"的原则适用于混合担保中,显然是不恰当,也是站不住脚的。笔者也认为这一学说不足采。

第二,物的担保责任相对优先说相比绝对优先说有所缓和,给予了债权人选择权,债权人可以选择行使担保权利。若保证人承担了担保责任,其不仅可以向债务人追偿,同时也可代位行使债权人所享有的担保物权,向物上保证人追偿;相反,物上保证人若承担了担保责任,则只可向债务人追偿。由此看来,在此一学说中,保证人仍然有着相对优越的地位,担保人之间的追偿是单向的。持此观点的学者认为保证人是以全部财产承担连带责任,其承担责任相较于物上保证人来说更重,故此法律应该更倾向于保护保证人的利益。

---

[1] 有的学者称之为"保证人绝对优待主义""保证人相对优待主义"以及"平等主义",只是说法不同,其学说本质并无差异。参见王志皓:《论混合共同担保的责任承担》,载《沈阳师范大学学报(社会科学版)》2008年第4期;王士超:《混合共同担保中担保责任承担问题研究》,载《全国流通经济》2017年第9期。

[2] 参见高圣平:《混合共同担保之研究——以我国《物权法》第176条为分析对象》,载《法律科学》2008年第2期。

[3] 多数学者都认为物的担保责任绝对优先说是不可采的,像高圣平、王志皓、程啸、高一寒、郭红利等在其相关的论著中都有提到这一点,在学界基本都是不赞成的,争议不大。

笔者认为，这一理由并不足以成立。保证人提供保证并非一定是连带保证，若其提供的为一般保证，则相对于物上保证人，法律并没有向其倾斜的必要；若其提供的为连带保证，[1]则从法律上来看，保证人与债务人几乎处于同一地位，此时，保证并非补充性的，法律并无特别惠顾保证人的必要，这是当事人意思自治的结果。

第三，物的担保责任与人的担保责任平等说与前者物的担保责任相对优先说一样，也给予了债权人选择权。但二者的区别在于，平等说认为保证人之于物上保证人并无更优越的地位。已承担责任的担保人可以向其他担保人追偿其应承担的份额，而不论是保证人还是物上保证人。

综合看待这三种学说，笔者认为，物的担保责任和人的担保责任宜采平等说。法律既然赋予了债权人选择权，债权人得以自由选择担保人以实现其债权，那么保证人和物上保证人就承担同样的风险，无论债权人选择的是保证人还是物上保证人，保证人和物上保证人的地位都不应有差别，应将其都视为单纯的担保人来看待，赋予其平等的法律地位，而不区分担保方式具体是什么。无论如何，终局的正当的债务承担者都应是债务人，物上保证人和保证人都只是担保人，其身份最本质上都是为了担保，为了债权人利益的最大化。所以，在物上保证人和保证人的责任承担问题上，应肯定他们平等的法律地位。

（二）我国法律对各担保人的责任承担顺序所持的态度

从我国法律的规定来看，立法者对混合担保中各担保人的责任承担的态度是不断变化的。从最初的1995年《担保法》第28条[2]的规定来看，立法者采纳了物的担保责任绝对优先说，强制债权人必须先实现担保物权，才能实现保证担保，限制了债权人的意思自由，对物上保证人也是不公平的，故而备受学界批评。

---

[1] 无论是保证人与债权人约定提供连带保证，还是由于其没有约定或约定不明，法律上视为连带保证，并不影响这里的逻辑推理。另参见《担保法》第19条的规定："当事人对保证方式没有约定或者约定不明确的，按照连带责任保证承担保证责任。"

[2] 《担保法》第28条规定："同一债权既有保证又有物的担保的，保证人对物的担保以外的债权承担保证责任。债权人放弃物的担保的，保证人在债权人放弃权利的范围内免除保证责任。"

随后 2000 年最高人民法院出台了《最高人民法院关于适用〈中华人民共和国担保法〉若干问题的解释》（以下简称《担保法解释》），从其中的第 38 条[1]可以看出，最高院对此问题转变了态度：采纳了有限的平等主义，以债务人自己提供物的担保为例外，对于第三人提供的物的担保，使物上保证人与保证人处于平等的地位，赋予债权人在此情形下的选择权，并且明确规定了在物上保证人和保证人之间存在追偿权。

其后 2007 年出台的《物权法》第 176 条[2]延续了《担保法解释》有限平等主义的做法，同时对当事人可以就担保权如何实现进行约定作了一般性的规定和说明，这一点体现了《物权法》更加尊重当事人的意思自治，允许当事人就如何实现债权，先实行哪种担保以及各担保人的担保份额进行约定。只有当没有约定或约定不明时，才按照法律的规定处理。

有学者认为我国《物权法》是兼采物的担保责任绝对优先说和平等说两种模式，其将"债务人自己提供的物保优先实现"的规定视为采纳物的担保责任绝对优先说。[3] 在笔者看来这一说法欠妥，混合担保中存在债务人自己提供的物保即自物保时，债务人此时就拥有了两种身份，一是债务人，二是物上保证人。《物权法》上规定债务人自己提供的物保优先，不应将其看待为立法者采纳了物的担保责任绝对优先。物的担保责任绝对优先说中是不区分债务人还是第三人的，只要是物的担保就绝对优先，这基于的是物权优先于债权的考量，着眼的是物上保证人这个身份。而我国《物权法》作此规定，显然着眼的

---

[1]《担保法解释》第 38 条第 1 款规定："同一债权既有保证又有第三人提供物的担保的，债权人可以请求保证人或者物的担保人承担担保责任。当事人对保证担保的范围或者物的担保的范围没有约定或者约定不明的，承担了担保责任的担保人，可以向债务人追偿，也可以要求其他担保人清偿其应当分担的份额。"

[2]《物权法》第 176 条规定："被担保的债权既有物的担保又有人的担保的，债务人不履行到期债务或者发生当事人约定的实现担保物权的情形，债权人应当按照约定实现债权；没有约定或者约定不明确，债务人自己提供物的担保的，债权人应当先就该物的担保实现债权；第三人提供物的担保的，债权人可以就物的担保实现债权，也可以要求保证人承担保证责任。提供担保的第三人承担担保责任后，有权向债务人追偿。"

[3] 参见王志皓：《论混合共同担保的责任承担》，载《沈阳师范大学学报（社会科学版）》2008 年第 4 期。

是债务人这个身份,因为其拥有债务人的身份才优先。故而笔者认为还是表达为有限的平等主义更为妥当,况且与一般的平等说相比较,我国《物权法》第176条并未明确规定各担保人内部追偿权,这也是"有限"的体现。

此外,对于我国法律区分物的担保是由债务人提供还是第三人提供,从而使得担保责任承担顺序不同的做法,也有很大争议。在笔者看来,立法者这样规定有其合理之处:

首先,当混合担保中既有债务人自己提供的物保,又有保证人提供的一般保证时,债务人于债务履行期届满之时仍未清偿债务,债权人若不优先就债务人自己提供的物保实现债权,而先向一般保证人请求承担保证责任,那么此时一般保证人完全可以行使先诉抗辩权[1]而拒绝债权人的请求,债权人最终仍要转向债务人,由此,与《物权法》直接规定债权人必须先就债务人提供的担保物实现债权的法律效果并无二致。其次,即便保证人提供的保证为连带保证,法律在此一问题上作出特别规定,强制债务人作为物上保证人时的责任承担优先于保证人也并无不妥,毕竟混合担保本身就比单纯的连带保证要复杂得多,债权人已经有了多重担保来保障其债权的实现,而不必完全依赖于原本连带保证中连带的效力。所以法律这样规定对债权人的利益影响并不大,反而可以简化法律关系,节约求偿成本,使各担保人的责任承担顺序简单明了。最后,存在第三人提供的物的担保时,债务人提供的物的担保优先于第三人提供的物的担保实现也是同样的道理,可以相对简化法律关系,减少实务成本和纠纷。因此,我国《物权法》的这种区分做法有其实践意义和价值。[2]

---

[1] 一般保证人的先诉抗辩权参见《担保法》第17条第2款的规定:"一般保证的保证人在主合同纠纷未经审判或者仲裁,并就债务人财产依法强制执行仍不能履行债务前,对债权人可以拒绝承担保证责任。"债务人自己提供物的担保的,担保物也应属于债务人的财产,债权人应优先就此一担保物实现自己的债权。

[2] 也有学者对"债务人自己提供物的担保的,债权人应当先就该物的担保实现债权"此一强制规定有不同的见解,认为对同一债权既有人的担保又有物的担保时,不区分自物保还是他物保,宜统一采取"物的担保责任与人的担保责任平等说"。关于此不同的见解的具体理由,另参见高圣平:《混合共同担保之研究——以我国〈物权法〉第176条为分析对象》,载《法律科学》2008年第2期。

二、混合共同担保中各担保人责任承担的平衡——内部是否应有追偿权

（一）概述

在混合共同担保问题中，保证人与物上保证人的责任承担顺序，是研究混合共同担保中各担保人内部追偿权必须首先回答的问题。从"物的担保责任绝对优先说"和"物的担保责任相对优先说"两个学说来看，保证人相较于物上保证人都有更优越的地位，这一点也体现在追偿权上。保证人先为清偿时可向物上保证人行使追偿权，但物上保证人先清偿时，因其本应优先负责，故无向保证人行使追偿权的可能。而在"物的担保责任和人的担保责任平等说"中，因保证人与物上保证人处于平等的法律地位，任何一方对债权人承担责任超过其本应承担的责任范围时，均可以向对方追偿。

我国《担保法解释》规定了各担保人的内部追偿权，而在其后出台的《物权法》中并没有对各担保人之间是否可以相互追偿作出明确规定。我国《物权法》对此问题是忘记规定还是采取回避的态度？显然，《担保法解释》出台在前并且已明确对内部追偿权进行规定，在后的《物权法》并非忘记规定，而是试图回避。从《物权法》的起草来看，早在其草案征求意见的过程中，就有部门建议物权法应规定各担保人之间的内部追偿权，但该建议最终未被采纳。[1] 因此可以看出立法者对内部追偿权这个问题还是非常慎重的，采取了回避的态度。有的学者认为，既然《物权法》对此并没有作出规定，《担保法解释》的此项规定与《物权法》也并没有冲突，而《担保法解释》仍然有效的情况下，《担保法解释》的规定当然可以适用。[2] 也有的学者认为

---

[1] 参见《地方人大、中央有关部门、单位和专家对〈中华人民共和国物权法（草案）〉（社会公开征求意见稿）的意见》，载全国人民代表大会常务委员会法制工作委员会民法室编著：《物权法立法背景与观点全集》，法律出版社2007年版，第173页。

[2] 郭红利：《浅析混合共同担保中的责任承担》，载《法制与社会》2014年第23期。也有学者持同样的观点，认为"《物权法》与《担保法》司法解释就混合担保这一问题的规定并没有矛盾，所以不存在谁替代谁，谁废弃谁的问题"，张艳：《混合担保中各担保人的责任承担及担保人的内部追偿之研究》，载《法制博览》2016年第30期。

《物权法》虽没有明确规定是否存在内部追偿权,但结合其第194条的规定来看,实际上还是持一种否认的态度。[1] 那么立法者今后是否需要对此问题进一步完善？这就涉及一个学理问题,在混合担保中各担保人之间究竟能否相互追偿。

(二) 学说争议

关于混合担保中各担保人是否应有内部追偿权,学说上的争议主要就是两种：一为肯定说,一为否定说。

支持肯定说的学者认为在保证人和物上保证人之间应当存在追偿权。支持否定说的学者认为在保证人和物上保证人之间不应存在追偿权。在混合担保的情形下,除担保人有特别约定外,各个担保人之间本身并无意思联络,也无共同担保的意思表示。那么在每个担保人均不知有其他担保人存在的情况下,硬性地规定其可以相互追偿,实际上是法律强行为各担保人设定共同担保,这有违意思自治原则,[2] 而且程序上讲费时费力、不经济；法理上解释不通；实践中求偿的可操作性差等。

(三) 分析与见解

关于否定说笔者认为,首先,违背意思自治这一理由并不成立,我国《物权法》第176条增加了当事人可以约定如何实现债权,这就意味着法律允许当事人之间约定保证人和物上保证人的责任承担顺序、担保份额等。有约定的按照约定处理,无约定的才按照后续法律规定处理,这一规定显然已经给了当事人充分的意思自治空间,尊重了当事人的意思自由。法律只在当事人没有约定或约定不明的情况下对保证人和物上保证人的责任承担顺序、是否可以追偿、担保份额等进行规定,换言之,放弃约定的权利也是当事人意思自治的表现,法律并无强迫之意,之所以要完善后续的规定是便于更好地解决实践中可能出现的纠纷,维护社会秩序,实现公平原则。在物的担保和人的担保同时存在以及平等主义的原则下,一方担保人本就不该为另一方担保

---

〔1〕 参见程啸：《混合共同担保中担保人的追偿权与代位权——对〈物权法〉第176条的理解》,载《政治与法律》2014年第6期。

〔2〕 崔建远教授正是持此观点,认为在各担保人之间规定追偿权是不符合意思自治原则的。参见崔建远：《物权法》,中国人民大学出版社2011年版,第426页。

人承担其本不应承担的责任。若是其承担的担保责任超出了自己的份额，而只能向债务人追偿，却不能向另一方担保人追偿，这显然是不公平的，另一方担保人或许就构成不当得利。因此，肯定追偿权的存在并不会违背当事人意思自治，是在尊重意思自治的前提下更好地贯彻公平原则。

其次，关于程序上费时费力不经济的看法，虽然债务人是终局的责任承担者，这一点毫无疑问，但我们也不应该一刀切，就此否定各担保人之间的相互追偿，内部追偿权的制度设计在于平衡保证人和物上保证人的利益，使其承担其应承担的责任，不使一方过度受益，也不使另一方过度受损，这一价值利益要比考量所谓程序上的费时费力在民法上更为重要。

最后，关于可操作性问题，如果说一方担保人向另一方担保人求偿比较困难，那么其向债务人求偿也不会容易多少，毕竟担保人若是承担了担保责任，就足以说明债权人向债务人求债已经无果，此时，担保人再向债务人求偿，结果也不会比债权人更优。因此，这一理由也不足以否认追偿权的存在。

相对来说，笔者更赞成肯定说。既然我国《物权法》承认保证人和物上保证人的平等地位，那么在看待担保人责任承担的问题时，如果一方承担责任过限却不能向另一方追偿，这就显然违背了保证人和物上保证人平等的精神，属于自相矛盾。因此，若要肯定保证人和物上保证人的平等地位，那么承认他们之间有内部的追偿权也是合情合理的。反之，如果承认各担保人平等却否认内部追偿权，债权人与其中一方担保人恶意串通，厚此薄彼，使另一方担保人承担过限的责任，而此一承担过限责任的担保人却无法向另一方担保人追偿，那么此前承认各担保人平等的制度价值也无法得到落实。

此外，对于部分支持肯定说的学者的看法，即在保证人和物上保证人没有就各自的担保份额作出约定时，他们之间的关系其实是符合连带债务的成立要件的，可以将他们视为连带债务人而连带地负担保责任，此时内部追偿权也是存在的，[1] 笔者认为，将连带债务的构成

---

[1] 参见程啸：《混合共同担保中担保人的追偿权与代位权——对〈物权法〉第176条的理解》，载《政治与法律》2014年第6期。

要件套入到混合担保中，即使形式上说得通，其背后的价值体系也是不同的，依托的法理基础不同，保护的利益也不同。保证人与债务人本就属于不同的法律身份，将保证人当作债务人来类推得出其构成连带债务关系是不妥的，大前提不成立的情况下，后续的逻辑推理自然也没有意义。但此思路还是有值得肯定的地方，在无约定的情形下，保证人和物上保证人对外而言是成立连带关系的，债权人可以任意选择就物的担保实现债权或是要求保证人承担保证责任，并且在某一担保人完全承担担保责任后，对其他担保人发生绝对效力，即其他担保人对债权人的担保责任相应免除。既然存在连带关系，类似于连带共同保证，[1] 在一方担保人承担了责任之后，向债务人不能追偿的部分，可以按各自的担保份额分担。关于担保份额如何确定则是在我们承认了内部追偿权之后所要思量的问题。

三、混合共同担保中各担保人之间责任份额的确定

在承认保证人与物上保证人之间追偿权存在的情况下，各担保人之间的责任份额如何确定也是一个必须研究的问题。很多学者认为正是基于混合担保中关于追偿权的问题争议太大，责任份额如何确定很困难，《物权法》第176条才没有对追偿权作出明确的规定。[2] 但因担保责任份额确定困难而否认内部追偿权的存在，也是不恰当的。

在各担保人之间责任份额的确定问题上，我国台湾地区"民法典"物权编（2007年修订）第879条第2款和第3款规定："债务人如有保证人时，保证人应分担之部分，依保证人应负之履行责任与抵押物之价值或限定之金额比例定之。抵押物之担保债权额少于抵押物之价值者，应以该债权额为准。前项情形，抵押人就超过其分担额之范围，得请求保证人偿还其应分担部分。"台湾地区的做法严格贯彻了公平原则，保证人与物上保证人的责任份额的计算，依担保物的价值

---

〔1〕 关于连带共同保证的规定，见《担保法解释》第20条第2款："连带共同保证的保证人承担保证责任后，向债务人不能追偿的部分，由各连带保证人按其内部约定的比例分担。没有约定的，平均分担。"

〔2〕 参见王志皓：《论混合共同担保的责任承担》，载《沈阳师范大学学报（社会科学版）》2008年第4期。

与担保债权额的关系不同而有别。当担保物的价值大于物的担保债权额时,担保物的价值中超过部分归物上保证人所有,债权人无权优先受偿,物上保证人以其担保的债权额为限承担责任,即:物上保证人责任份额=代偿金额×[物的担保债权额÷(保证债权额+物的担保债权额)],保证人责任份额=代偿金额×[保证债权额÷(保证债权额+物的担保债权额)];当担保物的价值小于或等于担保债权额时,物上保证人仅以担保物的价值为限承担责任,即:物上保证人责任份额=代偿金额×[担保物的价值÷(保证债权额+担保物的价值)],保证人责任份额=代偿金额×[保证债权额÷(保证债权额+担保物的价值)]。此一制度设计显然是比较公平合理的,充分考虑到物的担保和保证担保的性质,立法者将来可以选择借鉴台湾地区"民法典"的做法。但若为了更加方便高效,减少交易成本,[1] 也可以选择借鉴德国的做法,[2] 即保证人与物上保证人并存时,其中一方担保人为债务人清偿,除当事人另有约定外,该担保人有权在求偿权范围内要求未履行清偿义务的其他担保人按照人数进行平均分摊。这种平均分摊的责任份额的计算显然比台湾地区"民法典"的责任份额计算要简单得多,相对更为清楚明了,有利于实践操作,而台湾的做法则是充分地考虑了物的担保与人的保证两种担保的性质,相对更合理,有利于裁判公平。

笔者认为两种担保责任份额的计算方法均有可取之处,且在我国也有适用的余地。台湾地区的许多学者与大陆学者交流颇深,法律制度的借鉴相对容易,资源便利,且大陆与台湾地区法律制度的互相融合也是文化统一的表现,有利于增进两岸联系;而另一方面,借鉴德国的做法也是符合我国国情的,实践中——评估担保物的价值会大大增加交易手续和交易成本,占据较多司法资源,平均分摊则可以缓解资源有限性带来的压力。

此外,关于担保责任份额中的责任免除,也应遵循物的担保责任

---

[1] 台湾地区"民法典"的做法涉及对担保物价值的评估,实践中操作起来较为复杂,容易增加交易成本。

[2] 关于德国混合共同担保的相关理论研究以及对我国现行法的借鉴,参见耿林:《比较法视野下的混合共同担保》,载《江汉论坛》2017年第6期。

与人的担保责任平等说。当债权人放弃物的担保时,保证人在物上保证人应分担的责任限度内免除担保责任;当债权人放弃人的担保时,物上保证人在保证人应分担的责任限度内也应免除担保责任。[1] 一方担保人只在另一担保人分担的责任限度内才因债权人放弃另一担保人的担保的行为而受到损害,若此一方担保人因债权人的放弃行为而可免除超过该限度的担保责任,则其显然享有超额的利益。

四、结语

我国《物权法》第176条关于混合共同担保的规定,对各担保人之间的责任承担顺序采有限的平等主义,即肯定保证人与物上保证人的平等地位,以债务人作为物上保证人时为例外;规定各担保人可以向债务人追偿,却没有明确指出各担保人之间是否可以相互追偿。但要真正落实平等理念,实现意思自治原则与公平原则的平衡,法律或司法解释应当肯定保证人与物上保证人之间有内部追偿权,并且对担保责任份额进一步确定,以完善混合共同担保中关于各担保人责任承担问题的整个法律机制。

(主审人:张淇嘉)

---

[1] 我国《担保法》第28条第2款仅规定了债权人放弃物的担保时保证人的责任免除。

Asgardia 太空建国的国际法视角分析

蔡仁杰[*]

1957年10月4日，苏联"斯普特尼克"1号作为世界上第一颗人造卫星成功进入相应轨道，每90分钟绕地球一圈。消息传来，世界为之震惊，人们知道一个伟大的太空时代正在到来！自此之后，人类探索太空的脚步从未停歇——苏联航空员尤里·加加林成为第一位进入太空的人，美国的"阿波罗"计划成功地把人类送上月球，在多国的共同努力下，国际宇宙空间站接收了一批批的科学家，谱写人类的航天事业壮丽的诗歌……

与此同时空间机构与太空立法也在逐步形成与完善。从一个临时机构与简单的提议开始，到成立联合国和平利用外空委员会，《外空条约》的签署与生效，一步步地走来，如今的2017年已经成为人类空间活动60年与空间立法50周年的重要纪念年！

就在国际社会太空事业不断发展的时候，一个全新的国际组织——Asgardia 腾空出世，它由俄罗斯科学家牵头，目的是在太空建立一个总人数为10万的超级"太空国家"，并且已于2017年11月12日正式发射太空国的第一颗人造卫星，[1]这已经成为世界瞩目的事件。作为一个致力于建立太空国家的组织，它的现行国际法地位是怎么样的呢？在现有国际法框架下，它的太空建国行为的法律地位如何？以及是否存在太空建国的合法路径呢？本文着眼于 Asgardia 的具体情况，梳理 Asgardia 的现状，结合国际法的具体条约与法律实践，试图

---

[*] 中国政法大学民商经济法学院2015级本科生。

[1] See Asgardia, "Proposed Space-Based Nation Accepting Citizenship Applications", available at https://www.space.com/34386-asgardia-space-nation-accepting-citizenship-applications.html.

分析这一全新的国际法背景下的矛盾与其国际法地位等问题,对于上述问题给予相应的解答。

一、Asgardia 太空建国事件具体进展

在北欧神话中,Asgardia 就是一片挪威奥丁神统治的天空,又名"上帝之国"(the country of the Gods),现在被用来指代这个新建的"太空之国"。

（一）建立初始

2016 年 10 月 12 日在巴黎,一个由联合国教育、科学及文化组织（UNESCO）金奖获得者、科学家、俄罗斯商人阿舒贝伊利（Ashurbeyli）牵头主持,众多研究人员、学者、企业家、律师等参与负责的国际性项目宣布成立太空国 Asgardia。阿舒贝伊利表示,该项目将要开启一场关于太空活动规则的讨论。按照原有计划,该项目将于 2017 年向地球低轨发射一颗卫星,并以此为开端,预计在太空中建立一个能容纳 10 万人的永久性的空间站。[1] 该项目有一个不复杂的国际网站,也是 Asgardia 的官方网站,世界各国的人民都可以注册申请成为 Asgardia 的国民。[2] 该项目与建国方案一经公布,便受到了世界的广泛关注。

（二）太空建国的准备

Asgardia 在创立之初已经制定了属于自己的法律,建立起自己的组织机构,并且允许最先注册的 10 万人成为自己的"合法公民"。

1. Asgardia 的共同纲领与法律

Asgardia 在其官网上公布了已经制定的法律与共同纲领（Declaration of Unity of Asgardia）,根据公布的内容来看主要包括:无门槛准入条款（任何人都可以申请成为 Asgardia 的公民）、非歧视条款（地球人一律平等,不分种族地域）、民主政权条款（实行民主制,不分政党）等。尤其是有一些涉及国际法的条款需要引起特别的重视：

---

[1] 参见 Asgardia 官方网站,载 https://asgardia.space/en,最后访问日期：2019 年 4 月 6 日。

[2] 参见 Asgardian Citizens 数据统计,载 https://asgardia.space/en/,最后访问日期：2019 年 4 月 6 日。

（1）第5条：尊重国际法与国际条约。

Art. 5　Asgardia respects the laws of Earth's nation states and the international treaties on Earth, and wishes to be recognised as an equal country among the nations on Earth.[1]

从这一条我们明显可以看出Asgardia对于国际法的基本态度：尊重并希望被接纳，这说明Asgardia愿意接受国际法的相应规制。但尽管如此，Asgardia的创始人阿舒贝伊利表示：现有的国际法尤其是空间法建立在美苏霸权争夺的背景下，即便是今日，全球200多个国家中也只有20多国能出现在国际空间探测的舞台上，已经渐渐形成太空立法的垄断性地位，未来的人类需要一部新的空间法来冲破束缚。[2] 笔者对此观点或者说预测不置评述，但是全文基于现有的国际法尤其是空间法进行法律论证，也就是认可Asgardia承认现有国际法律条款的基础上进行论述。

（2）第8条：尊重并保护"国民"在原有国享有的权利，并未提及必要的国籍变更。

Art. 8　Asgardia respects and complies with the rights of citizens of Earth nations, and protects the rights of its citizens in the exclusivity of their space nation citizenship.[3]

Asgardia尊重原有国家国民的权利，也就是说作为"Asgardia国民"上天的绝大多数个人仍然保留原有国籍，同时，Ashurbeyli表示，这个国家的公民有双重身份，他们既是来自地球上不同国家的公民，同时也是Asgardia公民。[4]

通过国际空间站的多年实践我们知道：这些个人的原有国仍然对

---

[1]　See "Declaration of Unity of Asgardia", available at https://asgardia.space/en/page/declaration-of-unity.

[2]　See "Concept Asgardia——The Space Nation", available at https://asgardia.space/en/word.

[3]　See "Declaration of Unity of Asgardia", available at https://asgardia.space/en/page/declaration-of-unity.

[4]　参见《关于各国探索和利用包括月球和其他天体在内外层空间活动的原则条约》第8条。

于这些国民保有管辖权。[1] 这也是我们分析中可能提及的管辖问题在现行国际法背景下可能存在冲突。

2. Asgardia 的政治组织

Asgardia 宣称已经建立了自己的政府组织，2017 年 6 月 14 号正式举行公投，投票确定了君主立宪制政体并由主要创始人阿舒贝伊利担任第一任君主，确定了其他相应的政府组成人员，并组成了相应的办事机构，基本具备政府的相应的要求。

3. Asgardia 的"国民"

根据 Asgardia 官方网站消息，截至 2017 年 11 月 30 日 20 时，全球注册并成为 Asgardia "正式国民"的共计 150 032 人，其中前三名的是美国（21 037 人）、土耳其（17 764 人）和中国（13 434 人）。[2] 从国际法的角度上讲，这些人现在还不能称为完全意义上的"国民"，但应当说是 Asgardia 这个组织的官方注册成员，组织中的一份子，至于是否能称之为"国民"，还需要确定 Asgardia 是否为国际法意义上的国家，并通过进一步分析才能得以确定。

4. Asgardia 的领土与卫星发射情况

Asgardia 坚持将自己发射上去的人造卫星或空间平台等作为自己的宣誓主权的"领土"的一部分，并且正在逐步发射卫星以实现相应的外空居住计划。

根据报道，2017 年 11 月 12 日，该组织已经成功发射了一颗名为"Asgardia - 1"的立方卫星（cubesat），它已经从美国太空总署（NASA）的瓦罗普斯飞行基地出发，搭着 Orbital ATK 公司的安塔瑞斯运载火箭前往外太空并由此宣布国家主权，并在 Asgardia 的官网声明，他们即将建立国家的太空领土范围。Orbital ATK 此次主要任务是为国际太空站进行物资补给，在太空站对接停留一个月后，天鹅座太空船

---

[1] See "Concept Asgardia ——The Space Nation", available at https://asgardia.space/en/word.

[2] See "Asgardia Citizenship", available at https://asgardia.space/en/.

会分离并爬升到更高轨道部署"Asgardia-1"立方卫星。[1] 也就是说,在笔者写这篇文章之时,Asgardia 还并未对太空领土宣示主权,但是宣誓"主权"指日可待了。

那么,能否称现在的 Asgardia 为主权国家呢?其实际的国际法地位又该如何定性呢?

二、Asgardia 现有的国际法地位

通过我们对于 Asgardia 的具体情况的概括与分析,不难发现 Asgardia 现在属于哪种类型的组织,以及它是否属于国际法的主体,这成为进一步讨论主权国家的前提要件。下文着重针对这一块具体问题展开研究。

(一) 现在的 Asgardia 法律性质上是否属于国家

国际法下构成国家的应当具备以下四个要件:领土、主权、人民以及政府,[2] 这四个条件中领土为基础条件。

由于现在的 Asgardia 卫星还尚未发射到相应轨道,不具备相应的宣誓"领土"的基础条件,而且对于其所宣誓的空间是否能称之为"领土"还有很大的争议,后文将进一步讨论。

而且从主权要素来看,学者把它分解为主权所有权(对外)与主权行使权(对内),[3] 对于内部而言,虽然宪法与有关法律已经制定出来,但是一是存在大量的立法空白,二是其惩罚性条款与实施措施并未彰显,对于内部并没有做到完全意义上治理与管控,无法说是具有对内的最高权,在这个要件上存在很大的瑕疵。

因此看来,现在的 Asgardia 并不具备成为国家的基础性要件,现在不应认定为国际法上的国家。

(二) 现在的 Asgardia 具有什么样的国际法地位

经过分析,笔者以为 Asgardia 现有的国际法地位应当是非政府间

---

[1] 参见 Emma lin,《为保护地球而建国,太空国度 Asgardia 正式发射升空》,载 http://technews.cn/2017/11/14/cubesat-satellite-orbital-atk-antares-rocket-asgardia-nation-space/.

[2] 参见马呈元主编:《国际法》,中国人民大学出版社 2015 年版,第 45 页。

[3] 参见黄嘉树、王英津:《主权构成:对主权理论的再认识》,载《太平洋学报》2002 年第 4 期。

国际性组织。

在国际法的视角下，非政府组织与联合国关系的正式框架是由1945年6月签订的《联合国宪章》的第71款引申出来的。因此，人们常常把《联合国宪章》第71条看作非政府组织法律地位的宪章。条文是这么规定的：“经济暨社会理事会得采取适当办法，俾与各种非政府组织会商有关于本理事会职权范围内之事件。”《联合国宪章》虽提及非政府组织，但本身却未作阐释。

直到1950年，联合国为了安排和非政府组织的合作，第一次在联合国体制内对非政府组织的概念作出了一个基本界定：为本安排的目的，任何非由政府间协议创建的国际组织应被视为非政府组织。[1] 这个概念可以说是相当广泛的，对于判定非政府间国际组织只能起指导作用，笔者以为可以进行文义解释，即从这个短语的本身入手，分解为"非政府"、"国际性"两个角度进行分析。

1. 非政府性层面分析

（1）"非政府性"中"非"的讨论。美国学者塞拉蒙是研究非政府组织领域的专家，他认为非政府组织中"非"意味着"非营利性""非宗教性"和"非政治性"。[2] 而美国学者彼得·威利茨在研究此领域时，特别增添了非暴力性、不以取代政府为目的的限定。[3] 由于现实中很多中东伊斯兰国家存在宗教与政治一体的情况，故"非宗教性"并不用作论证"非"特性的一个方面，而"不以取代政府为目的"对于探求 Asgadia 国际法地位的意义不大，故以下论述"非"的特性时，笔者会着重从"非营利性"与"非暴力性"两个角度出发加以论证。

首先谈到"非营利性"，即不以盈利为目的或者是盈利却不以分配给组织内部成员为目的而是为了进一步推进某一项事业，两个典型的代表分别是慈善公益组织以及基金会。通过 Asgardia 的宣传网站我

---

〔1〕 参见李俊义：《非政府间国际组织的国际法律地位研究》，华东政法大学2010年博士学位论文。

〔2〕 参见［美］莱斯特·M.萨拉蒙等：《全球公民社会——非营利部门视界》，贾西津等译，社会科学文献出版社2002年版，第3~4页。

〔3〕 转引自王杰、张海滨、张志洲主编：《全球治理中的国际非政府组织》，北京大学出版社2004年版，第15页。

们知道：注册成为 Asgardia 的 "国民" 是不收任何费用的，[1] 而且到目前为止组织运营的花费以及发射第一颗人造卫星 "Asgardia-1" 都是由私人赞助完成的，并不涉及收费、筹款、出售商品等情况，因此可以认定其从事的是非营利性的事业。

同时再谈到 "非暴力性"，"非暴力性" 意味着把以暴力为目标或手段来实现其宗旨的非政府组织排除在本文的研究范围之外，例如国际恐怖主义组织、解放组织、跨国的原教旨主义组织等。[2] 而根据 Asgardia 的共同纲领第 2 条中的前半部分：

Art. 2 The objectives of Asgardia are：

To ensure peace in space；

To ensure the protection of planet Earth and the entire humankind (from outer space threats)[3]

该组织成立的目的就在于保护人类的安全以及维持太空的稳定，就现在看来也没有出现外层空间条约所规定不允许携带的核武器以及其他大规模杀伤性武器（nuclear weapons or any other kinds of weapons of mass destruction），目前也没有出现暴力性事件，因此也没有理由推定其具有 "暴力性" 的故意，可以认定为 "非暴力性" 的组织。

（2）"非政府性" 中的 "政府性" 的论述。而谈及政府性，政府组织 "政府性" 可以被理解为不寻求取得政府所拥有的权力。因此，若统一合并为 "非政府性"，那些政党以及有组织的政治性团体就被排除在外，因为它们的目标旨在取代或者分享政府的权力。因此，"非政府性" 的本质属性也可以用 "非政治性" 加以表达。[4] 在 Asgardia 的具体实践中，其至今没有依附于某一个政治团体，其成立与运行全在于私人牵头与团队合作，基本可以排除 "政府性" 的要素。

---

[1] 参见 Asgardia 官网，载 https://asgardia.space/en/，最后访问日期：2019 年 4 月 6 日。

[2] 参见李俊义：《非政府间国际组织的国际法律地位研究》，华东政法大学 2010 年博士学位论文。

[3] See "Declaration of Unity of Asgardia", available at https://asgardia.space/en/page/declaration-of-unity.

[4] 参见李俊义：《非政府间国际组织的国际法律地位研究》，华东政法大学 2010 年博士学位论文，第 19 页。

通过上述的概念与解释我们发现：Asgardia 具有"非政府性"中"非营利性""非暴力性"与排除"政府性"的要素，因而可以认定为具有"非政府间"特性。

2. 国际性层面

国际性的概念一直处于变化与发展之中，对非政府间国际组织的"国际性"的界定，其实主要来自于联合国经社理事会和国际社团联合会两大权威机构。

（1）联合国经社理事会给出的界定标准。联合国经社理事会在1968年第1296号决议中界定了非政府组织的国际性，其指出：①非政府间国际组织必须具备代表性并具有被承认的国际地位；②组织目标必须符合联合国宪章的精神、宗旨与原则；③具有国际性，代表不同国家和地区的一大批人。在这里，联合国经社理事会从国际地位、宗旨以及成员的跨国性对非政府间国际组织的"国际性"进行了界定。

根据联合国经社理事会给出的标准，Asgardia 现在向联合国申请成为国家暂时没有被联合国认可，但是根据前引的 Asgardia 共同纲领第2条我们可以看出，其组织目标是出于人类共同体的命运以及和平利用太空，可以说符合联合国宪章精神。同时 Asgardia 注册"国民"，即其组织体成员来自全球217个国家，[1] 可以说其成员来源广泛，事务涉及人口地域广大，符合第2、3条款的要求。由于联合国在 Asgardia 事实地位认定上尚未确定，因此一次标准界定其国际性也尚不明晰。

（2）国际社团联合会的相关标准。相近似的，国际社团联合会对非政府间国际组织的"国际性"也进行了如下阐释，并且严格界定构成非政府间国际组织所应当具备的条件：

第一，宗旨具有国际性质并意图在至少三个国家展开活动。

第二，有完全投票权的个人和/或集体成员应来自至少三个国家。

第三，成员有权依照该组织基本文件定期选举执行机关及其官员，有固定的总部并规定了该组织活动的连续性，官员通常来自不同的成员国。

---

[1] See https://asgardia.space/en/.

第四，很大一部分预算应来自至少三个国家，并且不以营利为目的。

根据国际社团联合会的标准，从 Asgardia 官网公布的数据来看，Asgardia 面向全球开展活动，而且所发射的卫星虽然主要由俄罗斯制造，但是关于设计等方面由全球多国的科学家完成，Asgardia 背后的航天专家团队来自世界各地，包括加拿大、罗马尼亚、俄罗斯和美国等，[1] 符合第 1 条"宗旨具有国际性质并意图在至少三个国家展开活动"；Asgardia 的组织成员来自全球 217 个国家，在最近举行的选举产生的组织人员中，有来自俄罗斯的 Alesya Fedorova，有来自比利时的 Lena de Winne，还有来自美国的 Mikhail Spokoyny 以及有许多其他国家的成员，[2] 通过投票选举的方式产生会议成员，符合第 2 款、第 3 款的要求；虽然 Asgardia 并没有公布目前的财政状况，但是就前文分析，其非营利性是可以确定的，目前经费主要来自多国企业家、科学家、律师的赞助，第四款也符合。综上来看，应当认定 Asgardia 是一个具有国际性的组织。

因此在一个标准评定尚不清楚，而另一个标准非常清楚地表明该主体的国际性地位时，我们应当予以认可。

经过上述非政府层面与国际性两个层面的论述，Asgardia 符合这两个层面对于非政府间国际性组织的要求，因此我们可以得出结论：Asgardia 属于非政府间国际性组织。

还不得不提的是，其是否应当在国际法的框架下接受相应的约束呢？是否需要遵守国际习惯呢？

(三) 非政府间国际组织需要受到国际法的哪些规制

1. 非政府间国际性组织是否需要承担国际义务

总体上来讲，非政府间国际组织国际法上的义务依然是一个相当模糊的区域。到目前为止，非政府间国际组织一般都还是依据一国国内法而设立，国际上并不存在相应的组织法或者活动法。如果从这个

---

[1] 参见《人类已经建立了第一个太空国家，全球第一批居民招募中》，载 http://www.sohu.com/a/116093452_354973，最后访问日期：2019 年 4 月 6 日。

[2] 参见 Asgardia 官网组织成员构成，载 https://asgardia.space/en/administration/. 最后访问日期：2019 年 4 月 6 日。

意义上讲，任何非政府间国际组织都是国内组织，而并非国家间或政府间组织，其主要权利能力和义务能力取决于其设立地或登记地的国内法，而非国际法。[1]

但是，这并不是说其完全不用承担国际法上的义务，这与目前国际社会的现实不符。那些与政府间国际组织或者国家已经建立起某种正式关系的非政府间国际组织已经自愿承担一些国际法上的义务，但是还是仅仅停留在自愿的层面上，可以说一般性的法律所强制或者有约束力的国际义务还是寥寥。

2. 非政府间国际性组织是否是国际法主体

针对国际法主体的争论一直都没有停止过。

国际上以奥本海为代表的传统实在法学派对于国际法主体有自己学派的观点，在《奥本海国际法》第八版中文版中对于国际法主体的理解为："由于国际法是文明国家所认为在彼此交往中有法律拘束力的规则的总体，因而每一个属于文明国家之列从而为国际大家庭成员的国家，就是一个国际人格者。……主权国家是真实的国际人格者；和它相区别的，还有表面的而非真实的国际人格者，邦联和在内战中被承认为交战团体的叛乱者，都不是真实的国际法主体，而只是在某些点上被视为国际人格者，因而不是国际大家庭的成员。"[2]

但是詹宁斯和瓦茨修订的第九版《奥本海国际法》中，尤其在第二章"国际人格者"中对国际法主体的含义给出了自己的理解，其认为："国际人格者在国际法上具有法律人格，是指它是国际法的主体，从而它本身享有国际法上所确定的权利、义务和权力，一般来说，享有在国际上直接或通过另外一个国家（如在被保护国的情形）间接行为的能力。"[3]

在我国，几位国际法学泰斗对于国际法的理解也不尽相同，一类

---

[1] 参见李俊义：《非政府间国际组织的国际法律地位研究》，华东政法大学2010年博士学位论文。

[2] 参见［英］劳特派特修订：《奥本海国际法》，商务印书馆1971年版，第96页。

[3] 参见［英］詹宁斯、［英］瓦茨修订：《奥本海国际法》，中国大百科全书出版社1995年版，第91页。

是以周鲠生先生为代表，他认为国际法主体只有国家，具有唯一性。[1] 还有一类是以王铁崖先生为代表的"折衷"学派，他强调要成为国际法主体，必须具备两个特征：其一，独立参加国际关系的能力；其二，直接承受国际法上的权利和义务的能力。最后一类是近年来不断兴起的以李浩培先生为代表的承认个人为有限的国际法主体的学派。[2] 笔者以为随着时代的发展第一类只强调国家为国际法主体的学说可能不再合适，而目前学界主流并未承认个人作为国际法主体，或者说争议仍然很大，以王铁崖先生的折中学派作为参考标准应当更为合适。

采用王铁崖先生为代表的折中说的二分标准，目前国际法主体的基本可以划分如下：首先，国际法最基本的与完全的主体是国家；其次，特殊国际法主体，即国际法中派生的、部分的主体是国际组织；再次，正在争取独立的地区或其他过渡的国际法主体；最后，一般情况下，个人不是国际法的主体。目前这一派的观点随着国际社会的发展也逐渐发生了变化，不再完全否认个人的国际法主体地位。[3]

其一，独立参加国际关系的能力。Asgardia 具有完整的组织与意思表示的能力，可以参与国际事务并与国际组织或其他主体签订相应的合同等以实现其主体意图，最典型的事例就是"Asgardia-1"立方卫星就是由 Asgardia 等多方参与制造，并通过协议从美国太空总署（NASA）的瓦罗普斯飞行基地出发，搭着 Orbital ATK 公司的安塔瑞斯运载火箭（Antares）前往外太空。

其二，直接承受国际法上的权利和义务。通过前文的论述，仅从义务方面，非政府间国际性组织目前暂时没有强制性规定需要服从的义务，但这不排斥其自愿遵守国际义务。所谓"直接承受"，是指不经过其他方面预先承受再施加于其上，即相对于间接承受与其他而言的，Asgardia 作为非政府间国际性组织不受政府强制管控与干预，也没有更上位的组织替他预先承受，排除此后可以发现 Asgardia 应当具

---

[1] 参见周鲠生：《国际法》，武汉大学出版社2007年版，第49~54页。
[2] 参见李浩培：《国际法的概念和渊源》，贵州人民出版社1994年版，第24页。
[3] 参见李俊义：《非政府间国际组织的国际法律地位研究》，华东政法大学2010年博士学位论文。

有直接承受的能力,加上国际社会并没有阻断非政府间国际性组织承受权利与义务的规定,因此我们可以推知 Asgardia 这类的非政府间国际性组织具有直接承受国际法上的权利和义务的能力!

通过上面的分析我们得出了一个结论:Asgardia 作为非政府间国际性组织,具有国际法主体的地位,应当以国际法主体的身份,适用强行法或者国际习惯等法律渊源。

三、"太空领土"问题

(一) Asgardia 的"领土"是否属于外太空

Asgardia 的领土计划是建立在发射卫星与空间平台的基础上实现的,根据已有的报道,"'Asgardia-1'立方卫星已经从 NASA 的瓦罗普斯飞行基地出发,搭乘 Orbital ATK 公司的安塔瑞斯运载火箭的顺风车前往外太空,Asgardia 在官网声明其已建立了国家的太空领土范围。Orbital ATK 此次主要任务是为国际太空站进行物资补给,在太空站对接停留一个月后,天鹅座太空船会分离并爬升到更高轨道部署'Asgardia-1'立方卫星。"[1]

目前国际对于空气空间与外层空间之间没有划定明确的物理分界线。现在普遍认可的是将 110 千米之上的区域一般视为外层空间部分。80 千米~110 千米之间的部分比较难解决,而解决这一区间定性的有两种常见的理论:"空间论"与"功能论"。

功能论是指不界定固定边界而以提倡取决于活动的性质与/或目的的判断理论,[2] 其实践中经常遭到像航天飞机等案例针对"活动的性质与/或目的"的抨击。

空间论是试图确定一个具体边界,目前主流观点是:空气空间延伸至冯·卡门线,在此线上的气动升力超过了离心力,海拔约 84 千

---

〔1〕 参见 Emma lin,《为保护地球而建国,太空国度 Asgardia 正式发射升空》,载 http://technews.cn/2017/11/14/cubesat-satellite-orbital-atk-antares-rocket-asgardia-nation-space/.

〔2〕 See Grove, Stephen, "Aerspace Object—Legal and Policy Issues for Air and Space Law", *Journey of Space Law*, 1997 (25), pp. 101, 110.

米。[1]也就是说建议在84千米之上就属于外层空间。现在这个问题还在争议中，但是一般把110千米以上都视为外层空间的部分。[2]

根据现有的"Asgardia-1"的发射高度，其高度与国际空间站高度相似，根据国际空间站的数据显示，其近地点也有379.7千米的高度，显然属于外层空间的管辖范围。

（二）外层空间法是否对Asgardia产生效力

现在联合国关于外层空间有一部宪章性质的文件，这个文件被联合国一百多个成员国所认可，这个条约就是《关于各国探索和利用包括月球和其他天体在内外层空间活动的原则条约》（以下简称OST），又被称为外空宪章，在空间法领域具有权威性。

而相较于OST，像《关于援救航天员、送回航天员及送回射入外空之物体之协定》《外空物体所造成损害之国际责任公约》《关于登记射入外层空间物体的公约》以及《关于各国在月球和其他天体上活动的协定》等条约的缔约国较少或者少很多，法律地位也不及OST，故以下讨论主要将围绕着OST展开。

OST第13条规定：

本条约各项规定，应适用于各缔约国为探索和利用外层空间（包括月球和其他天体）而进行的各种活动，不论这些活动是由一个缔约国，还是与其他国家联合进行的（以国际政府间机构进行的活动也包括在内）。因国际政府间机构探索和利用外层空间（包括月球和其他天体），而产生的任何实际问题，要由缔约国与主管国际机构，或与该国际机构中一个或数个缔约国一起解决。[3]

可以看出：由于Asgardia并没有参加与拒绝加入OST，故Asgardia不是外层空间条约的缔约方，同时根据本文上述的论证，由于Asgardia属于非政府间国际性组织，它不是政府间国际性组织可以不

---

[1] 参见[德]斯蒂芬·霍贝、伯恩哈德·施密特泰德等主编，李寿平等译：《科隆空间法评注·第一卷·外空条约》，世界知识出版社2017年版，第58~59页。

[2] 参见[德]斯蒂芬·霍贝、伯恩哈德·施密特泰德等主编，李寿平等译：《科隆空间法评注·第一卷·外空条约》，世界知识出版社2017年版，第58页。

[3] 参见《关于各国探索和利用包括月球和其他天体在内外层空间活动的原则条约》第13条。

用必须受某一个国家的强制性主管,也逃出了 OST 调整的对象和范围,因此 OST 第 2 条:

各国不得通过主权要求、使用或占领等方法,以及其他任何措施,把外层空间(包括月球和其他天体)据为己有。[1]

根据这一条便无法直接适用 OST 对其进行调整,加上目前并没有国际强行法对于外空领域宣誓主权进行强制规定与惩处,Asgardia 这一行为在国际法上陷入了困境。

(三)"非占有原则"是否成为国际习惯从而对 Asgardia 有效

倘若 OST 第 2 条中的 "Non-Appropriation" 原则已经成为国际习惯,根据我们前述的论述,由于 Asgardia 在其公开的法律文件中已经表明其尊重国际法的规定与精神,那么在 Asgardia 不否认这些国际习惯时,可以认为该国际习惯对 Asgardia 有效力。

关于国际习惯的主流学说"两要素说"认为:国际习惯的形成包含两个方面,即物质层面与精神层面。物质层面是指已经有的国际法中的"通例",即反复确认的国家实践,而精神层面则是指向一种"法律确念",两者缺一不可。

此外学界还有单要素说(如以凯尔森先生主张的国家实践单要素说和郑斌先生主张的法律确念单要素说)、重构理论等,而下文以学界主流的"两要素说"作为分析基础。

1. 通例层面

实践是物质要素"通例"形成的主要推动力量和构成因素,没有实践,通例的构成无从谈起。然而,当代国际习惯法理论对于国际社会中实践的具体存在形式及其对通例形成作用的大小争议颇多。

有的学者甚至经常将实践与通例或惯例概念混同起来使用,认为实践就是国际习惯的物质构成要素。[2]

从主体方面看,对于被公认为国际法主体的实践(尤其是政府间

---

[1] 参见《关于各国探索和利用包括月球和其他天体在内外层空间活动的原则条约》第 2 条。

[2] 即将 "practice" 和 "usage" 等同看待,认为他们都是由 "acts" 积累形成的。See H. W. A. Thirlway, *International Customary Law and Codification*, A. W. Sijthoff, 1972, p. 58.

国际组织），目前理论界比较一致的意见是：其在自己职能范围内的实践可以形成有关国际组织习惯法之通例。从本文分析出发，业已论证 Asgardia 作为非政府间国际性组织应当具有国际法主体的资格，即可以创造相应的国际习惯，同时也应当认可其他的国际习惯。

从客体方面看，实践的客体是指实践所指向的特定对象。在国际社会里，这种对象就是实践所指向的特定"国际关系"。比如美国国内法判例对"不得主张私人财产权"解释的肯定，代表性案例就是 2001 年前后的格雷格里·内米兹诉美国案。[1] 在中国也有相关的案例，表现了中国司法判例对"不得主张私人财产权"的肯定，代表案例就是李捷月球土地拍卖案。[2]

相关国家的案例从正面说明了以中美为代表的多国对于 OST 第 2 条"非占有原则"的肯定与法律实践。而且现实中尚未发现有关国家明确表示对于这一原则的反对立场与反对的司法实践，正反两方面事实上说明了其作为通例存在的认可度。

2. 法律确信层面

OST 第 2 条表明：各国不得通过主权要求、使用或占领等方法，以及其他任何措施，把外层空间（包括月球和其他天体）据为己有。[3] 全球已经有 130 多个国家承认并遵照 OST 作为自己处理国际事务的重要准则，明确表达了对于这一原则的遵守。

与此同时，联合国的重要文件也表达了对于这一原则的肯定，于 1961 年第十六次大会上通过的联合国 1721 号决议的第 1 条规定，"请各国采纳下列原则，俾于探测及使用外空时有遵循（a）国际法，包括联合国宪章在内，对外空及各天体一体适用；（b）外空及各天体可任由各国依国际法规定探测及使用，不得为任何国家所专有"[4]。

---

〔1〕 参见凌岩：《试论对月球和其他天体的所有权》，载《北京航空航天大学学报（社会科学版）》2006 年第 2 期。

〔2〕 参见北京娱乐信报：《月球大使馆 3 天就停业，月球土地证变成空头支票》，载 http://news.shm.com.cn/2005-11/07/content_1033027.htm，最后访问日期：2019 年 4 月 6 日。

〔3〕 参见《关于各国探索和利用包括月球和其他天体在内外层空间活动的原则条约》第 2 条。

〔4〕 参见联合国大会 1721 号决议，第 1 条。

于 1963 年订立的《各国探索和利用外层空间活动的法律原则宣言》，对 1721 号决议的内容作了进一步的规定，也是对后来 OST 所确立的"不得据为己有"原则的丰富。该宣言第 2 条规定，"各国都可在平等的基础上，根据国际法自由探索和利用外层空间及天体。"第 3 条规定，"外层空间和天体决不能通过主权要求、使用或占领、或其他任何方法，据为一国所有。"

不论是国家层面还是国际社会对于该条款的确信已经写入国际性决议、条款或者其他形式的文件，经历了三四十年的实践，已经逐渐成为国际所公认的法律确信。

因此，可以认为 OST 第 2 款所确立的"非占有原则"已经成为国际习惯，对于国际社会具有一定的法律效力，可以作为维也纳公约第 31 条所规定的国际法律渊源加以适用。

因而也就得出了：

由于"非占有原则"已经逐渐成为国际习惯，对于视为国际法主体的具有非政府间国际性组织性质的 Asgardia 具有国际法上的法律效力，再加上 Asgardia 从其宪法性纲领文件中表明其尊重国际法的一般效力，所以在现有的国际法体系下，Asgardia 不能以在太空搭建新的平台作为新的领土为依据，建立国际法意义上的正式的国家，并以此来逃避国际法的约束。

结　语

人类探索世界的脚步逐步延伸至浩瀚的太空，茫茫星海都将可能印上人类的足迹。在人类探索太空的过程中，会出现与以往旧世界法律体系不相兼容的地方，Asgardia 就是其中的一例。Asgardia 企图通过建立国家的方式创立人类历史上的第一个太空国家，主创人阿舒贝伊利更是野心勃勃地想要通过太空建国的方式以规避正常的地面国家治理，甚至有摆脱现有国际法框架的可能性。通过上述论证我们发现 Asgardia 可以被定性为非政府间国际性组织，其对于太空领土与主权的宣称与现行国际空间法中"非占有原则"相违背，因而在国际习惯等的约束下在法律判断上无法得到实现。也就是说，在现有国际法背景下想要建立一个太空国家不仅仅在技术上困难重重，而且在国际法的意义下并不允许有这样的太空国家的存在，其严重违背国际空间法的现行规定，其理论与实际上的争议重重，困难极大。但相信随着人类的不断发展与空间法体系的不断完善，人类会对于像 Asgardia 这样渴望走出地球、外空殖民的国家或组织等给出一个清楚的交代！

（主审人：苏汉廷）

经世参法

学术法大

劳动力就业"极化"的经济效应分析

——基于经济增长的视角

黄 慧[*]

20世纪下半叶,许多发达国家和发展中国家的劳动力市场均出现了高技能劳动力就业比重上升、工资结构宽化的就业"升级"(upgrading)现象,并于80年代日趋显著。[1] 研究显示,20世纪90年代以来美国、英国等发达国家劳动力就业出现"极化"趋势,即高、低技能劳动力就业比重上升的同时中等技能劳动力就业比重相对下降,呈现出非单调的"U型",并伴随着工资不平等的现象。[2] 就业是民生之本,是人民群众改善生活的基本前提和基本途径,劳动力就业结构的变化关系着我国经济的持续发展。中国作为发展中国家是否也出现了劳动力就业"极化"?改革开放以来,我国的经济一直处于高速增长时期,但从区域经济发展的角度来看,各地区的经济发展在各方面都存在明显的差异。劳动力"极化"是否对我国不同地区的经济增长产生影响?本文试图对上述问题进行经济学分析。

一、文献综述

目前国内外学界关于劳动力就业"极化"问题的研究可以梳理为

---

[*] 中国政法大学商学院2015级本科生。

[1] 参见郝楠:《劳动力就业"极化"趋势与机制的文献综述:基于技能结构的动态视角》,载《兰州财经大学学报》2017年第2期。

[2] See Maarten Goos and Alan Manning, "Lousy and Lovely Jobs: the Rising Polarization of Work in Britain", *Review of Economics and Statistics*, Vol. 89, No. 1 (2007), pp. 118-133; D. H. Autor, L. F. Katz and M. S. Kearney, "The Polarization of the U. S. Labor Market", *American Economic Review*, Vol. 96, No. 2 (2006).

以下几个方面：

第一，关于劳动力就业"极化"发展趋势的研究。Autor 等详细描述了美国过去 50 年劳动力就业"极化"的变动趋势，指出美国 20 世纪 90 年代开始出现极化趋势，高技能职业和低技能职业的就业增长率快于处于中等技能职业的就业增长率;[1] Oesch 和 Menes 对 1990—2008 年英国、德国、西班牙和瑞士的职业变化进行研究，指出四个国家都存在着不同程度的就业极化现象;[2] 在国内学界，屈小博与程杰利用就业岗位分析法发现我国农民工就业结构出现"两极化"趋势。[3] 郝楠分析了我国 1978 年以来劳动力就业结构和工资结构的演变历史与发展路径，从总体、产业内和区域间等方面多角度刻画我国就业技能结构变迁的特点与规律。[4]

第二，关于劳动力就业"极化"产生原因的研究。大多数国外学者研究技术进步对劳动力"极化"的影响机制。Acemoglu 指出高技能劳动力就业比重上升将引发研发部门生产技能互补性技术，技能偏向性技术进步会不断促进高技能劳动力就业比重不断上升。[5] Krusell 等认为资本设备价格下降和高利润率推动资本设备投资增加和使用增长，资本设备与高技能劳动力之间的互补关系以及资本和技术相互融合导致技术进步对高技能劳动力相对需求增加。[6] 国内学者主要集中于研究技能偏向性技术进步、贸易开放对劳动力就业"极化"的影响。如姚先国等认为中国企业的技术进步在一定程度上

---

[1] See D. H. Autor, L. F. Katz and M. S. Kearney, "The Polarization of the U.S. Labor Market", *American Economic Review*, Vol. 96, No. 2 (2006), pp. 189-194.

[2] See Daniel Oesch and Jorge R. Menes, "Upgrading or Polarization? Occupational Change in Britain, Germany, Spain and Switzerland 1990-2008", *MPRA Paper*, No. 21040, (2010).

[3] 参见屈小博、程杰：《中国就业结构变化"升级"还是"两极化"?》，载《劳动经济研究》2015 年第 1 期。

[4] 参见郝楠：《我国劳动力极化问题研究》，安徽大学 2016 年博士学位论文。

[5] See Daron Acemoglu, "Why Do New Technologies Complement Skills? Direct Technical Change and WageIne Quality", *Quarterly Journal of Economics*, Vol. 113, No. 4, (1998), pp. 1055-1090.

[6] See Per Krusell, Lee E. Ohanian, José-Víctor Ríos-Rull and Giovanni L. Violante, "Capital-Skill Complementarity and Inequality: A Macroeconomic Analysis", *Econometrica*, Vol. 68, No. 5, (2000), pp. 1029-1053.

呈现出技能偏态性的特点，导致了企业对高技能劳动力需求的增加，以及高技能劳动力所占的就业比重和收入比重的增加。[1] 宋冬林使用时间序列数据证实我国生产率提高和技术进步都增加了对技能型劳动的需求，当期资本体现式技术进步比中性技术进步对技能型劳动的需求更大。先进设备应用和高新技术吸收需要技能型劳动与之相适应，必然增加技能型劳动而降低非技能型劳动的需求，因此技术进步必将引致不同类型劳动需求数量和劳动结构变化。[2] 对于贸易开放方面，不同学者从中间品贸易、离岸外包、外商直接投资、产业内贸易等视角探讨了贸易开放对劳动力就业"极化"的影响机制。如吕延芳和王东利用产出投入表实证指出我国外包会对长期就业水平有积极影响，使得劳动力需求增加。[3] 张先锋和黄巍基于消费者偏好多样性、产品差异性等理论基础证实了产业内贸易、外商直接投资促进资本投入导致技能溢价，使得低技能劳动力从事FDI中的简单组装活动，高技能劳动力从事技术密集型行业，两类技能劳动力需求增加。[4]

综上所述，目前学界缺乏对劳动力就业"极化"可能引发的经济效应研究。国外的研究大多数根植于西方发达国家的经济发展情况，基本上没有针对发展中国家的研究。而国内的研究基本上遵循着国外学者的研究思路和方法，对劳动力"极化"产生的经济效应研究较为有限。目前我国进入经济新常态，正确把握劳动力市场结构变化如何影响经济增长，对我国经济持续健康发展、社会和谐稳定具有重大意义。

本文基于经济增长的视角分析劳动力就业"极化"给我国东部、中部、西部、东北部四个不同地区带来的经济效应。首先对我国2005～2015年间不同技能水平劳动力就业的发展趋势进行分析，然后介绍劳动力就业与经济增长关系的相关理论机制，接着利用固定效应模型进

---

[1] 参见姚先国、周礼、来君：《技术进步、技能需求与就业结构——基于制造业微观数据的技能偏态假说检验》，载《中国人口科学》2005年第5期。

[2] 参见宋冬林、王林辉、董直庆：《技能偏向型技术进步存在吗？——来自中国的经验证据》，载《经济研究》2010年第5期。

[3] 参见吕延方、王冬：《参与不同形式外包对中国劳动力就业动态效应的经验研究》，载《数量经济技术经济研究》2011年第9期。

[4] 参见张先锋、黄巍、洪蕾：《产业内贸易对技能溢价的影响机制——基于中国制造业28个细分行业的经验分析》，载《技术经济》2013年第11期。

行实证回归分析,最后得出结论与相应的政策建议。

二、我国劳动力就业"极化"的发展趋势

(一)基于受教育程度分类的就业结构变化趋势

参考吕世斌[1]的做法以受教育程度为标准划分劳动力技能水平,将劳动力受教育程度划分为小学及以下、初中及高中、大专及以上三个部分,描述不同技能劳动力就业比重的变化趋势。根据图1,从2005~2011年初中及高中学历、大专及以上学历的劳动力就业比重不断上升,而小学及以下的劳动力就业比重逐年下降,从37%下降到21.6%,下降幅度为41.6%。到了2011年后,初中及高中学历的劳动力就业比重开始下降,下降幅度为5.2%,而小学及以下学历的劳动力就业比重上升至2015年的20%。大专及以上学历的劳动力就业比重逐年上升,从2005年的6.78%上升至2015年的17.40%,上升幅度为156.7%。

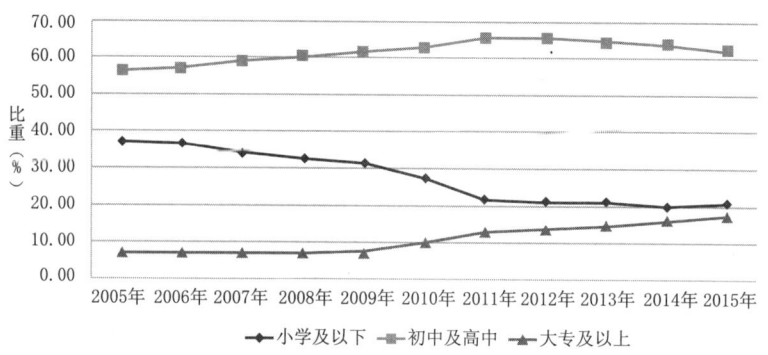

图1 中国2005—2015年不同受教育程度劳动力就业比重变化趋势[2]

总结来看,2005—2015年我国不同技能水平劳动力就业情况较为复杂,但是近年来呈现出高技能水平与低技能水平劳动力就业比重上升,中等技能水平就业比重相对下降的"极化"趋势。

(二)基于地区分类的就业结构演变趋势

根据国家统计局2011年的划分方法,将我国31个省市划分为东

---

[1] 参见吕世斌、张世伟:《中国劳动力"极化"现象及原因的经验研究》,载《经济学(季刊)》2015年第1期。
[2] 数据来源:《中国劳动统计年鉴》。

部、中部、西部、东北部四个地区。[1] 利用四个地区不同学历劳动力就业情况来考察我国劳动力市场就业比重演变趋势，见图2。

根据图2，东部、中部、西部这三个地区在2005—2015年间初中及高中学历的劳动力就业比重都有先升后下降的现象，而此学历劳动力就业比重在东北部变化不太明显。与此同时，2010年前后，中、西部地区小学及以下学历的工人就业比重都从之前的下降趋势开始变为上升趋势，其中中部表现较为明显，上升幅度为51.7%。而在东部、东北部地区，小学及以下学历的工人就业比重逐年下降。四个地区相同点在于大专及以上学历的工人就业比重逐年上升，在西部地区表现更为明显，上升幅度为195%。

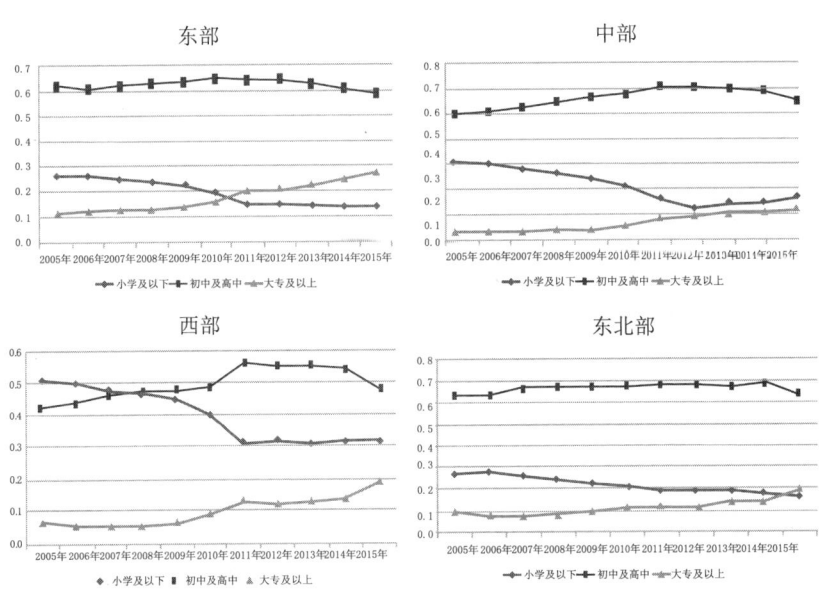

图2 中国2005—2015年不同地区劳动力的就业比重变化趋势[2]

---

[1] 东部地区包括：北京、天津、上海、北京、天津、河北、上海、江苏、浙江、福建、山东、广东和海南10省（市）；中部地区包括山西、安徽、江西、河南、湖北和湖南6省；西部地区包括内蒙古、广西、重庆、四川、贵州、云南、西藏、陕西、甘肃、青海、宁夏和新疆12省（区、市）；东北地区包括辽宁、吉林和黑龙江3省。

[2] 数据来源：《中国统计年鉴》。

从以上分析来看，从 2005—2015 年在我国的中部、西部地区都出现了高等技能劳动力与低等技能劳动力就业比重上升，中等技能劳动力就业比重相对下降的现象，劳动力就业"极化"初步显现。

（三）基于行业分类的就业结构的变化趋势

基于国外学界研究思路与方法，以下通过对行业技能水平进行排序考察不同行业的就业比重变化。

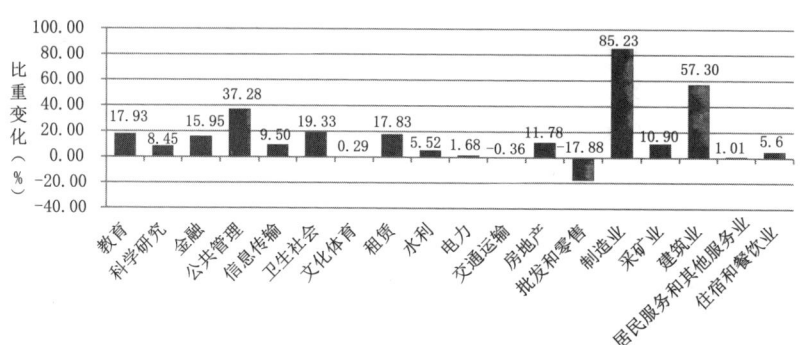

图 3　2005—2015 年我国不同行业就业比重变化（按受教育水平排序）[1]

根据图 3，2005—2015 年我国就业"极化"趋势显现，教育、科学研究、金融等需要高技能水平劳动力行业的就业比重上升，分别上升 17.93%、8.45%、15.95%。而电力、交通运输、批发和零售等中等技能劳动力占较大比重的行业就业比重相对下降，就业比重变化分别为 1.68%、0.36%、-17.88%。与此同时，制造业、采矿业、建筑业等低等技能工人占比较大行业的就业比重上升，上升幅度分别为 85.23%、10.90%、57.30%。整体呈现一个"U"型结构。

三、劳动力就业对经济增长影响的理论机制

（一）异质劳动力流动对经济增长的影响

依据新经济地理学理论，当地区之间的运输成本下降到某一临界值后，因厂商层面具有报酬递增的优势，集聚所产生的外部效应将大于运输成本所造成的负效应，厂商更愿意集聚在某个地区，其结果导

---

[1]　数据来源：《中国人口与就业统计年鉴》。

致该地区对劳动力的需求增加,生产出的消费品数量迅速增加,工业劳动力具有向该地区不断迁移的动力。与此同时,低技能劳动力空间流动增加了迁入地的市场规模,缩小了迁出地的市场规模,从而加剧地区经济分布的不平衡,促进工业部门的集聚,形成核心—外围的经济格局。[1] 在这个过程中,有两种效应起着关键作用,一种是本地市场效应,即集聚在某个地区的厂商数量越多,当地生产的商品品种也越多,因而有更多劳动力受到更高生产水平的吸引集聚在该地区,由于厂商具有规模经济,该地区所提供的产品也就越多。另一种是价格指数效应,即核心地区厂商集聚程度越高,商品品种越丰富,该地区产品的均衡价格指数就越低,对劳动力的吸引力也就越大。这两种效应使得地理群聚企业加大对低技能劳动力与高技能劳动力的拉力,异质劳动力的分工效应、两者之间的多样性与差异性促进群聚企业的创新行为,又进一步带动了劳动力的流动,促进当地经济的良性发展。同时,产业集聚一方面能够降低经营成本、加快技术创新、提高经济效益,另一方面能够促进信息共享,提升社会信用,完善社会网路的构建,从而实现区域的经济增长。

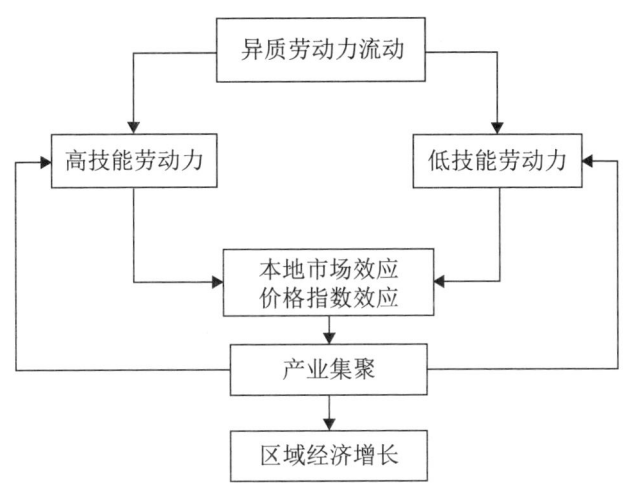

图 4 异质劳动力流动影响区域经济增长示意图

---

〔1〕 参见李芬:《中国异质劳动力省际流动及地区收入差距研究》,浙江大学出版社2016年版。

(二) 人力资本促进经济增长——基于罗默内生经济增长模型

罗默内生经济增长模型包括研发与开发部门、中间产品生产部门、最终产品生产部门三个部门并考虑了劳动、资本、人力资本和知识水平等四个因素。首先从研发与开发部门出发，假定在该部门的生产要素仅包括人力资本与已有的知识存量，得到该部门进行知识再创造的生产函数 $A' = \delta AH$，接着在第一和第二部门的利润竞争均衡的基础上得出最后的生产函数，表达如下：

$$Y(H, L, A, X) = (AH)^\beta (AL)^\alpha K^{1-\alpha-\beta} \theta^{1-\alpha-\beta} \quad (1)$$

A 代表已有的知识或者技术的水平，H 代表人力资本的存量，L 代表普通的体力劳动投入，θ 代表生产一单位 X 所需的最终产品的投入。从式（1）可以看出人力资本存量在经济增长中的作用，人力资本存量越多，经济增长量越高。同时，人力资本对于技术或者知识的创造起到关键作用，知识和技术水平的提高又带动了经济增长，形成一种良性循环，为经济的持续增长提供动力。

罗默在此基础上进一步讨论了人力资本与经济增长率的作用，利用最终产品部门的人力资本工资与研发和开发部门的人力资本工资相等代表均衡状态，令 $w_Y = p_A \delta A$ 表示研发与开发部门的人力资本工资，存量 H 是一个常数，则有 $\dfrac{dA}{dt} = \delta H_A A$，最后得到经济增长率 g 的表达公式如下：

$$g = \delta H_A = \delta(H - H_Y) = \delta H - \frac{\alpha}{(1-\alpha-\beta)(\alpha+\beta)} r \quad (2)$$

r 代表资本报酬率。由式（2）可知经济增长率与人力资本水平的关系，在资本报酬率 r 保持不变的情况下，人力资本水平与经济增长成正比。可见提高人力资本水平是提升经济增长的关键。

(三) 知识外溢

高技能劳动力在空间的流动使得固化在他们身上的各种技能及无形知识也会散开来，产生知识的溢出效应。知识的使用价值可以在主体不损耗的情况下被转移、赠送，随着消费的人数增加，其使用价值不仅不会减少，反而可能增加。各个地区人力资本存量的差异取决于当地劳动力的构成，一个地区高技能劳动力比重越大，该地区人力资本存量也越大，知识的创新及传播速度越快，知识的溢出现象越广泛。

在生产层面,高技能劳动力与高技能劳动力之间、高技能工人与中、低工人之间产生知识溢出效应使得劳动力结构不断优化,促进生产效率。在消费层面,知识溢出使得不同技能劳动力之间不断学习,向更好的就业岗位移动,提高收入水平。知识的溢出效应的正外部性将通过生产及消费两个层面提高集聚地区的福利水平,进而提高当地的经济增长。

四、劳动力就业"极化"经济效应的实证分析

(一)计量模型构建

将经济增长作为解释变量,将高、中、低技能劳动力就业比重作为解释变量,参考前人研究引入技术进步、贸易开放、产业结构升级以及城镇化等影响经济增长的相关变量作为控制变量,通过 Hausman 检验(见附件)运用固定效应模型估计劳动力就业"极化"对经济增长的影响。计量模型如下:

$$GDP_{it} = \alpha_0 + \alpha_1 L_{it} + \alpha_2 X_{it} + \varepsilon_{it}$$

i 表示东部、中部、西部、东北部四个不同地区,t 表示时间,L_{it} 表示 i 地区 t 时间高、中、低技能劳动力就业比重,X_{it} 表示 i 地区 t 时间的经济增长程度。GDP_{it} 为一组包括技术进步、贸易开放、产业结构升级与城镇化发展水平的控制变量。ε_{it} 为服从标准正态分布的随机干扰项。

主要变量描述见表1。

表1 主要变量的统计描述

变量			样本数	均值	标准差	最小值	最大值
劳动力技能	高等技能	HL	44	0.1224	0.0536	0.0581	0.2736
	中等技能	ML	44	0.6093	0.0739	0.4200	0.6938
	低等技能	LL	44	0.2681	0.1016	0.1371	0.5091
经济增长		GDP	44	10.4022	0.5607	9.2079	11.2638

(二)变量选择和数据来源

经济增长(GDP):选取各地区的人均国民生产总值作为经济增长

的衡量指标，并取对数保证数据的稳定性。数据来源于2005—2015年的《中国统计年鉴》。

劳动力技能水平：以受教育程度来代表高、中、低不同技能水平劳动力，将小学及以下劳动力定义为低技能劳动力，初中及高中学历定义为中等技能劳动力，大专及以上定义为高等技能劳动力。数据来源于《中国人口和就业统计年鉴》。

技术进步（T）：选取全要素生产率来衡量技术进步，数据来源于吕连菊、阚大学："中国全要素生产率的测算及其变动分析"。[1]

贸易开放（Trade）：用四个地区每年的贸易进出口总额占GDP总额比重表示。数据来源于《中国统计年鉴》。

产业结构升级（Ind）：参考徐德云[2]的做法，利用产业结构升级系数来衡量产业结构升级的程度。数据来源于《中国统计年鉴》。

城镇化水平（Urb）：用城镇人口占总人口的比重来衡量。数据来源于《中国统计年鉴》。

（三）回归结果分析

1. 低等技能劳动力与四个地区的经济增长

表2　2005—2015年低技能劳动力与四个地区经济增长的回归结果[3]

变　量	东部GDP	中部GDP	西部GDP	东北GDP
低等技能（LL）	-0.998 106* (-1.056 001)	-2.279 142*** (-3.382 519)	-3.175 142*** (-5.637 906)	-7.131 785*** (-5.980 192)
F值	\multicolumn{4}{c}{179.8098}
Prob（F-statisic）	\multicolumn{4}{c}{0.000 000}
R^2	\multicolumn{4}{c}{0.984 026}
样本量	44	44	44	44

---

[1] 参见吕连菊、阚大学：《中国全要素生产率的测算及其变动分析》，载《统计与决策》2017年第20期。

[2] 参见徐德云：《产业结构升级形态决定、测度的一个理论解释及验证》，载《财政研究》2008年第1期。

[3] ***、**、*分别表示1%、5%、10%的置信水平。

低技能劳动力就业比重上升均对四个地区经济增长产生阻碍作用，其中对东北部经济发展的阻碍作用较大。东北三省属于我国的重工业基地，在石油化工、钢铁、交通运输制造业等重点行业占国内优势。2015年以来，中国经济下行压力增大，工业投资持续下滑，国内外需求不足的问题未得到有效缓解，进而导致中国工业整体增速进一步放缓，传统产业面临结构调整和转型升级的巨大压力。低技能劳动就业比重的上升一定程度上表明了我国钢铁、水泥等原材料工业仍存在严重的产能过剩，工业链低端、传统原材料工业催生了对低技能劳动力的大量需求，使得东北部的经济增长受到阻碍。中部地区农业发达，劳动力资源廉价，在短期内中部地区能利用低等技能劳动力成本低的比较优势带动地区经济发展，但是随着中部以科学技术、科学管理为指导的现代农业的进步、城镇化的发展，低等技能工人的技能水平已经不能适应当地的发展，在长期内低等技能劳动力就业比重的增加阻碍了中部地区的经济发展。

2. 中等技能劳动力与四个地区的经济增长

表3 2005—2015年中等技能劳动力与四个地区经济增长的回归结果[1]

变量		东部GDP	中部GDP	西部GDP	东北GDP
中等技能（ML）		5.645 292*** (2.770 218)	3.386 006*** (2.760 505)	4.476 155*** (4.539 029)	10.026 62*** (4.380 321)
F值		96.139 16			
Prob（F-statistic）		0.000 000			
R^2		0.970 630			
样本量	44	44	44	44	44

中等技能劳动力就业占比的增加均促进了四个地区的发展。然而在劳动力"极化"背景下，中等技能劳动力就业比重下降，将会对四个地区的经济产生阻碍。中等技能劳动力一方面可以通过提高自身素质进入高等技能行列，作为高等技能劳动力的后备军，中等技能劳动

[1] ***、**、*分别表示1%、5%、10%的置信水平。

力与高等技能劳动力之间也存在着学习效应,会产生知识外溢。另一方面对低等技能劳动力有替代作用。中等技能劳动力就业比重的上升在一定程度上可以体现劳动力市场的分工,提升劳动力市场效率,实现劳动资源的优化配置,从而带动经济增长。

3. 高等技能劳动力与四个地区的经济增长

表4 2005—2015年高等技能劳动力与四个地区经济增长的回归结果[1]

变量		东部GDP	中部GDP	西部GDP	东北GDP
高等技能(HL)		−3.971 997 *** (−3.402 410)	−2.454 840 * (−1.370 755)	5.194 049 *** (3.718 808)	0.667 407 * (0.405 953)
F值		142.7166			
Prob(F-statistic)		0.000 000			
R^2		0.980 024			
样本量	44	44	44	44	44

高技能劳动力就业比重的不断上升促进了西部、东北部的经济发展。当前我国提出"一带一路",加快同周边国家和地区的经济往来,建设西部地区的管道、铁路、公路、港口等基础设置,拉动西部经济发展,加快西部地区的对外开放。西部地区扩大了对高技能劳动力的需求,人力资源积累的规模报酬递增和外部效应对经济可持续增长发挥重要作用。具备高知识和技能水平的高等劳动力对经济结构转型、产业结构调整、对外贸易奠定了坚实的人力基础。2015年,我国企业共对"一带一路"相关的49个国家进行了直接投资,投资额同比增长18.2%。与此同时,我国承接"一带一路"相关国家服务外包合同金额178.3亿美元,执行金额121.5亿美元,同比分别增长42.6%和23.45%。贸易往来的过程中高技能劳动力的知识溢出效应发挥作用,既有效地学习了国外先进的生产技术,又提高了企业的生产效率,促进产业集聚,形成规模经济,拉动当地经济增长。近年来辽宁省积极部署打造东北亚国际物流枢纽区,建设中蒙俄经济走廊,开拓俄罗斯

---

[1] ***、**、*分别表示1%、5%、10%的置信水平。

远东地区和蒙古以及欧美、日、韩高端市场,由此提高了对高等技能劳动力的需求,高等人力资本的流动与就业比重的上升为东北三省经济增长注入活力。

五、结论与政策建议

本文对我国 2005—2015 年间劳动力就业"极化"的发展趋势进行分析,并探讨了劳动力就业"极化"对我国东、中、西、东北部四个地区经济增长的影响机制。研究结果表明:2005—2015 年间我国就业结构呈现出"极化"趋势,相对于中等技能劳动力就业比重变化,高等技能劳动力与低等技能劳动力就业比重有更大幅度的上升。低等技能劳动力就业比重上升对四个地区经济增长产生阻碍作用,中等技能就业比重的上升对四个地区的经济增长均有促进作用,高等技能就业比重的上升促进了西部、东北部的经济发展。

本文的研究结论有三方面的启示。

一是我国的劳动力市场正发生着重要的结构性变化。随着我国技术进步、农业机械化、产业结构调整,劳动技能的需求结构在发生改变,这要求劳动供给结构也有相应的改变。在教育供给层次方面,从"科教兴国"到"科教强国",将教育和科技进行有机结合,继续注重"人口红利"转向"人才红利",培养高素质高质量人才。实施国际化人才培养战略,打造教育国际交流平台,积极开展与世界各国学者的互访、交流,共建学术团队,制定高效应用研究与技术创新计划,改革奖励制度,激励教育创新,推动高技能人才的培养。对于中等技能工人,依托技校、职高、中专等职业技能培训平台,制定技能人来和专业技术人才实训计划。

二是优化产业结构。各个地区在要素禀赋的基础上发展消费型、知识型第三产业,以自主创新提升产业技术水平,走科技含量高、经济效益好、资源消耗低的发展道路,充分发挥不同层次的人力资本优势,以产业结构优化带动劳动力市场升级,促进低技能劳动力不断提升自身技能水平,提高对高技能工人的需求,充分利用高技能劳动力知识溢出效应,推进经济社会协调发展。

三是促进技术创新。面向世界科技前沿,开展前瞻性的研究,不断更新劳动者的技能、劳动资料的性能,劳动对象的范围和工艺流程。同时与市场需求相结合,加快发展大数据、云计算、移动互联网等新一代信息技术和职能制造技术的步伐,抓住时代机遇,使得科技创新链条更加灵巧,技术更新成果转化更加快捷。已经部署的项目和新部署的项目要形成梯次接续的系统布局,发挥市场经济条件下新型举国体制优势,带动我国人才素质的提高,增强我国综合国力。

附 件

一、利用 Eviwes 8.0 进行 Hausman 检验,结果如下[1]:

Correlated Random Effects-Hausman Test
Pool: POOL 1
Test period random effects

Test Summary	Chi-Sq. Statistic	Chi-Sq. d. f.	Prob.
Period random	258.026 763	5	0.0000

Period random effects test comparisons:

Variable	Fixed	Random	Var (Diff.)	Prob.
X1?	-120 414...	-180 646.2...	83 361 985...	0.0000
X2?	-44 366.4...	67 809.804...	58 171 166...	0.0000
X3?	-71 783.7...	-12 645.30...	46 307 224...	0.0000
X4?	-307 925...	802 474.32...	98 332 563...	0.0000
X5?	62 262.21...	-99 153.02...	21 073 616...	0.0000

---

[1] X1、X2、X3、X4、X5 分别代表不同贸易开放程度、产业结构升级系数、城镇化水平、技术进步、技能劳动力占比。

二、回归结果如下:

1. 低技能劳动力与四个不同地区的回归结果:[1]

Included observations: 11
Cross-sections included: 4
Total pool (balanced) observations: 44

Variable	Coefficient	Std. Error	t-Statistic	Prob.
C	-16.537 63	12.227 26	-1.352 521	0.1857
X1?	0.721 374	0.802 786	0.898 588	0.3756
X2?	-0.581 816	0.861 941	-0.675 006	0.5045
X3?	4.394 330	1.110 013	3.958 809	0.0004
X4?	28.160 23	12.61 635	2.232 042	0.0327
D——X5D	-0.998 106	0.945 176	-1.056 001	0.2989
Z——X5Z	-2.279 142	0.673 800	-3.382 519	0.0019
X——X5X	-3.175 142	0.563 178	-5.637 906	0.0000
DB——X5DB	-7.131 785	1.192 568	-5.980 192	0.0000
Fixed Effects (Cross)				
D——C	-1.928 911			
Z——C	0.378 608			
X——C	0.120 574			
DB——C	1.429 730			
Effects Specification				
Cross-section fixed (dummy variables)				
R-squared	0.984 026	Mean dependent var	10.402 21	
Adjusted R-squared	0.978 536	S.D. dependent var	0.567 229	
S.E. of regression	0.083 103	Akaike info criterion	-1.910 461	
Sum squared resid	0.220 998	Schwarz criterion	-1.423 864	
Log likelihood	54.030 14	Hannan-Quinn criter.	-1.730 007	
F-statistic	179.2098	Durbin-Watson stat.	1.147 390	
Prob (F-statistic)	0.000 000			

[1] X1、X2、X3、X4、X5分别代表不同贸易开放程度、产业结构升级系数、城镇化水平、技术进步、低等技能劳动力占比。

2. 中等技能劳动力与四个不同地区的回归结果:[1]

Variable	Coefficient	Std. Error	t-Statistic	Prob.
C	-31.314 27	11.535 99	-2.714 485	0.0106
X1?	0.207 868	0.981 024	0.211 889	0.8335
X2?	3.483 257	1.492 294	2.334 163	0.0260
X3?	3.322 348	1.377 059	2.412 639	0.0217
X4?	29.821 83	12.295 32	2.425 462	0.0211
D——X5D	5.645 292	2.037 852	2.770 218	0.0092
X——X5X	3.386 006	1.226 589	2.760 505	0.0095
Z——X5Z	4.476 155	0.986 148	4.539 029	0.0001
DB——X5DB	10.026 62	2.289 015	4.380 321	0.0001
Fixed Effects (Cross)				
D——C	-1.399 221			
Z——C	2.284 331			
X——C	1.174 312			
DB——C	-2.059 422			

Effects Specification			
Cross-section fixed (dummy variables)			
R-squared	0.970 630	Mean dependent var	10.402 21
Adjusted R-squared	0.960 533	S. D. dependent var	0.567 230
S. E. of regression	0.112 687	Akaike info criterion	-1.301 404
Sum squared resid	0.406 348	Schwarz criterion	-0.814 807
Log likelihood	40.630 89	Hannan-Quinn criter.	-1.120 951
F-statistic	96.139 16	Durbin-Watson stat	1.253 745
Prob (F-statistic)	0.000 000		

3. 高等技能劳动力与四个不同地区的回归结果:[2]

Variable	Coefficient	Std. Error	t-Statistic	Prob.
C	-79.567 34	17.536 36	-4.537 279	0.0001

---

[1] X1、X2、X3、X4、X5分别代表不同贸易开放程度、产业结构升级系数、城镇化水平、技术进步、中等技能劳动力占比。

[2] X1、X2、X3、X4、X5分别代表不同贸易开放程度、产业结构升级系数、城镇化水平、技术进步、高等技能劳动力占比。

续表

Variable	Coefficient	Std. Error	t-Statistic	Prob.
X1?	0.690 985	0.948 084	0.728 823	0.4714
X2?	-1.682 227	1.183 111	-1.421 868	0.1647
X3?	5.991 802	1.291 421	4.639 697	0.0001
X4?	95.328 44	17.583 79	5.421 381	0.0000
D——X5D	-3.971 997	1.167 407	-3.402 410	0.0018
Z——X5Z	-2.454 840	1.790 867	-1.370 755	0.1800
X——X5X	5.194 049	1.396 697	3.718 808	0.0008
DB——X5DB	0.667 407	1.644 051	0.405 953	0.6875
Fixed Effects (Cross)				
D——C	-3.408 389			
Z——C	2.618 703			
X——C	-1.476 609			
DB——C	2.266 295			

Effects Specification			
Cross-section fixed (dummy variables)			
R-squared	0.980 024	Mean dependent var	10.402 21
Adjusted R-squared	0.973 157	S. D. dependent var	0.567 230
S. E. of regression	0.092 935	Akaike info criterion	-1.686 837
Sum squared resid	0.276 380	Schwarz criterion	-1.200 240
Log likelihood	49.110 41	Hannan-Quinn criter.	-1.506 383
F-statistic	142.7166	Durbin-Watson stat	1.417 453
Prob (F-statistic)	0.000 000		

(主审人：谭虹吉)

非物质文化遗产法律保护的巴泽尔困境及产权理论的纾困路径

——以浙江越剧为例

陶鹏远[*]

绪 论

当前,世界的全球化趋势已延伸到文化领域,文化传播的全球化其实是一个文化竞争的过程。这场外来文化与本土文化的较量与博弈悄无声息却又硝烟弥漫,重视自己民族的传统文化的抢救与保护已经成为各个国家刻不容缓的重要任务。

非物质文化遗产承载着见证和积淀人类社会文明的使命,为人类社会的可持续发展提供了资源与动力。[1] 但近几年来我们也不难发现,现代化潮流与飞速发展的经济强烈冲击着非物质文化遗产的生存与发展,它们正遭遇不同程度的损毁与消亡。这一局面的出现不利于我国传统文化的一脉相承,也在一定程度上制约着经济的可持续发展与社会的全面进步。[2]

面临非物质文化遗产的生存危机,对它的保护工作也日渐被提上

---

[*] 中国政法大学国际法学院2015级本科生。

[1] 非物质文化遗产不可否认是我国优秀的传统文化的代表,是我国现代文化创新的源泉与动力。

[2] 由于非物质文化遗产常常与相关的文化社区及传统生产生活模式密切联系在一起,同时也出于适应生活环境的需要,传统社区与原住居民在传承非物质文化遗产的过程中不断与自然、社会进行互动,因而非物质文化遗产也处在不断演变的过程中,这也就使得非物质文化遗产的保护相较物质文化遗产而言要艰难得多。

议程。非物质文化遗产的保护问题在国外受到关注的时间比较早。[1]进入21世纪之后,对非物质文化遗产的保护才进入了一个阶段性发展的时期。2003年10月17日,联合国教育、科学及文化组织(UNESCO)出台了《保护非物质文化遗产公约》。[2]

我国对非物质文化遗产采取保护措施的时间比较晚,非物质文化遗产枯竭的状况可以说是触目惊心。[3]我国对非物质文化遗产的保护可以以2003年《保护非物质文化遗产公约》颁布作为一个分界点。在此之前虽然政府也通过颁布一些政策条例对非物质文化遗产加以保护,但是不能根本扭转文化遗产不断流失的局面。而在2003年之后,整体的投入与建设有了明显的增多。[4]此外,我国于2011年颁布了《非物质文化遗产法》(以下简称《非遗法》)。[5]在这一阶段,我国非物质文化遗产保护工程全面启动,开展普查、建立名录体系、选定传承人、建立生态区、展开教育等工作,使得我国非物质文化遗产的保护局面得到了一定的改善。

---

[1] 在20世纪50年代,阿根廷、巴西等一些发展中国家就有通过颁布一系列法律或政策来保护非物质文化遗产的措施。而非物质文化遗产的保护问题引起更大范围的国际关注则是在20世纪70年代,联合国教育、科学及文化组织意识到了文化遗产的重要性和国家保护工作的不完善,《保护世界文化和自然遗产公约》于1972年在巴黎的一次组织大会上通过。

[2] 参见刘承华:《守承文化之脉:非物质文化遗产保护特殊性研究》,南京大学出版社2015年版,第4页。

[3] 虽然文化部在1988年就开始命名"民族艺术之乡",开展了所谓文化生态保护活动,但细究之,这些政策安排更多的是运动式的"突击战",算不得制度意义上的法律保护。就拿传统戏曲为例,我国在1949年的时候统计为360种,到1982年时剩317种,而到了2004年时只剩260种了。

[4] 自2003年下半年开始,文化部在全国范围内启动了中国民族民间文化保护工程。2004年我国正式加入了联合国教育、科学及文化组织的公约。自2006年起我国开始公布自己的《非物质文化遗产名录》,截至2015年,我国初步形成了国家、省、市、县四级非遗名录体系,符合我国国情的非遗保护体系初步建立,设立了18个国家级文化生态试验区,38个非遗项目入选了UNESCO的非物质文化遗产名录。

[5] 参见孙昊亮:《非物质文化遗产的公共属性》,载《法学研究》2010年第5期。

同时，上述的种种方面也引起了学术界的关注。[1] 一时之间，不受重视的民间传统文化被贴上了非遗的标签后随着局势的演变，竟有成为国内主流文化的态势。[2] 同时间也涌现出了许多非遗研究的"专家"，姑且不考虑他们真实的研究水平，但是一些专家盲目调研，浪费了真正的非遗资源与政府资源。[3]

在热闹的背后，非物质文化遗产的处境并没有发生根本性的改变。尤其是法律保护并没有获得一种实质性的制度突破。[4] 现有研究较多的是在对公法保护模式还是私法模式的选择上进行讨论，但实则《非遗法》指向的行政保护与私法知识产权的保护对于这一承载着社会利益的非物质文化遗产来说都显得有些水土不服。[5] 也有一些研究指向对具体制度的构建，但是实证研究比较薄弱，指导意义差，缺乏对策性研究。

对非物质文化遗产来说，法律上的公法保护和私法保护，各有侧重，也各有局限和难度。无论是公法保护模式还是私法保护模式，单独运行都难以达到预期的效果。对非物质文化遗产的有效保护应当综合公法和私法两种模式，两者相辅相成，缺一不可。[6]

从科斯定理的分析中引入产权机制对非物质文化遗产的保护困境进行对策探究，以发挥产权的激励与约束功能，构建具体制度，针对《非遗法》中的问题提出完善建议，可以弥补当下行政保护与私法保

---

[1] "非遗热"不仅烫红了很多地方政府的心，更在学术界也引起了一股热潮，相关著作简直汗牛充栋。截至 2017 年 10 月 22 日，在"中国知网"上以"非物质文化遗产"作为篇名的关键词进行检索，2017 年有 1009 篇，2016 年有 1460 篇，2015 年有 1475 篇，2014 年有 1439 篇，2013 年有 1412 篇。

[2] 参见宋俊华：《中国非物质文化遗产保护发展报告 2015》，社会科学文献出版社 2015 年版，第 149 页。

[3] 我们不能只陶醉于学术研究的表面繁荣，满足学术运动式的非遗研究却不重视实践的推进。

[4] 参见刘红婴：《非物质文化遗产的法律保护体系》，知识产权出版社 2014 年版，第 95 页。

[5] 参见黄玉烨：《论非物质文化遗产的私权保护》，载《中国法学》2008 年第 5 期。

[6] 参见杨明：《非物质文化遗产的法律保护》，北京大学出版社 2014 年版，第 28 页。

护的漏缺。本文引入对一项具体非物质文化遗产——越剧的探究检验，通过对越剧的保护困境与具体制度运用的可行性分析，增强产权机制下非遗保护的制度的实践性。

一、我国非物质文化遗产保护的巴泽尔困境及产生根源

哈丁曾对"公地灾难"状态作了模型化论述，即排他权的缺失导致过度投资，从而造成效率损失——"租金耗散"，抑或是资源闲置导致"反公地灾难"。非物质文化遗产的"开放地"状态就导致了其目前所处的窘境。

（一）我国非物质文化遗产保护的巴泽尔困境

巴泽尔困境是指离开了清楚界定并得到良好执行的产权制度，人们必定争相攫取稀缺的经济资源和机会。[1] 目前非物质文化遗产存在巴泽尔困境的表现就是发生"公地悲剧"，其原因在于资源没有清晰的归属者。对于非物质文化遗产的巴泽尔困境分两种情况。[2]

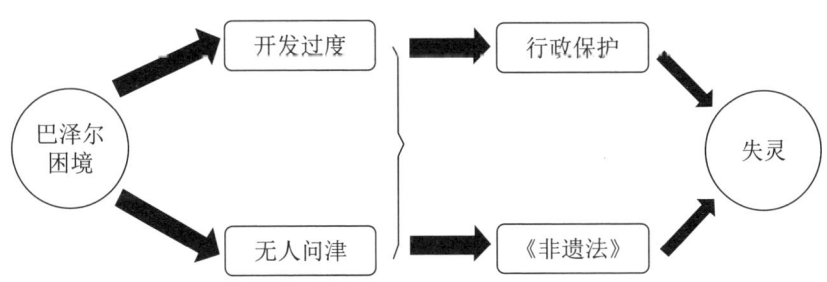

图1 非遗保护的巴泽尔困境思路图

非物质文化遗产被有意识地视作"公共领域"，不管是静态保存还是利用，面临的问题总结为两大方面。其一，开发过度与不当保护引起的非遗"人文精神"与"资源价值"利益的不协调，对于比较火热、价值高的人们就纷纷争抢开发、趋之若鹜、一哄而上；其二，在

---

[1] 参见白晔：《试论巴泽尔的产权保护思想》，载《河北经贸大学学报》2016年第5期。

[2] See David Luban, "Unthinking the Ticking Bomb", in *Global Basic Rights* 181, Charles R. Beitz & Robert E. Goodin ed., 2009.

外部全球化和现代化的冲击与短视和盲目的价值取向支配下,那些价值不明显或未被发掘开发的非遗则无人问津,无人保护,因未受到充分重视而濒临消亡。非物质文化遗产多为一个群体或一定地域内的人们共有,若未明确权利主体,放任自流,势必发生谁都享有而争相开发或都不愿投入精力予以保护的境地。[1]

静态化保护非物质文化遗产使得保护与传承很有限,借助市场机制加以产业化发展才能实现传统文化的社会文化价值和经济价值的共赢。但是产业化发展的本质是逐利行为,过度的商业开发会导致非物质文化遗产的文化内涵流失,因此也需要政府引导与立法限制。正因为目前的权利主体界定不清晰,作为一个公共领域,就处于被随意使用开发的困境中。[2]

面对非物质文化遗产保护上的巴泽尔困境,我国目前的保护模式是以行政保护为主导。

但是,对于非物质文化遗产仅依靠政府保护是不够的,目前政府的保护工程也存在较大问题。政府多出于打造形象工程考虑,将制定政策、提供资金以落实保护工作与政绩考核相挂钩,追求政绩效果,而使得保护浮于形式,不能满足非遗保护的内在性需求。

政府干预的随意性较大,随着社会非遗热大潮与政绩效应的思想指挥,要么干预过度,"唯市场论"地以产出来决定投入,对于市场上更具价值的就多投入,导致了文化支持与发展的失衡。[3] 要么不加管制,无法规制开发过度的问题。而且政府有时过度干预,大包大揽导致一些传承人等与非遗有着密切联系的人被架空,这样的越俎代庖也使得真正的"主人"的热情遭受到打击而使保护工作更难开展下去。[4]

政府寻租现象也较为常见,非遗项目为了获得政府资金支持、申报成功,与政府展开交易勾结。同时,一些非遗项目真正落实到的资

---

[1] 参见刘云升、刘忠平:《非物质文化遗产产业化法律规制研究》,知识产权出版社 2017 年版,第 49 页。

[2] 参见[日]柳川隆、[日]高桥裕、[日]大内伸哉:《法律经济学》,吴波、郭强、柴裕红译,机械工业出版社 2017 年版,第 134 页。

[3] 参见孙晋:《现代经济法学》,武汉大学出版社 2014 年版,第 114 页。

[4] 参见[以]艾雅尔·扎米尔、[以]巴拉克·梅迪纳:《法律、经济学与伦理》,徐大丰译,复旦大学出版社 2014 年版,第 59 页。

金支持较为有限。政府决策也未必都是有效的且保护形式比较单一,缺乏活态保护意识。

非物质文化遗产的保护与否取决于其技术效率、艺术效率与经济效率,并非所有的非遗均需要完善地保护下来,市场化的检验取代政府的补贴等方式更利于焕发非遗的新活力。文化财产保护的消极影响能够通过取消管制的方法解决,让市场来决定文化产品是更有效、更名正言顺。

现行《非遗法》同样无法使我国非遗的保护走出巴泽尔困境。我国目前的《非遗法》延续了中国改革开放以来法律条款多为原则性规定的立法传统,缺乏可操作性。对非遗项目主要采取公法保护模式进行保护,将主要的保护主体界定给了政府,肯定了以行政保护为主导的保护模式。公法立法宗旨的核心内容可以用"保护、保存、传承、传播"这八个字来概括,试图抛开文化的经济内涵,而单纯追求其精神内涵,指望在博物馆、档案馆和传承代表人的家里就能实现非遗的保护与发展,实在是过于理想化。文化遗产是"活"的精神财富,离开人们的广泛参与就失去了意义。

《非遗法》呈现出公权过度干预私权的状态,违背了有限政府的原则。[1] 非物质文化遗产作为公共文化领域的组成部分,采取了一种纯粹的公权干预下的行政保护,忽略了行政法本身所蕴含的私权文化。对于相关主管部门的权限规范比较笼统,使得其行为标准缺乏规范根据。[2] 而制约行政保护的最主要因素就是经费。解决经费问题不能始终依赖国家的行政手段,最有效的办法还是将行政保护与私法保护结合起来,通过开发利用为非物质文化遗产的保护提供经费。但是又不能采取行政保护的模式进行开发利用,否则,其最终难免沦为政府的寻租工具,从而使投资者不愿意再进入该市场。

对非遗市场化开发的法律规制目前在我国是一立法空白。只有活态化保护才能挖掘其真正的文化内涵加以传承。但这同时又是一个度

---

[1] See Harold Demsetz, "Toward a Theory of Property Rights", in *The American Economic Review*, No. 57 (2013), pp. 347–359.

[2] 公法保护将主要责任推给政府,实行消极的防御式保护,已经黔驴技穷,显现出疲于应付、流于形式的态势。

的考量。对于目前市场文化价值高的非遗项目的过度产业化必须要有法律加以规范。[1]

就目前情况而言,私法保护与行政保护之间缺乏制度协调。[2] 非物质文化遗产的表达形式多种多样,不同的表达所需要的私权保护在功能以及手段上都有很大的不同。这对有着社会公共利益的非物质文化遗产本身的保护也有局限性。

(二) 我国非物质文化遗产巴泽尔困境的产生根源:产权不清

我国非物质文化遗产保护处于困境的根源与理论始点是对其产权界定较为模糊,从而偏向于公共物品属性的界定。此处所提"产权"之概念更多是指经济学视野下的排他性权利,如产权经济学代表阿尔钦所言,"产权是人们在财产的不同用途之间自由选择的权利。"

公共物品是和私人物品相对应的经济学上的概念。私人物品具有竞争性和排他性,用于满足个人需求。[3] 私人物品可以在市场机制下生产、分配、交换、消费,其权利主体与客体明晰。而公共物品不具有竞争性和排他性,用于满足公共需求。[4] 公共物品的权利主体与客体范围广而不明确,无法在市场机制中起作用。人们往往不会自愿为享用公共产品而付出代价,自私心理的驱使下会选择"免费搭便车",而市场供给不足,则往往需要政府来提供。[5]

对于非物质文化遗产的属性界定的探究也是当下学者们热衷的一个领域。[6] 其属性的界定对于非物质文化遗产现状困境和如何更好地

---

[1] 参见高轩:《非物质文化遗产保护立法的宪政考量》,载《法商研究》2009年第1期。

[2] 目前我国也有采取私法对非物质文化遗产进行保护,即采用知识产权的保护模式。但是这混淆了非物质文化遗产与非物质文化遗产的表达的两个概念。举例而言,越剧是典型的非物质文化遗产,但具体的越剧剧目的创作者和表演者可以根据著作权法享有相应的著作权和邻接权。权利人可以对非物质文化遗产的表达形式享有私权,这是对权利人个人利益的保护。但是这和对非物质文化遗产本身的保护不同。

[3] See Ashenfelter, Orley, and David E. Bloom, "Models of Arbitrator Behavior: Theory and Evidence", in *American Economic Review*, No. 74 (1984), pp. 111-124.

[4] 参见薛克鹏:《经济法基本范畴研究》,北京大学出版社2013年版,第43页。

[5] 参见林毅夫:《政府与市场的关系》,载《中国高校社会科学》2014年第1期。

[6] 有学者认为,应该将非物质文化遗产的保护作为政府责任,通过公权来保护非物质文化遗产。也有学者指出,有必要在公权保护之外用私权来保护非物质文化遗产,私权保护有助于非物质文化遗产的保存、保护与弘扬。

保护都是一个理论始点。多数学者主张采取公权与私权相结合的方式对非物质文化遗产进行保护。而目前将非物质文化遗产界定为公共物品属性的观点占大多数。[1]

对非物质文化遗产的公共物品的定性与推断还是较符合常理的。首先，非物质文化遗产可以实现共享，从功能和价值角度而言，其均是为了社会公共利益，非物质文化遗产的效用在传播与扩展于他人时的成本为零，无法排除他人共享。非物质文化遗产的存在与保护发展的意义主要都是为了更好地传承传统文化，增强民族认同感与凝聚力。除了对传统人文精神维护的意义，非遗也具有资源价值，利于物质财富的创造，在物质进步过程中，人的精神也在进步，发展出新的人文精神。其次，从非物质文化遗产的活态化角度而言，非物质文化遗产的保护旨在为社会提供更多的非物质文化遗产这种公共物品。最后，非物质文化遗产还具有文化本位性，非遗是文化的载体，位于文化的下位概念。[2]而文化是人类社会群体共同行为的抽象集合。

从非物质文化遗产的产生角度看可能会得出其私权属性的结论。非物质文化遗产是在一定的社区或部落中在长期生活生产中创造出来的。它的发展基本是由最初的单个个体的首创，进而到由众多个体组成的群体进行丰富并不断提高的过程。这种文化的产生与起源地有着密切联系，本质上具有私人的性质。但是实际上，随着这一文化的影响不断增大，非遗经过不断的积淀与外部文化的冲击形成了一种符号与代表，从该片区域群体扩展到更大的范围，具有社会公共利益，更符合一种公共物品。[3]

正是由于非物质文化遗产公共物品的属性，具有公共利益，产权界定不清而陷入巴泽尔困境，此属于公法框架下的公权问题，而政府作为公共利益的代表者，保护非物质文化遗产的重任就落在了政府这

---

[1] 参见孙昊亮：《我国非物质文化遗产保护的困境与出路》，载《法学杂志》2009年第8期。

[2] 参见孙昊亮：《非物质文化遗产的公共属性》，载《法学研究》2010年第5期。

[3] 参见[美]弗雷德·E.弗尔德瓦里：《公共物品与私人社区》，郑秉文译，经济管理出版社2011年版，第41页。

一主体上。[1] 同时也因为非物质文化遗产公共物品的属性使得公地灾难出现，过度商业开发对非物质文化遗产本身的文化内涵造成破坏，而政府又失灵难以保护，缺乏对非遗产业化发展的相关法律规制。

二、产权理论下非物质文化遗产的活态保护

产权经济学中的产权理论强调了产权激励创新与约束的功能价值。对非物质文化遗产引入产权理论既可以使得过度开发的场面得到一定控制，同时也可以促使产权价值并不是那么高的非遗项目得以激励开发。

非物质文化遗产具有"人文精神价值"与"资源开发价值"的双重价值。我国对非物质文化遗产采取的法律保护，应该既要做到维护传统人文精神，防止文化贬损；同时要肯认文化遗产中的资源价值，创造物质财富，重构人文精神。[2] 其实，"资源开发价值"也是对非物质文化遗产的一种"活态化"保护，各个群体与团体随着其所处环境、与自然界的相互关系和历史条件的变化不断使这种代代相传的非物质文化遗产得到创新，对于非物质文化遗产的开发利用中保护比静态保存的效果更佳。[3] 非遗知识和经验的溢出效应是"产生共同遗产价值、社会认同以及文化可持续性"或成为"社会公众利益的重要部分"。而今以行政保护为主导的公法保护模式使对非物质文化遗产的保护陷入巴泽尔困境，仅停留在保存阶段。引入对非物质文化遗产的活态保护必须要解决产权归属的认定和权利主体缺位的问题。[4] 又因为非遗是一种无形的文化遗产，相关问题变得更加棘手。非物质文化遗产是一定群体共同创造并代代传承的，没有具体的物质形态。此时，不可能用现有民法中的物权制度保护，而以知识产权的模式去保护这

---

[1] See Beltramo, Marion, *In International Civil Procedures*, edites by Christian T. Campbell, London: Lloyd's of London Press, p. 124.

[2] 参见李东方：《人文资源法律保护论——以西部人文资源保护为起点的研究》，学苑出版社2009年版，第153页。

[3] 非遗产品的消费作为一种"公共体验"意味着，消费或使用非遗产品的人越多，或者使用非遗产品的程度越高，这些产品因其人类共同遗产价值而产生的公共效益就越大。

[4] 参见孟庆瑜：《经济法》，清华大学出版社2014年版，第109页。

一具有社会公共利益的客体也具有局限性。现代知识产权不能对"表达"形式下面的信息或思想提供保护以及可能导致传统知识与资源严重商业化等制度缺陷性,决定了其在非物质文化遗产保护中的缺陷。

(一) 产权理论的宗旨:帕累托最优

著名法学家布莱斯通曾形象描述产权,"没有任何东西像财产权那样如此普遍地唤起人类的想象力,并煽动起人类的创造激情"。对产权理论探讨得最为广泛的学者主要集中在新制度经济学里的"产权学派"。[1] 关于产权的概念有两种界定方式:一是从市场运行中权利契约关系的角度界定,产权是使用权、收益权、转让权、企业剩余财产的索取权等多种权利的组合;二是从制度分析中财产法律归属关系的角度界定,产权即所有权,是法律上对生产资料归属情况的承认和保护。巴泽尔提出,个人对资产的产权是由消费这些资产,从这些资产中取得的收入及转让这些资产所取得的权利和利益构成,它是自己努力加以保护、他人企图夺取和政府加以保护的函数。[2]

在产权理论的分析逻辑中,交易成本居于核心地位。[3] 科斯定理(Coase theorem) 是关于产权安排、交易费用、资源配置效率之间内在联系的理论。[4] 其主要论述有三,一是若交易成本为零,无论权利如何界定,都可以通过市场交易达到最佳配置,而与法律规定无关,即在一个零交易成本世界里,不论如何选择法规,如何将资源进行初次配置,只要交易自由,通过市场交换,总会产生资源配置高效率的结果。[5] 二是在交易成本大于零的世界里,不同权利的初始界定,会带来不同效率的资源配置。[6] 三是如果没有产权的界定、划分、保护、监督等规则,交易难以进行、资源难以优化配置。合理清晰的产权界

---

[1] See De Meza, David, Coase Theorem, *In The New Palgrave Dictionary of Economics and the Law*, edited by Peter Newman, London: Macmillan, p. 34.

[2] 参见张泽一:《马克思经济学与西方经济学产权理论比较研究》,载《经济纵横》2008 年第 5 期。

[3] See Demsetz, Harold, "Toward a Theory of Property Rights", in *American Economic Review: Papers and Proceedings*, Vol. 57, No. 2 (1967), pp. 347-359.

[4] 参见肖松:《法经济学》,北京师范大学出版社 2014 年版,第 88 页。

[5] 参见[美]唐纳德·A. 威特曼:《法律经济学文献精选》,苏力等译,法律出版社 2006 年版,第 119 页。

[6] 参见林立:《波斯纳与法律经济分析》,上海三联书店 2005 年版,第 164 页。

定有助于降低交易成本。[1]

总之,以降低交易成本,优化配置资源和资源最佳利用为宗旨,引入对产权机制的分析。以下是新制度经济学产权的理论内涵的结构图:

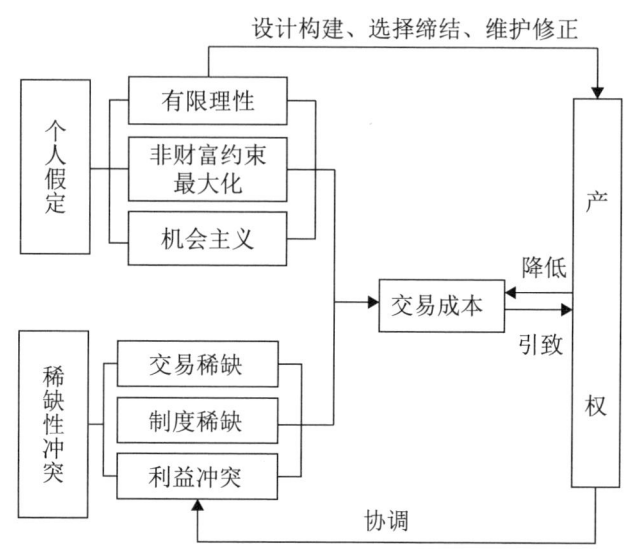

图2 新制度经济学的"产权理论"结构图

交易成本产生于一系列关于个人和稀缺性冲突的假定,交易成本的存在引致了对产权安排的需求。[2]

个人假定中,有限理性是指那种把决策者在认识方面的局限性考虑在内的合理选择,包括知识和计算能力两方面的局限性,即个人无法达到完美理性条件下的最大化结果;[3] 非财富约束最大化是将非财富收入纳入为选择对象,将其与财富收入同等看待,关注产权的制度安排;机会主义是社会条件下个人利己主义的体现。稀缺性冲突中,交易稀缺是来自于物、信息及人的行为的稀缺性;制度的稀缺是指制度安排所产生的交易成本,这与知识积累、意识形态偏好、技术发展

[1] 参见史晋川:《法经济学》,北京大学出版社2014年版,第45页。
[2] 参见苏志强:《产权理论发展史》,经济科学出版社2013年版,第362页。
[3] See R. H. Coase, "The nature of Firm", in *Economic*, Vol. 4, No. 16 (1937).

水平有关；利益冲突则可能来自自由市场条件下个人行为的外部性，也可能来自于拥有公共权力的个人、政府或利益集团对其他个人或群体权利有意识的削弱。

产权安排一方面在个人有限理性的指导下设计构建，并最终由个人选择缔结权责关系以及在不断的发展过程中维护和修正；另一方面，稀缺性冲突带来的竞争环境对产权安排本身不断淘汰。产权的存在降低了交易费用，同时协调了稀缺性冲突的程度。产权的合理配置，最终使得市场上资源达到最佳利用。

产权使得资源最佳利用的内涵与宗旨也可以从对其的性质分析中得出。德姆塞茨指出"产权的排他性，是指决定谁在一个特定的方式下使用一种稀缺资源的权利。排他性的概念当然是从下面的意义中引申出来的，即除了'所有者'外没有其他任何人能够坚持使用资源的权利。"[1] 产权的排他性，即产权运行的独立性。产权人可在法律许可范围内自由行使运用产权而不受他人干预与意志支配，谋求自身利益的最大化。[2] 这激励着拥有财产的人将之用于带来最高价值的用途。产权的排他性意味着产权人有权选择使用财产的目的、方式、使用者。[3] 这使得把选择如何使用财产和承担这一选择后果紧密地联系在一起，另一方面使所有者有很强的动力去寻求带来最高价值资源的使用方法。产权的排他性不仅指受益，同时也表示产权人对该资产使用中的各项成本负责。[4] 产权的非排他性是产生"外部性"和"搭便车"的主要原因，似乎这样的公有产权对人人都有利，结果谁也得不到更多好处。此外，还会造成公地悲剧的发生，过多人去争相抢占资源。

总之，经过明确界定的产权会产生某种激励，激励人们有效利用资源，以提高自己的经济效率，从而促进整个社会机构及效率的提高

---

[1] See Ronald Coase, "The New Institutional Economics", in *The American Economic Review*, Vol. 88, No. 2 (1998).

[2] 参见邱爽：《产权、创新与经济增长》，经济科学出版社2009年版，第97页。

[3] 参见高永周：《回到科斯：法律经济学理论探源》，法律出版社2016年版，第102页。

[4] See Farnsworth, E. Allan, *Contracts*, Third edition, New York: Aspen Law and Business, 2003.

和总产出的增加。[1]

（二）产权理论引入非物质文化遗产的价值：排他约束与创新激励之本

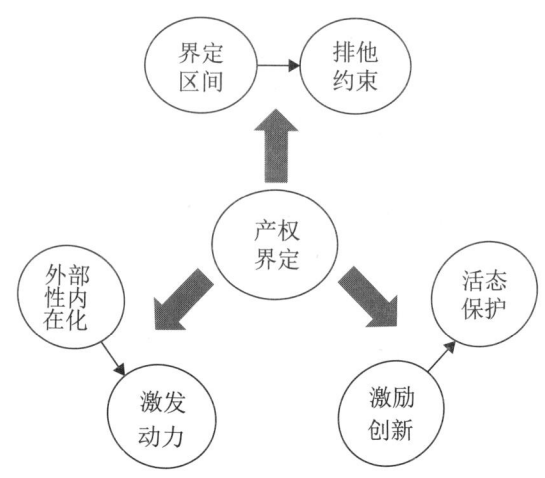

图3 产权功能定位图

第一，产权具有界区与排他的功能。产权能够界定各产权主体之间、产权主体与非产权主体之间的权利与义务的区间[2]，因此有了产权这一排他约束功能，可以在一定程度上减少非遗过度开发的巴泽尔困境。同时这个功能是产权机制发挥其创新激励价值的前提。对非物质文化遗产产权的界定会改变其原有处于公共领域而任何主体可以自由流入的现实困境，一定程度上可以减少公地悲剧现象的发生与过度商业开发的现象。产权的明晰界定使得资源得以优化配置，减少资源浪费，形成一种稳定的产权格局。[3] 对于非物质文化遗产，原先不具有排他性，由于其具有公共利益而为社会所共享，对其的保护则落在了政府这一主体上。在产权机制的作用下，非物质文化遗产的产权人

---

[1] 参见尹德洪：《产权理论及其法律制度的经济学分析》，对外经济贸易大学出版社2008年版，第41页。

[2] 参见陈国富：《法经济学》，经济科学出版社2006年版，第57页。

[3] 参见李明义、段胜辉：《现代产权经济学》，知识产权出版社2008年版，第31页。

会因其享有产权而积极开发利用,寻求增值,使得非遗在活态化保护中得以发展;同时非遗产权人也承担这一排他性的风险与成本,而积极地静态保护,从而达到优于原先仅仅依靠政府的形式保护的效果。在一定程度上也避免了市场上无序开发、争相抢夺对非遗原有文化内涵破坏的现象。[1]

第二,产权机制有将外部性内在化的功能价值。[2] 外部性是指一个人的行为对其他人造成的影响,也就是一个经济主体对另一个经济主体的影响不能通过市场来解决。[3] 产权具体规定了如何使人们受益,如何使之受损,调整人们的行为,谁必须向谁支付费用,使得经济行为的外部性内在化。所以当产权清晰界定给非物质文化遗产人后,非遗产权人的利益就得到了肯定与维护,非遗产权人对非遗的保护与开发利用也就有了动力与积极性。产权的激励价值就通过利益机制得到实现。

第三,引入产权机制具有激励创新的功能价值。创新收益是创新主体进行创新的原动力。[4] 产权制度是激励创新最根本、有效和持久的手段。当下非遗保护最大的问题即在于动力不足。非物质文化遗产的产权主体可以使用产权来谋求自身的利益,并使得这种利益不断内在化,激发和推动国民积极参与文化创新与保护。同时,由于产权的确立使得产权主体外在的责任风险内在化,形成了产权主体的内在化约束力,这样一来,非物质文化遗产者承担着保护的责任,同时又由于承担开发发展产生不利后果的责任风险,使得他们在保护中又规范地支配非遗资源,促进了保存传承与活态保护的两个目标的实现。[5] 由于产权机制的作用,产权主体加大投入与研究创新,试图通过创新来增进自己的福利,从而使得技术水平不断推进。这对于非物质文

---

[1] 参见吴易风、关雪凌:《产权理论与实践》,中国人民大学出版社2010年版,第31页。

[2] 参见冯玉军:《法经济学范式》,清华大学出版社2009年版,第151页。

[3] 参见魏建、周林彬:《法经济学》,中国人民大学出版社2014年版,第110页。

[4] 参见[美]斯蒂文·G.米德玛:《科斯经济学:法与经济学和新制度经济学》,罗君丽等译,上海三联书店2007年版,第92页。

[5] 参见李东方:《我国台湾地区文化资产保护制度基本问题研究》,载《经济法论坛》2008年第1期。

遗产的保护措施的提升与开发的创新都有着极大意义。

三、产权理论下非物质文化遗产保护的具体机制

如何在都市化、现代化的过程中保护非遗，使非遗不在静止中腐去，都应充分重视民众的主体作用。在非物质文化遗产中发挥产权的约束与激励创新功能，一定程度上能改善当前保护的困境，核心要处理好两对关系。

第一，政府与民众的关系，需要界定"谁是非物质文化遗产的产权人"。政府与民众的关系，是指在文化遗产保护上政府的权利和义务与民众的权利和义务的分配。文化遗产的保护目前大多被误解为仅仅是政府的任务，权利与义务均属于政府。其实，政府的角色虽然的确不可替代，但是保护也是一个社会性问题，与民众密切相关。所以要通过理论分析，构建具体制度，把非物质文化遗产产权界定并赋予最优者。同时要协调好政府与民众保护之间的关系，协调产权外部性冲突，个人的市场化保护与政府保护相结合。

第二，保护与开发的关系，需要明晰"产权人到底需要做什么"。[1] 文化遗产的开发与利用已经成为一种趋势，文化遗产的经济性价值日益受到人们的关注。目前的确在一些非物质文化遗产上存在过度商业开发的情形，过度的掠夺式开发利用对非物质文化遗产的保护有不良影响，但关键是如何应对或预防这种危机，是因噎废食就此拒绝产业开发，还是试图通过完善的管理机制使问题得到解决，答案显然是后者。所以要对产权赋予后的产业化发展加以规制，以生产性保护促进传承与发展，而非其人文精神的丧失。

对于上述"产权人"的定义，其实更倾向于说是"产权保护人"。引入经济学中的产权机制最终是为了提供动力与设置牵制，即目的是为实现传统文化保存的持续性投入，同时又避免公众接触非遗的社会成本过高。非遗不仅是文化，而且是经济回报，靠使命感的投入是远远不足的。无论是私法保护还是行政保护，非遗的获取、利用、惠益

---

〔1〕 参见寥嵘、王松华：《产业化视角下的非物质文化遗产保护》，载《同济大学学报》2008 年第 1 期。

分享构成该法律保护的核心。

因此引入经济学上"产权"的概念是为了打破目前非遗行政主导保护的平衡。下文所说的"产权"并非是指传统法学上人身权、财产权与继承权的门类，这个产权绝非物权，若将非遗简单地以物权为人所有，那势必使一些价值高的非遗形成垄断局面。在非物质文化遗产中引入的产权并不是指当下很多学者推崇采取私权保护模式中的知识产权这一界定。同时，也并非指知识产权。知识产权是对非物质文化遗产的表达形式的一种表达，就如越剧和越剧的某一剧目，某剧目的创作人、邻接权人享有一定期限的知识产权，但是这对于宏观上的非物质文化遗产的保护并不同。非物质文化遗产的表达形式多样，所需要的私权保护在功能以及手段上都有很大的不同，这并不能推进有着社会公共利益的非物质文化遗产本身的保护。目前的产权概念也有泛化的趋势，可用来指称所有的权利。非遗的产权人享有使用非遗财产时所带来收益的权利，更好加以管理引导非遗的传承与发展。

在非物质文化遗产保护的具体制度的构建中，结合我国目前实行的《非遗法》内容加以分析，思考该法的初始目标是否实现，从而探究现行《非遗法》的不足之处从而提出完善的新思路。

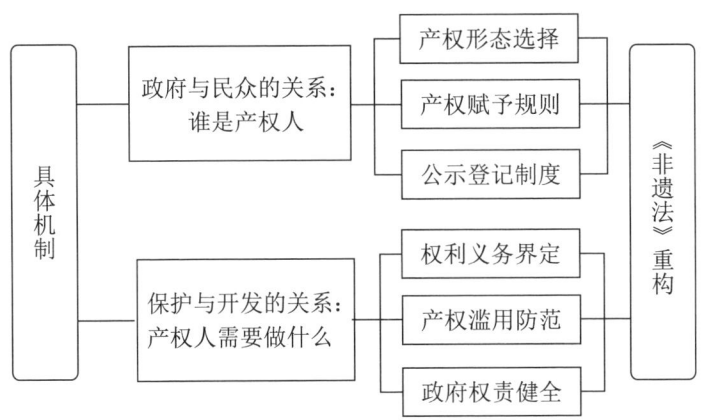

图 4　非遗产保护具体机制构建图

(一) 产权主体的界定：非物质文化遗产中的比较效率理论与权利配置规则

产权界定是产权理论的核心问题，是发挥产权功能受限要解决的问题。产权主体的具体形态对于财产的利用有重要影响，所以先选择最优形态，进而确定产权主体。当形态主体选定后再通过权利配置规则赋予其产权。

1. 产权形态选择：比较效率理论

产权效率的提高取决于产权形态的选择。[1] 产权不仅是人与物之间的直接关系，而是指人对物的支配中所折射出来的人们之间的利益关系。[2] 非物质文化遗产产权形态选择与界定是明晰产权人进而促使保护开展的第一步。接下来考察在何种产权状态下，非物质文化遗产可以得到最优利用与保护。

第一，前文已经分析了无产权形态下，非物质文化遗产这一公共领域会出现随意流入，过度开发或无人问津等情况，以致公地悲剧的发生。

第二，国家、政府产权状态。政府作为一个特殊组织，凭借其暴力垄断优势可进行强制治理。但是政府产权收益与委托的代理人个人利益没有紧密联系，激励性差；同时政府产权需借助多重委托代理关系来治理，信息不对称，监督成本高，加上社会政治因素影响，不能使资源得以最优利用。[3] 若非物质文化遗产的产权界定给政府，政府出于政绩因素影响，任意开发寻租投资会导致非遗文化原汁原味的气息丧失，得不到保护。

第三，私人产权状态。私有产权因为其主体明晰，能实现外部性最大限度内在化。[4] 私人产权状态具有激励机制，产权运行中的管理

---

[1] See Guido Calabresi, A. Douglas Melamed, "Property Rules, Liability Rules, and Inalienability: One View of the Cathedral", in *Harvard Law Review*, Vol. 85, No. 6 (1972), pp. 1089-1128.

[2] 参见［美］戴维·M. 德瑞森：《法律的动态经济分析》，王颖译，复旦大学出版社 2015 年版，第 77 页。

[3] See Robert Ellickson, *Order Without Law: How Neighbors Settle Disputes*, Harvard University Press (1991).

[4] See Michael A. Heller, "The Boundaries of Private Property", 108 *Yale L. J.* 1163, 1177-1178 (1999).

成本和在市场活动中谈判践约等交易活动的成本低。[1] 非物质文化遗产产权界定给私人还有一个好处是其将对非遗的保护与开发利用做一个严密的成本收益分析，以期达到决策的科学性。

第四，共有产权状态。每个产权人都有权平均分享共同体利益，其缺乏一定的排他性也会造成无产权形态下的后果。

通过上述产权的比较效率理论，对于非物质文化遗产产权形态选择更倾向于将其界定给集体。

小范围的集体可以达到私人产权状态的效果，也因为非物质文化遗产的主体本身就比较复杂，利益主体的复杂使得不能仅局限于某个私人，所以选择私人与共有产权形态之间的小部分集体产权形态。而对于共有产权形态可通过自愿达成、长期关系、借助于权威加以治理，以弥补共有产权缺陷造成的后果。

非物质文化遗产是传统社区和原住民在长期生活生产中积累形成，世代相传而持续发展的产物，他们与该非物质文化遗产紧密联系，同时也正由于非遗是他们创始与传承的，他们熟悉且掌控着培育、改良和传承的技术。所以应把特定的由原住民组成的一个或几个传统社区确定为非物质文化遗产的群体权利主体。

非遗产权主体的选择，部分非遗可以界定给社会团体。该集体来源于社会、面向社会，不隶属于政府，具有民间性。如非遗的一些协会组织，其成员大多由传承人等一些兴趣深厚、视传承发扬为己任的人组成，他们不以营利为最终目的。作为第三主体的协会组织不同于简单的社会个体，起到了连接社会个体与政府的桥梁作用。社会团体作为产权人，不仅是制度上的赋权，同时非遗的权利主体本来就表现为群体性的结构。

产权界定工作复杂，权利主体的确定难是非物质文化遗产产权保护制度构建的一个实质性难题。法律可以将原住民这一群体作为产权主体，并考虑对不同类型化的非遗作出特殊规定以明晰产权。

2. 产权赋予：权利配置规则

产权主体形态选择后即要赋予产权。产权赋予的基本规则主要有

---

[1] 参见 [美] 斯蒂文·沙维尔:《法律经济分析的基础理论》，赵海怡、宁静波译，中国人民大学出版社 2013 年版，第 159 页。

先占规则、附属规则、创造规则和公平规则。[1] 其最终目的都是为了将财产配置给使用效率最高的主体。创造规则是应用最为广泛的。[2] 在上一节中，已经对产权界定作了说明，而由于非物质文化遗产的特殊性，适用具体的赋予规则可能并不能使产权主体明晰化，因此在对非物质文化遗产的产权主体的权利赋予中，应采取制度规范这一强制性原则，通过公示等规则加以确定以完成权利的配置，可以对非物质文化遗产产权人进行核证，用登记与注册制度加以确定。

（二）产权行使的外部性冲突协调：非物质文化遗产中的润滑交易与政府矫正

产权使用是产权主体实现自我利益最大化的方式。产权行使中难免会出现外部性，法律制度可通过润滑交易，降低交易成本以增加效率。同时可通过政府矫正管制。但又不可避免地要防范政府寻租，以使其发挥作用。

1. 降低交易成本：润滑交易

外部性的存在，法律制度可通过润滑交易，降低交易成本以增加效率。这也即是规范的科斯定理。[3] 在非物质文化遗产的保护中，降低交易成本是必要的。引入产权机制之后还可能会导致反公地灾难的境况，由于排他性而导致无人能对资源实施利用，以致非遗失去活力。在界定非遗产权之后，信息不对称与谈判成本高是导致非遗开发利用交易成本高的主要原因。所以需要构建合理的法律制度消除或减少私人协议的障碍，使交易成本最小化。[4]

建立公示制度，借助登记制度将非物质文化遗产的基本信息予以公开。完善产权登记与普查，并将非遗的最新动态信息加以公布。采用登记公示制度就要普查，这花费也较大。下面是结合图表对公示制

---

〔1〕 参见魏建：《法经济学：分析基础与分析范式》，人民出版社2007年版，第36页。

〔2〕 参见［德］乌尔里希·施瓦尔贝、［德］丹尼尔·齐默尔：《卡特尔法与经济学》，顾一泉、刘旭译，法律出版社2014年版，第240页。

〔3〕 参见［以］约拉姆·巴泽尔：《产权的经济分析》，费方域、段毅才、钱敏译，格致出版社2017年版，第31页。

〔4〕 参见吉富星：《产权结构化与公共产权改革》，中国社会科学出版社2016年版，第48页。

度产能的分析:

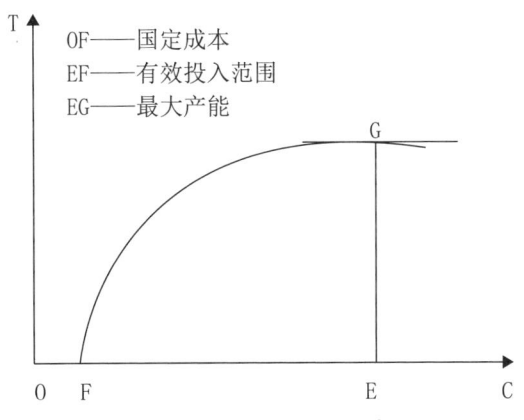

图5 公示制度产能的最优情况图

公示是为了增加透明度,而登记或普查等公示办法也需要成本,当透明度达到一定程度(EF)之后,其产能即达到最大化(EG),之后的交易成本能否降低则是其他因素造成的,如果继续在公示上投入,反而会导致成本增加。[1] 所以在非物质文化遗产的公示中也要注意成本投入与度的把握。

2. 政府矫正:寻租防范

在非物质文化遗产的保护中,政府干预可以应对市场失灵。通过行为管制,限制外部性行为解决冲突,同时可以对正外部性予以补贴,实施矫正税将负外部性内在化。在产权机制下产业化发展过程中政府也要干预有据,克服市场失灵。

有些非物质文化遗产可以采用由政府出面帮助与利用者进行开发利用的谈判,减少磋商的环节,通过政府出面规制这一行为,避免利用者坐地压价与产权人为获得利益而漫天要价。

但是政府需要具有完全信息和充分能力。因此在政府的行政保护中对其行为要加以规范,以应对政府失灵。

第一,为了激励政府的积极投入,但又要防范其过度干预,对于

---

[1] See Cf. David M. Driesen, "Brazil's Transition to Democracy: Agrarian Reform and the New Constitution", 8 *Wis. Int'l L. J.* 51, 78 (1990).

非物质文化遗产的行政保护不能只是靠灵活的政策,而需要将政策制度化、规范化。如在每个地方设立具体的监管机构,透明化的监管机制规范政府行为。

第二,防范政府寻租。具体可以:充分公开与非物质文化遗产有关的信息;分散职责,由不同的部门承担非物质文化遗产保护的不同工作;普查登记、产权界定、规制产业开发等不同环节由不同部门完成,以此降低寻租发生的可能性。[1]

(三)产权滥用的防范与限制:非物质文化遗产的产权市场化与产业化开发的法律引导

在市场机制的作用下,产权会有转让与变动,法律应保护自愿交易机制,并保证财产服务于社会福利水平最大化。而产权赋予后可能会导致滥用的问题,在非遗上的体现即为过度产业开发,为防止这一现象产生,法律要对其市场开发加以规制,使得生产性保护真正发挥作用。

1. 非物质文化遗产的产权市场化

产权市场化是指在市场经济中,生产要素以及附着在生产要素上的各种权利,依据公平、公正和公开的市场原则以提高效率为目的的自由、有偿转让行为和过程。市场化实现产权转让和流动。在对非物质文化遗产引入产权机制后,个人的生产性保护推进产业化发展,在产业化发展中,我们可以规制非遗产权人将其产权的部分或全部进行流转与变动。一开始我们的产权界定给使用效率最高的主体,但是信息不完全,而且使用者处于动态变化之中,对此可以通过促进自愿交易的方式实现资源的最佳利用。[2] 因此对非物质文化遗产产权人的产权流转与变动加以肯定,保护自愿交易机制,同时法律要最大化消除阻碍合作的交易成本,相关部门对非遗产权人的现状及转让意愿保护等可通过登记、建立档案、及时公开等措施,以推进产权市场化,推进非遗保护工作的进一步落实,也可推动技术创新而深化生产性保护。

---

[1] See Naomi Mezey, "The Paradoxes of Cultural Property", 107 *Colum. L. Rev.* 2004, 2007: 2004-2045.

[2] See Carol Rose, "Invasions, Innovation, and the Environment," in *de Soto and Property*, at 25.

2. 非物质文化遗产产业化开发的法律引导

从外国的非物质文化遗产保护来看，日本强调无形文化财产的保护与开发并重，在妥善保管的同时，还要努力利用这些文化财富。韩国政府强力推进非遗产业化，意大利将国家保护与市场运作相结合，重视对非遗的动态保护。

在非遗保护的过程中，我们的确要注重对其动态生产性保护，加以产业化开发利用。对非物质文化遗产的产权界定，解决了"开发权属不明、抑制开发热情"的问题，但同时在产业化发展中仍有诸多问题需要规范，如缺乏规划导致过度开发或开发无序、文化内涵挖掘不够、模式单一、政府投入不足等。所以要完善增加《非遗法》的内容与思想。

我们要确定产业化法律规制的指导原则。原则一是用产业开发促进保护。充分认识到开发与保护之间的互动关系，不可忽视非物质文化遗产的经济利益，开发是一种生产性保护，能激发产权人的传承热情，降低保护成本，实现有规模、有计划的利用，便于集中管理。但是产业化利用要依赖市场机制，因此也要协调好由于市场盲目性、趋利性带来的对传统文化的冲击。因此，在产权机制下，既要重视产业化利用，也要协调好与保护传承之间的关系。原则二是实行区别性对待。在产权激励下，对于能否进行产业化发展要考虑两个方面：一是经济价值，开发的成本计算；二是会否破坏非遗本身的人文精神内涵，从其性质考虑。原则三是自主开发利用与政府扶持相结合。政府应加以引导与鼓励支持，发挥其市场监管作用。

（四）权利、义务分配及救济机制的建立：《非物质文化遗产法》的重构

2000年的《乌苏里船歌》著作权案曾引起社会广泛讨论。[1] 其

---

[1]《乌苏里船歌》著作权案是指，2000年9月16日，黑龙江省饶河县四排赫哲族乡人民政府诉郭颂、中央电视台、北京北辰购物中心侵犯民间文学艺术作品著作权，原告赫哲族乡政府诉称：《乌苏里船歌》是基于赫哲族人民在长期劳动和生活中逐渐产生的反映赫哲族民族特点、精神风貌和文化特征的民歌曲调改编完成。一审法院经审理认为，原告作为民族乡政府既是赫哲族部分群体的政治代表，也是赫哲族部分群体共同利益的代表。在赫哲族民间文学艺术可能受到侵害时，鉴于权利主体状态的特殊性，为维护本区域内的赫哲族公众的权益，原告可以以自己的名义提起诉讼。法院判决被告败诉。

争议点在于权利主体与客体：原告政府是否具有诉讼主体资格及该民歌是否属于知识产权的客体范围。此民间文学艺术作品保护所面对的难题正是我国文化遗产保护所面对的，如权利的归属、行使等。

在非遗的法律保护中，对文化贬损的防止和利益的协调均需围绕维护和重构人文精神的主旨。非遗法律保护应当对"人文价值"与"资源价值"双重价值进行肯认，维护传统的人文资源以防止文化贬损，同时肯认资源价值以创造物质财富，协调两者的利益分配，完成对人文精神的重构。这两个方面延伸出的问题是：谁是拥有者而享有利益以及权利该如何行使。

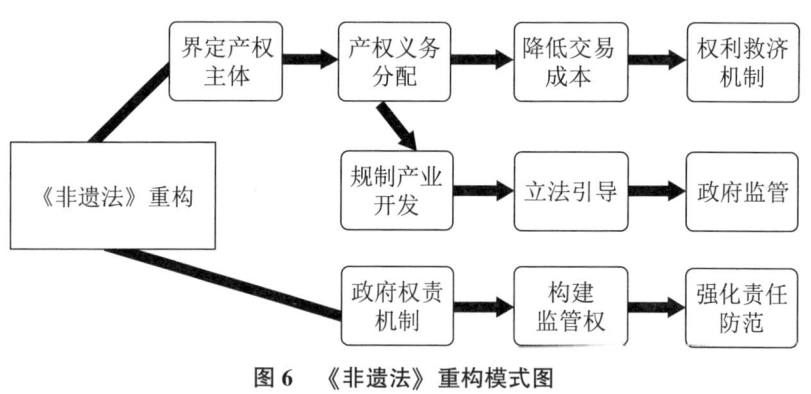

图6 《非遗法》重构模式图

1. 产权界定及救济机制的建立

现行《非遗法》中的"政府主导"原则虽对落实相关责任与建立协调有效工作机制有指导作用，但是未重视非遗的真正拥有者。现行法中虽没有明确界定非物质文化遗产的产权主体，但是从其条文中可以得知该法对非物质文化遗产的保护以行政保护模式为主，即非遗是一种公共物品而应以全社会公共利益为出发点采取保护措施。与"产权主体"类似的概念在现行法中还有"非物质文化遗产代表性项目的代表性传承人"，这是为促进非遗的保护而创设的激励机制，一定程度上有利于非遗的传承发展，但是由于传承人并不具有真正的产权而无法真正做到保护激励。因此该机制被架空。对此重构《非遗法》需规定以下部分：

（1）产权主体的界定，可参照"非物质文化遗产代表性项目的代表性传承人"的选定方法,再具体考虑该非遗的历史发展与当下状况,根据不同非遗的特点制定不同的实施方法,打破国家或政府作为非遗产权主体的局面,从而改变现主要的行政保护模式,解决动力缺乏这一根本问题。

(2) 产权内容的界定。权利内容可分为物质性权利与精神性权利。而由于权利的个别性就可能产生无序竞争状态。在赋予产权的同时,让其经由权威机构的审查并规定一定的义务责任是必要的。限定义务是为解决其不履行保护职责以及开发过度的现象。而目前的《非遗法》中恰恰缺乏对非遗传承人具体权利义务的规定。同时,还应当建立起较为严格的审查和监督制度,由监管机构进行监督。

(3) 对限定过度开发的义务立法应进一步明确。现行法缺乏对非物质文化遗产的开发和经营问题的规定。非遗的根本价值在于其精神价值,但随着政府与社会的重视,非遗同样创造了许多利益点,带来经济价值。产业化开发同时也利于非遗的创新与传承,但必须处理好开发与保护的关系。

对非遗产业化开发进行规制,完善非物质文化遗产产业化的保障,就是对不论何种类型的非遗,都明确界定一个确定的产权主体,同时可使产权界定制度富有流动性,引进优胜劣汰机制,保障其产业化合理进展与进一步发挥激励功效,同时政府要有监督权参与监管与引导。与此同时,建立非物质文化遗产产业化市场管理法律制度,通过法律明确主管机关及其监管服务职责,并对政府失灵等行为加以防范。[1]政府可以灵活运用行政手段,对非物质文化遗产的产业开发进行宏观调控,具体如精心规划,财政扶持,完善产权保障机制,净化市场环境。同时可以通过建立非物质文化遗产价值评估制度,规范非遗开发的秩序和力度。最后是完善政府的监督制度,非遗产业化利用包括两个方面,一是政府主管部门对非遗市场的监督与管理,二是群众对政府管理的监督。

(4) 关于交易成本,现行法中的第二章节规定了"非物质文化遗产的调查",在一定程度上对界定产权主体后降低交易成本有作用,因

---

[1] 参见刘云升、刘忠平:《非物质文化遗产产业化法律规制研究》,知识产权出版社2017年版,第190页。

此予以保留。具体补充建议如下：其一，明确界定非遗调查及资料保存的主管部门，并规定其义务与责任，从而确保非遗公示制度的建立以真正浸润交易；其二，基于调查成本的考虑，政府部门的登记普查同样需要进行成本效益分析，可以考虑在现有非遗普查的基础上，将未纳入公示系统、建立完备信息保存的非遗划分为一定的等级，遵循必要性优先调查，同时量化分析普查成本与该非遗价值，衡量普查可投入的最大成本。

（5）建立权利的救济制度。"无救济无权利"是一个重要的法律信条。因此对非遗的保护同时需要关注程序的制度供给。政府可以代替非遗产权人行使，但当政府有懈怠或行使不当时，产权人当然享有监督权。如考虑到非物质文化遗产这一开发与保护所具有的公共利益，我们可增加公益诉讼。加大行政执法力度，如增加行政监管环节对非遗开发加以规制。最后还可以增设发挥民间调解作用，及时解决纠纷，所以要在法律制度中重视这一类民间组织的建设。

2. 政府职权与责任机制的健全

关于政府的寻租防范，现行法中的第五章节规定了"法律责任"，对于"文化主管部门和其他有关部门的工作人员"仅规定了两项责任：在非物质文化遗产保护、保存工作中玩忽职守、滥用职权、徇私舞弊的，依法给予处分；进行非物质文化遗产调查时侵犯调查对象风俗习惯，造成严重后果的，依法给予处分。首先现行法对玩忽职守等违法行为的规定过于宽泛，且未明确规定处分结果；其次现行法中未规定其他政府违规行为；最为重要的是对于政府违法行为的处分者的界定不明确，而目前大都以上级政府处罚为主，这一定程度上导致了政府寻租现象的出现。

重构《非遗法》需要完善责任机制。尤在当下以行政保护为主导的情况下，政府的职权当然不言而喻，因此要强化其责任的规定，加大对政府在非遗保护中未尽到职责的惩罚力度，规定政府非遗保护寻租行为的法律责任，弥补前文所列举的立法空白。

重构《非遗法》更需要构建转换政府职权。将产权界定给具体非遗人，改变以往政府主导的保护模式，发挥市场化下的产权人主导的保护与传承作用。政府的角色发生转换，建构政府的监管市场权，而不再是行使行政主导的保护权责。政府对非遗产权人的保护实行监管，规范非遗保护未尽责产权人的行为，同时规制产权人滥用权利的行为。在政府的监管权下引导非遗产权人更好地发挥非遗保护与传承的作用。

四、产权理论下非物质文化遗产保护的完善：浙江越剧保护的新范式

作为中国传统文化表现形式重要组成部分的地方戏，在经济全球化的背景下，由于感受到日益强烈的文化交流障碍，从而陷入某种发展困境。当电视和网络等"E时代"的主要传媒渗透既往相对闭塞的"地方"，当"地方"的居民走出"闭塞"而经受"开放"的洗礼，原本植根于民众之中的地方戏就处于民众趣味变迁和"他山"文化抢滩的双重夹击之中。越剧亦是如此。

（一）浙江越剧保护存在的现实困境

越剧是中国主要戏曲剧种之一，起源于浙江嵊州，兴盛于上海，主要流行于苏浙沪等地区，目前为中国第二大戏曲剧种。越剧记载了浙江地方文化，传承了当地精神，同时历久弥新，独特的越文化与现代文化有机结合，涌动着抑制不住的时代气息，人文精神浓厚。[1] 不可否认的是，越剧在当代人的文化娱乐生活中已经被"边缘化"。[2] 目前浙江越剧的主要生存危机是：观众流失，市场日益萎缩；越剧生源短缺，人才缺乏；文学剧作的式微直接影响越剧的发展；民营越剧团发展困难。[3] 当下浙江越剧的发展面临较大危机，其背后的人文内涵与民族精神日渐被人所忘却与抛弃，而对其的保护也存在现实困境。

1. 国有剧团缺乏创新

由于越剧发展陷入困境，政府相关部门对其加大了保护力度。但是保护仍面临较大的困难。政府出台政策多，大力支持越剧这一文化财富的开发与利用。地方各级落实保护，却大多停留在对一些有名、经营成功的一些剧团的投资力度加大与支持上。

---

[1] 参见嵊县文化局越剧发展史编写组：《早期越剧发展史》，浙江人民出版社1983年版，第3页。

[2] 参见张配英：《浅论民间越剧的传承与创新》，载《大舞台》2010年第10期。

[3] 参见谢中、文凝：《新编越剧戏考》，浙江人民出版社1998年版，第69页。

国有剧团大多被政府所保护投资，靠所拨经费基本能得以维持，因而缺乏创新。国有剧团的演出少且分布在大城市，导致观众也有一定的局限性，深入不到民众之中。且政府的保护也仅仅局限于表面的保存，没有进一步宣传加以扩大传承。

2. 民间剧团发展有限

民营越剧团发展困难的主要体现是在一是政策的歧视，政府经济资助层面的短缺，国家经费支持大多用于扶持国有剧团，民间越剧团无国家投资且要纳税。二是在意识形态方面，剧作的审查仍然是严格的。所以，民营剧团目前以演传统戏为主，基本没有创编力量。[1] 演出剧目和内容的限制，也很容易隔断社会人才和民营资本对这一行业的参与和进入。

而民间剧团缺少政府财政支持，其实这也是意料之中，民间剧团在江浙一带，尤其起源地嵊州，星罗棋布，他们大小不一，看到农村越剧的生机涌入而缺乏组织管理等规范，演员水平也参差不齐。[2] 一些水平低的民间剧团反而不利于越剧原汁原味意蕴深厚的人文精神的传承。民间剧团发展不平衡，见有市场就疯狂涌入，加上产权的模糊性，很容易导致巴泽尔困境的产生。因此导致观众日益减少，人们对越剧演员、乐队等职业也有偏见，导致演员青黄不接等一系列因果循环，不利于越剧的保护与传承。

（二）浙江越剧保护的完善

越剧在一定程度上是中国最大的地方戏剧剧种，作为我国重要的非物质文化遗产之一，对其的保护利于我国传统文化的一脉相承。而目前越剧因受众、演员等问题而渐边缘化。目前的保护形式主要是由政府经费支撑一些优秀国有剧团发展。政府方面也在非遗保护的号召中提出建立越剧小镇、实现网络发展等思路，但意义较为有限，由于其最大的阻碍在于缺乏创新的动力，剧作创作停滞不前，剧团未发挥充分积极性去拓展市场。与此同时质量不一的民间剧团涌现而无法得到控制。

---

〔1〕参见高义龙：《越剧史话》，上海文艺出版社1991年版，第57页。

〔2〕参见胡凤红：《谈嵊州民营越剧团的现状与发展前景》，载《音乐天地》2016年第2期。

在产权理论对非物质文化遗产保护的指导下，试图提出浙江越剧保护的新范式。由于非遗的特殊性，越剧保护的逻辑起点是意识到产权的权责双重属性，最终的理想状态是将社会团体作为产权主体，如可借鉴并完善目前越剧传承人的相关内容，以传承人为主，辐射越剧协会，将他们作为"产权保护人"，充分发挥其创新性与积极性，在享受越剧发展带来收益的同时肩负起越剧非遗保护的使命。[1] 但目前格局较难马上转换，在这过渡阶段要以国有剧团改制与民营剧团支持为主要路径。

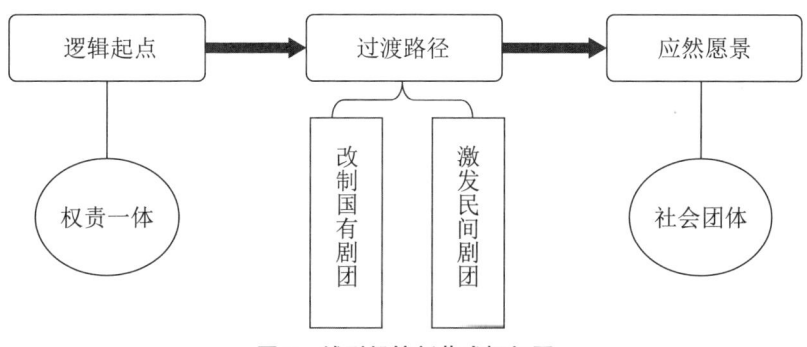

图 7　越剧保护新范式框架图

1. 越剧保护的逻辑起点：产权的权责双重属性

为使越剧保护走出巴泽尔困境及政府保护不到位的现状，引用产权机制对非物质文化遗产进行保护，试图提出以下对浙江越剧保护的新范式。如上文所说，解决产权界定这一大前提是引入产权机制对非物质文化遗产进行保护的最大难题，在当今格局已经形成的情况下打破实属不易。

首先，越剧当下保护困境主要在于政府仅向国有剧团投入资金支持而国有剧团缺乏创新、民间剧团商机性强随意流入、无序开发质量

---

〔1〕 此处所有的越剧保护是指越剧作为整个宏观上的非物质文化遗产而应受到重视。至于越剧的剧作、服装、饰品等可由于其独特性等方面因素而受到知识产权法的保护。这与上述的越剧"产权保护人"概念并不一样。恰恰相反，正是由于越剧这一非遗整体的日益边缘化，缺乏创新动力使得剧作等发展停滞不前，剧作等并非因其保护力度不够而没有发展。因此，对于越剧这一非遗的产权视角下的新保护模式取代目前政府经费救济的行政主导保护模式值得思考。

参差不齐。[1] 进而导致观众市场萎缩、演员青黄不接而越剧得不到保护与传承的局面。而政府的资金投入毕竟也是有限的。

其次，更重要的是，由于观众市场萎缩、对越剧演员等从业有成见、进而演员青黄不接等导致目前越剧这一非物质文化遗产的保护困境除了巴泽尔困境之外，还有其产权界定后产权的价值未立刻显现的情况，所以产权人可能中途放弃产权，进行产业开发，这样更不利于对越剧的保护。为防止这一现象产生，当下越剧这一非物质文化遗产产权的赋予主体应具有一定的公权力、政府色彩，越剧非遗对主体来说不仅仅是一项权利，也是职责，通过对赋予主体的义务加重督促其落实保护的职责。同时可以建立惩处机制与淘汰机制对产权主体进行更换。

2. 越剧保护的应然愿景：社会团体作为产权主体

在产权理论的思考下，最终的理想状态可以转变成将越剧的产权界定给一小部分集体，这个主体选择可以以起源地嵊州原住民为基础，以当下的传承人及国有剧团为核心，并辐射至少数优秀民间剧团，由此组成专项协会基金，将产权界定给他们之后，以激励创新他们展开新的保护思路与产业化发展保护。

为防止其垄断行为限制其他优秀且有意愿发展保护越剧的人组建剧团，政府相关部门作出相关监管，以及通过立法使得对这一社会团体的监管有法可依。将产权界定给这一越剧协会之类的社会团体，激励他们进行开发利用，带动越剧保护的整个系统开展剧目创作、演员培养，以及相关旅游产业、演出市场的拓展等。[2] 他们对越剧所享有的不仅仅是权利，也是一项职责，通过完善立法建立评估机制与淘汰制度以促使他们将保护工作落实到位。这个越剧社会团体要建立公示制度，提供最新动态信息。

同时，该社会团体可以向其他地方小剧团转让一定产权，由于协会是产权人，因此他们会注重其他剧团的质量保证，从而有限地挑选。

---

[1] 参见李强：《嵊州民营越剧团的生存与发展》，载《绍兴文理学院学报（自然科学版）》2011年第7期。

[2] 参见韩舒卉：《浅析浙江小百花越剧团现今发展方式及建议》，载《戏剧之家》2015年第7期。

由于有太多的非物质文化遗产,政府对文化建设的经费与预算投入毕竟也是有限的,难以做到面面俱到,因此目前只是满足国有剧团如小百花剧团的资金支持。[1] 当产权界定后既可以规制市场上的无序开发与竞争,又可以激励产权人创新保护,同时加上政府的补贴,可以使越剧的保护路径发展更完善。而产权界定亦可能会导致私权滥用,从而出现不利于越剧本身文化价值传承的行为,因此如前文所述要通过相关对非遗市场化产业开发的规制以杜绝滥用。

3. 越剧保护的过渡路径:国有剧团改制与民营剧团支持

目前所要进行的是加快国有剧团的体制改革,促使其自主创新,增强越剧发展的活力。政府可以进行规制,淘汰经营管理、剧目及演出质量并不高的民营剧团,而将资金投入到那些比较优秀的民间剧团中去。并加强优秀剧团之间的合作与合并。同时建立评估制度,对传承人及社会上的越剧爱好者、产业发展者中对越剧保护贡献大的人予以挑选。在过渡期间,政府可以通过类似 PPP 模式与剧团进行合作,投入资金促使他们加以越剧产业开发与保护,并以此激发民间剧团以及国有剧团的经营。通过这一规整使得民间质量并不是很高的剧团渐渐被淘汰掉,激发国有剧团的发展动力,使得民间优秀剧团与国有剧团得以完善与发展,为之后的产权界定做铺垫。

结　语

当下非物质文化遗产的产权界定模糊,处于公共领域而导致巴泽尔困境的出现,目前以行政保护为主导的保护模式也无法拯救市场失灵。引入产权机制,通过立法规制对非物质文化遗产进行产权的市场化保护是一个可尝试的方式。在《非遗法》中引入产权界定及产权赋予后对产权滥用、不完备性协调的具体制度的思想,将打破公权过度干预的局面。而由于非物质文化遗产的特殊性,也必不可少地需要政府加以规制,需要立法对产权人开发利用非物质文化遗产加以市场化监管与规制,以期达到真正的生态性保护。而产权机制的引入最重要的前提就是对主体的选择,对非物质文化遗产的产权主体以越剧协会

---

[1] 参见孔珍君:《浅议越剧的保护与传承》,载《大众文艺》2013 年第 24 期。

这样的社会团体更佳，可以起到沟通政府与市场的桥梁功能。通过产权促使政府保护创新，规制市场的无序竞争，同时也是一项职责，通过惩处与淘汰机制对其赋予一定义务性规定，使其真正落实对非物质文化遗产的保护。而我国非物质文化遗产种类繁多，不同类型需采取不同措施，最终理想状态是产权界定。由于当下的既定局面，各个类型需采取不同的过渡途径加以转换。产权的界定是一个逐渐完善的过程。

（主审人：高睿）

政声人语

学术法大

汉初侯爵夺爵原因探究

郭 梁*

绪 论

(一) 探究对象及探究范畴

《通典·职官志》中记载"汉兴设爵二等,曰王,曰侯。皇子而封为王者,其实古诸侯也,故谓之诸侯王。王子封为侯者,谓之诸侯。群臣异姓以功封者,谓之彻侯"[1],由此可见西汉的侯爵大体可以分为两种:一是贵族爵体系中的刘姓子孙所封的侯爵,二是军功爵体系中通过军功的积累而得封的侯爵。从身份上来看,刘姓子孙所封的贵族爵又称为诸侯,通过军功的积累而得封的军功爵称为彻侯(列侯)。无论是诸侯还是列侯,都不是终身制,会因为种种原因而被剥夺爵位。本文所探究的,是这些侯爵之所以被剥夺爵位的原因。

侯爵被夺爵,按现代的眼光来看,既有刑法的色彩,也有行政法的色彩。整理、研究夺爵原因,将夺爵原因与可考的汉律条文进行对比,亦可管窥当时法律的实施情况,以及对特权阶级的约束力。

(二) 探究基础

对侯国沿革的研究古已有之。学者们多以表的形式进行考据与梳理。既包括正史中的年表,也包括各种政书、会要中的表。本文探究的原始资料即来自于《史记》《汉书》中的表。

从夺爵制度角度来看,西嶋定生的《中国古代帝国的形成与结

---

* 中国政法大学民商经济法学院 2014 级本科生。
[1] (唐) 杜佑:《通典·职官志十三》,王文锦等点校,中华书局 1988 年版,第 855 页。

构——二十等爵制研究》是爵制研究之大成，但仅用一节来论述"有爵者之特权——刑罚减免的特权"，对于列侯的犯罪所言者寡。富谷至的《秦汉刑罚制度研究》单辟一编论述秦汉二十等爵制刑罚的减免，但其所依托史料多来自睡虎地秦简和张家山汉简，对于实例援引甚少。

上两书均未涉及数量更多的诸侯的相关情况。

彭海涛的《汉代宗室王侯犯罪研究》一文详细地梳理了两汉宗室王侯的各种犯罪情况，并进行了分门别类的研究，但作为史学论文，更多侧重了正史史料，而忽视了对法律史料的使用。王尔春的《汉代宗室问题研究》对史料的梳理极为精细，制作了便于检索的表格，但着眼甚宽，对宗室犯罪仅提及了其刑罚减免权。

上两文讨论范围均为宗室诸侯。

关于列侯，冯和林的《西汉列侯的性质与法律地位》从法律层面上讨论了列侯在法律上的特殊地位，但更多的是综述性的文字，对于列侯的犯罪也仅用了一节阐述"列侯的犯罪与刑罚"，论证程度稍嫌单薄。

（三）探究方法与探究总体框架

本文统计了《史记·高祖功臣侯者年表》和《汉书·王子侯表上》中所见侯国的基本情况，制成附录《西汉前期侯国夺爵原因统计表》。史料的处理方面，兼顾了《史记》《汉书》两书中的史料，并将表中所见史实与《二年律令》中的条文相互印证，加以证实。

论证中，将列侯与诸侯被夺爵的原因分为根本原因与直接原因。直接原因下分为三类（政治犯罪、伦理道德犯罪、一般刑事犯罪）进行论述和史料与数据的分析。这种分类参考了彭海涛的《汉代宗室王侯犯罪研究》一文，但进行了一定程度的修正。彭海涛文中第一章"汉代宗室王侯犯罪类型"下分为政治犯罪、伦理道德犯罪、刑事犯罪三类。政治犯罪下，细分为反、谋反、祝诅、妖言、造作图谶、结党交通、图谋不轨、藏匿、篡囚徒、守藩不称、私出国境、诬枉大臣、不敬、欺谩、酎金不足共十一项；伦理道德犯罪下，细分为居丧奸、居丧婚娶、禽兽行、淫亲属之妻、奸罪、盗迎掖庭出女、其他违反家庭伦理的罪行共六项；刑事犯罪下，细分为杀人罪、强取他人财物、擅兴繇赋、焚人居室、侵夺田产、坏人坟墓共五项。本文在此基础上修正如下：将首匿、篡囚徒合并为一项（以其均与犯罪人有关）；私出国境、守藩不称，再增添为官不称，合并为一项；反、谋反、图谋不轨合并为一项；欺谩、不敬合并为一项；奸罪、居丧奸合并为一项；增添不道、伤人、盗贼、掳掠人口，以及综合性的经济犯罪。删除了侯爵犯罪所未涉及的妖言、造作图谶、结党交通、居丧婚娶、盗迎掖庭出女、擅兴繇赋等罪名，并删除了作为兜底罪名的其他违反家庭伦理的罪行。

一、列侯与诸侯失爵之根本原因

列侯与诸侯，本是中央政权分封于各地，用以褒扬功臣，荫蔽宗室，同时加强中央对地方的管控。而列侯与诸侯失爵的根本原因，便是皇权的进一步集中与地方侯国权力的进一步扩张这一对矛盾的激化。

这种现象，早在高祖时期韩信、陈豨作乱便已经体现出来。虽然汉高祖对于诸侯王、诸侯、列侯的分封已经有着"非刘氏不王，若有亡功非上所置而侯者，天下共诛之"[1]的身份条件、履历条件等多方面的限制，但在病危之际，仍表明了他对地方势力的防范，发出了"吾于天下贤士功臣，可谓亡负矣。其有不义背天子擅起兵者，与天下共伐诛之"[2]的临终诏。

这种对地方势力的防范并非汉高祖首创。秦始皇一统六国后，曾有过关于在地方上推行郡县制还是分封制的大讨论。最终采取了李斯废分封行郡县的建议。周行分封绵延几八百年，而秦二世遽亡。汉代的统治者在鲜明的对比之下，会当然地选择重拾分封制，最终呈现的方式则是杂糅两者的郡县并行制。

具体而言，地方侯国权力的扩张主要表现在以下几个方面：

第一，从整体而言，在"内地北距山以东尽诸侯地，大者或五六郡，连城数十……汉独有……十五郡，而公主列侯颇食邑其中"[3]的情况下，各王国、侯国所占有的土地面积早已超过中央所直接管辖的

---

[1]《汉书·外戚恩泽侯表》，中华书局1962年版，第678页。
[2]《汉书·高帝纪下》，中华书局1962年版，第78页。
[3]《史记·汉兴以来诸侯王表》，中华书局1959年版，第802页。

土地。而且"天子支庶子为王,王子支庶为侯"[1],还在进一步侵蚀中央所直接管辖的郡县。中央政府在税赋、征调等方面反而不及地方侯国。这种情况直到武帝颁行推恩令才得以扭转。

第二,从单个地方侯国而言,政治、经济、军事方面更加独立,甚至与中央政府分庭抗礼,"置百官宫观,僭于天子"[2]。尤其在天下趋于安定若干年后,社会环境和经济条件得到了一定的恢复,在分封时户口数并不多的侯国也逐渐变成了人口众多的社会单位,"天下初定……大侯不过万家,小者五六百户。后数世,民咸归乡里,户益息,萧、曹、绛、灌之属或至四万,小侯自倍,富厚如之"[3],在经济方面与汉初相比有着明显的进步。在这种情况下,很有可能滋生种种不法行为。

第三,从中央对诸侯与列侯的政策态度而言,西汉前期,在很大程度上放纵了诸侯与列侯的犯罪行为。尤其是高祖、吕后时期,犯罪的侯爵数量极少。而文帝又以外藩继统,对诸侯、列侯包括诸侯王在内,基本也采用羁縻怀柔的政策。这一点在各个诸侯王本传中表现得极为突出。这种放任自流的中央政策,同样也会催生种种不法行为。因而也可以看到,自景帝、武帝朝以降,犯罪数量大幅度增长。

二、列侯与诸侯失爵之直接原因

列侯与诸侯失爵的直接原因,则是其对法律和伦理道德的触犯。

列侯与诸侯分类统计表[4]

	列侯国	诸侯国
成表时仍存	2	1
为人所杀	1	4

---

[1]《史记·汉兴以来诸侯王表》,中华书局1959年版,第802页。
[2]《史记·汉兴以来诸侯王表》,中华书局1959年版,第802页。
[3]《史记·高祖功臣侯者年表》,中华书局1959年版,第877页。
[4] 本表中列侯数据来自《史记·高祖功臣侯者年表》,诸侯数据来自《汉书·王子侯表上》。"无后"之后诸栏之详细内容可参见附录《西汉前期侯国夺爵原因统计表》。

续表

	列侯国	诸侯国
于史无载	3	20
更换封地爵位	4	19
无　后	18	23
王莽篡汉	0	25
非先侯子	3	1
犯　罪	112	112
合　计	143	205

考侯爵因犯罪被夺爵之原因，既有直接危害到统治者基本利益的政治犯罪，也有违背伦理道德的犯罪，还有一般的刑事犯罪，其失爵的原因是多样化的。现根据其失爵的原因类型，进行简单分类：

（一）非犯罪原因

非犯罪原因，指并非出于被夺爵侯爵本人犯罪的原因，而爵位被剥夺的现象。这种情况下，通常刑罚止于夺爵，除非是因亲属犯罪而受到缘坐。

1. 非先侯子

据《二年律令·置后律》："疾死置后者，彻侯后子为彻侯，其毋適子，以孺子□□□子"，缺字据整理小组意见，应当为"子良人"[1]。可见，已薨侯的爵位优先由嫡长子继承，没有嫡长子的，可以由非嫡子继承。据此，要继承侯爵爵位，最低要求是已薨侯的儿子。非先侯子意味着对侯爵没有法定的继承权利。

非先侯子而夺爵的法律效力会溯及既往。据《汉书·高惠高后文功臣表》"复阳刚侯陈胥"条："孝文十一年，共侯嘉嗣，十八年薨。孝景六年，康侯拾嗣，二十五年薨。元朔元年，侯彊嗣，七年，元狩二年，坐父拾非嘉子，免。"[2] 元朔二年，复阳侯国的四世侯陈彊因

---

[1]《二年律令·置后律》，转引自《张家山汉墓竹简（二四七号墓）》，文物出版社2006年版，第59页。

[2]《汉书·高惠高后文功臣表》，中华书局1962年版，第579页。

为他的父亲、三世侯复阳康侯陈拾不是二世侯复阳恭侯陈嘉的儿子，因而被剥夺爵位。此时距陈拾去世、陈彊继承侯爵已经七年，距陈嘉去世、陈拾继承侯爵也过去了三十年。由此可见，对于爵位的继承是有着极为严苛的要求的。

在统计结果中，列侯因非先侯子而被取消爵位的有三位，其中有两位是因为本人不是上一位列侯的儿子，另一位（即复阳侯）则是被溯及既往而被剥夺爵位。这一现状在诸侯中仅统计到了一例。

值得注意的是，在西汉早期，存在极少数因先侯无子或嗣子尚幼，而封先侯之母为侯的现象。如"（鲁侯奚涓）以舍人从起沛，至咸阳为郎中，入汉，以将军从定诸侯，侯，四千八百户，功比舞阳侯。死事，母代侯"[1]"（鄧侯萧）何薨，谥曰文终侯。子禄嗣，薨，无子。高后乃封何夫人同为鄧侯，小子延为筑阳侯。孝文元年，罢同，更封延为鄧侯"[2]。这是特殊情况下的权宜之计，并非是一种成文的制度。在幼子成年后，其母的爵位亦将被传递给嗣子。

2. 无后国除

根据《史记》《汉书》诸表中前后两代侯爵的亲属关系可以发现，除了少数经过皇帝下诏特许的现象外，侯爵的爵位只能由子来继承，而不得由兄弟侄孙等继承。若侯爵死后无子，则侯国便被废除。

无后国除的情况在列侯和诸侯中是极为普遍的。在作为统计样本的 143 个列侯国和 205 个诸侯国中，分别有 18 个列侯国和 23 个诸侯国是因为没有子嗣而被废除，所占比例较大。即使是皇帝下诏特许的现象，在《汉书》诸表中也仅统计到 6 例。[3] 结合上文"非先侯子"现象可见，对于侯爵的继承，西汉奉行较为严格的子承父爵的制度。

3. 王莽篡汉

王莽篡汉直接导致了西汉的灭亡。

从统计结果来看，只有 25 个受封于武帝朝的诸侯国，国祚得以延续至王莽时期，并无列侯国。不过，王莽篡汉对侯国的影响绝不局限

---

[1]《史记·高祖功臣侯者年表》，中华书局 1959 年版，第 917 页。

[2]《汉书·萧何曹参传》，中华书局 1962 年版，第 2012 页。

[3] 该六例均出现在汉成帝元延元年（公元前 12 年）到三年间。此时汉朝的权利中心逐渐由皇帝移向外戚，并不能很好地延续西汉初期的政策。

于此。除了上述 25 个诸侯国外，大量在王莽时期国除的诸侯国记载于《王子侯表下》中。"王莽篡位，绝者凡百八十一人。"[1] 表中实际可见的为 177 人，相比于表中的 223 个侯国，已经占了绝大多数。这 177 位因王莽篡汉而失去爵位的诸侯，并非人人坐以待毙。有上书劝王莽居摄的，有被郡县义军推举为皇帝的，也有极少数起兵反对王莽而失败的。[2] 由此可见，西汉初期对中央集权造成极大威胁的宗室，到西汉末期已经全然失去了拱卫王室的作用。

值得注意的是，所有的列侯国，在王莽时期都已经不存在了。实则随着平阳侯曹宗在征和二年被完为城旦舂，所有汉初所分封的列侯国均已不存在。从这里也可以侧面看出，虽然同样是国家的贵族，但最高统治者对宗室与功臣还是采取了不同的措施。

(二) 政治犯罪

政治犯罪，是帝制时代最为严重的犯罪。一般地，所有直接威胁到皇帝本人或统治阶级利益的行为，都会被广义地认为是政治犯罪。实际上，一些极为严重的罪行，即使尚处于谋划阶段，也依然受到与犯罪既遂相同的刑罚。此外，由于认知能力的限制，通过迷信手段的祝诅等左道行为，只要最终指向了统治阶级，也同样会被认定为犯罪。

1. 谋反与反

谋反与反是最直接威胁到政权统治和皇帝权利的犯罪，历朝历代对此几乎都是零容忍的态度。反，是指以军事力量与合法的中央政权相抗衡。谋反，则是对反的事前谋划。可以说，谋反与反是同一个事件的不同阶段。从语法的角度来分析，"谋反"一词本身就是动宾结构词，其中心词是"谋"而不是"反"，与谋叛、谋大逆等词相同，皆在强调"谋"。

《二年律令·贼律》中"以城邑亭障反，降诸侯，及守乘城亭障，诸侯人来攻盗，不坚守而弃去之若降之，及谋反者，皆要斩。其父母、

---

[1] 《汉书·王子侯表下》，中华书局 1962 年版，第 483 页。
[2] 参见《汉书·王子侯表下》："元始元年（新乡侯佟）上书言王莽宜居摄，莽篡位，赐姓王。……王莽居摄二年，东郡太守翟义举兵，立（严乡侯）信为天子，兵败，死。……王莽建国元年，（徐乡侯炔）举兵欲诛莽，死……王莽六年，（陵乡侯曾）举兵欲诛莽，死。"中华书局 1962 年版，第 488 页。

妻子、同产,无少长皆弃市"一条,不仅已经在定罪部分规定了"以城邑亭障反"和"谋反",而且在量刑部分,也采用了最严厉的腰斩和缘坐。

据列侯、诸侯有关谋反与反的记载,列侯有13位,诸侯有6位。其中不仅包括韩信、陈豨等以军事手段反叛的列侯,也包括向已反的侯王称臣者,如有利侯刘钉,"坐遗淮南王书称臣弃市"[1],他们和谋反者受到的同样的惩罚,因此将其同归为一类。

值得注意的是,虽然《贼律》中规定了腰斩和弃市的刑罚,但依据记载来看,该条文并未得到完全贯彻。上文提到列侯和诸侯,除了淮阴侯韩信被夷三族,有利侯刘钉被弃市,高京侯周成瘐死,爰戚侯刘当、辟阳侯审平自杀外,其他的均记载为"诛"。得以"夷三族"的,韩信一人而已。一方面,可能有记载失其翔实的原因,另一方面,以高京侯周成为例来看,"孝文后五年,(周成)谋反,下狱死……孝景中元年,侯应以成孙绍封绳侯。"[2]。周成作为高京侯国之国祖,若其父母妻子兄弟全被弃市,是不可能有周应存在的。由此看来,汉律在应然和实然的层面上,还是存在着很大的脱节的。

2. 祝诅

祝诅,是指祝告鬼神,使鬼神降灾祸于他人。[3] 从统计结果来看,列侯和诸侯各有2位因祝诅而被腰斩,还有一位诸侯审讯尚未结束便病死。其实,汉代祝诅案绝不仅侯表中体现出的少数几例,还有大量的祝诅案散见于史料中。据不完全统计,自汉兴至武帝朝便有29例之多,除极个别案例外,当事人均被腰斩。[4]

为何会有如此多发的诅祝行为?原因概如下:

第一,秦汉笃信鬼神。刘邦在汉王二年时设黑帝祠,六年又设蚩尤祠,在官制中有祠祝官,下设梁巫、晋巫、秦巫等不同名目,"皆以岁时祠宫中"[5],而且对于地方郡县的请求立祠,也基本都应允。由

---

[1]《汉书·王子侯表上》,中华书局1962年版,第460页。
[2]《汉书·高惠高后文功臣表》,中华书局1962年版,第595页。
[3] 参见《尚书正义·无逸》:"否则厥口诅祝。"孔颖达疏云"以言告神谓之祝。请神加殃谓之诅。"北京大学出版社2000年版,第515页。
[4] 参见姜英晖:《秦汉时期的巫祝研究》,郑州大学2009年硕士学位论文。
[5]《史记·封禅书》,中华书局1959年版,第1358页。

此可见，巫术之风在统治阶层中大为流行。上有好之，下必甚焉。在民间的巫祝行为更为流行，甚至成了生活中不可或缺的角色。晁错建议文帝募民徙边时，有一条要求就是"为置医巫，以救疾病，以修祭祀，男女有昏"[1]，其流行之盛，地位之隆，可窥一斑。

第二，祝诅作为上通鬼神的一种手段，只有当人们想实现一些力不能及的目的时，才会使用祝诅的方式。而从史料来看，祝诅多作为不正当的政治目的的辅助手段。因此祝诅行为的多发，实质上反映了诸侯与列侯的种种不正当政治诉求。

3. 首匿、篡囚徒

有罪的人和囚徒，是社会上极具危害性的特殊群体，是影响社会稳定的两大隐患。一旦这些不安定因素被别有用心的人组织起来，便会成为危及政权的一股力量。首匿和篡囚徒都是因与有罪的人或囚徒的不正当交往而构成的罪行。据《汉书》颜师古注，"凡首匿者，言为谋首而藏匿罪人"[2]，首匿，是指容留逃亡的有罪的人或流亡的囚徒。"逆取曰篡"[3]，篡囚徒，是指通过非法途径释放在押囚徒。

从统计所得数据来看，攸舆侯刘则因"篡死罪囚"而被弃市。而在统计到的首匿罪犯的2位列侯和4位诸侯中，所受刑罚最严重的是毕梁侯刘婴，"元封四年，坐首匿罪人，为鬼薪"[4]，其他有的恰逢赦免，仅被剥夺爵位，有的被免为庶人。两者相较之下，显然篡囚徒所犯的罪行更加严重。从散见于史料的"篡囚徒"的记录来看，篡囚徒往往伴随着反叛行为，而且叛军也可以借此在壮大自己的势力，因此其所对应的刑罚也较为严厉。攸舆侯刘则"太初元年，坐篡死罪囚，弃市"[5]。

另外，对于首匿的刑罚，实则是与被匿人的罪刑有关。据《二年律令·亡律》："匿罪人，死罪，黥为城旦舂，它各与同罪。"[6] 当被

---

[1]《汉书·爰盎晁错传》，中华书局1962年版，第2288页。
[2]《汉书·宣帝纪》，见颜师古注，中华书局1962年版，第251页。
[3]《汉书·成帝纪》，见颜师古注，中华书局1962年版，第318页。
[4]《汉书·王子侯表上》，中华书局1962年版，第447页。
[5]《汉书·王子侯表上》，中华书局1962年版，第458页。
[6]《二年律令·亡律》，转引自《张家山汉墓竹简（二四七号墓）》，文物出版社2006年版，第31页。

首匿人犯有死罪时，首匿人要被黥为城旦舂；其他情况下，首匿人与被首匿人同罪。但考《史记》《汉书》中记载的4位匿死罪的列侯与诸侯，除毕梁侯刘婴"为鬼薪"外，其他三位（甚至包括匿死罪）仅记为"免"。据《二年律令·具律》："上造……以上……其当刑及当为城旦舂者，耐以为鬼薪白粲。"[1] 当受刑者的军功爵是上造之上的，刑等降至"耐为鬼薪白粲"。实际上，上造是二十等军功爵中的第二等，属于较为低级的爵位。因此，侯爵在受刑时，大量适用本条而得以减刑。不过从适用的情况来看，虽然有减刑的具体规定，但在执行时，得以依法执行的仍是少数。

4. 为官、在藩不称

在西汉初期，"自汉兴至孝文二十馀年，会天下初定，将相公卿皆军吏。"[2] 朝中大臣均由列侯或诸侯出任，因此，如果列侯、诸侯在任职期间不称职或有违法行为，同样会被剥夺爵位。

分封列侯与诸侯，一个重要的原因就是加强中央对地方的管理和控制，如果列侯与诸侯在藩国内，不能很好地尽到守护藩国的责任，同样也会对其加以处罚。根据统计结果，共有2位列侯与3位诸侯因为官不称而被夺爵。在藩不称的犯罪明显地分为两类：擅离国界和事国人过。7位在藩不称的列侯与诸侯中，4位擅离国界（包含一位弃印绶出国），3位事国人过。

为何擅离国界和事国人过均会被夺爵？其原因我们可以从根本原因（即中央与地方的权力冲突）上找到。诸侯对自己的藩国是负有重要责任的，擅离国界，则说明该藩国内的侯爵没有尽到其责任。另外，侯爵擅出国界还存在列侯或诸侯之间暗自结交，图谋不轨的嫌疑。吴楚七国之乱时，吴王刘濞派人与胶西王密谋后，"犹恐其不与，乃身自为使，使於胶西，面结之"[3]，才最终确定起兵。故汉代有"二千石守千里之地，任兵马之重，不宜去郡"[4] 的规定。事国人过又分为事

---

[1]《二年律令·具律》，转引自《张家山汉墓竹简（二四七号墓）》，文物出版社2006年版，第20页。

[2]《史记·张丞相列传》，中华书局1959年版，第2681页。

[3]《史记·吴王濞列传》，中华书局1959年版，第2826页。

[4]《汉书·冯奉世传》，中华书局1962年版，第3304页。

国人过律和事国人过员两种，分别是在时间和员额上超出规定役使国人。[1] 沈家本则以为"过员即过律，律有员数也"[2]，无论何解为是，这种做法都无疑会影响到受国家保护的编户齐民，从而进一步影响国家的户籍制度与税赋制度，同时造成侯国内社会不安定，造成社会动荡的隐患。

5. 诬枉大臣

上文提到，汉初大量官职均由功臣侯（列侯）担任，因此，诬枉大臣的现象实际上是不同的政治势力间互相倾轧的外在表现。统计到因诬枉大臣而夺爵的列侯只有武强侯庄青翟。而庄青翟与张汤的政治倾轧是武帝朝重大的政治事件，庄青翟下狱后自杀。据《二年律令·告律》："诬告人以死罪，黥为城旦舂；它各反其罪。"[3] 诬告他人犯死罪的，诬告者黥为城旦舂；诬告他人犯其他罪的，诬告者按其所诬罪名论罪。由此可见，诬枉所受到的最高的刑罚是黥为城旦舂。庄青翟被迫自杀，其中是有武帝为张汤之死而泄愤的因素的。

6. 不敬

不敬是一个很笼统的罪名。《晋书·刑法志》中将不敬解释为"亏礼废节谓之不敬"，因此有很多具体的罪行均被划归于"不敬"类下。有很多散见于史料中的记载都是在描述具体罪状之后缀以"不敬"。如"释之追止太子、梁王无得入殿门。遂劾不下公门不敬，奏之"[4]、"淮南相怒寿春丞留太子逮不遣，劾不敬"[5] 等。在统计到因不敬而被夺爵的12位列侯与5位诸侯中，其夺爵的情况大致分为如下四类：

---

[1] 参见（宋）钱文子《补汉兵志》："郡国役使过律若过员，皆坐免"注"案：过律，如满一月当代，而过役之；员，数也。案：过员，谓当给郡国者有员数，其余则出更赋，过员则更赋减矣。"钦定四库全书影印本，台湾商务印书馆1986年版。

[2] （清）沈家本《历代刑法考（下）·汉律摭疑》，商务印书馆2011年版，第524页。

[3] 《二年律令·告律》，转引自《张家山汉墓竹简（二四七号墓）》，文物出版社2006年版，第26页。

[4] 《史记·张释之冯唐列传》，中华书局1959年版，第2753页。

[5] 《史记·淮南衡山列传》，中华书局1959年版，第3097页。

(1) 不遵礼仪。《礼记·乐记》中提到"朝觐,然后诸侯知所以臣"[1]。作为列侯与诸侯,均需要定期朝觐,作为表达臣服的一种仪式。因此,朝觐制度可以看作是皇帝借以维护统治秩序的一种手段。《孟子》有"一不朝,则贬其爵;再不朝,则削其地;三不朝,则六师移之"[2] 的说法,但对于没有按规定朝觐的诸侯,通常的处理方法都是免去爵位。

可以注意到,有四位列侯是在太常一职的任上被夺爵。太常作为执掌礼仪、祭祀的官职,在相应的活动中很容易受到惩罚。祭祀用品不合格、没有及时修缮宗庙的基础设施等行为均可以视为不敬。

事实上,这些"不敬"的太常,其行为从结果上来看,是其在太常任上的失职,客观上也构成为官不称。但汉代决狱讲求原心定罪,因此要考察犯罪人的主观意图。因此,更适合将这些太常视为不敬,而非简单的为官不称。

(2) 不敬诏书。诏书是皇帝下达给臣民的文书。自秦统一后,将原本适用范围较广的诏的使用权收归皇帝本人,"命为制,令为诏"[3]。不敬诏书,显然就是对皇帝所下达的命令的不尊敬,是间接地对皇权的挑战。因此,因不敬诏书而获罪的两位列侯不仅被夺爵,也都受到了严厉的刑罚,一位被耐为司寇,另一位则应当处以死刑,因其病死而作罢。

(3) 礼仪逾制。汉代自叔孙通制礼后,始终遵行严格的礼仪制度,决不允许有逾越礼制的行为发生,并将逾制的行为视为极为严重的罪行。武原侯卫不害因丧葬超过礼仪,爵位被剥夺,侯国被除,子孙不得继承。

礼仪逾制受到惩罚的原因,还要从礼的本身出发。礼,所以别尊卑,而非别贫富。"圣王明礼制以序尊卑,异车服以章有德,虽有其

---

[1] 《礼记·乐记》,十三经注疏本《礼记正义》,北京大学出版社1999年版,第1137页。

[2] 《孟子·告子下》,十三经注疏本《孟子正义》,北京大学出版社1999年版,第334页。

[3] 《史记·秦始皇本纪》,中华书局1959年版,第236页。

财,而无其尊,不得逾制"[1]。而随着社会经济的发展,社会风气逐渐走向浮华奢靡,"奢僭罔极,靡有厌足"[2],这种现象一是引起礼制的混乱,会淡化君臣尊卑的等级关系,有可能引起统治阶级内的矛盾,弱化皇权的独特性。二是会上行下效,引起社会上奢侈逸豫之风,不但会从内部使统治阶级腐化堕落,更会从根本上削弱国力,造成更严重的后果。因此汉成帝曾下诏禁止穷奢极欲,申饬列侯近臣各自反省。[3]

(4)行为不端。该类下集合了众多具体的不敬的行为。有擅自使用皇家器物、园林的,有在奏疏中欺谩不敬的,也有其他行为不端的。一言以蔽之,一切以皇帝和皇权为对象的异常行为,均可能被冠以"不敬"的罪名。

7. 不道

不道,据《唐律疏议》指"杀一家非死罪三人及支解人、造畜蛊毒厌魅"[4]。这种挂一漏万的枚举法是非常不科学的。根据散见于史料中的"不道"记载如"(刘元)令能为乐奴婢从死,追胁自杀者凡十六人,暴虐不道"[5]、"武安又盛毁灌夫所为横恣,罪逆不道"[6]、"河南号(严延年)曰'屠伯'……坐怨望非谤政治不道弃市"[7]可见,不道的外延也是模糊的,罪行多样,这一点与不敬颇为类似。

大庭脩先生在《汉律中的"不道"概念》一文中,将诬枉、罔上、迷国、诽谤、狡猾、惑众、亏恩、奉使无状等行为均归类于不道。私以为诬枉可以独立成罪,罔上可并入不敬,大逆则在日后成为十恶之一,亦可独立。大庭脩先生亦列举了相关的史料,证明上述罪名确实与不道有一定的联系,但私以为,可以予以独立罪名的,仍以分立为佳。

---

[1]《汉书·成帝纪》,中华书局1962年版,第324页。
[2]《汉书·成帝纪》,中华书局1962年版,第324页。
[3]参见《汉书·成帝纪》,中华书局1962年版,第324页。
[4](唐)长孙无忌:《唐律疏议·名例律》,刘俊文点校,中华书局1983年版,第9页。
[5]《汉书·景十三王传》,中华书局1962年版,第2411页。
[6]《史记·魏其武安侯列传》,中华书局1959年版,第2851页。
[7]《汉书·酷吏传》,中华书局1962年版,第3669页。

在统计结果中,"不道"的行为仅有乐成侯丁义一例,但仍将其单独列出,因为"不道"与"不敬"等罪名在后世同属十恶之列,属于较严重的犯罪。

考察该例,丁义是因武帝后期栾大案而受到牵连的,因为其所推荐的方士栾大"妄言见其师,其方尽多不售,坐诬罔,腰斩;乐成侯亦弃市"〔1〕未能合武帝心意而被腰斩,而丁义随后被弃市。可见,对丁义的处置是带有武帝个人色彩在内的。

对于不道的处置是弃市,明确而严厉。无论是从丁义被夺爵弃市和酷吏严延年因苛政被弃市均可得出这一结论。衡山王刘赐"上书反告太子爽所为不道弃市罪事"一条也可佐证。

8. 酎金

关于"坐酎金,国除"类似的记载,在所统计的样本中占有极大的比例,共统计到18位列侯与67位诸侯。与传世文献相对照来看,这个结果是不全面的。表面上看,这是汉武帝因想对南越用兵,元鼎五年九月,"布告天下,天下莫应。列侯以百数,莫求从军"〔2〕,从而借口酎金不如律,惩戒列侯与诸侯,"列侯坐献黄金酎祭宗庙不如法夺爵者百六人"〔3〕。然其更深层的原因,则是为了进一步加强中央集权,削弱地方权力。自此之后,诸侯王、诸侯、列侯在封国"惟得衣食税租,不与政事"〔4〕,再无力与中央政权相抗衡。

(三) 伦理道德犯罪

汉代注重以孝治天下。家庭作为构成社会的最基本单元,其伦理道德亦受到相当的重视。一般情况下,列侯与诸侯作为帝国中最尊贵的群体,一旦犯有伦理道德方面的罪行,则不仅会被视为是对法律的践踏,更会带来极坏的社会影响,进而影响到整个统治阶级的声誉,因此必然会受到法律的严惩。

从统计结果来看,所涉及罪行不外乎奸、居丧奸、禽兽行三者。

---

〔1〕《资治通鉴·汉纪十二》,岳麓书社1990年版,第225页。

〔2〕《汉书·武帝纪》,见臣瓒注,中华书局1962年版,第187页。

〔3〕《汉书·武帝纪》如淳曰:"《汉仪注》诸侯王岁以户口酎黄金于汉庙,皇帝临受献金,金少不如斤两,色恶,王削县,侯免国。"中华书局1962年版,第187页。

〔4〕《汉书·诸侯王表》,中华书局1962年版,第395页。

三者之间有如下关系：奸是奸罪的主体；居丧奸和禽兽行可以视为奸的特殊情形，是奸罪的加重犯罪。但居丧奸和禽兽行有交集。同时，禽兽行不仅包括父系亲属之间的内乱，还有一部分极端悖逆伦理的行为同样被认为是禽兽行，这些行为无法用奸罪来涵盖。如济北王刘终古"使所爱奴与八子及诸御婢奸，终古或参与被席，或白昼使裸伏，犬马交接，终古亲临观。产子，辄曰：'乱不可知，使去其子。'"[1]被认为是"禽兽行，乱君臣夫妇之别，悖逆人伦"[2]，但因为其身份是诸侯王，且是高祖庶长子齐悼惠王支脉，最终只削去了四个县。由此可见，奸罪并不能完全涵盖禽兽行，换言之，禽兽行的外延是稍显模糊的。

奸罪按照当事人（主要是受害人）的主观意图之自愿与否分为强奸与和奸，则居丧奸和禽兽行同样也应当有合意与强行的区分。

在因奸罪而夺爵的3位列侯中，有两位为"为鬼薪"，一位仅记载为免。据《二年律令·襍律》："诸与人妻和奸，及其所与皆完为城旦舂。"[3]本应当完为城旦舂。但由于犯罪者是列侯，是军功爵中最高等级，据《二年律令·具律》相关条文，减刑耐为鬼薪。

丧葬礼是礼仪系统中极为重要的部分，在居丧期间的饮食起居都受到不同程度的限制。在居丧期间是绝对禁止性生活的，正常的婚嫁尚且禁止，遑论不正当的性关系。因此对居丧奸的惩处力度是高于奸罪的。堂邑侯陈须因"母长公主卒，未除服奸，兄弟争财，当死"[4]，被迫自杀。

禽兽行，包括但不限于乱伦行为、聚众淫乱等违背伦理道德的行为。有汉一代诸侯王、列侯、诸侯的乱伦行为不绝于书，往往有见。在统计结果中，有一位列侯与三位诸侯因禽兽行而受到处罚。据《二年律令·襍律》："同产相与奸，若取以为妻，及所取皆弃市。……复兄弟、孝父、柏父之妻、御婢，皆黥以为城旦舂。复男、弟兄子、孝

---

[1]《汉书·高五王传》，中华书局1962年版，第2001页。

[2]《汉书·高五王传》，中华书局1962年版，第2002页。

[3]《二年律令·襍律》，转引自《张家山汉墓竹简（二四七号墓）》，文物出版社2006年版，第34页。

[4]《史记·高祖功臣侯者年表》，中华书局1959年版，第888页。

父、柏父子之妻、御婢，皆完为城旦舂。"[1] 考察统计到的侯爵，有两位与姊妹通奸的诸侯在狱中瘐死，两位与后母或父亲的御婢通奸的，一位仅记载为夺爵，一位自杀。这与《二年律令》中的规定基本吻合。

值得注意的是，《二年律令》有关奸罪、禽兽行的条文中，虽然提到了众多女性亲属，却未提到后母、父亲的妻、父亲的御婢这三种亲属。这并不是法条对这三种身份的忽略。因为在本条中提到了其他父系亲属的妻子、御婢，而且在其他章节中也出现到了以后母作为被害人的有关条文，如"子牧杀父母、殴詈泰父母、父母、叚大母、主母、后母，及父母告子不孝，皆弃市。……妇贼伤、殴詈夫之泰父母、父母、主母、后母，皆弃市"[2]。再者，与父亲的御婢通奸的行为并非没有发生过，如颖阴侯夏侯颇"坐尚公主，与父御婢奸罪，自杀，国除"[3]。据此来看，可能是竹简所见并非汉律的全部条文，仅是抄录者主观选择的结果。

（四）一般刑事犯罪

此处一般刑事犯罪指的是除上述政治犯罪和伦理道德犯罪之外的其他犯罪。

1. 杀人、伤人

杀伤人，作为最原始的犯罪种类，在任何时期都是被绝对禁止的。汉律承秦制，《二年律令》中可以见到很多与杀人、伤人相关的法条，并且对量刑进行了极大的明确与细化。

据统计结果来看，因杀人、伤人而被夺爵的列侯、诸侯各有5位与11位。所受到的惩罚也与《二年律令》中基本吻合。值得注意的是，在因杀人被夺爵的案例中，有几起杀死兄弟的案例，记载为"弃市"，与《二年律令》相吻合。但考察其他几起杀人案例，却多有"自杀"的记载。由此也可以看出，虽然同是杀人，但对于悖逆伦理

---

[1]《二年律令·襍律》，转引自《张家山汉墓竹简（二四七号墓）》，文物出版社2006年版，第33页。

[2]《二年律令·贼律》，转引自《张家山汉墓竹简（二四七号墓）》，文物出版社2006年版，第13页。

[3]《史记·高祖功臣侯者年表》，中华书局1959年版，第884页。

的恶性案件，在处理上却和一般的杀人案件存在着相当的差别。这与汉代崇儒尚孝的治国理念不无关系。

2. 盗贼、掳掠人口

盗贼一词在语义上有着很大的古今差别。《二年律令》中最初两篇便是《贼律》和《盗律》。考察两篇所涉及的罪名，《贼律》中包含的内容较广泛，有谋反一类的严重政治犯罪，也有杀人、伤人等一般刑事犯罪。《盗律》中的内容则更多地局限于与盗窃相关的犯罪，也包含掳掠人口、抢劫等犯罪。从统计结果来看，有一位列侯因略人妻而被夺爵弃市，一位诸侯因"为盗贼"而被夺爵。

3. 经济犯罪

经济犯罪下的种类较多，包括不偿债、买塞外禁物、诈骗、敲诈、伪造货币、取息过律等多种。列侯与诸侯共有8位因经济犯罪而被夺爵。

该类犯罪的一大特点是大部分不会直接冲击到统治阶级的根本利益，故此所受到的惩罚也较轻。但特例是盗铸货币。据《二年律令·钱律》："为伪金者，黥为城旦舂。盗铸钱及佐者，弃市。"[1]巨大利润的背后，其所要付出的代价也是极大的。《史记·高祖功臣侯者年表》"慎阳"条下"元狩五年，侯买之坐铸白金弃市，国除"[2]便是一例。白金是武帝为了增加政府收入而发行的大额货币，是银锡合金。白金的币值极高却没有规定两种金属的成色，故此盗铸白金有着极大的利润，而天下盗铸者蜂起，"自造白金五铢钱后五岁，赦吏民之坐盗铸金钱死者数十万人。其不发觉相杀者，不可胜计。赦自出者百馀万人。然不能半自出，天下大抵无虑皆铸金钱矣。"[3]因为伪造货币将会带来货币市场的混乱，给国家经济造成严重损失，国家势必会加大打击力度。[4]而相比之下，不偿人债、买塞外禁物、取息过律等罪行的危害性则小得多，其惩罚也轻得多，仅记载为免。

---

[1]《二年律令·钱律》，转引自《张家山汉墓竹简（二四七号墓）》，文物出版社2006年版，第35页。

[2]《史记·高祖功臣侯者年表》，中华书局1959年版，第953页以下。

[3]《史记·平准书》，中华书局1959年版，第1433页。

[4] 参见彭信威：《中国货币史》，上海人民出版社1958年版，第97页以下。

4. 缘坐

缘坐是一种古老的刑罚制度，一般只适用于极为严重的罪行。《二年律令》仅有"以城邑亭障反……及谋反者，皆要斩。其父母、妻子、同产，无少长皆弃市"[1]一处提到缘坐，其适用的罪行为谋反一类的重罪。从统计结果来看，列侯因缘坐而被夺爵的有棘蒲侯与汲侯两位。棘蒲侯陈武为棘蒲侯国之国祖，[2]死后嗣子陈奇造反，因而国除。汲侯公上广德则是"坐妻精大逆罪，颇连广德，弃市，国除"。[3]

通常情况下，妇女往往是作为被缘坐的对象而非犯罪主体。汲侯案中却恰相反，汲侯反倒是被缘坐的对象。对于汲侯案，史失其详，但以妇女作为"大逆"犯罪的主体，较可能的是坐祝诅。据沈家本《汉律摭疑》，祝诅汉法以大逆论。[4]《文献通考》记载公上广德"坐罪免"，[5]既未写明其所犯罪，亦未记其被弃市，可备一考。

诸侯中，阴城侯刘苍情况与棘蒲侯类似，都是因为嗣子有罪，不得继承爵位，从而被夺爵。

结　论

通过上文的分析可以看出，多数侯爵被夺爵的直接原因，是他们或轻或重的不法行为，因法外原因而被夺爵的情况仅属少数。但无论是何种直接原因，追本溯源，均可以用"触及皇权的根本利益"的根本原因来解释。两者并非二元对立，一切对皇权提出挑战的行为，均会被视为触犯法律。

通过统计数字来看，348个样本中有225位侯爵是因为触犯法律而

---

[1]《二年律令·贼律》，转引自《张家山汉墓竹简（二四七号墓）》，文物出版社2006年版，第7页。

[2] 参见《汉书·文帝纪》："高帝始平天下，建诸侯，为帝者太祖。诸侯王、列侯始受国者亦皆为其国祖。"中华书局1962年版，第111页。

[3]《史记·高祖功臣侯者年表》，中华书局1959年版，第960页。

[4] 参见（清）沈家本：《历代刑法考（下）·汉律摭疑》，商务印书馆2011年版，第425页。

[5] 参见（元）马端临：《文献通考·封建考》："汲绍侯公上不害，为太仆击代、豨功封千三百户……广德，坐罪免。"中华书局1989年版，2116页。

被夺爵，而因身份而被赦免的例子绝少（仅6例，且并非完全免罪，仅赦免其实刑，爵位仍被剥夺）。由此可见，列侯与诸侯虽然作为帝国中较为尊贵的群体，但当他们犯罪时，也和普通人一样适用法律。这显然是在汉承秦制的演变中，延续了商鞅"壹刑"的思想，[1] 有利于统治者进一步加强中央集权，更体现皇权的神圣与崇高。

从另一个角度看统计数据，若将表中所见罪名的犯罪主体按照一般主体和侯爵进行分类，然后统计仅夺爵而无实刑的情况。可以看到，犯罪主体为一般主体的反、谋反、祝诅、首匿、篡囚徒、禽兽行、奸罪、居丧奸、杀人、伤人、盗贼、掳掠人口、经济犯罪等共65例，仅被夺爵而无实刑的仅有18例；而在只能由侯爵作为犯罪主体[2]的为官不称、在藩不称、诬枉大臣、不敬、不道、酎金、不按礼仪等共116例，仅被夺爵而无实刑的竟高达101例。由这个数字可以看到，在对侯爵进行处罚时，不仅有明文记载的减刑措施，在具体操作中，也会体现出明显的倾斜。换言之，更直接侵犯到皇权和统治的犯罪，所受到的打击力度更大；相对而言，若没有直接侵犯到皇权，则打击力度明显减小。

附　录

西汉前期侯国夺爵原因统计表[3]

侯　国	始封者/被夺爵者	夺爵原因	本　人
非本人犯罪原因			
非先侯子（3/1）			
舞　阳*	樊哙/子樊它广	非先侯子	免

---

[1] 参见《商君书·赏刑》："自卿相将军以至大夫庶人，有不从王令、犯国禁、乱上制者，罪死不赦。有功于前，有败于后，不为损刑。有善于前，有过于后，不为亏法。"高亨注译，中华书局1974年版，第130页。

[2] 此处"只能由侯爵作为犯罪主体"是狭义的说法，仅仅是指无法由一般主体作为犯罪主体的情况，换言之，是对犯罪主体的身份有一定要求的犯罪。

[3] 本表信息整理自《史记·高祖功臣侯者年表》和《汉书·王子侯表上》，其中"侯国"一栏右上角标记星号者为列侯（功臣侯），无标记者为诸侯（王子侯）。

续表

侯国	始封者/被夺爵者	夺爵原因	本人
复阳*	陈胥/四世孙陈强	父拾非先侯子	免
涅阳*	吕胜/吕胜	子成实非子,不当为侯	本人已薨
益都	刘胡/孙刘嘉	非先侯子	免
无后国除（18/23）			
鲁*	奚涓/母疵	无后	本人已薨
清阳*	王吸/四世孙王不害	无后	本人已薨
都昌	朱轸/五世孙朱辟强	无后	本人已薨
广严*	召欧/孙召嘉	无后	本人已薨
海阳*	摇毋馀/四世孙摇省	无后	本人已薨
猗氏*	陈鸥/孙陈差	无后	本人已薨
鄢陵*	朱濞/子朱庆	无后	本人已薨
襄平*	纪通/孙纪夷吾	无后	本人已薨
肥如*	蔡寅/孙蔡奴	无后	本人已薨
宁陵*	吕臣/孙吕始	无后	本人已薨
棘阳*	杜得臣/孙杜武	无后	本人已薨
高胡*	陈夫乞/子陈程	无后	本人已薨
共*	卢罢师/孙卢商	无后	本人已薨
禾成	公孙耳/子公孙渐	无后	本人已薨
东阳*	张相如/四世孙张强	无后	本人已薨
阳义*	灵常/孙灵胜	无后	本人已薨
期思*	贲赫/贲赫	无后	本人已薨
义陵*	吴程/子吴种	无后	本人已薨
东城	刘良/刘良	无后	本人已薨
休	刘富/曾孙刘章	无后	本人已薨
句容	刘党/刘党	无后	本人已薨
丹阳	刘敢/刘敢	无后	本人已薨

续表

侯国	始封者/被夺爵者	夺爵原因	本人
秣陵	刘缠/刘缠	无后	本人已薨
邯会	刘仁/七世孙刘苍	无后	本人已薨
西熊	刘明/刘明	无后	本人已薨
枣彊	刘晏/刘晏	无后	本人已薨
萋	刘退/五世孙刘遗	无后	本人已薨
阴安	刘不害/子刘秦客	无后	本人已薨
安阳	刘乐/五世孙刘得	无后	本人已薨
隰成	刘忠/刘忠	无后	本人已薨
皋琅	刘迁/刘迁	无后	本人已薨
荼陵	刘䜣/子刘汤	无后	本人已薨
东野	刘章/子刘中时	无后	本人已薨
柴原	刘代/五世孙刘莫如	无后	本人已薨
柏畅	刘终占/子刘朱	无后	本人已薨
高丘	刘破胡/刘破胡	无后	本人已薨
洮阳	刘狩燕/刘狩燕	无后	本人已薨
挟术	刘昆景/刘昆景	无后	本人已薨
挟	刘霸/五世孙刘众	无后	本人已薨
俞闾	刘毋害/孙刘瞵	无后	本人已薨
高乐	于史无载	无后	本人已薨
王莽篡汉，国除（0/25）			
临众	刘始昌/七世孙刘商	王莽篡位，国绝	于史无载
阿武	刘豫/六世孙刘长久	王莽篡位，国绝	于史无载
州乡	刘禁/六世孙刘禹	王莽篡位，国绝	于史无载
羽	刘成/孙刘弃	王莽篡位，国绝	于史无载
利昌	刘嘉/六世孙刘换	王莽篡位，国绝	于史无载
公丘	刘顺/五世孙刘元	王莽篡位，国绝	于史无载

续表

侯国	始封者/被夺爵者	夺爵原因	本人
象 氏	刘贺/五世孙刘酆	王莽篡位，国绝	于史无载
南 城	刘贞/六世孙刘友	王莽篡位，国绝	于史无载
临 乐	刘光/五世孙刘广都	王莽篡位，国绝	于史无载
被 阳	刘燕/六世孙刘广	王莽篡位，国绝	于史无载
定 敷	刘越/五世孙刘乘	王莽篡位，国绝	于史无载
稻	刘定/五世孙刘永	王莽篡位，国绝	于史无载
柳	刘阳己/六世孙刘守	王莽篡位，国绝	于史无载
云	刘信/五世孙刘得之	王莽篡位，国绝	于史无载
牟 平	刘渫/七世孙刘隆	王莽篡位，国绝	于史无载
樊 舆	刘脩/五世孙刘自予	王莽篡位，国绝	于史无载
夫 夷	刘义/六世孙刘商	王莽篡位，国绝	于史无载
都 梁	刘定/六世孙刘佗人	王莽篡位，国绝	于史无载
众 陵	刘贤/四世孙刘骨	王莽篡位，国绝	于史无载
膴 葭	刘泽/五世孙刘永	王莽篡位，国绝	于史无载
虚 水	刘禹/孙刘敞	王莽篡位，国绝	于史无载
广 饶	刘国/孙刘麟	王莽篡位，国绝	于史无载
鉼	刘成/四世孙刘闵	王莽篡位，国绝	于史无载
皋 虞	刘建/六世孙刘乐	王莽篡位，国绝	于史无载
魏 其	刘昌/五世孙刘嘉	王莽篡位，国绝	于史无载
记录为"有罪"，其余未详（36/4）			
宣 平*	张敖/四世孙张王	有 罪	免
曲 周*	郦商/子郦寄	有 罪	免
颍 阴*	灌婴/孙灌强	有 罪	免
广 平*	薛欧/孙薛泽	有 罪	免
阳 都*	丁复/孙丁安成	有 罪	免
东 武*	郭蒙/子郭它	有 罪	弃 市

续表

侯 国	始封者/被夺爵者	夺爵原因	本 人
蒯成*	周緤/子周昌	有罪	免
阿陵*	郭亭/孙郭客	有罪	免
费*	陈贺/孙陈偃	有罪	免
隆虑*	周灶/子周通	有罪	完为城旦
柳丘*	戎赐/四世孙戎角	有罪	免
宣曲*	丁义/子丁通	有罪	赦为鬼薪
菌*	张平/子张胜	有罪	为隶臣
博阳*	周聚/子周鸥	有罪	夺爵一级
平棘*	林执/子林辟彊	有罪	为鬼薪
彭*	秦同/孙秦武	有罪	免
彊*	留胜/孙留服	有罪	免
煮枣*	棘赤/孙棘昌	有罪	免
堂阳*	孙赤/子孙德	有罪	免
张*	毛泽/孙毛舜	有罪	免
龙*	陈署/子陈坚	有罪	夺侯
栒*	温疥/孙温河	有罪	免
吴房*	杨武/子杨去疾	有罪	耐为司寇
磨*	程黑/孙程灶	有罪	免
深泽*	赵将夜/孙赵修	有罪	耐为司寇
杜衍*	王翳/曾孙王翕	有罪	为鬼薪
甘泉*	王竟/孙王嫖	有罪	免
须昌*	赵衍/孙赵不害	有罪	免
长修*	杜恬/孙杜意	有罪	免
成阳*	奚意/子奚信	有罪	为鬼薪
棘丘*	襄/襄	有罪	夺侯，为士伍
羹颉*	刘信/刘信	有罪	削爵一级，为关内侯

续表

侯国	始封者/被夺爵者	夺爵原因	本人
江邑*	赵尧/赵尧	有罪	免
建成*	吕释之/吕则	有罪	免
射阳*	刘缠/刘睢	有罪	免
芒*	耏跖/子耏昭	有罪	免
羹颉	刘信/刘信	有罪	削爵一级，为关内侯
蒲领	刘嘉/刘嘉	有罪	免
利乡	刘婴/刘婴	有罪	免
庸	刘余/刘余	有罪	死
政治犯罪			
反、谋反（12/6）			
阳陵*	傅宽/四世孙傅偃	与淮南王谋反	诛
厌次*	元顷/子元贺	谋反	诛
台*	戴野/子戴才	反	诛
魏其*	周定/子周简	反	诛
辟阳*	审食其/子审平	反	自杀
高京*	周成/周成	谋反	系死
纪*	陈仓/孙陈阳	反	诛
下相*	冷耳/子冷慎	反	诛
高陵*	王周/孙王行	反	诛
昌*	卢卿/子卢通	反	诛
阳夏*	陈豨/陈豨	反	诛
淮阴*	韩信/韩信	谋反	夷三族
管	刘罢军/子刘戎奴	反	诛

续表

侯国	始封者/被夺爵者	夺爵原因	本人
氏兵	刘国/子刘偃	反	诛
营平	刘信都/子刘广	反	诛
宛朐	刘执/刘执	反	诛
有利	刘钉/刘钉	遗淮南王书称臣	弃市
爰戚	刘当/刘当	与兄廖谋反	自杀
祝诅（2/3）			
阳河*	卞䜣/五世孙卞仁	与母坐祝诅，大逆无道	要斩
戴*	秘彭祖/五世孙秘蒙	祝诅，无道	要斩
鄜	刘舟/刘舟	祝诅上	要斩
安檀	刘福/刘福	为常山太守祝诅上	讯未竟，病死
澎	刘屈牦/刘屈牦	为丞相祝诅	要斩
藏匿（2/4）			
平*	沛嘉/孙沛执	匿死罪	会赦，免
任*	张越/张越	匿死罪	免为庶人
毕梁	刘婴/刘婴	首匿罪人	为鬼薪
平	刘遂/刘遂	知人盗官母马，为藏	会赦，复作
安郭	刘传富/孙刘崇	首匿死罪	免
陆元	刘何/孙刘延寿	知女妹夫亡命，笞二百，首匿罪	免
篡囚徒（0/1）			
攸舆	刘则/刘则	篡死罪囚	弃市
在藩、为官不称（7/4）			
信武*	靳歙/子靳亭	事国人过律	免
汾阴*	周昌/孙周意	行赇	髡为城旦
曲城*	虫达/孙虫皇柔	为汝南太守知民不用赤侧钱为赋	为鬼薪
东茅*	刘钊/子刘告	事国人过员	免

续表

侯国	始封者/被夺爵者	夺爵原因	本人
绛阳*	华无害/孙华禄	出界	耐为司寇
祝阿*	高邑/子高成	事国人过律	免
甯*	魏选/孙魏指	出国界	免
杨丘	刘安/子刘偃	出国界	耐为司寇
沈猷	刘岁/子刘受	为宗正，听请不具宗室	耐为司寇
祝兹	刘延年/刘延年	弃印绶出国	免
南陵	刘庆/刘庆	为沛郡太守横恣罔上	下狱瘐死
诬枉大臣（1/0）			
武强*	庄不识/孙庄青翟	逮御史大夫张汤不直	下狱自杀
不敬（13/5）			
酂*	萧何/五世孙萧寿成	为太常牺牲不如令	免
蓼*	孔聚/子孔臧	为太常衣冠道路桥坏不得度	免
广阿*	任敖/四世孙任越	为太常庙酒酸，不敬	免
戚*	季必/四世孙季信成	为太常纵丞相侵神道壖，不敬	为隶臣
高苑*	丙倩/四世孙丙信	出入属车间	免
祁*	缯贺/孙缯它	射擅罢，不敬	免
北平*	张仓/孙张预	临诸侯丧后，不敬	免
高梁*	郦疥/孙郦平	诈诏衡山王取金	当死，病死
安丘	张说/五世孙张指	入上林谋盗鹿，又搏掾	完为城旦
朝阳*	华寄/孙华当	教人上书枉法	耐为鬼薪
平州*	昭涉掉尾/五世孙昭涉昧	行驰道中更呵驰去罪	免
衍*	翟盱/四世孙翟不疑	挟诏书论罪	耐为司寇
武原*	卫胠/孙卫不害	葬过律	免
东莞	刘吉/刘吉	瘠病不任朝	免
离石	刘绾/刘绾	上书谩	耐为鬼薪

汉初侯爵夺爵原因探究

续表

侯国	始封者/被夺爵者	夺爵原因	本人
建成	刘拾/刘拾	使行人奉璧皮荐贺元年，十月不会	免
重	刘担/刘担	不使人为秋请	免
平城	刘礼/刘礼	恐猲取鸡以令买偿，复谩	免，复完为城旦
不道（1/0）			
乐成*	丁礼/四世孙丁义	言五利侯，不道	弃市
酎金（18/67）			
安国*	王陵/五世孙王定	酎金	免
梁邹*	武儒/四世孙武山柎	酎金	免
斥丘*	唐厉/四世孙唐尊	酎金	免
故市*	阎泽赤/四世孙阎谷	酎金	免
汁方*	雍齿/四世孙雍桓	酎金	免
清*	空中同/五世孙空中生	酎金	免
新阳*	吕清/六世孙吕谈	酎金	免
阏氏*	冯解敢/五世孙冯平	酎金	免
中水*	吕马童/五世孙吕宜成	酎金	免
壮*	许倩/五世孙许广宗	酎金	免
开封*	陶舍/孙陶睢	酎金	免
临辕*	戚鳃/四世孙戚贤	酎金	免
平皋*	刘它/四世孙刘胜	酎金	免
桌*	陈错/五世孙陈千秋	酎金	免
中牟*	单父圣/四世孙单父舜	酎金	免
德*	刘广/四世孙刘何	酎金	免
桃*	刘襄/四世孙刘自	酎金	免
陆梁*	须毋/四世孙须冉	酎金	免
德	刘广/曾孙刘何	酎金	免

续表

侯国	始封者/被夺爵者	夺爵原因	本 人
棘乐	刘调/孙刘嗣	酎 金	免
宜春	刘成/刘成	酎 金	免
容陵	刘福/刘福	酎 金	免
杏山	刘成/刘成	酎 金	免
浮丘	刘不害/子刘霸	酎 金	免
广戚	刘将/子刘始	酎 金	免
盱台	刘蒙之/刘蒙之	酎 金	免
淮陵	刘定国/刘定国	酎 金	免
龙丘	刘代/刘代	酎 金	免
寿梁	刘守/刘守	酎 金	免
雷	刘豨/刘豨	酎 金	免
辟土	刘壮/子刘明	酎 金	免
尉文	刘丙/子刘犊	酎 金	免
榆丘	刘受福/刘受福	酎 金	免
襄嚵	刘建/刘建	酎 金	免
朝节	刘义/孙刘固城	酎 金	免
将梁	刘朝平/刘朝平	酎 金	免
薪馆	刘未央/刘未央	酎 金	免
陆城	刘贞/刘贞	酎 金	免
薪处	刘嘉/刘嘉	酎 金	免
距阳	刘匄/子刘凄	酎 金	免
广	刘顺/刘顺	酎 金	免
盖胥	刘让/刘让	酎 金	免
周望	刘何/子刘当时	酎 金	免
陪	刘则/子刘邑	酎 金	免
前	刘信/刘信	酎 金	免

续表

侯国	始封者/被夺爵者	夺爵原因	本人
五据	刘曜丘/刘曜丘	酎金	免
胡母	刘楚/刘楚	酎金	免
临河	刘贤/刘贤	酎金	免
土军	刘郢客/刘郢客	酎金	免
千章	刘遇/刘遇	酎金	免
博阳	刘就/子刘终古	酎金	免
郁桹	刘骄/刘骄	酎金	免
西昌	刘敬/刘敬	酎金	免
陆地	刘义/刘义	酎金	免
邯平	刘顺/刘顺	酎金	免
叶	刘喜/刘喜	酎金	免
运平	刘记/刘记	酎金	免
山州	刘齿/刘齿	酎金	免
海常	刘福/刘福	酎金	免
广陵	刘裦/子刘成	酎金	免
杜原	刘皋/刘皋	酎金	免
高平	刘喜/刘喜	酎金	免
广川	刘颇/刘颇	酎金	免
歇安	刘延年/刘延年	酎金	免
柳宿	刘盖/子刘苏	酎金	免
戎丘	刘让/刘让	酎金	免
曲成	刘万岁/刘万岁	酎金	免
安险	刘应/刘应	酎金	免
安道	刘恢/刘恢	酎金	免
终弋	刘广置/刘广置	酎金	免
麦	刘昌/刘昌	酎金	免

续表

侯国	始封者/被夺爵者	夺爵原因	本人
钜合	刘发/刘发	酎金	免
昌	刘差/刘差	酎金	免
黄	刘方/刘方	酎金	免
文成	刘光/刘光	酎金	免
挍	刘云/刘云	酎金	免
翟	刘寿/刘寿	酎金	免
鱣	刘应/刘应	酎金	免
彭	刘强/刘强	酎金	免
东淮	刘类/刘类	酎金	免
拘	刘贤/刘贤	酎金	免
渚	刘不疑/刘不疑	酎金	免
参戚	刘则/刘则	酎金	免
沂陵	刘喜/刘喜	酎金	免
南巒	刘佗/刘佗	酎金	免
伦理道德犯罪（5/3）			
汝阴*	夏侯婴/四世孙夏侯颇	尚公主与父婢奸	自杀
安城	刘苍/孙刘寿光	与姊乱	下狱病死
东平	刘庆/刘庆	与姊妹奸	下狱瘐死
乘丘	刘将夜/孙刘外人	为子时与后母乱	免
成*	董渫/四世孙董朝	为济南太守与城阳王女通	耐为鬼薪
柏至*	许温/五世孙许福	为奸	为鬼薪
土军*	宣义/四世孙宣生	与人妻奸	免
堂邑*	陈婴/四世孙陈季须	母长公主卒，未除服奸	自杀
一般刑事犯罪			
杀人、伤人（6/11）			
绛*	周勃/子周胜之	杀人	死

续表

侯国	始封者/被夺爵者	夺爵原因	本人
博阳*	陈濞/子陈始	谋杀人	会赦，免
贳*	吕博国/五世孙吕猜	杀人	弃市
留*	张良/子张不疑	与门大夫杀故楚内史	当死，赎为城旦
昌武*	单甯/四世孙单德	伤人二旬内死	弃市
南安*	宣虎/孙宣千秋	伤人	免
兹	刘明/刘明	杀人	自杀
胡孰	刘胥行/子刘圣	知人脱亡名数以为保，杀人	免
宜城	刘偃/子刘福	杀弟	弃市
荣关	刘骞/刘骞	谋杀人	会赦，免
富	刘龙/刘龙	使奴杀人	下狱瘐死
邵	刘顺/刘顺	杀人及奴凡十六人	以捕匄奴千骑免
易安	刘平/孙刘德	杀人	免
路陵	刘童/刘童	杀人	自杀
邹丘	刘宽/孙刘无害	使人杀兄	弃市
原洛	刘敢/刘敢	杀人	弃市
甘井	刘光/刘光	杀人	弃市
盗贼、掳掠人口（1/1）			
曲逆*	陈平/四世孙陈何	略人妻	弃市
蔺	刘罢军/刘罢军	盗贼	免
经济犯罪（5/3）			
河阳*	陈涓/子陈信	不偿人责过六月	免
宋子*	许瘛/孙许九	买塞外禁物	免
赤泉*	杨喜/孙杨无害	诈给人臧六百	免
邔*	黄极中/四世孙黄遂	卖宅县官故贵	髡为城旦
慎阳*	栾说/孙栾买之	铸白金	弃市
葛魁	刘宽/子刘戚	缚家吏恐猲，受赇	弃市

续表

侯国	始封者/被夺爵者	夺爵原因	本人
旁光	刘殷/刘殷	贷子钱不占租,取息过律	会赦,免
平城	刘礼/刘礼	恐猲取鸡以令买偿,复谩	免,复完为城旦
连坐(2/1)			
棘蒲*	陈武/陈武	嗣子反	本人已薨
汲*	公上不害/四世孙公上广德	妻大逆	弃市
阴城	刘苍/刘苍	嗣子有罪,不得代	本人已薨

(主审人:曾文海)

政府内部行政管理上下级之间的目标置换现象研究

——以行政组织理论为分析视角

陈昱含[*]

一、绪论

在中国现存行政体制中所运行的直线职能制组织模式[1]下,政府内部的行政管理效果与行政决策目标常常无法高度契合。导致其形成的因素有很多,其中最重要的是大量不可避免的目标置换现象的产生使行政决策目标与行政管理效果之间人为的产生有因偏差。具体而言:政府内部行政管理机制主要依靠行政人员的有机处理才能良好运行并实现其政策目标。在我国实行的直线职能制组织模式下,行政问题在逐级处理的过程中,无论是上级与下级之间还是同级相互之间必然需通过行政人员作为媒介才能推动政策运行的进程。在此阶段中,人为原因使政策效果同政策目标相偏离的现象时常发生,所以目标置换效应的产生实属必然。其中该现象产生的原因包括:政府职能过度分化、各方利益矛盾难以调和、行政主体的有限理性以及民主监督机制不健全等。同时目标置换效应因为作用范围大、持续时间长、影响力久而成为影响政策效果的主要因素。

---

[*] 中国政法大学政治与公共管理学院2013级本科生。

[1] 参见刘俊生主编:《管理学》,中国政法大学出版社2009年版,第152~153页。"直线职能制组织模式"是目前我国政府内部行政管理体制所采取的模式。《管理学》一书对于该模式的性质、内容、结构等有较详细、权威的描述,同时该模式也是本文行文以及其余相关一系列观点的前提背景。

国家政策、行政主体[1]决策对外的实施效果会直接或间接地影响社会公共利益、政府的公众信誉、公民的合法权益等一系列重要因素，我国政府在中国的特殊国情内，作为一个政策输出、效果输入的中间枢纽，具有不可或缺的作用，同时也具有不可撼动的地位。所以在整个行政体制运行当中，提升政府工作质量，对如何制定良好的国家政策、国家政策的执行如何真正与政策目标高度吻合，具有何种性质的决策更加合理，如何做出合理决策等一系列如何实施良好的行政管理等问题均大有裨益。

提升政府内部行政管理的效率就必须最大程度的减弱目标置换效应，因为政策目标、决策目标乃是行政管理构成中的基本要素，任何一项政策都是企图通过政策执行、决策实施来达到其所暗含的目的，政策、决策同属于同一分类标准分类后的两个极端化表现。[2] 与此同时，决策制定者的决策目标只有通过合理的体制、恰当的执行、有效的决策反馈机制、良好的社会监督才能得以实现，而目标置换效应因政策执行的存在而依附于其存在并且不可避免，如果没有很好地解决该类问题，长久下来，必然会导致行政体制效率低下、权力寻租等贪污腐败现象严重、政策目标无法实现、公共利益无法得到有效保护等负面影响。

所以为了更好地达到政策实施、决策执行效果，走出"政策不出中南海"的困境及中共十八大后各地陆续产生的"懒政"现象、形式主义的局限性等，削弱目标置换效应是必不可少的一项研究。

二、研究前提与价值

本文的价值在于创新性的将西方尚未完全成熟的目标置换理论研究有机结合在当今中国社会现状中，既正向解决目前中国政府内部行

---

[1] 本文中"行政主体"不同于行政法中对于"行政主体"的范围界定。本文"行政主体"属于行政管理领域概念范畴内的概念，指广泛意义上能够代表国家行使行政管理职能，并以此承担责任的组织。后文中出现的"主体""政府组织"均含义相同。

[2] See John Bohte, Kenneth J. Meier, "Goal Displacement: Assessing the Motivation for Organizational Cheating", *Public Administration Review*, 2002 (2), p. 13.

政管理所存在的问题，同时也反向促进目标置换理论的细化与深入研究。"异地种植新奇植物"有必要理清相应研究前提，以便更清晰地进行论证、推理。

（一）本文研究前提

本文的研究对象政府内部行政管理直线职能制组织模式下的目标置换效应，是一种附条件[1]的目标置换现象。该条件的附加针对目标置换效应的产生范围进行了限定，即本文仅研究实行直线职能制组织模式的政府中的内部行政行为所产生的目标置换效应。本文的研究对象涉及两项控制因素，在实际操纵中这两项控制因素下所产生的目标置换效应并非简单的算数叠加关系，其叠加结果是呈现出"特殊性"的高度复杂作用后的有机结果，并且这种有机结果具有特殊特征，针对这种特殊特征的分析是本文不同于以往相关领域研究的重要意义所在，后文将具体分析。

符合本文研究条件的目标置换效应大量存在，涉及主体的种类呈现多样化特征，本文主要以单个具体政府行政管理内部政策、决策目标和执行效果之间产生的目标置换效应，以及规范性文件中规定的抽象性质行政行为的目标与政策、决策实施结果之间所产生的目标置换效应作为主要研究对象。因为两者在预设的价值性前提、事实性前提逻辑关系上表现出一定程度的一致性、连续性和继承性以及在众多目标置换现象中具有代表性，所以本文主要针对这两类目标置换效应进行研究。

目标置换效应的内容研究前提可划分为价值性前提和事实性前提。价值性前提包含价值选择、价值判断等价值因素；事实性前提包含社会事实、现存公理等客观因素。[2] 行政主体依据价值性前提选择具体

---

[1] 此处的附条件是指以"我国政府内部行政管理"为研究范围、研究前提的特定条件，即本文中针对"目标置换效应"的观点以及相应解决方法，并非适用于所有"目标置换效应"，后文中有详细论述。

[2] 参见杨丽丽、龚会莲：《公共政策执行中的目标置换行为及其治理》，载《广西社会科学》2014年第6期。文中创新性地提出研究价值的分类标准以及分类依据，并围绕此分类进行了详细的介绍与论述。

决策、事实性前提作出管理规划。[1] 本文意图以现有价值性前提为背景，事实前提为基础进行分析目前中国行政体制中的直线职能制组织模式下政府内部行政管理中产生的目标置换效应。具体而言，在我国现存体制中进行讨论，价值性前提指马克思主义、毛泽东思想、邓小平理论、"三个代表"重要思想等新中国成立的理论基础；事实性前提是新中国成立后经过历史所选择的中国特色社会主义制度、共产主义理念下我国的行政首长负责制。换言之，从结构角度描述就是直线职能制组织模式。

综上所述，本文所指的直线职能制组织模式下政府内部行政管理的目标置换效应是在不改变原有政策方针、执政理念的前提条件下，决策执行人员在现有行政体制内为提升政府内部行政效率而进行决策执行的过程中，执行者将本应关注的决策目标逐步被执行人员个人所分配的职责和个人利益所取代，决策目标与决策实施效果偏离，出现了形式上符合实质上偏离的无责执行盲点。这种因为或主观或客观的因素导致执行人员的执行结果与执行目标的偏离，基本上会产生影响行政工作效率、损害公民利益等负面问题。

（二）本文研究价值

从创新性角度分析，本人认为政府内部行政管理目标置换现象研究有两处创新之处，这两点也是本文区别于以往既存研究的特殊之处，更是本文行文的核心意义：

1. 研究领域的创新

至今为止，目标置换理论并没有形成体系化、理论化的知识体系，同时针对政府内部行政管理领域内的目标置换理论研究尚未形成权威性观点。最先提出目标置换效应的是美国管理学家约翰·卡那[2]，但是约翰·卡那的研究背景是整个管理学系统且并未完全成型。随后马

---

[1] See Raw S. D., "Goal Displacement in Organizations", The American Journal of Psychiatry, 1988, Vol. 10, p. 8.

[2] 约翰·卡那针对"Goal Replacement Effects"（经调查，我认为其研究对象等同于本文研究对象"目标置换效应"）有一项经典的调查，该项调查显示在企业管理领域内所有影响目标达成的因素中，"目标置换"因素占其中的67%。针对该项调查，约翰·卡那进行了深入的研究，同时发表个人观点"手段再高明也不是目的"。该项调查研究以及观点被视为"目标置换理论中的经典"。

克斯·韦伯、彼特·布劳、马歇尔·梅耶等学者虽提及目标置换理论但也均为作为重点研究对象。所以在政府内部行政管理背景下的目标置换效应研究仍处于待研究状态。

2. 研究视角的创新

为了提升政府运作效率，保护公民的合法权益、社会公共利益，许多专家学者均针对现存政府内部行政管理制度提出了改革建议与意见，但是很少有将现存制度问题的原因归结于目标置换效应，即使有提及也并未作为主要研究对象。目标置换效应的产生附随于政策、决策的执行与实施，政策目标的实现依赖于政策的实施，所以目标置换效应普遍存在，研究清楚目标置换效应的产生原因、消除路径对于政府内部行政管理的有效改革具有重要意义。所以从目标置换效应为切入点考虑现存制度问题，是一个创新性的思考点。

三、研究现状

（一）基础研究

直线职能制组织模式最初产生于马克斯·韦伯对于理想组织模式的研究。[1] 该理论意图将管理变为一门科学，以权威为基础，在实践中用职务来代替个人或者世袭地位进行分配管理、人员任命，将每一职务均变得具有可替代性，是一种理论上完全理性、效率充分的组织模式。然而马克斯·韦伯仅从正面功能角度研究，缺乏实际经验层面上的分析，所以对于该模式的负面功能和影响因素方面缺乏考量。

继马克斯·韦伯的理论基础之上，彼特·布劳[2]、马歇尔·梅耶[3]又通过对现实情况的研究，提出了对于现代科层制的思考，将理论上的直线职能制模式具体化，针对其历史发展、组织结构、运作机

---

[1] 参见朱国云：《组织理论：历史与流派》，南京大学出版社1997年版，第51~59页。朱国云曾在书中详细描述韦伯所创设的理想组织模式的特征、性质、作用等基本问题，并对该类问题适当进行了学术探讨。其中明确表明"直线职能制组织模式"来源于韦伯的"理想组织模式"的构想。

[2] 参见［美］科塞：《社会冲突的功能》，孙立平等译，华夏出版社1989年版。书中曾对"科层制"进行过重点描述并提出了一些基本理论。

[3] 马歇尔·梅耶在关于"贸易堡垒必须尽快打破管理"的访谈中谈论了他对于"科层制"的一些个人观点。

制等提出见解。但是该项研究成果依旧没有对其负面效应、调试方法等系统问题进行深入研究,为后续的学者留下了很大的研究空间。目标置换效应便是其中的一个具体的负面效应。

总体而言,最早提出组织目标置换理论并针对该理论进行一定程度研究的是约翰·卡那学者。约翰·卡那指出目标置换效应产生于"对于工作如何完成的关切,渐渐地让方法、技巧、程序的问题占据了一个人的心思,反而忘了整个目标的追寻"[1]。他强调在一个组织中,因为个人对于个人成果的高度关注逐渐取代组织目标原有的关注程度,进而影响组织目标达成的一种现象。在约翰卡纳现有学理研究的基础之上作更进一步分析,罗伯特·K. 默顿也提到组织目标置换现象:"模式化的职责对科层人员来说是情感压力,而这样的压力是有安全线的;而且将导致情感从组织的目标转移到组织所要求的细节。规则原本是手段,现在却变成了终极目标。纪律不被看成是针对具体目的的手段,而是变成了科层人员的直接价值观"[2]。简而言之就是作为一个个体,组织成员针对个人需求和组织目标之间的一种利益考量,注

---

[1] 卓如彩:《现代科层制组织"目标置换"现象的审视》,载《湘潮(下半月)》2010年第2期;陈钰:《目标置换的成因、危害与对策研究》,载《科技管理研究》2012年第5期。本句转摘录于卓如彩、陈珏的文章中,其中多处表明引用的观点是约翰卡那对于"目标置换"概念观点的原句。

[2] [美]罗伯特·K. 默顿:《社会研究与社会政策》,林聚任等译,生活·读书·新知三联书店2001年版,第58页。从客观事实角度来讲,约翰·卡那以及罗伯特·K. 默顿针对"目标置换效应"都有一定程度的研究,但是在阅读其著作的过程中,我发现约翰·卡那针对"目标置换效应"的研究更加客观、宏观、表象;罗伯特·K. 默顿(以下简称默顿)的研究更加主观、深入、具体化,二者的研究结果具有一定程度的相似性、延续性,但同时也具有一定程度的差异性。因为这种差异性,我对于约翰·卡那针对企业管理模式下的"目标置换理论"相关观点均持支持态度,但是对于默顿的观点有些异议,他在文中表明"模式化的职责是情感压力",因为压力"科层人员"变换了个人的"直接价值观"。针对默顿的观点,我认为比较极端和消极,从"权变理论"的视角思考,如果员工的工作仅仅是维持生存,那么责任的产生必然是一种压力的表现,但是目前全球社会均在转型的过程中,员工的工作积极性、合作方式逐渐由被动消极向积极合作的模式转变,员工的个人需求逐渐从维持温饱向满足个人价值实现的层次转化。在这种被动向主动的转化过程中,责任的性质可能不是一种压力,取而代之是一种前进的象征。如果管理人员仅仅考虑到为下层人员安排工作是一种压力和责任,而忽视员工积极主动承担责任的欲望,那么"帕累托最优"(Pareto Optimality)可能就无法达到。

意力的转换，价值观的取代。

（二）近期研究

目前针对中国职能制组织模式下目标置换效应的研究总体表现为现存的目标置换理论学理研究并不深入、具体针对政府内部行政管理制度中的目标置换理论为研究对象的研究又相对较少，[1] 兼之文章内部逻辑嫁接不紧密、大量文章千篇一律，仅有少数文章几篇值得仔细研读。

由于意识形态、阶级因素、历史环境等的影响，在20世纪70年代以前，中国学者、政治家、思想家等均对直线职能制组织模式持否定态度。随着改革开放的深入，在我国向现代工业社会乃至后工业社会的转型过程中，组织模式、政府管理复杂程度日益加深，原有的管理模式逐渐瓦解。20世纪80年代初，中国开始借鉴西方管理经验，研究直线职能制组织模式，并意图将其改造为具有中国特色的社会主义直线职能制模式，适用于当今现存的行政管理体制中，比如：我国的职能工资制、行政首长集中负责制等系列特色行政制度。但是该理论在运用的过程中仍然具有大量不可避免的负面效应产生。同样，目标置换效应就属其中之一。

在近现代研究初期20世纪90年代左右，学者的研究向精准化方向发展。在本文的研究领域内，许多学者倾向于建立数理模型用以描述并解决政策、决策目标置换效应，比如：多目标规划的交互式满意置换模型、Stackelberg主从策略、多人有关联的两层多目标决策问题的数字模型等。学者大多将个人研究的落脚点放在如何精准计算政策、决策满意度上，通过数理模型推理目标置换效应产生概率属于公式的一种变形应用，并非主要用途，所以研究初期学者的相关理论无论是学者的研究重心还是研究成果均并未过多涉足目标置换效应理论。

虽然利用数理模型专门分析、解决目标置换效应目前为止仍未得

---

[1] 针对目标置换理论研究较少，截至2015年11月28日，针对"goals replacement effects"的相关论文发表数少，针对"administration goals replacement effects"的论文发表、引用的数量则相对较少，论文发表的数量仅为365项，并且论文的发表数量呈动态呈现动态表化，引用的数量则逐年增加，并且从2008年开始，论文的引用数量呈飞跃式上升，之后呈现平缓发展，在2015年当年平均该项主体的论文被援引过10 537次。

到发展，然而在 21 世纪初期，很多中国专家学者受到西方企业管理理论中目标置换效应的启发，着眼于政府政策、决策中该效应产生的研究。一批以政策、决策领域内目标置换效应为研究方向的文章大量涌现，比如：李学的《非理性绩效考评、组织依附与目标置换——一个地方政府微观失范行为的分析框架》、李国武的《行业协会的目标置换倾向及其分析原因》、再如黄丽华、王泽宽执笔的《政策执行中的目标置换行为及对策分析》、卓如彩的《现代科层制组织"目标置换"现象的审视》等虽有些观点仍待考量，但均以中国现存行政管理体制为背景针对目标置换问题进行了比较细致的分析，着实从研究议题的选取方面更进一步、研究内容更加具有针对性。

总体而言，从 20 世纪初期至今这十几年间，以中国行政管理为背景针对目标置换效应研究为议题的文章并不多，易于检索的文章约四十几篇左右。其中可供进行参考借鉴的文章也是屈指可数，大多文章内容相近且新颖观点较少。具体而言，从内容角度分析，针对目标置换效应的研究并未形成理论流派，各家之言均有共通之处，现阶段针对直线职能制组织模式下的目标置换效应的相关理论研究观点，主要体现在以下几点：

（1）政策目标置换现象产生于政策相关人员行为的偏差，偏差产生多数受利益驱动，所以目标置换效应问题属于管理学范畴。自"目标置换效应"概念第一次被约翰·卡那创设后，该概念就特指以行为人为原因而产生的决策目标与决策效果之间的偏差，环境因素等其他客观因素等原因并不包含在研究范围内。

（2）政策目标置换效应大量产生且具有一定的负面影响，该效应基本产生于政策执行的每一环节。有人员的地方就可能产生目标置换效应，国家政策、决策依靠国家公务人员积极的行为才能实现既定目标，所以每一政策环节目标置换效应均可能产生，目标置换效应广泛存在且影响深远。

（3）我国目前政府管理结构瑕疵是目标置换效应产生的因素之一。执行人员的行为偏差是目标置换效应产生的基本原因，人员行为方式遵从政府结构设置，所以我国政府管理结构设置的有效调整可以降低目标置换效应产生概率。

以上几点是以中国政策、决策目标置换为研究范围的学者们的共识。目前学者们的大多认识仍停留在基本现象的讨论和现象特征方面，如何有效降低目标置换效应、目标置换产生的深层次原因等后续问题、综合性原理问题谈及的相对较少，同时解决方案过于宏观也并不具有十分强的可操作性。所以在中国政策、决策目标置换这一领域仍有十分大的探索空间。

（三）本文研究目标

本文试图以目标置换效应在直线职能制组织模式为前提，以行政组织理论为视角，以组织的四要素[1]为基本，提出对负面影响的相应解决办法。换言之则本文意图在尽量不改变我国现存原有制度模式的前提条件下，吸取马克斯·韦伯、彼特·布劳、马歇尔·梅耶等学者的理念精华，并且借鉴前辈对中国行政体制下的目标置换效应的研究成果，结合中国现实实际，针对该模式的缺陷之处，提出弥补的建议，从而为该方式的实施提供更好的理论基础，使其充分发挥优点，从而提高行政系统的活动效率和公共服务的能力。

四、原因分析

从宏观角度分析，目标置换情形的产生是因为政策、决策执行的环境具有不确定性，同时与之配备的政策、决策目标同样具有不稳定性，所以政策、决策执行的效果同样具有与之契合的动态性、灵活性特征。这种整体的灵活状态具有一定程度的不可控性，同时这种动态的不匹配与高度的复杂性相结合为目标置换效应的产生创造了大量空隙，因而目标置换现象普遍存在，并在政府内部行政管理中成为一种普遍负面的影响。[2]

目标置换效应广泛存在，逐层分析，并将研究范围限定在中国政府直线职能制组织模式下内部行政管理范围内。经研究归纳发现，导致产生该现象产生的因素主要分为以下四点：①行政体制存在固有缺

---

[1] See R. L. Daft., *Organization Theory and Design*, 7th ed., Cincinnati: South-Western, 2001. 组织四要素即专业化、标准化、协作和权威。

[2] 所涉及的具体因素以及分析，参见张国庆主编：《公共行政学》，北京大学出版社 2007 年版，第 270 页。

陷；②各方利益矛盾出现合理偏差；③行政主体存在有限理性；④监督反馈机制不完善。

（一）行政体制存在固有缺陷

科层制具有很强的工具理性，[1] 当它与中国政府直线职能制组织模式相融合，可以发挥协同作用。在该模式运行过程中，政策、决策实施为基本手段，因此目标置换效应为其固有属性。同时当代中国政府内部职能过度分化，各部门职能协调机制不完善，导致同一政策、决策目标被多次分解后或者多种政策、决策效果作用在同一执行对象后，很难维持既定目标效果的实现。

1. 行政体制存在固有缺陷

针对以实行科层制为主的政府内部行政管理模式的特征，赫伯特·A. 西蒙曾如是描述："这些目标的结构是层级式的，整个层次系统的每一层次都可视为下一层次的目的和上一层次的手段。行为的整合性和一致性就是通过这种目的的层级系统而获得的。因为只要有了这种层级系统，我们就能用一个综合的价值尺度去衡量一系列行为的每一部分，这里所说的价值尺度，就是最终目的。真实行为很少达到高度的有意整合"[2]。

科层制理论意图将行政管理量化，并将其转化为一门科学。然而，意图通过定量分解的方式来处理政策、决策目标并不具有很强的可操作性，在现行政府内部行政体制发展水平下也很难达到理想化的高度精准的执行效果。[3] 也正是因为这种组织职位建立目标同执行者个人利益相左的直线职能制组织模式下的科层制特有的工具理性，才导致

---

［1］ 参见［美］马克·霍哲主编：《公共管理学手册》，张梦中译，中山大学出版社2006年版，第1191~1194页。书中编者强调科层制具有"工具理性"并从多个角度进行了详细的论述。

［2］ 参见［美］赫伯特·A. 西蒙：《管理行为》，詹正茂译，机械工业出版社2013年版。西蒙是1978年诺贝尔经济学奖获得者，也是"决策管理理论"的代表者，其强化了决策的作用以及科层制层级理论。

［3］ 该观点曾出现于夏洪胜、盛昭瀚、徐南荣：《一种基于置换率的多人有关联两层多目标决策方法》，载《东南大学学报》1992年第6期；耿焕同等：《一种基于置换策略的离散多目标差分进化算法》，载《武汉理工大学学报》2010年第16期；何启巍等：《一种多目标置换流水车间调度问题的优化算法》，载《计算机系统应用》2013年第9期。

了目标置换效应的产生。由此可见，行政管理中并不存在高度量化的职能分解，同时个人意志同决策目标之间存在偏差，所以目标置换效应伴随制度运行大量产生实属必然。从该角度分析，弱化目标置换效应的方法只有对制度加以改善和调整，因此，目标置换效应导致的目标分解损失现象是我国行政体制运行的固有属性。

2. 政策目标过度分解

理论上讲，诚如在马克斯·韦伯、赫伯特·A. 西蒙[1]在其著作中所"期望"，"目标—手段"[2] 链条是整合化的、完全链接的，但实质上看来，在依照目标传递链条、逐级分解的过程中，在真正按照该理论指导实施政策时，会产生大量的执行"空白"。该"空白"是由于现实情况高度复杂，客观的目标分解后无法与现实状况——对应所致：每一层级在执行过程中都将原目标形式化地分解为几个下位执行目标，但分解后的几个执行目标综合起来却很难完全达到原目标的效果。[3] 在此基础之上，政府内部的系统层级越高，该层级所包含的价值要素就相对更多；而每一次的被分解，都包含一定程度该价值要素实施因素的流失。所以最开始制定的政策目标在最后逐级分解后，很难具有原来的价值强度。无论从制度层面还是价值层面分析，纵向分解科层制均会导致目标置换效应的产生。

3. 政策目标叠加效应

与目标执行过程中的目标纵向分解层次同理，目标在执行过程中也会存在叠加效应，从而导致目标置换效应的产生，同时国家政策对行政主体具体决策的影响方式主要是对其前提实施影响并进行引导，从而间接对行政主体的行为产生影响，比如：我国在行政管理领域实行"行政民主化"国策，以"行政民主化"为大政方针。为了达到

---

[1] 参见［美］赫伯特·A. 西蒙：《管理行为》，詹正茂译，机械工业出版社2013年版，第1191页。

[2] 参见孙敏霞：《浅议组织的目标置换》，载《甘肃农业》2006年第7期。文中提出"目标—手段"链条概念为分析基准。

[3] 该观点曾出现于钟伟军：《稳定的逻辑——一个县级政府的社会管理样本》，浙江大学出版社2014年版，第158页；黄丽华、王泽宽：《政策执行中的目标置换行为及对策分析》，载《软科学》1999年第1期；陈晓虹：《政策目标在执行中的置换与回归——基于委托代理理论的分析》，载《天水行政学院学报》2008年第4期。

"行政民主化"的目的,各个行政部门、各级人民政府均会将"行政民主化"价值作为制定自己政策实施的一种背后考量因素,并融入具体政策内容当中,如各部门专门制定的"听证会制度""行政公示制度"等。但从事实看来,并非每一项被分解后的政策都是仅以"行政民主化"为主要价值背景的,在每一个具体的政策制定当中,都有多种价值因素的考量。在该考量下可知,基于现实状况,其他的价值要素在综合各方利益考量之后,也许会成为"行政民主化"的上位价值,也有可能成为下位价值。比如行政体制中的"首长负责制"[1],它看似非民主,实则却是效率因素、正确性因素、民主化因素等多重因素综合衡量的结果。经过反复实践和长时间经验积累可以得出,效率是最优位的价值因素。然而,这种考虑方式虽然是行政主体针对具体社会问题所作出的最优化决策,但是这种选择必定损失原有"行政民主化"政策的实现效果。在这种情况下,行政民主化政策在逐级传递的执行过程中,效力便在"合理"的情况下被削弱了。综上可知,很多不同的政策在执行过程中,由于针对的主体具有重叠性,导致各个政策在实施过程中会出现相互叠加的现象。正是这种不可避免的叠加效应,使得原先政策制定的效应被削弱,从而产生了政策实施与政策目标相偏离的目标置换情况。

可以看出,政府职能的分化程度和组织结构的复杂程度,与目标置换效应的产生具有一定程度的正相关关系。政府职能越是分化,与之相匹配、对应的行政机关、行政机构和公务人员的分工、分配就越复杂,政策效果偏离政策目标的现象发生概率也就越大。由于直线职能制的工具理性所带来的负面效应是为该制度所固有的,这种层级式的制度模式所带来的目标置换效应也即必然的。虽然该制度存在固有问题,但就目前水平来讲依然是较为有效的行政管理模式。诚然,这种目标置换行为会使政策在落实过程中逐渐背离政策制定者的最初意图和该政策所涉及的相关利益群体的原本追求,扭曲政策中所蕴含的价值理念,从而使政策的执行效果大打折扣、政府权威下降,继而导致政策目标难以实现、社会公共利益受损。但是,基于政治制度的稳

---

[1] "首长负责制"是指各级政府及其部门首长在民主讨论的基础上,对本行政组织所管辖的重要事务具有最后决策权,并对此全面负责。

定性和我国国情的综合考量，我国依旧应该在原有制度的基础上对其加以适当的调整与适时适度的改革。

（二）组织政策、决策目标同执行者个人利益存在冲突

结合原因一的分析切入视角，中国政府内部行政管理目标之间的矛盾冲突以主体关系为划分标准，可分为在同级别行政主体间的"横向性利益矛盾"和在上下级别行政主体间的"纵向性利益矛盾"。因为科层制的特殊制度要求以及直线职能制组织模式应用的延伸与扩张，组织政策、决策目标同执行者个人利益矛盾大量产生并为目标置换效应创造大量先决条件。

具体而言，行政主体之间、政策（决策）目标之间的关系错综复杂，执行者个人利益、需求多种多样。两者之间有机结合，可以构成目标置换效应产生的先决条件。具体来说，结合方式主要有以下两种分类：①多次行政主体的公务执行结果同职位设置目标不同。②单次行政主体的公务执行结果同政策、决策既定目标不同。其中政策、决策目标又可以分为政府内部行政管理总方针，即"抽象性行政目标"；政府内部所制定的单个政策、决策的目标，即"具体性行政目标"。

产生上述目标置换效应的原因，主要基于执行者对个体利益保护的考量。政府内部行政管理的组织政策、决策的本质目标以实现公共利益为主，相对较宏观，其往往并非同具体政策执行者的个人利益高度契合，甚至某些情况下需要政策执行者牺牲个人利益以实现国家利益、社会利益。当组织政策、决策本质目标的实现同组织政策、决策手段的完成相分离时，执行者便获得了一个选择权，[1] 马克思曾讲"把人和社会连接起来的唯一纽带是个人需求和私人利益"[2]，一般意义上来说，政策执行者往往会优先选择以保护个体利益为主的执行方式来执行政策。组织政策、决策的本质目标具有相对宏观性的特质，政府设立的基本目标是实现社会公共利益，那么政府政策、决策的目

---

[1] "执行者在目标置换现象产生的过程中针对控制事态如何发展具有'选择权'"，该抽象性思考第一次产生于史蒂芬·P. 罗宾斯、玛丽·库尔特编著的《管理学》一书。参见[美]史蒂芬·P. 罗宾斯、玛丽·库尔特：《管理学》（第11版），李原、孙健敏、黄小勇译，孙健敏校，中国人民大学出版社2012年版，第443页。

[2] 《马克思恩格斯全集》（第1卷），人民出版社1995年版，第52页。

标中，个人利益因素必然不会占据主导地位；相对而言，根据我国政府实行的"行政首长负责制"，仅完成"首长"分配的任务往往留给个人牟利空间更大，完成任务作为公务人员的基本要求既不会承担责任，而且完成方式更加多样灵活、方便快捷。所以一部分执行者会背离原有政策目标而仅任务性地完成"首长"分配的工作职责，使原有政策目标无法有效实现，从而导致目标置换效应的产生。

具体分析，为何政府内部行政管理政策、决策目标会高概率的让位于执行者个人利益需求，从而产生目标置换效应，主要有以下几点原因：

第一，大量组织存在的原因之一是为了个人价值的实现：政府内部行政管理的均衡状态是由控制群体通过行政行为来进行维持、调控的，与此同时，各类型行政主体的个体价值有很多种，但为了实现个体价值，决策者、执行者承担着维持组织生存、发展的责任。[1] 但决策者、执行者的个人目标是否真正得到实现，直接影响着他们参加组织活动的积极性，以及对组织做出贡献的程度。如果个人目标不能充分得以实现，他们就会将组织评价为是没有效率的，从而不会支持甚至退出所在的组织。因此，个人在价值选择时往往会将个人利益放在优位于组织目标的地位。

第二，个人利益的实现更能满足个人需求：人一般是按照先满足内在需求然后再满足外在需求的顺序向更高层次过渡的。在未实现个人需求的情况下，鲜少有人会将外在需求也即通过维护组织利益、实现组织目标从而体现的个人社会价值放在选择的首要地位。个人需求理论表述人的需求的顺序依次是"生理需求、安全需求、社交需求、尊重需求和自我实现需求"[2]，所以，出现目标置换现象实属极其正常的现象，也属于人性的本能。但是这种所谓的"本能"却常常与组织目标相背离，比如：为了满足个人金钱上的需求，某些地区的基层

---

[1] 参见［美］杰克·雷斌等：《公共管理学手册》，张梦中译，中山大学出版社2006年版；李海东：《论组织目标置换产生的原因和防范措施》，载《学术交流》2009年第12期。

[2] 关于"需求层次五阶层理论"，参见［美］马斯洛：《马斯洛人本哲学》，成明编译，九州出版社2003年版。马斯洛在本书中对于需求层次理论内涵以及排列顺序进行了充分而有力的论证。

干部,主要是一些具有行政处罚职权的公务人员,经常将罚款当作增添自己灰色收入的主要途径;有些地方政府为了谋求私人利益,会以促进城市建设发展为名,大量圈地征地,侵占农民耕地,强行拆迁农民房屋,使农民的合法权益和根本利益受到极大损害。地方政府此举虽然增加了自己的灰色收入,却使得政策执行与城市化发展这一政策目标相偏离,从而妨碍原本政策效果的实现。由此观之,作为人的真实需求与决策目标、政策目标并非高度重合,甚至重合现象属于极少数。组织成员常常在决策实施过程中面临个人利益与集体利益的选择,而他们往往会选择以牺牲组织和集体利益为代价促进个人利益的最大化。

(三)行政主体存在有限理性

维持政府内部行政管理的运行的主要因素是"行政主体",但行政主体是有限理性人[1]绝非完全理性人[2]。因此无论是政策、决策制定者还是政策、决策执行者在完成公务时均可能导致目标置换效应产生。

一方面,政策、决策产生于行政主体,但行政主体在制定政策、决策过程中由于主体自身有限理性的原因往往会为目标置换的现象产生创造条件。

第一,从"政策、决策目标"的内容角度分析:政策、决策制定者绝非完全理性人,在制定政策时无法考虑到所有可能情况与分类结果。比如政府制定的"购车限制""买房限制"政策往往与"拉动内需"的基本要求相抵触,但政府对内在进行政策、决策规划和商讨的过程中,仍然积极推动此项政策区域性出台。因为某个政策只能最大限度的符合特定范围背景的要求,不能符合所有前提条件,产生原因之一便是人的有限理性无法穷尽其所有因素。[3]故在政府内部行政管

---

[1] 参见[美]赫伯特·A.西蒙:《管理行为》,詹正茂译,机械工业出版社2013年版,第14页。

[2] 社会协作系统学派的创始人切斯特·巴纳德认为,人并非是"完全理性的经济人",而是只具有有限的决策能力和选择能力。

[3] 该观点同袁飙:《政策执行中的目标置换行为及其对策探析》,载《江西行政学院学报》2002年第3期;该论点在孙五三的《基层"村村通"建设中的目标置换》一文中以基层广电管理措施为视角也进行了充分论证,载《现代传播(中国传媒大学学报)》2012年第1期;该论点在李国武的《行业协会的目标置换倾向及其原因分析》以行业协会的治理为视角也进行了充分论证,载《江苏行政学院学报》2008年第3期。

理中,政策、决策目标的内容本身具有瑕疵,同时导致目标置换现象的产生属于正常现象。

第二,从"政策、决策目标"本身的文义角度分析:首先,规定的政策具体内容所使用的用语较模糊,适用的词汇内涵、外延均过于广泛,难以让人具体理解原政策含义,导致目标置换有机可寻。大量的政策的模糊用语,会赋予政策、决策执行人员以大量的弹性空间针对政策进行解读并予以不同程度的实现。在执行的过程中,有些机构利用对政策内涵不同的理解和外延的广泛选择,以本单位工作性质不同、本地区情况特殊等为借口,变相解读原政策本身的精神理念,以自己的政策代替上级政策,从而产生目标置换的产生。[1] 其次,政策目标过高,超出行政主体可达到的能力范围,或者是没有匹配足够的激励制度,难以真正调动人员的积极性,从而产生不超出预期范围内的目标置换现象。比如一些地方领导人为了提升个人的政绩和晋升,片面的追求经济指数的增长,做出超出地区能力范围内的大量基础设施建设,大量招商引资,忽视与公民生活直接相关的问题,比如环境保护、社会再分配,公民福利等问题,让本应最大限度获利的人民没有受益。最后,政策目标制定的内容僵化、实现周期过长、执行不具有可行性,从而导致目标置换现象的产生。因为政策目标的僵化导致政策灵活性降低,长时间的维持这种低效率的状态会让人逐渐丧失对目标的遵从,转移注意力到其他目标上。

另一方面,行政主体在政策执行的过程中会因非"政策、决策"本身原因导致目标置换效应产生:

第一,因为信息不对称等客观原因导致政策、决策执行者的执行目标的偏差,为"道德风险"和"逆向选择"等负面现象创造契机。随着中国中央政府向地方政府,上级政府向下执政府不断分权的过程中,原有的单一制的权力模式被打破,权力不同程度地被下放下去,下级部门在现有的中国背景下逐步开始扮演传统行政管理以外的职能角色,比如:促进乡村城镇化的进步、推动国家市场化的发展、加大加快创新创业力度等。在功能不断分化并且多样化的过程当中,中央

---

[1] 该观点同张玉霞:《探析目标置换效应》,载《现代企业文化》2011 年第 6 期;陆大兰:《小议目标曲解与目标置换》,载《甘肃农业》2006 年第 7 期。

逐步丧失了对于地方实际情况的把握，加之绩效考核等模式促使各级政府增强了追求经济绩效的动机，追求地方经济利益的特性就被逐渐显现出来，这种以"经济人假设"的前提的思考方向，使该部门很可能做出以追求个体利益最大化为目标，从而间接损害公民权益的"逆向选择"[1]，同时增加了个体实施行政行为时的"道德风险"，为目标置换的产生创造环境。

第二，政策、决策制定者，执行者的理性能力有限，无法高精度地选择出完全正确的执行方式。该因素是因为决策者的能力与决策者地位不匹配而导致的。很多领导是通过调任、选任、聘任的方式担任领导职务，并非经过专业的能力考量，所以很有可能无法选择正确的执行方式甚至无法选择正确的决策。[2]

第三，伴随非正式组织的迅猛发展，非正式组织的人际网络也随之变大变复杂，从而与正式组织的决策相互抗衡。行政组织中的正式组织与非正式组织之间存在共识，比如提升组织工作效率、促进组织团结、加大组织行为成果等，但二者相互之间也存在矛盾。如果非正式组织逐渐发展并且壮大，那么该组织的主流价值观便会产生一定的影响与束缚，并且新产生的思想很有可能与正式组织原本的目标相左，从而抵触原有组织目标的实现，降低目标的实现程度。

（四）我国整体监督机制不健全

目前我国国家监督机制不健全，同时公民监督意识不强，从而无法及时纠正目标置换效应。

1. 我国国家监督机制不健全

内部监督是政府内部行政管理目标置换效应的最后一道强制性防御机制。在我国目前现存的直线职能制组织模式中，针对我国政府的内部行政行为的主要监督力量是政府监督部门与监察机关。由政府主

---

[1] See R. Eugene Hughes, "Contingent Use of Stretch Goals: Considerations of Workflow Integration and Risk Deviation", *Work Study*, 2001 (1), p.7. 此处为"逆向选择"概念出处。

[2] 参见李瑞：《浅析组织的目标曲解与目标置换》，载《人力资源开发》2008年第2期。李瑞在此文中明确表明领导职务并非完全依靠能力匹配作为调动依据的，很多其他因素产生的人员配备是职务与人员能力不匹配的因素之一，因此为目标置换效应创造契机。

要监督部门、监察机关行使必要的民主监督权。行政主体与行政监督主体均属于政府内部管辖，这种"既是运动员又是裁判者"的牵连关系往往导致我国行政监督主体缺乏独立性，然而"地位独立是权力机制有效运行的前提条件，行政监督的本质特征和内在要求就是其独立性，失去独立性行政监督则无法有效运行。"目前政府内部行政管理的职能部门与监督部门之间的混合构造模式为腐败创造了空间，监督机关无法很好的行使监督本身具有的职能。当监督机关无法充分履行其基本职能时，更不可能纠正目标置换效应。

2. 公民监督意识不强

虽然我国在法律、制度层面上赋予了公民具有监督政府行政行为的权利，但是公民监督权的实现并不彻底，大部分公民监督权的实现因为没有适当合理的途径而最终流于形式。比如《公务员法》[1]、《银行业监督管理法》[2] 等法律法规均有对监督权行使的规定，然而尽管相关领域的法律、法规很健全，但是由于我国目前正处于社会转型的过程中，社会关系极其复杂，监督机制并不能有效发挥调整作用，所以很多条款很难落到实处，此时公民监督权理应发挥弥补性作用。[3] 然而我国公民意识并不强，很多公民在面对不合法、不合理的政府行为时，并没有检举。因为我国公民自古以来的民主监督意识不强，甚至有些公民对于"民主监督"概念并不知晓。具体在政府内部行政管理领域中，该现象产生一方面是因为行政主体并没有很深刻的检举意识。另一方面，行政主体依法律具有不同程度、不同类型的行政权力，同时"权力"是一把"双刃剑"，很多人因为畏惧"权力"

---

[1] 《中华人民共和国公务员法》由中华人民共和国第十届全国人民代表大会常务委员会第十五次会议于 2005 年 4 月 27 日通过，自 2006 年 1 月 1 日起施行；已由中华人民共和国第十三届全国人民代表大会常务委员会第七次会议于 2018 年 12 月 29 日修订通过，自 2019 年 6 月 1 日起施行。

[2] 《中华人民共和国银行业监督管理法》由 2003 年 12 月 27 日第十届全国人民代表大会常务委员会第六次会议通过，自 2004 年 2 月 1 日起施行；根据 2006 年 10 月 31 日第十届全国人民代表大会常务委员会第二十四次会议《关于修改〈中华人民共和国银行业监督管理法〉的决定》修正。

[3] 该观点同陈振明等：《政府改革与治理——基于地方实践的思考》，中国人民大学出版社 2013 年版，第 190~192 页；余长国：《改革中的"目标置换"》，载《华东经济管理》1989 年第 3 期。

而不检举。长此以往,政策、决策制定者、执行者有违法性行为,但是没有人以适当的监督与举报,更多的违法行为人就秉承"搭便车"的心理状态继续违反法律法规,目标置换效应也随之产生。

五、解决方法

在我国政府内部行政管理直线职能制组织模式下,目标置换效应依附于政策、决策执行的各个环节而产生,负面影响范围广、产生作用大。为了在原有基础之上,促进中国政府内部行政管理效率与管理质量,本文提出了以下四点解决方法:①改善行政体制;②充分调动行政系统灵活性;③提升行政主体综合素质,加强行政伦理道德建设;④提升公民民主监督意识,拓宽行政相对人民主监督途径;等等。以下具体分析。

(一) 改善行政体制

基层管理层级设置扁平化发展,[1] 建立以"政策目标"为执行导向的"目标整合机制",实行动态的政策目标管理机制。

目标过度分解,目标重合现象大量产生是直线职能制的制度固有缺陷导致的,所以解决该类问题的根本方法只能是在合理的范围内更改制度。从本质机理分析,扁平化的发展模式与科层制的权力纵向分解相对应。通过行政管理层级设置扁平化的改良,可以简化上下级之间的隶属关系层次,建立高层与低层的跨层级交流、沟通;合理运用信息化手段可为高层管理人员的管理、查询、指挥底层的具体业务操作工作提供便利,达到提高政策执行效果、及时调整政策实施的目的。前述已论及直线职能制组织模式的分级管理严控上下级组织的理念,而基层管理制度扁平化发展则改变了此种传统的金字塔结构,[2] 即通过打破部门边界,围绕工作流程建立与之相匹配的权责分工模式,力图达到最大限度聚合人力并卓有成效地利用甚至放大人力的结果,[3]

---

〔1〕 参见沈广和:《政府过度分化:路径依赖及其救治》,载《南京农业大学学报(社会科学版)》2011年第3期。

〔2〕 此处指马克斯·韦伯提出的理想型官僚制。

〔3〕 观点来源于中国政法大学2017—2018学年度秋季学期"行政组织理论"课程,课程中马建川教授曾对于该观点进行过详细的描述。

而不是单一围绕部门职能这一项准则来建立一种以帕森斯的社会功能分类说[1]中所述及的政治职能为导向的机构。在此种扁平化发展的模式下,"组织是独立的具有情感的决策者个人所组成的体统,通过对组织成员决策的分析,可以决定组织的功能与结构"。也正是这种系统模式所具备的特殊性,直线职能制组织模式的缺陷亦即政策实施的非灵活性情况可在很大程度上得以改善。

前已述及,科层制目标的分解和重合导致了政策目标高度分散,其会为目标置换效应的产生创造大量的机会,因此,建立以政策目标为导向的"目标整合机制"实属必要。为了不对固有直线职能制度模式实施较大改动,作者建议,应当从本身灵活度较高的基层进行改革。基层作为目标实施结果的终极边,具有政策力度角度较弱但实施手段更灵活的特点。通过扁平化的制度改良,建立以单个政策目标为执行导向的目标"整合机制",通过"目标整合机制"有效纠正在政策执行中的目标置换效应。从而调整目标执行偏差,以更加准确、迅速、适当的方式促进政策、决策目标的实现。

为了更好地实现"目标整合机制",以动态性为目标管理办法的原则是一项必不可少的前提条件。可以说,"动态性"不仅是"目标整合机制"的基本性质,也是促使目标整合工作得以高效实施的核心前提。合理、科学地设立目标体系,用动态视角取代静态眼光来看待目标设置本身,全方位、多角度的分析。同时对于设置的目标尽量留有余地和弹性,以便管理者可以适时适度地调整、纠正,减少目标置换的负面效应。

(二) 充分调动行政系统的灵活性

提升行政系统的灵活性可以充分地调动人员的积极性,免受制度桎梏禁锢,及时发现并且弥补目标置换效应所带来的缺陷。为了加强有效沟通、及时协调各方利益以提升行政系统的灵活性,关注目标的实施情况并建立与之相配套的动态激励系统是必不可少的一环。

为了调动行政系统的积极性,行政主体应该加强有效沟通、及时调整各方利益,充分考量政策执行主体合理的利益诉求,将"各方矛

---

[1] 参见 [美] 塔尔克特·帕森斯:《社会行动的结构》,张明德等译,译林出版社 2003 年版。书中对于"社会功能学说"有较好的描述。

盾不可避免"这一现象当作客观事实进行处理。明晰各方利益矛盾，并将解决利益矛盾作为一项核心重点工作；满足各方利益诉求，并根据该组织所处环境的特殊性适时适当地对政策执行人员进行激励；巩固执行方式，关注目标实施的状况并建立与之相配套的动态激励体统，通过大量沟通、调查与分析等基础工作，广泛了解各执行主体对于政策的执行情况，在制度上保障决策执行人员的积极性，可以积极防止目标置换现象的产生，使决策执行更具针对性。

当提升行政系统的灵活性目标得以实现后，通过有效加强政策执行人员与政策制定人员之间的直接沟通效果，可以在一定程度上减轻"形式主义"的固有弊病，充分发挥以目标为导向的职能，提升行政效率、让行政人员实现个人价值的同时促进集体价值的实现，为高效解决目标置换效应提供机会[1]。

(三) 提升行政主体的综合素质，加强行政伦理道德建设

在政策制定一直到政策执行的整个过程当中，决策者、政策制定者始终发挥着主导性作用，极大程度的影响政策、决策的发展方向。因此，政策执行的效果与政策制定者、执行者本身的能力水准、道德素养等综合素质有着密不可分的关系，甚至在某些方面起着决定性作用。由此观之，要改善目标置换现象，必须要加强行政主体行政综合素养以及伦理道德建设，[2] 提高行政人员的综合水平和责任意识，使他们在发挥自身主观能动性以促进政策执行和实施的过程中，可以提高行政工作的科学性和系统性，自觉规范自身行为。此举着眼于目标置换现象产生的源头，以控制该类负面现象的产生，最大限度防止决策的执行与公共利益相偏离的情况。

提升行政主体行政人员的综合素质的目的主要有以下三点：①增强行政决策的准确性；②强化行政官员的道德水准；③提升决策执行与决策目标的契合度。

---

[1] 观点同张建玉：《目标管理中的目标置换及其防范》，载《商业时代》2007年第20期；李哲、李娟：《目标置换行为中的领导者维度探析》，载《干部工作》2007年第11期。

[2] 参见孟昭武、吕学芳：《伦理化管理——现代行政发展的新趋势》，人民出版社2014年版，第68页。这篇文章对如何通过加强行政伦理道德建设的方法弱化目标置换效应有较详细的论述。

具体而言，为了达到上述目的实施手段如下：①组织行政主体定期进行专业知识学习与能力训练；②建立硬性职位能力考核标准；[1]③建立动态人员淘汰机制；④不定期组织公务经验交流会；⑤组织职业能力竞赛；等等。

提升行政主体的综合素质之一是为了加强行政伦理道德建设，通过对于公务员入职的考核、行政官员再教育、加强伦理风尚宣传等手段建立良好的行政伦理体系，加强行政伦理制度建设的同时加强个人行政伦理道德的建设，并做到二者贯彻落实。因为好的行政伦理体系可以减少行政主体因为道德因素而促使目标置换现象的产生。

(四) 提升公民的民主监督意识，拓宽行政相对人民主监督途径

此外，加强民主监督建设，也可及时纠正目标置换产生的负面影响。公民监督往往是政策实施的最后一道监督体系，同时也是相对于其他监督方式最重要、最有效的一道监督体系。政策的作用对象是公民，所以政策实施效果的好坏与公民的直接利益相关，公民有权利，也有义务及时纠正政策实施与政策目标相偏离的现象。但遗憾的是，我国民主监督意识不强，要通过合理有效的宣传教育来改善这一问题。

部分公民虽然具有民主监督意识，但是却没有有效的民意表达途径协助其表达民主监督意识并发挥作用。目前我国法定的民主监督途径有信访举报制度、人大代表联系群众制度、舆论监督制度、监督听证会、民主听证会、网上评议政府等。针对上述社会现象，作者建议，应致力于拓宽民主监督途径，采取以下方式：①加大民主监督宣传力度；②建立民主监督良好环境；③制定鼓励民主监督政策。以此作为基础，逐步完善民主监督途径，让公民有发声的机会，决策方切实听取公众的意见，及时、动态地纠正目标执行偏差，将目标置换效应的负面影响降到最低。

---

[1] 参见陈钰：《目标置换的成因、危害与对策研究》，载《科技管理研究》2012年第5期。该文详细论述了如何通过建立硬性能力考核标准来弱化目标置换效应，观点同本文。

（五）重视对目标置换理论制度的研究

理论指导制度的构建效果亦会反作用于理论的研究，两者相互促进，相互完善，最终达到制度与环境相适应的状态，从而有效地避免目标置换效应的产生。

根据权变理论的研究，即"组织在开放的环境下生存与发展，组织的内外变量具有动态性，不可能有恒定原则"，[1]理想状态也许无法达到，但是这并不否认对于制度改正的方向是错误的。理论作为一门科学，具有可预测性、可验证性等特质，而制度则往往具有滞后性和僵硬性。旧有的制度会滞后于现行环境的要求，全新的制度又往往会产生更多的挑战，此时就需要理论的运用，理性的分析与指导，对旧制度进行适当调整。

同样，目标置换理论的内涵和外延情况极其复杂，仅仅凭借决策者个人的思考认知恐怕无法穷尽其结果，及时丰富理论储备、完善理论体系就显得尤为重要。在此基础上，通过合理考量，改善政策、决策，使之更加合理合法化，更能适应瞬息万变的环境，从而减少目标置换现象的产生。

六、结论

综合而言，本文在介绍清楚文章前提与价值后，综合分析了历年来相关领域学术的发展情况，后从直线职能制组织模式下的目标置换现象性质入手，着重描述了该现象产生的原因以及解决方法。核心内容如下：

直线职能制组织模式下的目标置换现象为政策、决策执行过程中的固有属性，是一种负面影响。不同于新设目标，该前提条件的目标置换可以分解为同一"目的—手段"链条的两个典型部分。伴随着政府职能过度分化、各方利益矛盾的不可避免、行政主体的有限理性、民主监督意识薄弱等原因而产生。

为了最大限度地避免目标置换效应，政府可以促进行政制度扁平

---

[1] 参见［美］弗雷德·菲德勒：《让工作适合管理者》，中国科学出版社1965年版。

化发展，增强交流与沟通，建立动态的激励体系，提升行政主体的综合素质，加强行政伦理道德建设，提升公民监督意识与途径，重视对目标置换制度的研究，并不断改进制度，完善制度。进而推动中国行政体制的发展，更好地满足公民利益的需求。

进一步讲，目标置换现象研究着实具有时代价值与意义。在政府内部行政管理中，我国逐渐由过去"一人集权"向现代更加科学化、合理化、高效化的管理模式改革。通过适用"官僚制度"模式由对于人主观化的要求逐渐转变为更加客观化的对于职位的要求。消除目标置换效应这一执行效果与执行目标之间的偏差可以促进"官僚制度"更好的发挥既定的价值与作用，紧贴管理改革客观化要求趋势，提升行政主体的行政效率。

现如今，我国处于由发展中国家向发达国家过渡的重要转折时期，虽然国家的框架、大政方针已经基本定型，但是仍旧有许多专门性、细节性的领域需要进一步提升与雕琢，从而带动整个中国的发展的进程，实现"中华民族伟大复兴中国梦"。在中国这样一个人民民主专政的社会主义国家是以"人民"幸福安康作为立国之根本目标，所以"人民"必然是我国政治体制中的关键词之一。所以在管理过程中，清晰掌握以"人"的存在为根本原因的目标置换效应，不仅可以提升公民的生活质量，同时也可以促进中华民族向新时代发展的进程，使国家管理更加精准化，为祖国的建设增砖添瓦。

附 录

附录 A

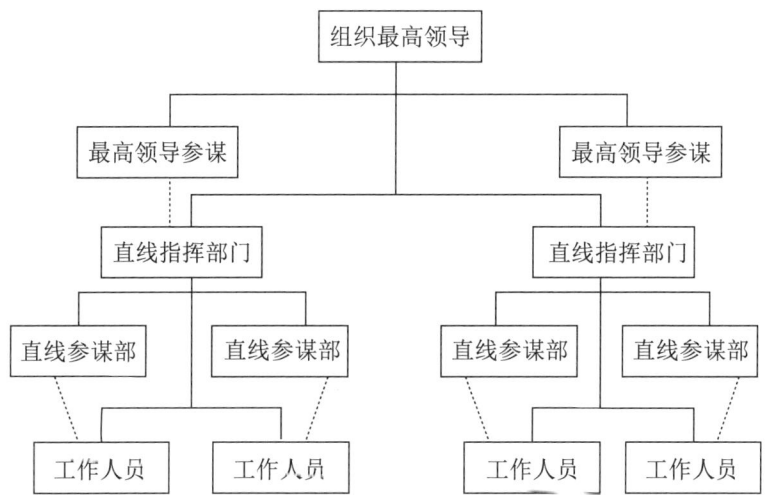

图 A1 政府内部行政管理直线职能组织结构同管理的关系示意[1]

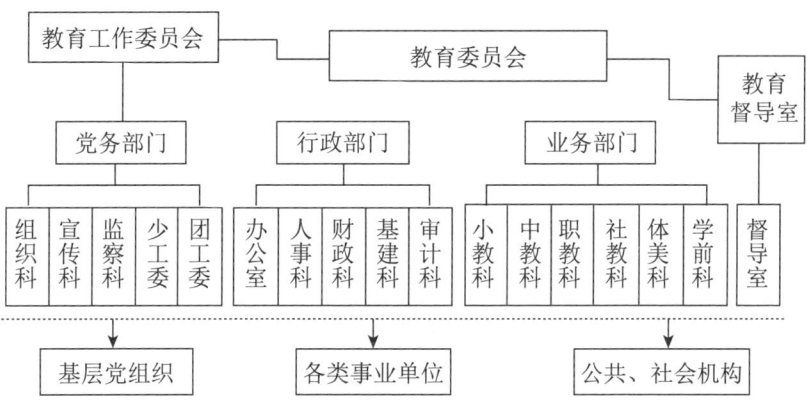

图 A2 政府内部行政管理组织结构示意图（以教育工作委员会为例）[2]

---

[1] 图 A1 原图来源于"科学研究"，作者不详。
[2] 图 A2 原图来源于"中国社会科学网"，作者：尤莉。

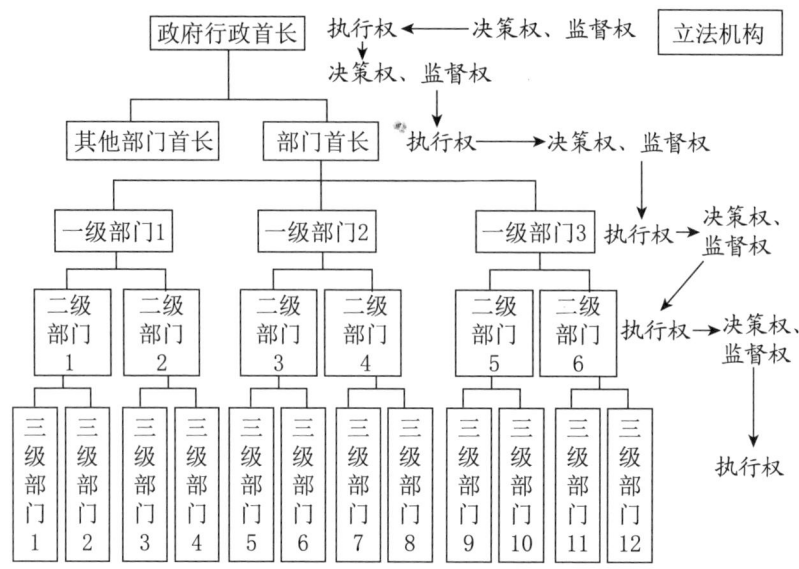

图 A3　政府内部部门层级划分结构示意

附录 B

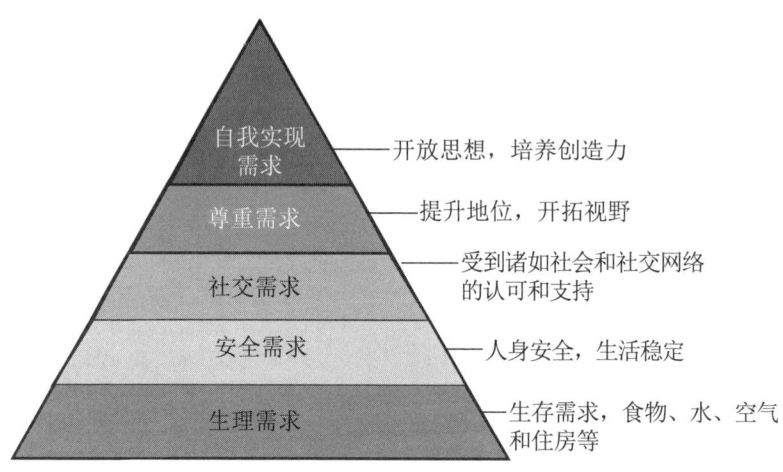

图 B　马斯洛需求层次理论五层次划分示意

附录 C

表 C　国务院组织机构[1][2]

1. 中华人民共和国国务院	中华人民共和国国务院，即中央人民政府，是最高国家权力机关的执行机关，是最高国家行政机关，由总理、副总理、国务委员、各部部长、各委员会主任、审计长、秘书长组成。国务院实行总理负责制。 国务院秘书长在总理的领导下，负责处理国务院的日常工作。国务院设立办公厅，由秘书长领导。 总　　理：李克强 副 总 理：张高丽　刘延东（女）　汪洋　马凯 国务委员：杨晶（蒙古族）　常万全　杨洁篪　郭声琨　王勇 秘 书 长：杨晶（兼）
2. 国务院办公厅	
3. 国务院组成部门	中华人民共和国外交部、中华人民共和国国家发展和改革委员会、中华人民共和国科学技术部、中华人民共和国国家民族事务委员会、中华人民共和国国家安全部、中华人民共和国民政部、中华人民共和国财政部、中华人民共和国国土资源部、中华人民共和国住房和城乡建设部、中华人民共和国水利部、中华人民共和国商务部、中华人民共和国国家卫生和计划生育委员会、中华人民共和国审计署、中华人民共和国国防部、中华人民共和国教育部、中华人民共和国工业和信息化部、中华人民共和国公安部、中华人民共和国监察部、中华人民共和国司法部、中华人民共和国人力资源和社会保障部、中华人民共和国环境保护部、中华人民共和国交通运输部、中华人民共和国农业部、中华人民共和国文化部、中国人民银行 （监察部与中共中央纪律检查委员会机关合署办公，机构列入国务院序列，编制列入中共中央直属机构。教育部对外保留国家语言文字工作委员会。）

---

[1]　摘自中华人民共和国中央人民政府网：http://www.gov.cn/，最后访问日期：2018年2月10日。

[2]　编辑按：本文写于2017年，其中有关中央国家机关设置的内容均为2018年3月之前的状况。

续表

4. 国务院直属特设机构	国务院国有资产监督管理委员会
5. 国务院直属机构	中华人民共和国海关总署、国家工商行政管理总局、国家新闻出版广电总局、国家安全生产监督管理总局、国家统计局、国家知识产权局、国家宗教事务局、国家机关事务管理局、国家税务总局、国家质量监督检验检疫总局、国家体育总局、国家食品药品监督管理总局、国家林业局、国家旅游局、国务院参事室 （国家预防腐败局列入国务院直属机构序列，在监察部加挂牌子。国家新闻出版广电总局加挂国家版权局牌子。）
6. 国务院办事机构	国务院侨务办公室、国务院法制办公室、国务院港澳事务办公室、国务院研究室 （国务院台湾事务办公室与中共中央台湾工作办公室、国务院新闻办公室与中共中央对外宣传办公室、国务院防范和处理邪教问题办公室与中央防范和处理邪教问题领导小组办公室，一个机构两块牌子，列入中共中央直属机构序列。）
7. 国务院直属事业单位	新华通讯社、中国社会科学院、国务院发展研究中心、中国地震局、中国银行业监督管理委员会、中国保险监督管理委员会、国家自然科学基金委员会、中国科学院、中国工程院、国家行政学院、中国气象局、中国证券监督管理委员会、全国社会保障基金理事会
8. 国务院部委管理的国家局	国家信访局、国家能源局、国家烟草专卖局、国家公务员局、国家测绘地理信息局、中国民用航空局、国家文物局、国家外汇管理局、国家粮食局、国家国防科技工业局、国家外国专家局、国家海洋局、国家铁路局、国家邮政局、国家中医药管理局、国家煤矿安全监察局 （国家档案局与中央档案馆、国家保密局与中央保密委员会办公室、国家密码管理局与中央密码工作领导小组办公室，一个机构两块牌子，列入中共中央直属机关的、下属机构序列。）

附录 D

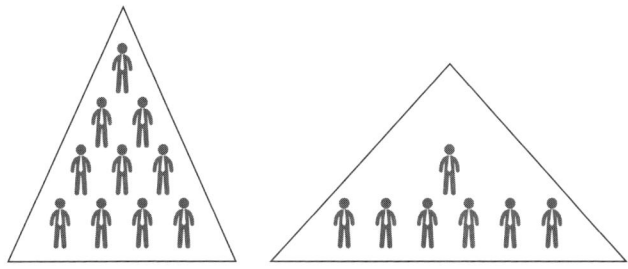

图 D1 "Organization flat management" 人员层级结构变化示意[1]

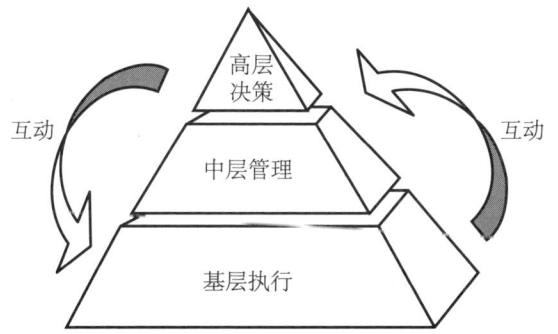

图 D2 扁平化管理模式高层、中层、基层能动关系示意图[2]

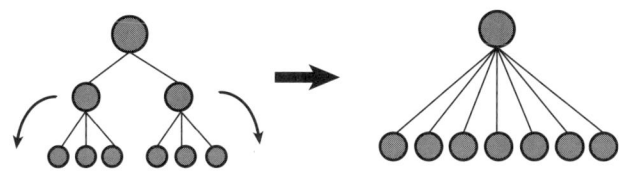

图 D3 树状多层模型向扁平化模型的演进层级变革示意图[3]

(主审人：库浩辰)

---

[1] 图 D1 原图来源于文章《以工作流程为中心实现扁平化管理》，作者不详。
[2] 图 D2 原图来源于 IBM Connections 中国研发团队：《企业的业务环境》，机械工业出版社。
[3] 图 D3 原图来源于 CBSI 中国。

信笔臻识：驱逐安那其

——试论沃尔夫权威困境的解决

朱 恺[*]

引 言

我们每个人，自出生以来就生活在一个政府的管理之下。我们缴纳赋税，履行义务；而政府则为我们提供服务，保障我们的权利。我们从小受到教育，不能违背政府制定的强制性规则，我们始终遵循着政府的规定，并以之作为我们行为的准则。换言之，我们自出生到死亡，始终受到一整套规范性体系的约束，我们时时刻刻，无论我们承认与否，都受到一种无形之力的限制，我们可以称之为"约束力"，但这是否是通常意义上所认为的"权威"呢？我们服从指令究竟是基于何种理由？服从指令，就意味着我们承认权威吗？承认权威，就必须时时刻刻把它作为行为的理由吗？或许更重要的问题是：这个世界上存在正当的权威吗？

自19世纪以来，欧洲思想界受无政府主义的影响越来越来越大，出于对现存政府的不满，一大批人提出了"互助、自主、反对独裁"的无政府主义思想，他们崇尚个人自由、个人意志的满足，这一流派亦称"安那其主义"（Anarchism）。但无政府的状态本身所易带来的混乱、互相推诿与无秩序是无政府主义者所无法回避的，因此，在此后进行的一系列社会变革中，无政府主义甚少被真正的重视过。社会实践也证实，一个文明的人类社会如果缺乏政府是难以维持的。正如麦

---

[*] 中国政法大学法学院2014级本科生。

信笔臻识：驱逐安那其

迪逊曾说的那样：如果人人都是天使，就不需要任何政府了；如果是天使统治人，就不需要对政府有外来的或内在的控制了。我们需要政府，正是由于我们每个个体不是孤立的、封闭的；我们生活在"社会丛林"之中，自然也应该遵守这个丛林的法则。

然而，20世纪以来，一些法哲学家给这个论断带来了真正的挑战。沃尔夫在其著作《为无政府主义申辩》（*In Defence of Anarchism*）中，检讨了权威与自律的关系，阐述了权威与自律存在的内在冲突，并提出了一个惊人的论断：一个自律的人，他的首要义务是反对政府的统治。[1] 依沃尔夫之见，基于"任何人应当为自己的行为负责"这一普遍共识，自律，或者说是内心的道德自律必然是一个人追求的最高目标，任何影响这一自主行为，使人违背内心之所欲的外在权威，都是反自律的。那么，为了实现每个人的自律，我们只能反对一切外在权威。就政体而言，符合自律观念的政体恐怕只有直接一致的民主制，它由于所有人的一致同意而取得了合法性，但是在现实社会当中，这种政体又是难以实现的，所以，世界上并不存在合法的权威。沃尔夫的观点相当明确：哲学无政府主义最终将成为开明而理性的人们公认的信念。[2]

这个论断着实从道德价值上对现存权威的合法性提出了挑战，那么，安那其的哲学阴魂难道又卷土重来了吗？我们真的应该放弃权威吗？我们究竟应该怎样应对呢？

本文试图通过介绍拉兹的观点，对权威悖论做一个回应，而本文的论点就是：拉兹的服务性权威观是权威悖论一个比较合理的解决方式。

在下文中，笔者将分三个部分来阐述权威困境的关键问题及其解决。第一部分是关于沃尔夫观点的详细阐述，并指出其关键论断和分析理由。第二部分试图引进拉兹的主张来回应沃尔夫提出的难题，同时证成权威的正当性。第三部分是反思沃尔夫的自律观，期望能够对

---

[1] 参见［美］罗伯特·沃尔夫：《为无政府主义申辩》，毛兴贵译，江苏人民出版社2006年版，第16页。

[2] 参见［美］罗伯特·沃尔夫：《为无政府主义申辩》，毛兴贵译，江苏人民出版社2006年版，第118页。

权威悖论的解决提供一个更合理的解释。

一、有权威则无自律?——权威困境解析

（一）权威的概念解释

要理解沃尔夫关于权威的观点，必须从权威本身的概念予以分析。沃尔夫关于权威的定义，基本上是遵从简单解释的方法：发布命令的权利以及要求他人服从的权利。这就区分了权威与权力的概念。所谓权力，是一种强制、强迫他人遵守的能力，比如一个强盗用枪逼我交出财产，我承认他有这个能力，换言之，此刻强盗具备了掠夺我财产的权力。但我在内心里丝毫不认为强盗对于我拥有任何权威，也就是说，强盗不能向我主张任何权利，因为强盗行为本身就是不法行为，没有任何合法依据使得我承认对于强盗的权威。

同时，假使一个人真的对我们具有权威，比如我们的父母，我们经常违背父母的要求而不去做一些事情，但是我们依然承认父母对于我们的权威。因此，我们可以推导出如下结论，在现实中，我们常常服从一些命令，但是也许我们并不承认命令具有权威，我们很可能，服从命令仅仅是由于它是命令，而我们在内心中，依然保有对于权威的自决权。

（二）道德自律（moral autonomy）与权威（authority）的冲突所在

沃尔夫对于自律观点基本是来自于康德伦理学，沃尔夫认为，自律是人为自己设定的道德义务，人应该运用理性为自己设定最佳选择，只有实现了自己的道德义务，才能说是一个自律的人。而我们决定遵从于自己的理性之时，就意味着对于干涉理性实现的一切外在权威，有一种自然的排斥。因此，我们说自律与权威存在本质上的悖论。自律要求我们实现自为理性，而权威要求我们"放弃思考这种命令的良善与否而去听从它"[1]，二者似乎是不可调和的。

沃尔夫举出了这样一个例子：我们反感任何暴力掠夺财产的行为，因为他们违背了我们内心的道德自律，但是对于一个政府，通过征税

---

[1] [英] 约瑟夫·拉兹：《法律的权威：法律与道德论文集》，朱峰译，法律出版社2005年版，第10页。

去发动战争,对于一个不愿支持这一决议的人来说,尽管他内心很不愿意,但是他不得不这么做。二者在本质上都违背人的自律,但是后者却作为政府行为而取得了合法性,可以说,它是合法的,但也许并不正当(legal but not justified)。这个例子告诉我们,即使是一个合法的权威也会在某种情况下与人的自律相矛盾,只有权威具有了正当性,权威才能与自律相调和。

此外,沃尔夫并没有忘记对自律的有限度放弃作出解释,他指出,在生活中,我们坚持道德自律并不总是意味着对我们自身有利,譬如我们去看医生,如果我们坚持自律,反可能加重病情。但是问题在于,我们服从权威仍然不意味着我们放弃了自律,我们对于医生的权威仍然具有思考权衡的权利,医生的权威可以称之为理论权威。但是结果与自律行为本身并非是一致的,换言之,我们为了谋求一个好结果,我们可以放弃自律,但是这并不能证成权威的正当性,因为从道德层面来说,我还是违反了自律,违背了我的理性。

举个例子来说,一个身患重病的老人,医生违背其意愿对其进行化疗,对于延续其生命是有利,依照社会的普遍观念来说,医生的行为是正当的,结果是好的。但是就老人本身来说,他很可能为了避免化疗的痛苦选择安乐死,拒绝医生的权威。因此,我们有时候的确会不得已而接受权威,这在社会的一般价值判断之下是合理的,但是我们的自律却从未承认这种权威。

在此,权威的困境被正式凸显出来了,我们要么放弃道德自律,要么否定存在合法权威。那么,正当权威是否有可能存在呢?一个合法而且正当的权威是如何影响我们的行为呢?

二、拉兹的争辩——消解权威悖论的一个尝试

根据沃尔夫的观点,我们可以看到,权威与自律好像的确是水火不容的。然而当我们在反思沃尔夫的观点时,我们又从心底里感到这种理论与我们的普遍认知存在着巨大的矛盾,尤其是,我们中的很大一部分人会认为自己根本不需要如此强烈的自律,服从一定的权威是可接受的。

那么,究竟是我们在道德上义务对自己采取了屈从的态度,还是

权威本身,有其存在的合理价值吗?如果有,这种价值又是什么?拉兹作为一名法律实证主义者,坚定地认为法律与道德是无涉的,在其的一系列论文中对于权威的悖论提出了自己富有建设性的解释,通过研究拉兹的权威观,或许对于我们探清权威悖论的逻辑、尝试解决权威悖论有所助益。

(一) 权威概念的修正——基于理由论的解释

在沃尔夫的眼中,权威是发布命令的权利,也是得到服从的权利,而拉兹则认为,这一解释"基本上正确,但是既不准确又含混不清"[1],不准确在于,权威不仅仅是发布命令和得到服从的权利,同时也包括发布权威性建议等的权利;含混不清在于,权利本身是一个比权威更加复杂的概念。

从方法论上来看,拉兹认为权威是实践性概念,而理由作为解释实践性概念的基本单位,用于解释权威是合适的。而且,通过理由解释权威较之其他媒介来要清楚直接得多。那么权威是我们行为的绝对理由还是首要理由呢?拉兹认为如果权威被定义绝对理由,那么不可能存在一个有效的权威,因为共识告诉我们"权威在某些情况下不需要被遵守"[2],即使是最强有力的权威,我们仍然保有不遵守的自由。那么,权威是首要理由吗?在绝大多数的情况下,权威的确构成我们行为的首要理由,但是也不必然如此。比如我们都清楚应当遵守交通规则不闯红灯,但是当我们在深夜穿越马路之时,可能违背这一规定,因为方圆数百米之内可能都荒无人烟。权威在此刻不作为我们行为的首要理由,但是这并不意味着我们不承认权威。

那么,权威究竟是如何构成我们行为的理由呢?让我们设想这样一个情况,这是一个三口之家,父亲和母亲自然取得了对于孩子的权威,母亲要求孩子去做一件事,而父亲则对他做了相反的要求。这样,这个孩子取得了两个合法的理由,任何一个都可以构成他的行为理由,同时,孩子本身可能存在着行为理由,但是相对于这两个理由不具有

---

[1] [英] 约瑟夫·拉兹:《法律的权威:法律与道德论文集》,朱峰译,法律出版社 2005 年版,第 10 页。

[2] [英] 约瑟夫·拉兹:《法律的权威:法律与道德论文集》,朱峰译,法律出版社 2005 年版,第 11 页。

优先性，而是与这两个理由中的一个吻合而得到了加强，因此经过权衡他确定了自己行为的首要理由，而排除了另外一个理由。这种具有优先性地位的理由又称之为"保护性理由"（protected reasons）。[1] 在这种情况之下，其实这个孩子同时拥有多个理由，但是他把一些理由作为"一阶理由"，而将一些理由作为"二阶理由"，并以此来指导自己的行为。换言之，权威只是提供行为的理由，只不过有些权威具有排除其他理由，最终取得首要地位的能力。

除此之外，我们还不得不提及事实（de facto）权威与正当（legitimate）权威的区别。对于事实权威来说，它既主张自己是具有正当性的，并且能够有效行使自己的权威，被人们所认可。但是一个事实权威并不必然是正当权威。[2] 正如我在本文开头说的那样，我们每个人自出生就受到事实权威的约束，但是这绝不意味着这种权威对于我们拥有绝对的正当性。

那么，我们既然了解了拉兹的权威观，那么他是如何凭借这一权威观来消解权威悖论的呢？

（二）服务性的权威观——消解权威悖论的尝试

为了证成权威的道德基础，拉兹首先提出了"依赖性理由（dependent reasons）"的命题。他举了一个例子，在仲裁活动中，进行仲裁的双方将争议提交给仲裁者，而仲裁者就取得了决定进行仲裁双方的行为理由的权威，也就是说，仲裁人的决定就是适用于双方的行为理由。这种适用于仲裁人的理由就称之为"依赖性理由"。对于仲裁双方来说，这些依赖性理由又替代了原初性的行为理由，所以这些依赖性理由又是优先性理由（preemptive reasons）。在优先性理由替代行为人原始的行为理由时，它并非是完全摆脱、清除原初理由，而是指令替代了其中的理由并且取得了优先性，权威实际上是起到了一个协调个人行动理由与外在理由关系的作用，而这也是权威与强力的区别之一。

---

[1] 参见［英］约瑟夫·拉兹：《法律的权威：法律与道德论文集》，朱峰译，法律出版社2005年版，第15页。

[2] 参见［英］约瑟夫·拉兹：《权威、法律和道德》，刘叶深译，载郑永流主编：《法哲学与法社会学论丛》（第12期），北京大学出版社2008年版，第46页。

那么,权威的道德基础究竟何在呢?拉兹总结了正当权威应当具有的三个命题,并以此来证明一个概念:服务性的权威观。

1. 依赖性命题(The Dependence Thesis)

所有的权威性指令都应该以那些适用于其受众的理由为基础(当然也依赖其他的因素),这些理由与指令所指向的具体情境有关系。我们称这些理由为依赖性理由。

2. 通常证立命题(The Normal Justification Thesis)

一个人被认定为对他人拥有权威最通常、最主要的方式:假如该权威的受众接受该权威性指令具有约束力,并试图去遵循该指令,而不是遵循那些直接适用于他的理由,那么,该受众就是遵循了对他来说更为充分的行动理由(而不是只遵循了该权威性指令)。

3. 优先性命题(The Preemption Thesis)

"权威要求履行某种行为"这一事实本身就构成实施这种行为的一个理由,在估量如何去行动的时候,这个理由不是附加到其他相关理由之后的,而是用来替代那些相关理由的。

在拉兹的眼中,第一个命题加上第二个命题便构成了权威的正当性理由:服务型的权威观。我们先来看看通常证立性命题,这正是解决权威悖论的关键所在,正是这个命题提供了权威的正当化的基础。对于通常证立性命题来说,最简单的解释方式就是:一个权威之所以可以被证明是正当的,是因为服从者如果根据权威指令行事,将会比依据对行为理由的自行判断之后所采取的相关行动,能够更好地符合那些实质理由。[1] 举个例子,父亲要求孩子学习但是孩子更倾向于做游戏,那么权威指令(父亲的要求)明显更有利于孩子的发展。当通常正当化命题与依赖性命题结合起来,我们就得到了拉兹所说的"服务性权威观"(service conception)。服务性权威的提出,意味着此种权威不但具有依赖性的地位(是适用于受众的行为理由),而且在道德上也取得了正当性,因为服务性权威主张遵循自己的指令从事所能带来的良好后果,权威指令对于受众来说是更为充分的行为理由。它并不排斥自身的理性判断,也不排斥受众自身的行为理由,而是主张替

---

[1] 参见陈景辉:《权威与法概念:理论史的考察》,载郑永流主编:《法哲学与法社会学论丛》(第12期),北京大学出版社2008年版,第180页。

代性理由,并被接受。根据拉兹的话来说,"这种权威观把权威看作是人与适用他们的理由之间的中介",人们接受权威的指导,但并非盲目遵从,只有当权威符合通常证立性命题时,权威才取得了正当性。

而最后一个命题的意义在于,解释了权威为何被适。由于服务性权威具有合理充分的正当性,所以权威指令发布之后,此类权威的指令便取代了原有的行为理由,获得了优先性的地位。

纵观拉兹对于权威的三个命题,我们可以发现:拉兹对于解决权威悖论的根本方法在于,他认为权威并非要撼动个人行为的道德基础,而是针对个人行为加以有效约束。换言之,权威不改变道德性,而是关注人的行为。这里我们应该注意,权威本身并不提供新的行为理由,而是"服务"人本身的行为理由,这正是服务性权威的含义所在。通过影响人本身的行为理由,权威指导着人们的行为。

至此,对于权威的正当性已经论证完毕。我们可以发现,根据拉兹的理论,并非所有的权威都是违反自律的,的确存在正当权威。而要更好地回应这一问题,最终还要回到沃尔夫的自律上来,通过剖析沃尔夫自律观存在的缺陷,我们将给予安那其主义有力的反击。

三、驱逐安那其——权威悖论的解决以及对沃尔夫的回应

(一) 对沃尔夫道德自律观念内涵的再反思

哲学上的无政府主义者沃尔夫认为,人的自律是人为自己设定的道德义务,人有义务去实现自己的理性判断而不为外界所左右。但是,沃尔夫的自主观实际上存在着无限扩大的弊端。在沃尔夫的观点里,个人自律好像就是"为一切之所欲",那么假设一个人自主做出了违背道德的决定,这里我们可以看出个人自主就不同于道德自主,[1] 原因就在于他没有完成道德上的目标和义务。关于道德自主与自由的关系,卢梭曾经谈到,"唯有道德的自由才使人类真正成为自己的主人,因为仅只有嗜欲的冲动便只是奴隶状态,唯有服从人民自己为自己所

---

[1] 参见范立波:《权威、法律与实践理性》,载郑永流主编:《法哲学与法社会学论丛》(第12期),北京大学出版社2008年版,第136页。

规定的法律，才是自由"。[1] 因此，道德自主的内在含义并非是完全排斥权威，而是出于对道德自主的保障，而依赖于一定的权威。

此外，对于道德自主的内涵还存在这样一种争论，一种观点为所谓的仅仅涉及行动者的反思认可的"程序主义"的道德自主，另一种观点则认为也要考量自主的内容能否得到社会的认可。"程序主义"的道德自主认为自主的关键在于行动者本身，与自主的内容无关，[2] 与沃尔夫的观点颇为类似。另一种观点则认为，道德自主的内容也极为重要，因为至少可以排除了自愿为奴这样的道德自主。[3] 如前所述，笔者认为，真正的道德自主应当符合"道德"的内涵，程序主义的解释方法是令人无法接受的。而沃尔夫的道德自主概念过于宽泛，与权威之间存在不必要的矛盾与冲突，忽视了道德自主的价值追求，并不能使道德自主得到真正的保护与遵循。

（二）对沃尔夫权威与道德二元观的再反思

我们也应注意到沃尔夫的"最低限度的自主"理论。权威悖论实际上也正指的是最低限度的自主与权威的矛盾。事实上，沃尔夫自己也承认，拒绝把他人的命令当成是自己行为的当然理由，运用理性去行动，固然可能不得不遭受因此而造成的不利后果，但是沃尔夫认为，在道德上，他仍然是一个自主的人。他将权威与自律认为是对立的也正是基于此种理由。但权威与自律真的是在道德上对立的吗？拉兹的服务性权威观就认为，通过影响人们的行为理由而非直接提供，权威与道德事实上是擦肩而过的。其通常证立性命题，强调了法律的权威并不试图改变道德性，而是给人们的行为提供理由，这种服务型的权威事实上遵循了道德自律的本质要求，与道德自律并非冲突；即使道德自律与部分权威价值追求不同，二者也并非一定站在独木桥的对立面上。

---

[1] [法] 让-雅克·卢梭：《社会契约论》，何兆武译，商务印书馆2003年版，第26页。

[2] G. Dworkin, "The Concept of Autonomy", in *Greater Philosophische Studien*, vol. 12, 1981, p. 212.

[3] See S. Kristinsson, "The Limits of Neutrality: Toward a Weakly Substantive Account of Autonomy", in *Canadian Journal of Philosophy*, Vol. 30, No. 2, 2000, pp. 257-286.

由此，我们似乎可以对沃尔夫的无政府主张给出有力的反击了。沃尔夫告诉我们，如果我们要保持自律，我们就要拒绝一切权威，因为任何权威，除非恰好与我们的自律相符合，否则都违背我们的内心真意。权威要么反自律，要么多余。可是当我们检讨了自律的概念，阐述了权威的服务性观点之后，我们似乎有了更充分的理由来相信正当权威的存在。正当的权威并非反自律，而是给自律的实现搭建桥梁；与自律相符的权威并非多余，而是给自律提供外在的行为理由。所谓对一切权威怀有敌意的无政府主义，并不能帮助人们实现内心的道德自律，即使道德自律是各不相同的，但是正当的权威能够帮助每个人的道德自律获得普遍利益。

四、结论

让我们回到文章最初提出的问题："我们每个人都时时刻刻生活在某种权威之下，那么权威是否是正当的？真的存在正当权威吗？"当我们聆听了拉兹的观点之后，现在，我们或许可以接受以下观点：权威，在本质上或许是一种实践理性，也许权威是无涉道德的，它更多关注的是人的行为，而非内在的道德。任何一个人，可以在内心里保留或崇高或卑劣的道德追求，但是他不得不被这样一种力量所影响，并且依据适用于自己的行为理由而行动。一个接受权威的人，必须始终承认权威不是凭空而生的，而是基于自己内心的行为理由而适用于自身。但是这绝不意味着盲目遵守权威，笔者在这里强调，只有正当权威（而非所有权威）才能通过通常正当化命题影响人的行为理由，笔者在这里论证的，是正当权威存在的可能性和正当权威是如何影响人行为的方法和依据。我们可以看到，拉兹的权威观并不直接针对自律，而是巧妙地将权威设定为一个"服务"的姿态，从而避免了权威与自律的绝对对立，为权威的存在提供了正当性基础。这就证明，权威与自律可能并不存在冲突，权威从来没有主张排除道德，而沃尔夫教授的观点，着实是可待商榷的。

（主审人：库浩辰）

"学术十星" 优秀论文撷英

高校图书馆座位管理制度创新的量化研究

——以中国政法大学昌平校区法渊阁图书馆为例

郑立晨[*]

一、绪论

(一) 研究背景

2006年,北京大学图书馆对占座问题进行调研,调研结果显示有75%的同学认为占座使得图书馆的座位没有得到很好的利用[1]。2008年曲奎、李春利发表了《高校图书馆座位资源实施计算机管理初探》,而后各大高校广泛引入计算机管理系统对图书馆座位进行精细化管理。然而,2008年至今,高校图书馆座位管理的问题依然大量存在,学生对图书馆座位的管理制度创新要求甚高。例如:2016年秋季学期末,中国政法大学的同学针对图书馆及教室座位使用效率极度低下的问题发表了《不占座倡议书》,从占座行为的合理性上实现了对座位管理制度的创新,然而,这一创新此前被吴开明等用博弈论的方法从理论上证明了它的不科学性[2]。

管理制度的创新往往来自主观感受和判断,这意味着在施行新的座位管理制度之前,很难估计新制度在提升效率、提升满意度等方面的效果,更无法对制度的关键性细节(如占座时限的长短)进行科学

---

[*] 中国政法大学商学院2015级本科生。

[1] 于健:《高校图书馆座位管理系统应用研究》,载《四川图书馆学报》2016年第2期。

[2] 吴开明、李淑敏:《高校图书馆占座现象的博弈分析》,载《大学图书馆学报》2015年第6期。

的设计。因此,许多关于图书馆占座制度的创新都没能通过实际情况的考验,而其固有的种种局限更进一步引发制度实施上的困难。有学者认为图书馆座位使用效率低的原因在于"长期疏于管理"[1],事实上,如果制度设计不够科学合理,自然而然导致管理成本高、管理效果差,进而导致高校图书馆占座问题长期难以高效地解决。因此,本文结合系统动力学方法构建高校图书馆座位系统模型,实现对座位管理制度创新及关键性细节设计的科学的量化的研究。

(二)前期文献综述

对高校图书馆座位管理的研究大体可以分为两个方向:①研究管理理念的创新;②研究管理方法及管理硬件技术的创新。

对于管理理念创新的研究,王艳红从现代管理理念四要素(文化管理、战略化管理、人性化管理、管理运营)的角度考察图书馆管理理念的创新[2],这一研究从理论基础的角度指出新时代下管理图书馆的思路。外国学者积极引入以往在企业管理中才有提及的人力资源管理思想,如 Kreitz 探讨了高校图书馆管理者的情商对管理活动的重要性[3],Bright 分析指出高校图书馆的中层管理者需要具备管理制度创新的能力,能够接受管理新观点并学习新技术[4],整体来说,对于高校图书馆管理的研究结合了各种新观点、新技术与大数据环境,然而,柯平等也在《国外图书馆管理研究述评》一文中指出,对于图书馆管理的新概念、新思路没有更多地深入到研究的实际问题中去,从而使得这些引入的理论显得相对空洞[5]。例如,陈珈在高校图书馆管理中

---

[1] 吴东媚:《高校图书馆占座问题的思考》,载《沿海企业与科技》2010年第4期。

[2] 王艳红:《现代管理理念与图书馆管理》,载《中文信息》2017年第12期。

[3] Kreitz P. A., "Leadership and Emotional Intelligence: A Study of University Library Direction and Their Senior Management Teams", *College and Research Libraries*, 2009, 70 (6): 531-550.

[4] Bright K., Chang A., "Changing Roles of Middle Managers in Academic Libraries", *Library Management*, 2012, 33 (4): 213-220.

[5] 柯平、朱明、闫娜:《国外图书馆管理研究述评》,载《中国图书馆学报》2013年第5期。

引入素质教育理念，试图让学生主动放弃占座[1]，林鸿熙指出扩建自习室可以很好地解决占座问题[2]，朱希伟希望引入市场机制，对座位进行收费[3]，刘立云提出了实际操作性较差的"虚拟货币交易法"[4]，袁闯提出要对学生进行良好的宣传教育[5]，让学生自觉让座。可以看到，以上新理念新思路大抵是"空中楼阁"，难以在实际的管理工作中落实。对于本文提出的高校图书馆座位管理制度创新的问题，这些理论过于空旷，只能从整体上提出对问题的定性层面的思考方向，却不能致力于解决图书馆在制度创新过程中遇到的问题，更无力解决制度本身尤其是其关键性细节的设计问题。

对于管理方法及管理硬件技术创新的研究，主要集中在结合图书馆既有设施对设施自动化、智能化的应用开发上。如基于门禁控制的座位管理系统[6]，基于微信公众平台的图书馆座位管理系统[7]，除此之外，还有许多科技公司开发的高校图书馆精细化管理系统，这些系统能够在一定程度上结合高校图书馆的实际情况，为图书馆座位管理及制度创新提供理论及技术层面的支持。但是，笔者通过调研发现，许多学校的图书馆座位管理系统在制度建构上还存在诸多问题，如中央财经大学使用的座位管理系统，其暂离制度要求离开小于90分钟可以设置"暂离"，保留座位。离开大于90分钟则必须设置"空闲"。但是，对暂离时限设置为90分钟是否科学、不同时段是否应该设置不同的暂离时长这类影响座位使用效率的关键性细节却缺乏科学的研究。需要指出的是，大量研究图书馆座位管理制度的文献都有意无意对此

---

[1] 任湘、夏艳珺、周艳红：《馆员视角下的高校图书馆占座问题研究》，载《科技情报开发与经济》2011年第20期。

[2] 林鸿熙：《校园占座现象的博弈分析》，载《莆田学院学报》2005年第5期。

[3] 朱希伟：《占座现象为哪般》，载《社会》2000年第2期。

[4] 刘立云、雷宏振、邵鹏：《高校图书馆座位资源配置的帕累托优化解决方案》，载《图书情报工作》2012年第5期。

[5] 袁闯、王月娥：《关于大学生占座状况的调查——以吉首大学图书馆调查为例》，载《农业图书情报学刊》2006年第5期。

[6] 谢红、王炳江：《基于VB的图书馆阅览座位管理系统的开发及应用》，载《图书馆论坛》2010年第5期。

[7] 周耀、蒋天民：《基于微信公众平台构建图书馆座位管理系统》，载《现代情报》2016年第12期。

类涉及制度关键性细节的问题一带而过，如殷长庆在《高校图书馆整治占座之我见》中武断地设定暂离时限为 30 分钟[1]而不加说明，熊太纯提出的管理制度强调了暂离时限必须"合适"[2]，但并未对"合适"的标准进行说明。总而言之，现有的对于管理方法及硬件的创新性研究，不够重视管理制度的关键性细节。此外，现有的管理系统不能对创新制度的效果进行预评估，而盲目创新显然会带来巨大的麻烦，这限制了高校图书馆座位管理制度的创新能力。

（三）研究问题及研究意义

对于管理理念研究针对性不足、理论较空洞和管理硬件技术研究对制度细节的忽视这两大不足之处，本文使用管理学、系统科学的新方法新思路，结合 Vensim 计算机模拟技术，对以下两个问题展开论述：

第一，建立恰当的系统模型，揭示高校图书馆座位数量变动的数学本质，从而定量化地展开对高校图书馆座位管理制度创新和占座制度关键性细节（如暂离时限）的研究。这一定量化的模型可以作为一个具有普适性的工具对各个图书馆的制度创新及制度细节的制定问题提供支撑。

第二，分析对于一个具体的学校该如何恰当地使用系统模型，以实现对图书馆座位管理制度创新方案的实施效果进行预评估，以及对座位制度的关键性细节进行量化分析。笔者以中国政法大学昌平校区的法渊阁图书馆为例，使用系统模型为这所图书馆的座位管理制度细节提出改进意见，并对两项制度创新的效果进行预评估。分析的过程对于其他高校图书馆针对性地解决其各自的座位管理制度问题具有参考和借鉴的意义。

---

[1] 殷长庆：《高校图书馆整治占座之我见》，载《价值工程》2011 年第 36 期。
[2] 熊太纯：《大学图书馆学习空间的创新管理》，载《大学图书馆学报》2013 年第 5 期。

(四) 全文技术路线

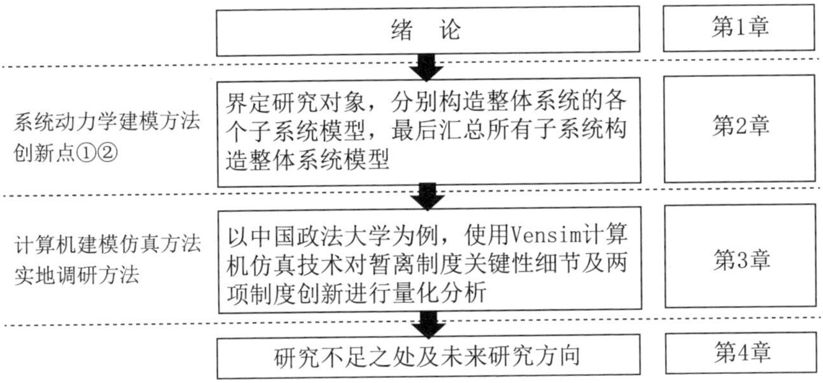

	绪　论	第1章
系统动力学建模方法 创新点①②	界定研究对象，分别构造整体系统的各个子系统模型，最后汇总所有子系统构造整体系统模型	第2章
计算机建模仿真方法 实地调研方法	以中国政法大学为例，使用Vensim计算机仿真技术对暂离制度关键性细节及两项制度创新进行量化分析	第3章
	研究不足之处及未来研究方向	第4章

图1　全文技术路线图

(五) 研究方法及创新点

1. 系统动力学方法

系统动力学方法是麻省理工学院的 Forrester 教授所提出的一套针对具有反馈的非线性系统的成熟的建模方法，求解模型的方法本质可以理解为求解一个多元非线性方程组。这一方法被广泛应用于社会科学领域的各个方面，如美国工程师团队曾使用系统动力学方法构建世界模型（World model），分析经济、政治制度变革对全球变暖等问题的影响[1]。需要指出的是，这一建模的思路、方法用于分析高校图书馆的座位问题也具有独到的优势。有学者使用问卷调查的方法试图对暂离时限、座位管理制度问题进行研究[2]，然而，其研究最终只能揭示读者占用座位的原因及人数占比，仅仅实现了对问题的解释，而根本未能实现对问题的解决，由此可看出问卷调查方法对本文所提问题的解决能力不足。系统动力学方法可以实现对多变量、非线性系统的动态模拟和量化分析，被誉为"政策实验室"[3]，因而用于分析、解

---

[1] 钟永光、贾晓菁、钱颖等编著：《系统动力学》，科学出版社2009年版，第12~13页。

[2] 陈鹰：《高校图书馆座位的设置优化及管理》，载《图书馆论坛》2009年第4期。

[3] 王其藩：《系统动力学》，上海财经大学出版社2009年版，第6~7页。

决图书馆座位及制度创新的问题具有非常独到的优势。

2. 计算机建模仿真方法

基于Vensim软件对建立的座位系统模型进行仿真研究。通过模型模拟效率曲线与真实效率曲线的拟合，可以近似求解某一个参数（如暂离时限）的值，其数学本质是求解多元非线性方程组，由于这类方程组难以手工计算，而且其方程组中的参数随时间变化，更加大了计算量，所以需要借助计算机软件实现计算求解。此外，还可以通过调整模型的某些参数，从量化的角度对制度创新的影响效果进行预评估。

3. 实地调研方法

在以中国政法大学为例分析如何使用系统模型解决制度创新问题的过程中，需要通过实地调研方法取得中国政法大学图书馆座位使用情况的相关数据。这些数据构成模型的重要参数，通过这些数据也可以求得座位系统的真实效率曲线。

以上研究方法有两点创新之处：①构建了包含多个非线性方程的高校图书馆系统模型，并使用计算机模拟；②采用量化而不是定性的方法对图书馆座位管理制度进行研究。

二、高校图书馆座位系统模型构建

本节，笔者独立展开高校图书馆座位系统模型的构建工作，所有方程式和方程式中变量的因果关系等内容全部由笔者独立完成研究，绝无抄袭他人的工作。需要指出的是，无论是国内还是国际研究，笔者尚未查阅到使用相同或相似方法及工具对图书馆座位数量变化行为进行量化建模研究的。

由于整体系统模型的构成较为复杂，所以笔者采取逐步构建整体系统的各个子系统，最后将子系统汇总整理成整体模型的方法建模[1]。在构建子系统之前，还需要首先确定系统的边界和成员。因此，本节的建模步骤为：①确定系统边界及成员；②构造整体系统的各个子系统；③整理汇总各个子系统得到整体模型。

---

[1] 同上。这一方法是系统动力学建模的规范方法。

(一) 确定系统边界及成员

1. 图书馆座位系统成员、界限与环境

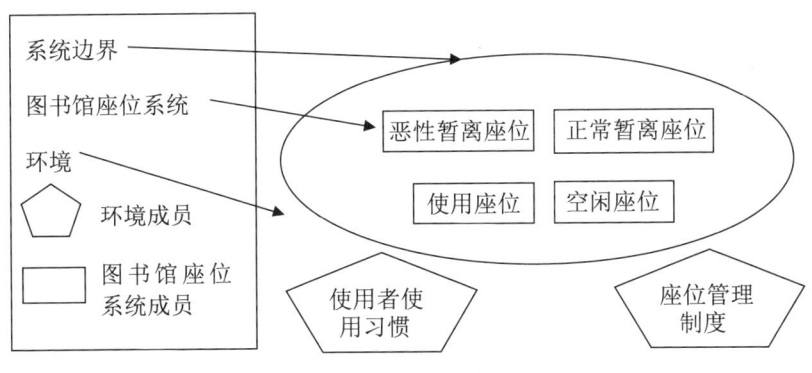

图 2　系统边界及成员图

图书馆座位系统以馆内各种座位数量的变化情况为核心,其中系统内部成员有:实际处于"暂离"状态的座位(包括没有在刷卡机上刷卡暂离的"恶性暂离"座位和刷卡暂离的"正常暂离"座位),实际处于"使用"状态的座位和实际处于"空闲"状态的座位。环境成员有:自习室座位使用者的使用习惯,座位管理制度。图书馆系统成员、环境成员和系统边界界定如图 2 所示。

2. 图书馆座位系统成分说明

首先需要说明的是环境成员和系统内成员的关系问题。座位使用者的使用习惯可能会随着占座规则的改变而改变,但是在制度改变的短时期内,可以认为使用习惯没有发生变化,从而对座位管理制度创新的量化研究具有其效力。对于中长期的情况,本文拟构建的座位系统是一个动态系统,可以长期跟踪使用者使用习惯的变化,进而通过科学的计算及时改进座位管理制度。

还需指出,本文所研究的高校图书馆座位管理制度指的是能够直接或间接影响到学生使用座位、占用座位程序、方法、习惯的规章制度,不包括对座位管理人员的管理制度。

3. 图书馆座位使用效率评价方法

本文通过定义效率函数对图书馆座位的使用效率进行评价。效率函数的定义有多种方式,不同的定义可以反映不同高校对四种座位的

好恶。例如：定义效率函数为使用座位、空闲座位、注册暂离座位及恶性暂离座位数量的加权平均，权重分别为 0.5、0.3、0.2、0，就可以反映一种对四类细分座位的好恶。

通过效率函数输出值的高低变化，对使用效率进行评价。本文对不同占座规则的优劣分析即基于效率函数的输出值。

（二）构造座位系统的各个子系统

整个模型构建的思路见下图：

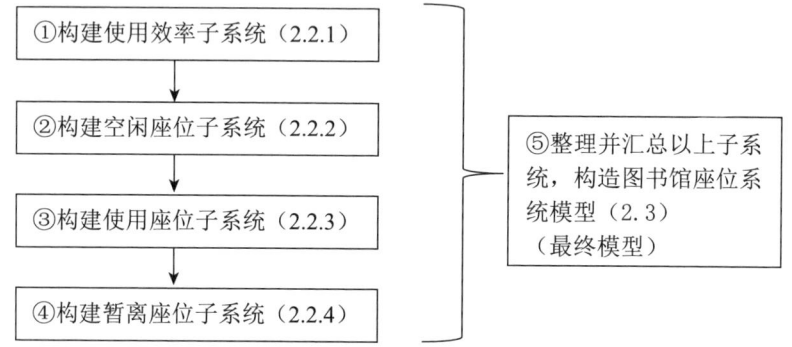

图 3　图书馆座位整体系统模型构建步骤图

高校图书馆座位系统可以细分为使用效率子系统、空闲座位子系统、使用座位子系统和暂离座位子系统。分别构建这四个子系统的模型，汇总后即得到高校图书馆座位系统模型。四个子系统都是整体系统不可或缺的一部分，然而只有将它们结合为一个整体，才能够实现相应的量化分析的功能。

1. 子系统①：使用效率子系统模型构建

使用效率子系统的核心是效率函数，这一函数的输出值取决于使用座位、空闲座位、注册暂离座位和恶性暂离座位的数量。

定义注册暂离座位占所有暂离座位数量的百分比为"A121 注册暂离比例因子"，恶性暂离座位数量占所有暂离座位数量的百分比为"A122 恶性暂离比例因子"。根据定义，显然有：

$$1 = A121 + A122 \cdots\cdots ①$$

定义 L1（t）为图书馆座位使用效率，其函数值为四种座位的加权平均。若以 L11(t)、L12(t)、L13(t) 表示 t 时刻空闲座位、使用座位和两种暂离座位的数量，四种状态座位在效率函数中的权重分别为 a，b，c，d，则有：

L1(t)= a * L11(t)+b * L12(t)+c * L13(t) * A121+d * L13(t) * A122……②

结合以上分析，构造的使用效率子系统的流率图如图 4 所示：

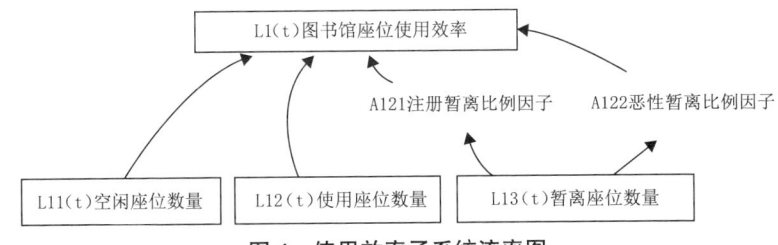

图 4 使用效率子系统流率图

2. 子系统②：空闲座位子系统模型构建

空闲座位子系统的核心是空闲座位数量。定义 t~t+△t 时段空闲座位数变化量为时期数 R11(t)，对于时点数 L11(t)空闲座位数量，有：

L11(t)= $\int_{t}^{t+\triangle t}$R11(t)dt……③

为了找到空闲座位数量的变化模式，根据等式③，需要找到所有对空闲座位变化量有影响的因素。考察图书馆空闲座位的来源和去路，其去路是空闲座位变更为使用，其来源包括：使用座位变更为空闲，暂离座位变更为空闲。考虑到时点数 L13(t)暂离座位数量表示的是一段时间内暂离座位增加和减少后的累积值，而实际上每新产生的暂离座位都有一定概率变更为空闲座位，为了使模型更贴近实际，用新产生的暂离座位数量乘以相应的转换概率作为空闲座位的真正来源。

空闲座位的去路项为 min{RA,L11(t)}。其中时期数 RA 定义为 t~t+△t 时段内在刷卡机上刷卡想要进入图书馆自习室的人数，去路项中的最小值函数保证了空闲座位数量非负。

空闲座位的来源项为 Rk+min{RB,L12(t)}。其中时期数 RK 定义为 t 时刻以前产生的暂离座位在 t~t+△t 时段内转变为空闲座位的数量，时期数 RB 表示为 t~t+△t 时段内退出自习室的人数，来源项中的最小值函数保证了使用座位数量非负。

由以上分析，t~t+△t 时段内空闲座位数变化量 R11(t)满足：

$$R11(t) = Rk + \min\{RB, L12(t)\} - \min\{RA, L11(t)\} \cdots\cdots ④$$

RK 在方程式中作为暂离座位和空闲座位二者之间转变的中间变量，为研究暂离时限（座位制度的关键性细节）提供便利。定义 t~t+△t 时段内暂离座位转变为空闲座位的数量占暂离座位数量的百分比为 A111 暂离座位释放空闲比例因子。t 时刻以前，使用座位转变为注册暂离座位的数量占使用座位数量的百分比为 A131、转变为恶性暂离的百分比为 A132，则 t 时刻以前产生的暂离座位数量为 L12(t)*(A131+A132)。为了求解 RK，还需定义一个能够延时输出的函数 y = delay (x, T)，表示在经历过 T 时间间隔后再输出此前作为输入变量输入的数值 x。那么，t~t+△t 时段内的 RK 即满足：

$$RK = A111 * delay[L12(t) * (A131 + A132), T] \cdots\cdots ⑤$$

需要指出的是，这里定义的延时函数 delay 在计算机模拟过程中也有相对应的函数，且延迟到时间 T 可以是随机数，因此可以通过调节 T 随机数的分布情况使模拟的座位数量变动模式与真实情况吻合，进而求出关键性细节——暂离时限的相关数字特征。

结合以上分析，构造的空闲座位子系统的流率图如图 5 所示：

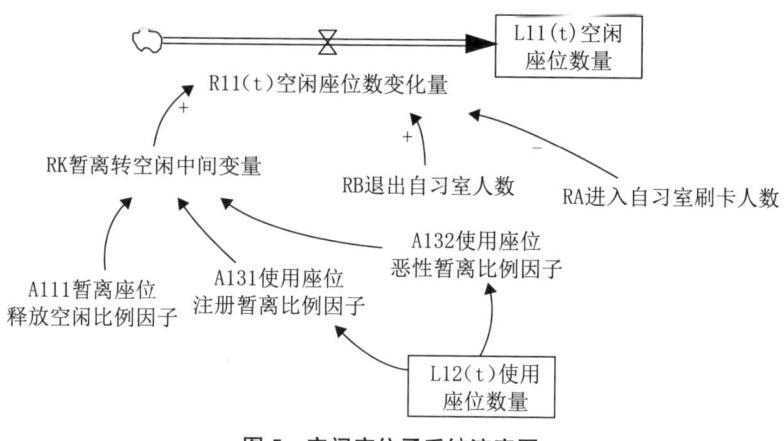

图 5 空闲座位子系统流率图

3. 子系统③：使用座位子系统模型构建

使用座位子系统的核心是使用座位数量。定义 t~t+△t 时段使用座位数变化量为时期数 R12(t)，对于时点数 L12(t) 使用座位数量，有：

$L12(t) = \int_t^{t+\triangle t} R12(t)dt$ ……⑥

考察使用座位的来源和去路，其来源包括：空闲座位转变为使用、暂离座位转变为使用，其去路包括：使用座位转变为空闲、使用座位转变为暂离。同样为了研究暂离时限这一座位制度的关键性细节，需要引入 RS 暂离座位使用座位中间量，表示由暂离座位转变为使用座位的数量。

使用座位的来源项有两项，其中空闲座位转变为使用座位是空闲座位子系统中空闲座位的去路项，即 min{RA,L11(t)}。暂离座位转变为使用座位用 RS 中间量表示，定义暂离座位重新转变为使用座位的比例为 A112 暂离座位重新使用比例因子，则对于 RS 满足：

$RS = A112 * delay[L12(t)*(A131+A132), T]$ ……⑦

另一方面，由于 t~t+△t 时段内产生的暂离座位只有两条去路（转为使用和转为空闲），则对于 A111 和 A112 有：

$1 = A111 + A112$ ……⑧

使用座位的去路项也有两项，其中使用座位转变为空闲座位是 min{RB,L12(t)}。使用座位转变为暂离座位的数量为 L12(t)*(A131+A132)。综合以上分析，使用座位变化量 R12(t) 满足：

$R12(t) = \min\{RA, L11(t)\} + RS - \min\{RB, L12(t)\} - L12(t) * (A131+A132)$ ……⑨

结合以上分析，构建的使用座位子系统流率图如图 6 所示。

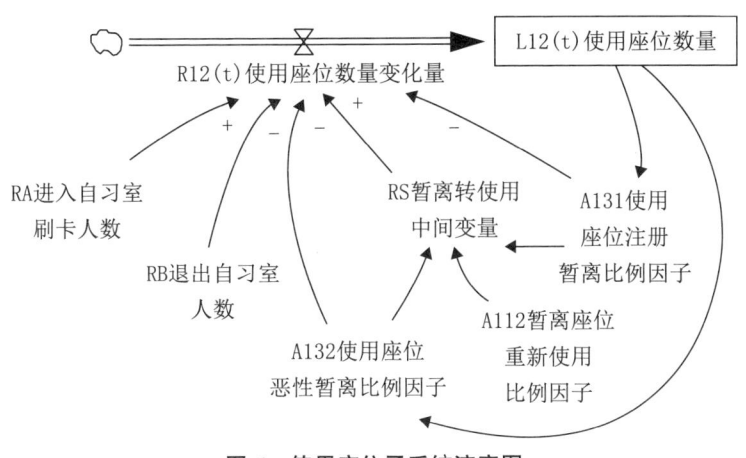

图 6 使用座位子系统流率图

4. 子系统④：暂离座位子系统模型构建

暂离座位子系统的核心是暂离座位数量。定义 t~t+△t 时段暂离座位数变化量为时期数 R13（t），对于时点数 L13（t）暂离座位数量，有：

$$L13(t) = \int_{t}^{t+\Delta t} R13(t)\,dt \cdots\cdots ⑩$$

考察暂离座位的来源和去路，其来源是使用座位转为暂离座位，其去路包括：暂离座位转为使用座位、暂离座位转为空闲座位。

暂离座位的来源项是使用座位的去路项之一，为 L12（t）*（A131+A132），去路项包括暂离转变为空闲、暂离转变为使用，分别为 RK 和 RS 量。所以，暂离座位数变化量 R13（t）满足：

$$R13(t) = -RK - RS + L12(t) * (A131 + A132) \cdots\cdots ⑪$$

结合以上分析，构建的暂离座位子系统的流率图如图 7 所示：

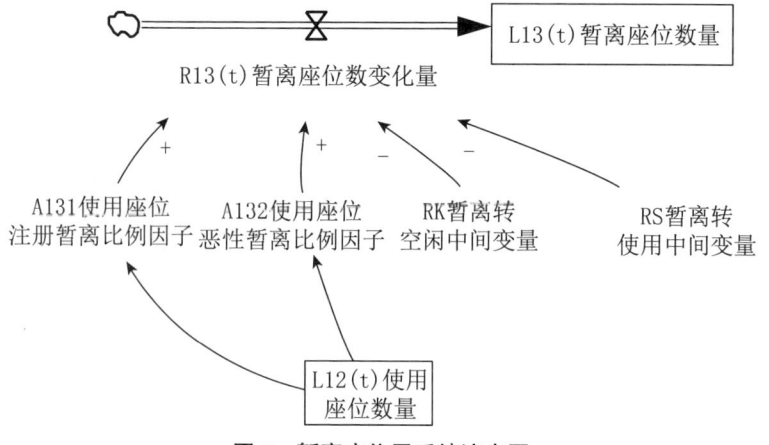

图 7　暂离座位子系统流率图

（三）汇总子系统构造图书馆座位整体系统

将上述四个子系统变量及变量之间的函数关系整合，得到图书馆座位系统整体模型。图书馆座位系统整体模型流率图如图 8 所示：

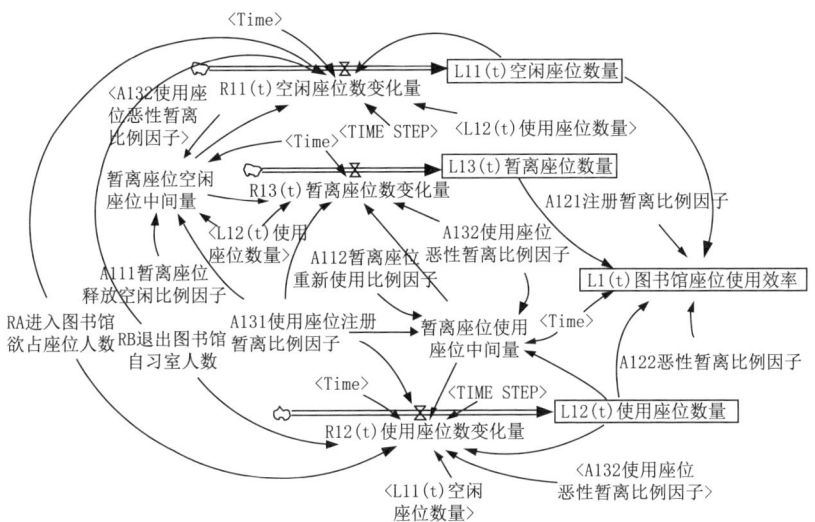

图 8　高校图书馆座位整体系统流率图

（四）小结

本节由笔者独立自主研究，通过深入考察高校图书馆自习室四种座位（空闲、使用、恶性暂离、注册暂离）互相转化的原理，构造出包含 11 个独立方程的方程组和相应的系统流率、因果模型，初步对高校图书馆的座位数量变化模式进行了定量化的研究。通过设置模型中涉及的参数，这一研究成果可以广泛应用于全国各大高校，例如：根据研究所得模型，可以通过调整 RS 和 RK 两个中间变量 delay 函数的时间参数，求解高校图书馆座位管理制度的关键性细节——暂离时限，此外，该模型还可用于分析入馆和出馆学生数的时间分布规律等涉及高校图书馆管理制度创新的因素。

模型中涉及的高校图书馆相关参数（表函数）的信息及取得方法总结见下表1：

表 1　参数汇总表

参数名/表函数名	参数/表函数的内涵	参数/表函数的确定办法
A111 暂离座位释放空闲比例因子	释放为空闲座位的数量占新产生暂离座位数量的比例	实地调研方法
A112 暂离座位重新使用比例因子	转为使用座位的数量占新产生暂离座位数量的比例	实地调研方法
A121 注册暂离比例因子	注册暂离的座位数量占所有暂离座位数量的比例	调用图书馆座位占座系统数据库、实地调研方法
A122 恶性暂离比例因子	恶性暂离的座位数量占所有暂离座位数量的比例	实地调研方法
A131 使用座位注册暂离比例因子	使用座位转变为注册暂离座位的数量占所有使用座位数量的比例	调用图书馆占座系统数据库
A132 使用座位恶性暂离比例因子	使用座位转变为恶性暂离座位的数量占所有使用座位数量的比例	实地调研方法
RA 进入图书馆欲占座位人数	进入图书馆在刷卡机上刷卡想要占座位的人数	调用图书馆占座系统数据库
RB 退出图书馆自习室人数	使用座位转变为空闲座位的数量	调用图书馆占座系统数据库

三、高校图书馆系统模型实证分析——以中国政法大学法渊阁座位管理制度创新为例

（一）研究问题及选择系统方法研究的原因

本节使用上文构建的系统模型对中国政法大学法渊阁图书馆的座位管理制度创新进行定量化的研究，主要研究三个方面的问题：①研究图书馆暂离时限；②研究"准出制度"的施行对图书馆座位使用效

率的影响；③研究"利用电子屏幕公布馆内座位使用情况"这一制度创新对图书馆座位使用效率的影响。

以上三个问题分别构成了对法渊阁三项制度创新的量化分析，首先研究制定新的暂离时限，其次研究创新制度"准出制度"，最后研究创新制度"电子屏幕发布馆内座位使用情况"。对于不同的高校，制度创新的具体措施可能有所不同，使用系统模型的方法也会有细微差异。

需要指出，之所以选择如此复杂的模型研究上述三个问题，是因为使用系统模型方法有其独到的无法替代的优势：①对于暂离时限的问题，上文中反复提到，目前国内外对于图书馆管理创新的工具、理论层出不穷，但鲜有特别关注管理制度的关键性细节的。诚然，对于暂离时限的研究还可以从问卷调查、既有数据库数据分析这两个角度展开，但是问卷调查方法在研究这一问题上存在问卷问题较难设计、答案准确度差的弊端。既有数据分析也只能反映在既有制度条件下同学们对暂离时长的需求，这一需求与实际需求之间可能存在较大的偏差，且大多数高校图书馆并不具备大规模分析数据的条件。所以使用系统模型方法，通过构造方程，拟合效率曲线，获得真实的暂离时长的分布规律。②对于"准出制度"施行效果的分析，定性的方法只能说明准出制度"或许"对于改进图书馆座位使用效率有所帮助，但没有证据予以证明，而使用系统模型方法可以从量化的角度证明这一制度创新的利弊。③对于"使用电子屏幕发布馆内座位使用情况"这一制度创新，定性的研究不能够证明这样做是否能够提升座位的使用效率，而使用系统模型则可以用数字证明这一制度创新的效果，甚至还可以确定电子屏幕在一天中打开的时间段，在有些时间段关闭或播放其他内容，可以大大节约资源、提升电子屏幕的利用价值。综合以上三点，使用系统模型展开对图书馆座位制度创新的量化研究，是非常有优势的，总体体现在量化、功能强大。

（二）数据说明

由于法渊阁图书馆座位管理系统在2017年春季学期末和2017年秋季学期初进行了系统升级，数据库的数据统计不够完整，因此只能采用实地调研方法取得数据。笔者选择在2017年秋季学期的第15周进行数据统计工作，15周已经处于学期末尾，因为期末复习的缘故，同学对图书馆座位的需求更加稳定，图书馆座位稀缺性也就更加具有代表性，因而，在这一时间段获取的数据能够反映该校同学对图书馆座位的使用状况，具有一定的代表性。当然，在学校数据库不断修复之后，使用更为精确的数据，研究的结果将更加可靠。

笔者在图书馆进行了为期一周全天无间断的数据统计工作，每隔15分钟记录一次空闲、使用、注册暂离和恶性暂离座位的数量，以及在刷卡机上刷卡进入和退出人数，分别求这七天记录数据的平均值，作为系统模型所有参数的来源。

特别值得注意的是：由于学校法渊阁座位管理松散，晚七点以后的恶性暂离座位都没有同学再返回重新使用，而是在闭馆时直接注销。所以，在使用系统模型计算这段时间的暂离时限时，理论上还需将这部分暂离座位视作空闲座位代入计算。除此之外，其他时段的数据都能够正确反映真实的座位使用情况。

（三）参数（表函数）求解

非常遗憾的是，由于中国政法大学座位管理系统更新这一特殊情况存在，在此处使用的数据并不是尽善尽美的，求解参数时需要做一些近似计算。譬如在计算 A111 和 A112 的过程中，需要将一段时间内暂离座位整体数量的减少视作暂离座位的"去路"项统计，而实质上暂离座位整体数量的减少仍然是"来源"和"去路"项共同影响的结果，这样的近似意味着模型所得的暂离时限可能会略大于实际需求的，但是，考虑到数据统计的时间间隔较短（15分钟），这样的误差可以忽略。

接下来以参数（表函数）名的编号排序解读其求法。

A111 暂离座位释放空闲比例因子与 A112 暂离座位重新使用比例因子，根据等式⑧，只需估测出其中的一个，就能够计算另一个。此处给出 A111 的估计值。根据实地调研的结果，有极少数暂离座位直接释放空闲的情况发生，偶有返回清理书包的可能会直接释放空闲，这类现象多集中在15点至17点，因此，在这一时段取 A111 = 0.2，其他时段取 A111 = 0.05。

A121 注册暂离比例因子，根据一周的统计结果，由于法渊阁座位管理并不严格,许多同学没有养成良好的占座习惯,几乎所有暂离座位都没有刷卡,因而 A121=0。

A122 恶性暂离比例因子,根据等式①有 A122=1。

A131 使用座位注册暂离比例因子,由于注册暂离座位为 0,因此 A131=0。

A132 使用座位恶性暂离比例因子,近似为恶性暂离座位数量的增加量除以使用座位数量的比例。如果恶性暂离座位总量减少,则沿用前一时段的值,这是因为从整体上看使用座位转为恶性暂离的比例具有时间上的平滑属性。

RA 进入图书馆欲占座位人数,近似为空闲座位的减少数。在上午 8 点至晚 20 点这段时间内,近似为进入图书馆的人数。

RB 退出图书馆自习室人数,近似为空闲座位的增加数。

效率函数的权重,不妨定义为:空闲座位 0;使用座位 1;注册暂离座位 0.5;恶性暂离座位-0.5。

(四) 计算机模拟及结果分析

1. 制度创新 1 的量化分析:求解法渊阁自习室最优化暂离时限

暂离时限是图书馆座位制度的关键性细节。如果暂离时限过长,则会造成座位使用者肆意暂离,长期占有一个座位而不使用,造成了资源的严重浪费;如果暂离时限过短,则给座位使用者造成极大的不便。所以,图书馆管理者应该使用恰当的方法尽可能准确地估计出座位使用者对暂离时长的需求,根据这一需求决定暂离时限。本文中,以使用者暂离时长的平均值反映使用者对暂离时长的需求。

考虑法渊阁的座位使用情况,将一天划分为五个时段,分别为 6:00~10:00,10:00~14:00,14:00~16:00,16:00~19:00,19:00~22:00 这五个时段的暂离时长均值可能各不相同,所以分段求解。

以 6:00~10:00 这一时段为例。通过不断调整座位的暂离时长平均值,使模拟效率曲线尽可能拟合真实的效率曲线。调整的过程及结果见下图 9:

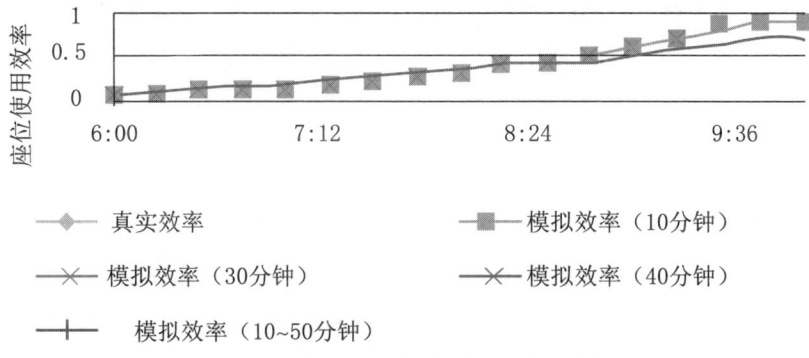

图9　6∶00~10∶00暂离时长最优解求解图

根据计算机模拟的结果，在中国政法大学法渊阁图书馆一楼自习室，早晨6∶00~10∶00这段时间内，同学们暂离时长的平均值是50分钟（由10分钟的模拟结果可知6∶00~8∶30时段内暂离时长的平均值小于10分钟）。因此，为了确保座位资源的高效利用，减少因为暂离时限过长而可能导致的对暂离时间的挥霍浪费，学校应将这段时间的暂离时限设定为50分钟。如果对效率的要求更高，对于6∶00~8∶30的时段，可以将暂离时限设置的更短，如10分钟。

对于一天中的其他时段，暂离时限的确定办法与此相同。得到的总的模拟曲线如图10：

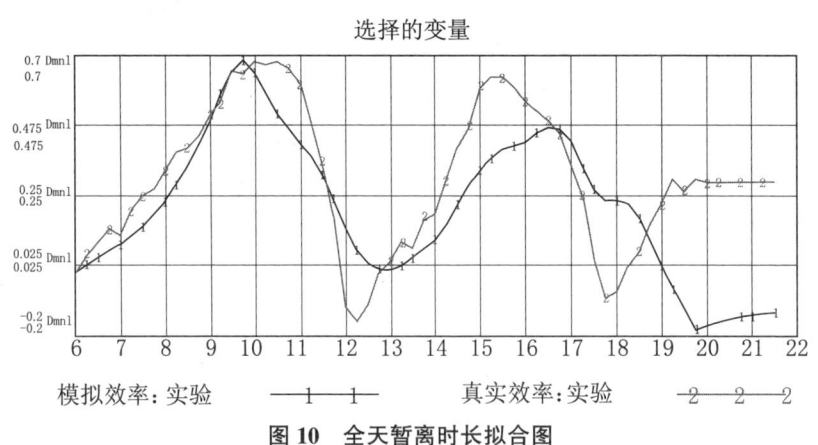

图10　全天暂离时长拟合图

需要说明的是，19：00以后模拟的效果非常不好。其原因上文已有所解释，是因为法渊阁图书馆座位的管理松懈，大量恶性暂离的座位在闭馆之时也不会有人返回释放，而真实的效率曲线考虑到了这一实际情况进行了修正，将恶性暂离的座位转变为空闲座位，从而导致拟合的较大偏差。需要说明的是，拟合过程中调整暂离时长平均值的步长是15分钟，这一步长能够满足研究的精度要求。

通过模拟效率曲线和真实效率曲线的拟合，求得的暂离时限的最优解是见下表2：

表2　暂离时限最优解汇总表

时　间	暂离时限最优解
6：00~10：00	50分钟
10：00~14：00	135分钟
14：00~16：00	75分钟
16：00~19：00	150分钟
19：00~21：30	无法求解

2. 制度创新2的量化分析：评估"准出制度"对座位使用效率的影响

针对法渊阁座位管理松懈的弊病，笔者提出"准出制度"这一制度创新。"准出制度"是指在学生离开自习室时由工作人员监督其刷卡释放座位或注册暂离座位。在现有的图书馆门禁系统条件下，法渊阁图书馆可以通过在入口处安置监督岗，将义工原本的馆内巡查工作更改为出口监督工作，即可实现"准出制度"的顺利施行。这一制度的实施成本更低，具有可行性。关键问题是，这一制度创新对座位使用效率会产生怎样的影响，这需要使用系统模型进行量化分析，以确定这一制度创新的利弊。

使用系统模型，首先需要分析制度创新将会影响到模型中的哪些参数。在施行"准出制度"后，最先影响到的是A121注册暂离比例因子和A122恶性暂离比例因子这两个参数，可以预见，施行准出制度后，A121≈1，A122≈0。同时，准出制度也会影响到同学们对暂离时长的需求，比如恶性暂离很长时间的现象将大大减少，不妨先假设"准出制度"施行以后，同学们的暂离时长为现有制度下的最长暂离时间也即暂离时限（1小时），在此条件下计算出使用效率的模拟曲线，评估"准出制度"的影响力。

系统模型给出的结果见下图11：

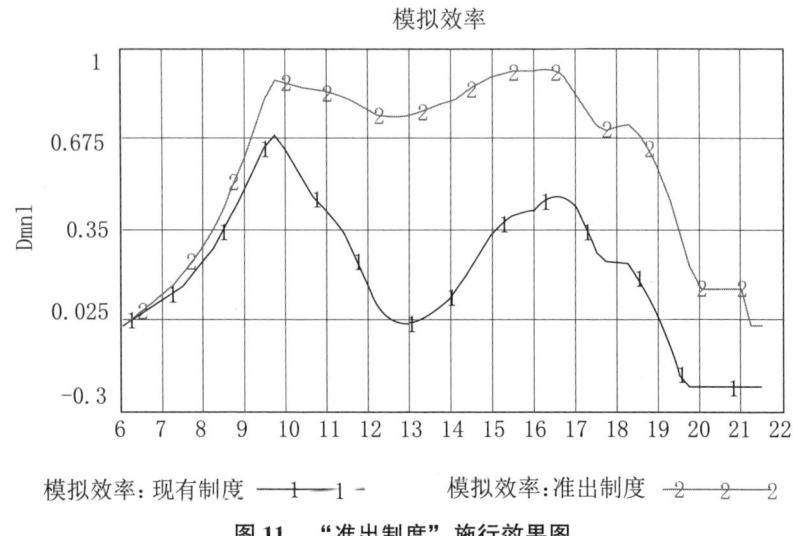

图11 "准出制度"施行效果图

根据系统模型给出的量化研究的结果，施行准出制度后极大地提高了图书馆座位使用效率。考虑到"准出制度"的施行还可能会减少同学对暂离时长的需求，实际情况下可能更显著地提高座位的使用效率。尤其在11：00~16：00时段，准出制度将很好地为好学的同学们提供便利。这也体现出系统模型这一量化方法的研究优势——可以更加直观、准确地评估制度创新的影响。

3. 制度创新3的量化分析：评估"电子屏幕发布馆内座位使用情况"对座位使用效率的影响

针对部分时段同学们无法确定馆内是否有空余座位而不进入图书馆，导致座位有剩余的现象，笔者提出"电子屏幕发布馆内座位使用情况"这一制度创新。中国政法大学法渊阁前有足够面积的电子屏幕，制度创新的实施成本较低。关键问题是，如何确定制度创新对使用效率的影响，以及如何确定电子屏幕开关的时间以节约成本，解答这两个问题都需要使用系统模型求解计算。

这一制度创新将会影响到系统模型中的参数，其中直接影响的是RA进入图书馆欲占座位人数，同时，制度创新也可能会对暂离时长、座位使用时间等因素造成影响。此处假设"电子屏幕发布馆内座位使用情况"这一制度创新仅影响到表函数RA，其影响的结果是：在9：00以后[1]，设置RA为一个较大数，用来表示一旦有空闲座位就立刻有对座位的需求将其占用。同时，这一制度创新的影响将建立在准出制度的基础上，其计算机模拟的结果见下图12：

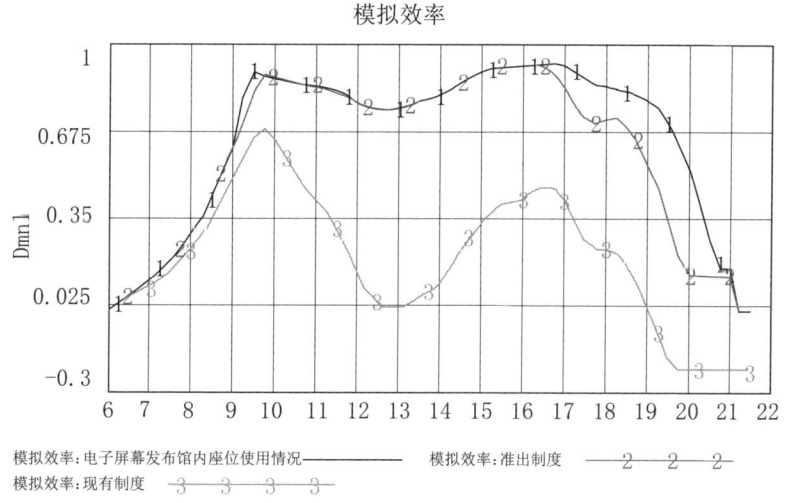

图12 "电子屏幕发布馆内座位使用情况"施行效果图

根据计算机计算系统模型的结果，可以看到，"电子屏幕发布馆内座位使用情况信息"的制度创新有效提高了座位使用效率，尤其在9：00~9：45及16：15~21：00这两个时段，对使用效率的提高有极大的帮助。

进一步地，会发现电子屏幕只需在9：00~9：45及16：15~21：00这两个时段打开即可，因为其他时段的图书馆面临需求不足（9：00以

---

[1] 关于时间的推论基于如下假设：假设9：00以后大多数同学已吃完早餐，准备好进入图书馆学习，因而9：00以后对座位的需求数远远大于座位数。

前）和供给饱和（9：45~16：15）的问题，无论电子屏幕是否发布馆内座位使用情况的信息，都无法为提高效率提供帮助，为了节约资源，可以在这两个时段关闭电子屏幕，或使用电子屏幕播放学校宣传片，更高效地利用屏幕、电力资源。

（五）对法渊阁座位管理制度创新的建议

中国政法大学法渊阁图书馆有三项制度创新经过了系统模型的量化分析，证明其有效性，确定可以付诸实践。这三项制度分别是：①新的暂离时限；②"准出制度"；③使用电子屏幕发布馆内座位使用情况。

第一，图书馆方面可以根据表2所求解的暂离时限的最优解重新设置馆内暂离时限。现有的管理制度中，暂离时限根据管理者的主管经验设置为45分钟或60分钟，根据笔者的量化研究，这一时限在一天中的大部分时段不能满足同学们对暂离时间的需求，因此导致了大量长时间的"恶性暂离"现象发生，提高了图书馆座位管理成本，造成了座位使用效率的低下。通过量化研究求解出同学们对暂离时长的需求，制定更合理的暂离制度，可以有效降低管理成本，提高座位使用效率。

第二，图书馆可以根据对"准出制度"量化研究的结论施行全新的管理方法，将"准出制度"取代原有的抽样检查制度。现有抽样检查制度要求座位管理人员在馆内来回巡查，对恶性暂离的座位进行惩罚，但这一制度人力成本较高，且管理效果不好。采用"准出制度"，在自习室出口处要求离开自习室同学刷卡释放座位或注册暂离座位，管理成本较低，管理效果经过系统模型的量化分析，可以极大地提高馆内座位使用效率。

第三，根据对"电子屏幕发布馆内座位使用情况"的量化研究结果，考虑对端升楼门口的大屏幕加以利用，在9：00~9：45及16：15~21：00之间发布图书馆内座位使用情况，其余时间屏幕内容维持现状。这一制度创新可以极大地提高座位使用效率，同时对电子屏幕的利用也更加灵活高效。

（六）小结

本节使用构建出的系统模型，对中国政法大学法渊阁图书馆自习室进行了实证研究,主要研究了三个问题:①暂离制度的关键性细节——暂离时限应该如何确定;②制度创新之"准出制度"对座位使用效率的影响;③制度创新之"电子屏幕发布馆内座位使用情况"对座位使用效率的影响及电子屏幕开启时段的确定,根据系统模型分别对以上三项制度创新的效率影响进行量化研究。

对于问题①,求得的对应时段的暂离时限见表2;对于问题②,系统模型从量化的角度证明了"准出制度"能够极大地提高使用效率;对于问题③,系统模型不仅从量化角度证明了使用效率将会提高,还推算出电子屏幕需要开启的时段是9:00~9:45及16:15~21:00这两个时段。

整个过程中可以看出,系统模型方法具有不可替代的优势。同时,求解过程规范,具有普遍性,可以推广应用于其他高校,推动高校图书馆自习室座位管理建设的进步发展。

四、结论

(一) 研究结果

本文通过借鉴系统动力学建模方法构造高校图书馆系统模型,弥补了现有图书馆座位管理研究理论空洞等不足,构建了对座位管理制度创新进行量化研究的分析工具。这一模型可以用于量化评估高校图书馆座位制度创新对使用效率的影响,实现对创新制度实施效果的科学预测,同时在管理制度的关键性细节研究方面也有所建树,能够实现对诸如暂离时限等制度的关键性细节的量化分析。

本文同时使用这一模型对中国政法大学法渊阁图书馆自习室进行了实证研究,研究指出:①不同的时段对应不同的暂离时限最优解,其最优解见表2。②"准出制度"的施行可以极大地提高法渊阁的座位使用效率。③"电子屏幕发布馆内座位使用情况信息"可以提高座位使用效率,电子屏幕只需在9:00~9:45及16:15~21:00期间打开,其余时段可以关闭或播放其他内容。

最后,笔者根据量化研究的结果,为中国政法大学法渊阁的座位管理制度创新提出三项建议:首先图书馆方面可以按照表2修改暂离时限,其次可以"准出制度"替代现有抽样检查制度,最后可以使用端升楼前的电子屏幕对馆内座位使用情况的相关信息进行发布,具体时间为9:00~9:45及16:15~21:00期间。这三项制度创新对座位使用效率的影响都通过系统模型量化分析证明了其有效性。

(二) 研究不足之处及进一步研究方向

本文研究不足之处主要集中在实证分析部分。其不足之处主要包括:

第一,对19:00以后的暂离时限最优解求解失败。求解失败的原因在于法渊阁座位管理松懈,导致大量暂离座位在19:00以后无人释放,直至闭馆。无法从这样的数据中求解这一时段真实的对暂离时长的需求。

第二,模拟效率曲线拟合真实效率曲线的过程缺乏必要的数据分析手段,致使模拟曲线与真实曲线的拟合程度还有较大提升空间。15分钟的步长设置也没有实现分秒尺度上的精确。事实上,如果能够将模型数据实时导出,可以实现更加准确的分析,提高拟合的准确度。但限于硬件和软件技术局限,提高拟合度的工作暂时无法更进一步。

第三,系统模型对座位管理制度创新的评估全部是基于"效率"层面的,无法对安全、方便性等问题进行研究。例如求解的暂离时限最优解为15分钟,而较短的暂离时限往往造成"不方便"的问题,仍需管理者在座位使用效率与"方便性"之间进行权衡。

第四,以暂离时长的平均值作为暂离时限最优解的标的还有进一步商榷的空间。事实上,暂离时长的众数或许在这一问题研究中更为合适,然而囿于笔者的技术原因,无法将众数纳入模型演算。

第五,求解暂离时限这一问题时主观上将图书馆自习室开馆的一天时间划分为五个时段,认为这五个时段的暂离时限是相互独立的,事实上,五个时段的划分规则并没有量化的依据。从结果上来看,五个时段的暂离时限锐化程度相当高,这一点也与实际情况有出入。说明研究还有进一步深入的空间。

针对以上不足之处,未来可进一步展开研究:

第一,对于暂离时限的评估应该是一个图书馆的长期工作,需要在长期使用的过程中不断调整暂离时限。未来高校图书馆可引入系统模型,实现对暂离时限的长期、动态分析。

第二，使用计算能力更强的计算机，提高拟合的精确度。

第三，高校还需结合图书馆管理的一般理论，坚持以人为本的管理路线方针，实现"效率"同"公平""方便"的自然统一，更好地管理图书馆自习室座位。

第四，未来还需开发更准确的模型，能够对暂离时限的最优解进行更准确的定义和计算，实现高校图书馆座位管理制度创新关键性细节研究的进一步突破。

第五，未来可通过新的量化手段分析如何将一天划分为多个暂离时长有显著差别的时段，再通过系统模型分别求解。或对全天候的暂离时限进行平滑处理。无论如何，准确地识别时段才能够准确的求解暂离时限。

论盗窃罪与侵占罪的界限

——刑法中占有概念的再展开

秦绍康[*]

绪 论

盗窃罪与侵占罪的分野,一直是刑法理论研究在侵犯财产类犯罪中的一个重要课题。盗窃罪与侵占罪作为取得型—夺取型—平和取得型财产犯罪,一直是案发率较高、研究意义重大的两个罪名。一般认为,二罪的核心区别在于作为对象物之财物的占有状态。将他人占有的他人财物据为己有的行为一般构成盗窃罪,而将自己占有的或无人占有的他人财物据为己有的行为则可能构成侵占罪。[1]

"占有"是刑法理论研究中非常重要的一个概念。除去区别盗窃罪与侵占罪之外,占有概念在刑法理论中的功能还包括财产犯罪保护的法益问题、盗窃罪的既未遂问题、非法占有目的的概念问题、持有型犯罪中持有行为的定义问题等。明晰其概念及其判断标准具有重要

---

[*] 中国政法大学刑事司法学院2014级本科生。

[1] 这一认识已基本成为我国刑法学界的通说。如张明楷教授认为:"盗窃罪侵害了他人对财物的占有,而侵占罪没有侵害他人对财物的占有。"参见张明楷:《刑法学》(第5版),法律出版社2016年版,第966页。刘明祥教授认为:"盗窃、抢劫罪是直接从他人占有之下夺取财物……而侵占罪所侵害的财产是不在他人占有之下却属于他人所有的财产。"参见刘明祥:《财产罪比较研究》,中国政法大学出版社2001年版,第313页。张理恒先生认为:"财物是否为他人占有,是夺取罪与侵占罪的罪质判别之处。"参见张理恒:《略论刑法中的占有:关于夺取罪与侵占罪的关键区别》,载《贵州民族学院学报(哲学社会科学版)》2010年第4期,转引自陈洪兵:《财产犯罪之间的界限与竞合研究》,中国政法大学出版社2014年版,第174页。

意义。近年来在此问题上,许多国内刑法学者都进行了研究,并提出了具有相当独创性和建设性的观点。正如车浩教授所言:"在某种意义上,占有问题已经成为我国刑法分论研究中'炮火云集'、不同年龄段学者共同关注各显身手的主战场之一。"[1]

关于占有的性质,一直以来存在事实说与权力说的分野。占有概念最早发源于民法领域,主要活跃于物权体系中的占有制度这一部分。而刑法中的占有则主要出现在财产性犯罪这一部分。民法与刑法二部门法在性质、原则、功能等方面的差异以及占有概念在二部门法中的不同功能,决定了占有概念在二部门法中必然有所不同。一般认为,民法中的占有具有较强的规范性特征,而刑法中的占有则更偏重于事实上的管领与控制。但上述规律也并非是绝对的,例如,民法中的占有规范性较强不意味着在民法中占有概念的每一个元素比其在刑法中都要具有较强的规范性,如李志强先生就认为,在主观要素层面,刑法中的占有具有更强的规范性[2];刑法中的占有偏重事实上的管领与控制也不意味着刑法中的占有完全排除所谓"观念上的占有",或者说完全排除由一般社会观念推定的占有,如一般认为停放在小区住宅楼楼下、忘记上锁的自行车虽然不处于车主的现实支配之下,但一般也认为自行车属于车主占有,他人骑走自行车据为己有构成盗窃罪。可见,刑法中的占有与民法中的占有虽然各有其属性和特点,但却很难总结归纳出某一系列确定的标准来划定二者的概念范畴。该领域的争议始终存在,并导致了一些判例中出现"同案不同判"的现象。如何厘清占有概念在刑、民二部门法中呈现的不同特性,并以此找寻刑法中占有的有无和归属的判断标准就显得尤为重要。

值得一提的是,在本文论述的核心问题,即刑法中的占有问题上,在过去曾有不少刑法学者阐述自己的观点。但从论述方式上观察,大多数的论证都是着眼于在具体的小问题上反复切入,使最终

---

[1] 车浩:《占有概念的二重性:事实与规范》,载《中外法学》2014年第5期。

[2] 李志强先生认为:"较之于民法上的占有意思,刑法上的占有意思更多地有规范的成分。"参见李志强:《论刑法上的财产占有概念》,清华大学2003年硕士学位论文。

的结论零散细碎，精细有余而归纳不足。正是观察到了这一现状，北京大学车浩教授等学者另辟蹊径，用各自不同的行文结构重新归纳刑法中占有的概念及其判断标准，使学界在这一问题上的理论研究日趋精细化和体系化。而本文则持批判的视角，立足于过去学者们的研究成果，力图在此问题上进行更为合理的论述，给出更为妥善的结论。

一、占有概念的来源——民法中的占有

（一）占有概念的纵向溯源

"占有"一词在我国当代法律体系中最早出现于《物权法》中的占有制度。正如研究法必须先学习何为法，研究刑法必先学习刑法的范畴、渊源、目的功能、基本原则等等，要探讨现今民法中占有的含义，就必须先追根溯源探索何为"占有"。在法制史上，"占有"一词分别在罗马法和日耳曼法中都能觅得其踪迹。罗马法中的占有称为 Possessio，而日耳曼法中的占有则称为 Gerere。正如戚斌所言："民法概念的'占有'始于罗马法的 Possessio 和日耳曼法的 Gerere 相互作用的结果。"[1]

从构词的角度分析罗马法中的占有 Possessio，周枏先生指出其"由'posse'（权力、掌握）和'sedere'（设立、保持）二字合成，即对物件设有权力，也就是对物件事实上的支配与管理"[2]。罗马法在占有性质问题上的观点和后世的事实说是一致的，即占有是一种事实而非权利。在此之上，罗马法将占有 Possessio 又分为法律上的占有（Possessio civils）和事实上的占有（Possessio naturalies）。法律上的占有（Possessio civils）是一种附带权利因素的占有，指占有人以自己所有的意思基于既有的本权实施的占有。体现在制度上，即罗马法以特别令状和物权诉的方式，在保护占有的财物的同时也保护占有事实本身——这与现代民法中的占有似乎十分相似。而事实上的占有（Possessio naturalies）则是指纯粹物理上的持有某物——这又与现代刑法中的占

---

[1] 戚斌：《从刑民比较的视角窥探占有行为之定性》，载《广州广播电视大学学报》2016 年第 1 期。

[2] 周枏：《罗马法原论》，商务印书馆 1994 年版，第 407 页。

有有些相像。

反观日耳曼法中的占有（Gerere）则可谓附带有权利属性。如陈华彬先生认为："日耳曼法上的占有（Gerere）虽然也指对物的事实支配状态，但通常是人对物有法律上支配权的一种外在表现（权利之外衣）。"[1] 换言之，日耳曼法中的占有同时具备事实属性和权利属性，甚至可以说二者是分不开的。

（二）占有概念的横向考察

前文已述，在民法中占有的性质问题上存在事实说与权利说的争论。事实说将占有视为一种事实而非权利，占有人因占有事实而非某种既有的规范化的权利的存在而受到法律一定程度上的保护。另外，民法对占有事实的保护与占有事实背后是否存在本权无关，即便是不具有本权支持的占有事实一般也能受到民法保护。而权利说则认为，民法对于占有的保护使占有人基于占有而享有一定利益（如占有权利的推定、动产所有权善意取得、占有回复请求权等等），这本身就是权利所具有的特质。在大陆法系国家中，日本是典型的采权利说的国家之一。日本民法针对占有权设有专章，将其作为物权的一种，而以占有事实的存在作为占有权成立的要件。德国和我国台湾地区则坚持事实说。但在学界也存在介于其间的观点，如日本学者铃木禄弥认为不必拘泥于占有的属性，而应着重考虑如何建立事实支配类型与法律效果之间的对应关系。[2]

在此基础上，对于占有成立的要件是否同时包含体素与心素，也即在事实上的控制与管领存在的前提下是否还要求占有人对物具备占有意思，存在主观说与客观说的对立。主观说认为，占有的要件应当包含占有的意思。[3] 主观说根据是否要求明确的占有意思、是否要求

---

[1] 陈华彬：《物权法原理》，国家行政学院出版社1998年版，第791页，转引自李志强：《论刑法上的财产占有概念》，清华大学2003年法学硕士学位论文。

[2] 铃木禄弥教授认为："占有是否是物权，甚至是否承认占有权这一概念并不重要，相比之下，探讨对何种事实支配赋予何种法律效果才是最重要的。"参见[日]铃木禄弥：《物权法讲义》，创文社1988年版，第51页。

[3] 参见王利明：《物权法论》，中国政法大学出版社2003年版，第795页，转引自戚斌：《从刑民比较的视角窥探占有行为之定性》，载《广州广播电视大学学报》2016年第1期。

为自己占有又分为严格的主观意思说和缓和的主观意思说。严格的主观意思说坚持占有的成立以存在明确、为自己意思的占有意思为前提，而缓和的主观意思说则在特定情形下接纳了推定的、为他人意思的占有意思。关于此处"为他人意思"究竟是为何人之意思，则存在为所有人意思、为支配人意思和为自己意思三种观点。客观说则认为，占有的核心要素是事实上的控制与支配，占有意思处于次要地位，但根据是否完全排斥占有人的主观因素又分为缓和的客观说和纯粹的客观说。缓和的客观说又称客观说，认为占有的成立只要求占有人对物存在管领支配的意思，即认识到"人占有物"即可。而纯粹的客观说则坚持占有意思不属于占有成立的要件。[1] 各国立法上，日本民法典采主观说[2]，而日本学界通说一般采纳主观说中的为自己意思说。而在德国，在该问题上则存在立法与判例和学说之间的冲突。立法没有提到占有意思的存在，而是单纯强调了事实上的控制力。[3] 然而法院判例以及德国民法学界的观点则完全倾向于主观说。我国台湾地区民法也采纳主观说。

（三）我国当代民法体系中的占有

在立法上，我国民法中的"占有"一词出现在《物权法》第五编，位列总则、所有权、用益物权和担保物权之后，却没有像前列的三种物权一般使用"权"这一字眼。除去第五编之外，"占有"一词还出现在第34条[4]、第39条[5]等处，均未以某种权利的形式出现。而在我国学界，一般也以事实说为通说，即占有是一种事实而非权利。如王利明教授对占有下的定义为"主体对于物基于占有的意思进行控

---

[1] 参见谢在全：《民法物权论》（下），中国政法大学出版社1999年版，第931页，转引自卢节来：《财产犯罪中占有的认定》，载《法制博览》2014年第3期。

[2] 《日本民法典》第203条规定："占有权，由于占有者表示了抛弃占有的意思或者失去了它持有的占有物而丧失，但占有者提出收回占有的起诉不在此限。"

[3] 《德国民法典》第854条第1款规定："对于物有事实上管领力者，取得该物的占有。"

[4] 《物权法》第34条规定："无权占有不动产或者动产，权利人可以请求返还原物。"

[5] 《物权法》第39条规定："所有权人对自己的不动产或者动产，依法享有占有、使用、收益和处分的权利。"

制的事实状态"。[1] 杨立新教授也基于占有单编规定且未使用权利字眼的立法现实支持该说。[2]

应当认为，通说将占有视为一种事实而非权利是十分合理的。但鉴于学界在此问题上仍存争议，笔者希望能在立法层面给予事实说以更为充分的合理性论述。从我国《物权法》第2条第3款的规定[3]来看，占有本身并非我国法定物权的一种。与之相对应的是，《物权法》在第三章"物权的保护"中的第36条规定了在物权以物被损毁的形式受到侵害时的救济。[4] 而《物权法》第242条却又在物权之外单独规定了占有在同样以物被损坏的形式受到侵害时的救济。[5] 说明占有本就不属于物权之一。

那么，占有是否可能是其他的某种权利呢？笔者认为答案是否定的。其一，《物权法》第34条中出现了"无权占有"这一概念。如果说《物权法》中的"占有"一词均属权利等同于"占有权"的话，则根本不可能存在"无权占有"一词，因为"无权"与"占有（权）"二者本身即存在逻辑矛盾，正如不存在"无权所有权"这般的概念。"无权占有"一词用以形容不存在本权基础的占有，该占有只能是一种实然层面的事实而非应然层面的权利。其二，一般认为《物权法》第39条中规定的所有权人享有的占有等四项权利系所有权的四项权能。如果说"占有"本身是一种独立存在的权利的话，无疑是混淆了权利与权能的概念，显然是不恰当的。

---

[1] 王利明：《物权法论》，中国政法大学出版社2003年版，第795页，转引自戚斌：《从刑民比较的视角窥探占有行为之定性》，载《广州广播电视大学学报》2016年第1期。

[2] 杨立新教授认为："从将占有一编单独加以规定，并且只是规定为'占有'，而没有规定为'占有权'的现实来看，现行法已经明确地将占有看作为一种事实状态，而没有看作为一种权利"。参见杨立新：《物权法》，中国人民大学出版社2007年版，第359页。

[3] 《物权法》第2条第3款规定："本法所称物权，是指权利人依法对特定的物享有直接支配和排他的权利，包括所有权、用益物权和担保物权。"

[4] 《物权法》第36条规定："造成不动产或者动产毁损的，权利人可以请求修理、重作、更换或者恢复原状。"

[5] 《物权法》第242条规定："占有人因使用占有的不动产或者动产，致使该不动产或者动产受到损害的，恶意占有人应当承担赔偿责任。"

在明确了我国民法中占有的性质之后,关于我国民法中占有的要素,通说认为应当包含体素与心素。如王利明教授就将占有定义为基于一定主观状态而在客观上形成的对物的控制。[1] 一般认为,民法中的占有意思还应具有一定的具体内容,要求占有人明确知道物存在或可能存在,且一般要求占有人为自己的利益而占有物。

前文已述,占有是一种事实,是一种对物的现实支配和控制。但是,这种现实的支配控制并不绝对体现在事实上,而是也可以由某些规范性的因素产生。一般认为,民法中认可间接占有,但通常不认可辅助占有(因为辅助占有人非为自己的利益而占有)。民法也认可一些纯粹观念化的占有,如占有继承、简易交付、指示交付、占有改定等。

二、占有概念的刑法化方案——以事实支配为基础的观念归属

(一) 占有概念刑法化的必要性

关于刑法中的占有,各国一般都将其视为更为现实性和偏向事实层面的概念,偏向于民法中"事实说"的观点。关于刑法中占有的概念,一般认为存在管有说、事实上支配说、事实及法律上支配说、处分可能状态说和支配说等。管有说认为,处于行为人管有范围内的物归其占有。事实上支配说认为,行为人仅对于其在事实上具备支配控制能力的物构成占有。但在对待法律手段支配的态度上,事实上支配说又分为两种观点。其一坚持纯粹的事实支配,认为上述法律手段的支配不构成刑法上的占有。其二则在坚持事实支配之标准的同时将占有的范畴适当扩大化,将上述法律手段的支配解释为事实支配的法律化从而纳入刑法中占有的范畴。事实及法律上支配说与事实上支配说中的第二种较为缓和的观点在结论上是一致的,即事实支配和上述法律手段支配都属于刑法中的占有,但在逻辑展开上将事实支配和法律

---

[1] 王利明教授认为,占有是指"民事主体对物的一种事实上的控制,包括两方面的内容:一是占有人必须基于一定的主观状态,即具有占有意思。二是必须在客观上形成对物的控制,即必须借助于自然或者法律的控制力与物发生某种接触"。参见王利明:《物权法研究》(下卷),中国人民大学出版社2007年版,第705~706页,转引自黎宏:《论财产犯中的占有》,载《中国法学》2009年第1期。

手段并列为刑法中占有的类型。处分状态可能说认为，当行为人对物具有类似于物所有人的处分地位时成立对该物的占有。支配说则认为，行为人对其具有支配能力的物成立占有。[1] 一般认为，除事实上支配说和事实及法律上支配说以外的学说均存在相对明显的缺陷。如管有说和支配说过于模糊而不能反映刑法上占有的本质。处分状态可能说则会将民法中的间接占有纳入刑法中占有的范畴，与普遍观点相悖。所以上述学说如今已很少有人支持，存在一定争议的则是事实上支配说和事实及法律上支配说。在其他国家，事实上支配说中严格坚持事实控制的观点除在俄罗斯是通说以外，在其他国家和地区相对不被支持。[2] 日本和我国台湾地区判例及学界则采事实及法律上支配说。而在我国大陆地区，张明楷教授[3]、周光权教授[4]、高国其先生[5]等人支持事实上支配说。

在此问题上，有学者诉诸司法解释的规定，试图归纳出司法解释在该问题上的立场。如黑静洁教授[6]关注到了《最高人民法院、最高人民检察院关于办理盗窃刑事案件适用法律若干问题的解释》[7]。该司法解释第5条规定："盗窃有价支付凭证、有价证券、有价票证的，按照下列方法认定盗窃数额：①盗窃不记名、不挂失的有价支付凭证、有价证券、有价票证的，应当按票面数额和盗窃时应得的孳息、奖金或者奖品等可得收益一并计算盗窃数额；②盗窃记名的有价支付凭证、

---

[1] 关于上述五种学说，参见陈朴生：《论侵占罪之持有关系》，载蔡墩铭：《刑法分则论文选辑》（下），五南图书出版公司1984年版，第755页，转引自周光权、李志强：《刑法上的财产占有概念》，载《法律科学（西北政法学院学报）》2003年第2期。

[2] 参见李志强：《论刑法上的财产占有概念》，清华大学2003年法学硕士学位论文。

[3] 参见张明楷：《刑法学》，法律出版社2016年版，第944~945页；郑铮：《论侵占罪构成要件中的占有》，载《法制博览》2015年第19期。

[4] 参见周光权：《刑法各论》，中国人民大学出版社2016年版，第92页；周光权：《侵占罪疑难问题研究》，载《法学研究》2002年第3期。

[5] 参见高国其：《论侵占罪中的占有与代为保管》，载《政治与法律》2014年第4期。

[6] 参见黑静洁：《从刑法上的占有看盗窃罪的既遂标准》，载《西部法学评论》2016年第5期。

[7] 以下简称《两高解释》。

有价证券、有价票证，已经兑现的，按照兑现部分的财物价值计算盗窃数额；没有兑现，但失主无法通过挂失、补领、补办手续等方式避免损失的，按照给失主造成的实际损失计算盗窃数额。"但《最高人民法院关于审理盗窃案件具体应用法律若干问题的解释》第10条也有规定："盗窃信用卡并使用的，以盗窃罪定罪处罚。其盗窃数额应当根据行为人盗窃信用卡后使用的数额认定。"可见，司法解释的立场，对于不记名金融票证，占有票证即是占有背后的财物。而对于记名金融票证和信用卡，占有它们并不等于占有背后的财物。究其原因，是信用卡作为一种典型的记名金融凭证，与前述《两高解释》中记名的三种金融票证具有性质上的相似性。但这种区分的合理性尚有商榷的余地。事实上，行为人取得他人记名的金融票证后，进而取得其背后的财物并不必然存在障碍。在现实中，存在一些持卡人为简便交易，在银行有关管理规定允许的前提下，将信用卡设置为没有密码或凭签名即可消费。这种情形不论是在我国还是国外都是比较常见的。此时，很难说这种信用卡与不记名的金融票证，在刑法意义上能否直接等同于其背后之金钱的问题上，有什么实质性差别。司法解释以记名标准判断法律形式的控制成立占有是存在一定现实缺陷的。

笔者较为支持事实上支配说，即认为以存单、仓单等法律形式支配财物的情形不能认定为占有财物。对于财物所有人将财物存于仓库并取得仓单的情形，物主在事实上仅仅是知道该财物在通常情况下位于该仓库，当其需要提取财物时应当去往该仓库提取，但对于该财物事实上的去向则既不知情也无力影响。可以说，物主对财物完全不具有事实控制力，即便是很微弱的事实影响力也不存在，而仅仅是其占有财物这一可能的事实具有极强的规范认同度而已，不符合重在事实支配控制的刑法意义上占有的概念。以类比的方法展开，此种情形也等同于物主将财物遗落于居住的宾馆而离开的情形。此时，物主同样是在空间上远离财物，但知晓财物所在的位置并预期可以取回财物。在这种情况下，一般认为财物已转由场所管理人——宾馆的管理人占有。另有学说认为此时无人占有该财物。但无论如何，皆不可能得出物主仍占有财物的结论。事实上，存单、仓单等法律凭证通常只是作为物主与仓库管理人、银行之间权利义务的凭证而存在，反映的是物主与对财物具有事实上控制力的人之间所存在的债权债务关系。这种属性类似于民法中的间接占有，是刑法所不能接受的。[1] 即使其在部分情形下具有民法上物权凭证的效力，但该效力也仅仅是基于仓库管理人、银行的信用而规范化形成的作用。这种纯粹规范化的效力远不及事实支配直接和稳定，不能与事实支配等同成为刑法中占有的一种。

（二）刑法中占有的客观要素——事实支配与观念归属

在刑法理论对占有的定义中，最通常的形容是对物的控制与支配。这种控制支配一般来说必须体现在事实层面，在特殊情形下也应主要体现在事实层面。但与此同时，近年来在该问题上的研究也渐渐倾向于将规范要素纳入对人对物支配控制力的判断中来，由此在刑法中的占有概念中出现了观念的要素，乃至于"观念上的占有"这样的概念。如何在判断刑法占有的过程中给予事实要素与规范要素以合理的定位，是非常值得探讨的问题。

在此引用刘明祥教授关于认定事实支配的十种情形，以便从中摘取事实的和规范的要素。刘明祥教授认为以下情形构成刑法中的占有："①实际掌握、监视（管理）着财物；②财物被自己支配下的机械、器具等确保；③财物在自己概括的支配场所内；④根据财物的自然属性可以预料到它会返回到自己支配的范围内；⑤从财物的性质、放置的区域等能够推定所有者；⑥财物在难以被他人发现而自己知道的场所；⑦从财物的性质能够判断不是被遗弃之物；⑧财物短时间与所有者分离，所在位置离所有者很近，所有者对此有明确的认识；⑨由于特殊事由使财物的占有形态发生变更；⑩有占有的特别习惯。"[2]

1. 事实要素

从中归纳出刑法中占有的事实要素包括物理空间的要素、时间的要素与财物自身特性的要素。物理空间的要素，是指财物与人或能够对财物产生类似于本人之作用的物或场所之间的物理距离。这里的

---

[1] 关于刑法不认可间接占有的问题，参见威斌：《从刑民比较的视角窥探占有行为之定性》，载《广州广播电视大学学报》2016年第1期；董磊、王方谦：《抵押权人占有抵押物时设抵人盗窃行为的认定——兼谈民法与刑法的对话》，载《知识经济》2012年第24期。

[2] 刘明祥：《财产罪比较研究》，中国政法大学出版社2001年版，第43~45页。

"能够对财物产生类似于本人之作用的物或场所"包括上述被自己支配的工具（如保险箱、自行车锁）、自己概括的支配场所（如自己家）、难以被他人发现而自己知道的场所（如隐秘的洞穴、墙缝）等。在上述情形中，行为人通过自己的作用或以他物为工具（场所相对于人而言也能称为某种身外的工具，如人对于在自己家中的财物是利用了封闭的房屋、门锁，对于在隐秘处的财物是利用了构成隐秘地点的环境元素）从而对物施加影响力。当上述距离越近时，人对物的影响力越大。当距离达到一定程度时，人对物的影响力达到控制支配的程度从而构成占有。此处的程度界限则要在具体案件中根据具体情形来判断。另需要强调的是，此处的物理空间要素既包括静态的物理事实，也包括动态的物理趋势。动态物理趋势的作用在于，当静态物理事实不能支持人对物的影响力上升为支配控制力时，作为静态物理事实的补充。静态物理事实越弱，则需要具有越强通常性乃至于必然性的动态物理趋势作为补充。即便是静态物理事实不存在的场合，倘若存在必然出现的动态物理趋势，则同样可以认定占有的成立。如，对于主人放养于自家房屋附近的动物，虽然不处于能够对其产生类似于本人作用的家中而只是位于其附近，静态物理事实稍弱，但若该动物每晚通常会回到家中歇息，则这一静态与动态物理因素的组合可以支撑起占有的成立，认为该动物仍为主人占有。倘若该动物日常习惯于在外游荡，并不具有通常回家的习惯，则在其在外游荡之时很难认为其由主人占有。又如，对于牧民家中每日放去几百乃至数千米以外的草原吃草的牲畜，虽然与主人之间的静态物理距离很长，可以认为已经不存在静态物理事实支撑的影响力，但倘若这些牲畜有其固定的行走路线，每天晚上必然归来，这仍然可以认为主人构成占有。他人趁牲畜吃草时将其牵走仍然构成盗窃罪而非侵占罪。

时间的要素一般起到与物理空间要素相似的作用，但通常只在判断原占有人是否失去占有时起作用。占有的建立以行为人对物的影响力达到控制与支配的程度为必要且唯一的事实前提。倘若行为人对物的影响力没有达到应有的程度，则不论这种程度持续了多久都不能占有。如行为人将在车站捡到的无人占有的钱包放到车站的厕所，车站的厕所具有稍弱但仍明显存在的公共属性，不能支撑行为人对钱包的支配控制力,故仍不能认定行为人对该钱包建立了占有。与此相反,占有的消灭不像占有的建立那样"一蹴而就",而是一个控制力逐渐减弱直到最终失去控制的过程。这种逐渐地减弱可能来自于物理空间上的远离,也有可能来自于时间上的久远。二者通常一同出现并同时作用使占有最终消灭,但也并不绝对。如前述吃草的牲畜,同样是一天来回的情形下,几百米几千米与几十、几百千米显然不可同日而语(牲畜跑到如此之远的可能性在所不论)。又如前述住宅附近的动物,如若几日乃至半个月、一个月不归,则与无人占有的流浪动物怕也是没有什么实质性区别。至于二者如何相互搭配才能认定占有的消灭,则同样需要留待具体案件中进行判断。

财物自身特性的要素,包括财物的大小、重量等属性。财物自身特性的作用是与前述两种要素相互作用,共同判断事实控制力的存在与否。如,同样是遗落于公共空间中的财物,一块手表在物主离开相对较近的距离、相对较短的时间即可认定为占有消失,但一台电视机可能即便是在物主离开相当距离之时亦难以认定为无人占有物。

2. 规范要素

一般认为,刑法中的占有除去事实要素之外,也存在一定的观念要素。具体到上述刘明祥教授的十种占有情形中,诸如由财物的性质、放置的区域等推定的占有,从财物的性质判断不是被遗弃之物而认定的占有等,一般认为属于规范要素作用的结果。如车浩教授即认为,规范要素在刑法占有中的作用有二:其一,是"在判断事实控制力的有无时,作为观察工具的、以社会一般观念为内容的规范视角"。其二,是"在已经确认存在事实控制力的情况下,在规范层面对这种事实控制力的认同度"。[1] 笔者同意第二部分,即规范要素在某些情形下可能影响对占有归属的判断。如,物主雇佣搬家公司的员工和卡车,随车运输家具的情形,物主与搬家公司的工作人员对于卡车内的家具都具有事实控制力。甚至可以认为,掌握卡车车厢钥匙的工作人员相较于物主拥有更强的事实控制力。但大体不会有人认为在这种情形下这批家具不是由物主占有的。又例如,客人到家中做客,将手提包放

---

[1] 参见车浩:《占有概念的二重性:事实与规范》,载《中外法学》2014年第5期。

在客厅沙发之后与屋主出门散步。屋主家的保姆见状取走包中部分现金的情形，也大体不会有人认为构成侵占罪。究其原因，是社会一般观念对于前例中的物主、后例中的客人对财物占有的规范认同度均明显高于前例中的工作人员和后例中的保姆。在此种财物占有归属出现竞争的情形中，就需要依靠法或社会一般道德秩序来对多个事实控制力进行规范性比较，由规范认同度高的事实控制力成立占有。

但对于规范要素的第一部分作用，即作为观察事实控制力之工具的作用，笔者不能苟同。其一，关于占有人通过工具、场所等方式对财物实现事实控制的情形，前文已述是由于该工具、场所产生了类似于占有人本人的事实控制的作用才支撑起占有的成立，而非所谓一般社会观念得出的结论。其二，对于事实控制力减弱的情形，则又分为两种情形。第一种情形中，占有人对财物的控制力虽减弱，但仍足以阻却他人对财物的控制。如，行为人将未锁的自行车停放在自家院落中后离开数年之久，虽然该车未锁且远离车主数年，但由于其仍处于自家院落内，仍可以认为自家院落这一场所起到了如同车主本人就在车旁一般的事实控制力，基于事实要素的存在而使占有未消失。第二种情形中，占有人对财物的控制力减弱，使他人在绝对意义上产生了控制财物可能性的情形。如上例中自家院落也未锁的情形。车浩教授认为在此例中，是社会一般观念肯定了车主的占有。但笔者存在不同理解。在判断占有人对财物是否具有事实支配力时，单纯由于保护不严密等原因使他人在事实上产生影响进而控制财物的可能性不足以排除原占有人对财物的占有，只有当这种可能性经由其他事实因素支持而在事实上得以体现时，才能认为原占有人的排他性占有已被破坏，而财物已陷入无人占有的状态。如上例中，虽然由于车主未锁院落而使任何人都有能力进入该院落进而骑走该自行车，但该院落毕竟在外观上明显属于私人宅邸，一般而言外人是不会进入的。所以，倘若上例中的院落在车主离开的数年间并未存在多人进出的情形，则该院落在事实上仍没有体现所谓的公共性，而仍是事实上的私有领域。在此情形下，行为人进入院落骑走自行车的行为仍是破坏了自行车上稳定的控制状态，属于破坏了他人占有的行为。值得一提的是，上述判断并非占有规范化的产物，而是一种事实判断。对是否存在事实体现的判断也并非借助社会一般人的认识或以社会一般人的视角才能做出，而是基于事实因素给出的程度判断。总之，在占有人事实控制力减弱时我们之所以仍常常肯定其占有，其一可能是由于该控制力减弱程度不足而使占有维持，其二可能是由于减弱后的控制力仍能在财物上维持一个较为稳定的事实控制状态从而值得继续被认可，而不是由于所谓社会一般观念的作用。

（三）刑法中占有的主观要素——占有意思的"泛化"

刑法中占有的另一个基本问题是：是否要求具有占有意思？有观点认为，刑法中的占有不要求具备占有意思。如郑州大学的田青、金东辉将刑法中的占有视为民法中占有的客观表现而称为"持有"。[1] 但更多学者的观点则认为，是否要求具有占有意思不是民法与刑法中占有概念的区别之处，刑法中的占有同样需要具有占有意思。如日本学者山口厚就认为，刑法中的占有应当综合客观占有事实和主观占有意思，并根据一般社会观念进行判断。德国学者 Welzel 也认为，占有的概念由事实的支配、社会的观念和占有的意思三个要素组成。[2] 笔者赞同此观点。刑法之所以在财产型犯罪一章以盗窃罪等罪名对占有加以保护，是因为尊重、不侵犯占有人在财物上的占有事实是一种社会秩序。倘若占有完全脱离占有人的意思，则很难说这种所谓的占有有加以保护的必要。至于有学者将财物处于具有较强排他性场所的情形作为占有不以存在占有意思为必要的例证[3]，笔者认为属于以合理的理由推导出了错误的结论。对于具有较强排他性的场所，属于可以推定场所的管理人对其中的物具有占有意思的情形。在上述情形下，认定场所管理人占有是合理的，但不应认为其没有占有意思。

---

[1] 田青、金东辉认为："它（持有，即刑法上的占有）是一种自然的事实的状态，没有经过法律规范的调整，仅仅是民法'占有'的客观的表现，即'持有'没有意思在内的因素。若是'持有'也将意思作为其中的一种构成因素，则混淆了刑法上的'持有'与民法'占有'的关系。"参见田青、金东辉：《略论持有、占有及占有权》，载《新乡师范专科学校学报》2001 年第 2 期，转引自雷步云：《"持有"与"占有"在刑民交叉领域的研究》，载《法制博览》2016 年第 7 期。

[2] 参见童伟华：《论日本刑法中的占有》，载《太平洋学报》2007 年第 1 期。

[3] 参见白洁：《论刑法中占有的认定》，载《政治与法律》2013 年第 12 期，转引自戚斌：《从刑民比较的视角窥探占有行为之定性》，载《广州广播电视大学学报》2016 年第 1 期。

在要求具备占有意思的基础上，刑法在对占有意思的具体要求上也有其特殊性。一般认为，刑法中的占有意思不要求像民法一样为自己的利益。如大谷实教授[1]和戚斌先生[2]均认可为他人的利益能够成为刑法中占有的理由。由此，刑法不绝对排斥民法中的辅助占有，即民法中的辅助占有人满足一定条件也可以成为刑法中的占有人。除此之外，与民法必须要求明确具体的占有意思相比，刑法中的占有只要求概括的、可推定的意思即可。[3]

三、刑法与民法中占有概念之比较

通过以上论述不难发现，刑法中的占有概念与民法中的占有概念二者同根同源，有许多的相似之处。但同时，由于二部门法在立法目的和功能上的差异，体现在占有概念上又产生了诸多的区别。具体而言：

在共同点上，其一，在构成要素上，不论是刑法中的占有还是民法中的占有，都以实际支配控制（体素）和占有意思（心素）为必不可少的要素。二者判断占有有无与归属的过程，均是将体素与心素相结合的过程。其二，在规范层面，不论是刑法占有还是民法占有都不排斥规范要素的作用。虽然在程度和方向上有所区别，但二者均不能排斥，并正在逐步接纳社会一般观念服务于占有的具体判断。其三，在制度功能上，刑法与民法保护占有的目的都是通过确认行为的违法性及相应的救济措施来保护社会秩序。

在不同点上，其一，在占有意思的含义上，刑法中的占有与民法中的占有存在显著差异。民法中的占有意思要求较为严格，既要求对财物有明确、具体的占有意思，还要求必须为自己的利益而占有。而刑法中的占有则相对宽松，且具有较强的规范性。具体而言，刑法不要求占有人对财物具有明确的占有意思，而只需要模糊的、概括的意

---

[1] 参见［日］大谷实：《刑法各论》，黎宏译，法律出版社2003年版，第147页。

[2] 参见戚斌：《从刑民比较的视角窥探占有行为之定性》，载《广州广播电视大学学报》2016年第1期。

[3] 如赵秉志教授认为：刑法中的占有意思不需要明确完整地表达出其准确内容，而只需要潜在的或是概括的意思就可以。参见赵秉志：《外国刑法各论》，中国人民大学出版社2006年版，第153页。

思。刑法中的占有意思也不必明示,只要存在其他事实因素能够推定占有人具有占有意思即可。且,刑法中的占有意思不要求为自己的利益而占有,由此在一定情形下也能将部分辅助占有的情形纳入刑法中占有的范畴。其二,在事实层面,虽然一般也将民法中的占有作为一种法律事实,但刑法中的占有无疑更注重事实要素。这种区别体现在占有的构成模式,即事实要素与规范要素的关系上。在民法占有中,事实因素与规范因素是择一的关系,即二者有其一即成立占有。但刑法中的占有必须以事实上的支配控制为基础,在必要时可在一定程度上以规范要素为支撑,但不包括纯粹观念上的占有。在刑法占有中,事实要素处于核心地位,而规范要素仅在占有归属存在竞争时辅佐事实要素进行占有归属的判断。由此反映在具体问题上,即刑法不承认间接占有,也不接纳占有的继承。最后,在秩序保护层面,二者所具体保护的社会秩序及其方式存在差别。民法中的占有以明确权利义务的方式,在保护权利的同时尽量强化权利外观的作用从而尽可能地简便交易。其最终目的是保护私权神圣,并维持社会交易秩序的稳定。而刑法中的占有则以规定财产型犯罪的方式保护占有人在财物上的占有状态,其最终目的是营造尊重、不侵犯既成占有事实之社会秩序。

四、占有概念的刑法化检验

基于上述论述,对于以下一些具体的占有问题可以给出如下解答:

(一)行为人故意杀害被害人之后,起意取走被害人随身财物的问题

在死者的占有问题上,学界存在死者占有说、继承人占有说、无人占有说、国家占有说等。死者占有说又称整体考察说,利用规范工具将行为人杀害被害人的行为与取走被害人财物的行为视为一个整体,从而认为其行为构成盗窃罪。[1] 该说在杀人者取财和第三人取财上作

---

[1] "被害人生前的占有,在和使被害人死亡的犯人的关系上,只要和被害人的死亡之间在时间、场所上接近,并且值得刑法保护,那么,对犯人利用被害人之死而夺取其财物的一连串行为就要进行整体评价,认为该夺取行为构成盗窃罪。"参见 [日] 大塚仁:《刑法概说各论》,有斐阁1996年版,第187页,转引自黎宏:《论财产犯中的占有》,载《中国法学》2009年第1期。

了区分。即，在时间和场所上接近的情形下，杀人者取财构成盗窃罪。而第三人取财则不论时间和场所是否接近均构成侵占罪。继承人占有说同样利用规范工具，规范认同被害人的继承人在被害人死亡的同时自动取得财物的占有。行为人取走财物的行为破坏了继承人的占有，构成盗窃罪。该说是我国台湾地区的通说。无人占有说则不同意上述规范化的认定方式，认为死者遗留的财物只要在事实上不处于其他人（如：场所管理人）的占有之下，就应当认为无人占有。行为人将其据为己有的行为构成侵占罪。张明楷教授持此观点。[1] 国家占有说则由邓定永博士提出[2]，认为财物在死者死亡时自动归有关国家机关占有。笔者赞同无人占有说。整体考察说的问题在于，将杀人者杀人之前行为与取财之后行为作为一个整体看待进而认定为故意杀人罪与盗窃罪的数罪并罚，在逻辑上将杀人的行为同时评价为故意杀人罪中的杀人行为与盗窃罪中的破坏他人占有的行为，属于重复评价。继承人占有说与国家占有说的问题相近，均在于认定的新占有缺乏事实依据。前文已述，对物具有事实上的支配控制力是占有成立的必要前提。而在死者死亡的一瞬间，不论是死者的继承人还是有关国家机关对于死者随身的财物显然均不具备事实控制力，不能认为构成占有。无人占有说将此时的财物认定为无人占有物是更为合理的结论。

（二）存款的占有问题

在存款的占有问题上，各方观点可以归纳为存款名义人占有说、银行占有说、共同占有说、区别说等。名义人占有说认为，银行只是作为存款名义人管理账户的工具，存款应属存款名义人占有。黎宏教授[3]、日本的林干人教授[4]、曾根威彦教授[5]等学者支持这一观

---

[1] 参见张明楷：《刑法学》，法律出版社2016年版，第497页。

[2] 参见邓定永：《"推定占有"在盗取罪与侵占罪认定中的刑法解释机能——对两宗"高尔夫球盗窃案"的反思与展开》，载《探求》2013年第4期。

[3] 参见黎宏：《论财产犯中的占有》，载《中国法学》2009年第1期。

[4] 参见[日]林干人：《刑法各论》，东京大学出版会2007年版，第282页，转引自黎宏：《论财产犯中的占有》，载《中国法学》2009年第1期。

[5] 参见[日]曾根威彦：《刑法各论》，弘文堂2003年版，第172页，转引自黎宏：《论财产犯中的占有》，载《中国法学》2009年第1期。

点。银行占有说认为,存款人在取款时需要履行相关的手续,由银行验证之后才能取款,由此可以得出银行在此过程中并非单纯的工具,还是具有独立意志的主体的结论。日本的大谷实教授[1]、前田雅英教授[2]、西田典之教授[3]等学者支持这一观点。共同占有说认为,不论是存款名义人还是银行,对于存款而言都具有支配力,成立共同占有。区别说将存款区分为"有支取权限的存款"和"无支取权限的存款",认为"有支取权限的存款"归存款名义人占有,而"无支取权限的存款"则归银行占有。笔者支持银行占有说。一方面,根据前述占有归属存在竞争时的判断规则,应当根据社会一般观念对两者的占有进行规范认同度的判断。但在此问题上,似乎并不存在统一的社会观念认为存款归存款名义人抑或是银行占有。比较规范认同度的方法难以奏效。另一方面,在事实控制力的比较上,银行显然更胜一筹。银行运营的本质是通过给付利息获取存款,继而将存款向外借贷并收取相对于存款利息而言利率更高的贷款利息以获利。在存款名义人将金钱存入银行之后,其对于该笔款项的流向即失去了控制乃至于知晓的能力。事实上,该笔款项的流向完全取决于银行的选择。从此角度观之,应当认为存款归银行占有。

(三) 对等关系人的占有问题

在对等关系人的占有问题上,学界存在盗窃说、侵占说、区别说、想象竞合说等。盗窃说认为,对于共同占有的财物而言,其上既存在行为人自己的占有,也存在他人的占有。行为人将其据为己有的行为侵犯了他人在该财物上的占有,构成盗窃罪。日本判例及学界以此为通说[4],高

---

[1] 参见[日]大谷实:《刑法讲义各论》(新版第2版),黎宏译,中国人民大学出版社2008年版,第271页,转引自黎宏:《论财产犯中的占有》,载《中国法学》2009年第1期。

[2] 参见[日]前田雅英:《刑法各论讲义》,东京大学出版会2007年版,第271页,转引自黎宏:《论财产犯中的占有》,载《中国法学》2009年第1期。

[3] 参见[日]西田典之:《日本刑法各论》(第3版),刘明祥等译,中国人民大学出版社2007年版,第178页注释部分,转引自黎宏:《论财产犯中的占有》,载《中国法学》2009年第1期。

[4] 参见童伟华:《论日本刑法中的占有》,载《太平洋学报》2007年第1期;刘明祥:《论刑法中的占有》,载《法商研究(中南政法学院学报)》2000年第3期。

铭暄教授、王作富教授[1]、黎宏教授[2]等学者也持这一立场。侵占说认为，对等关系人之间在共同占有物上存在一种事实意义上的相互委托占有的关系，从而得出行为人将财物据为己有只成立侵占罪。[3]刘明祥教授等学者持此观点。区别说则将对等关系的占有进一步划分为重复的共同占有和统一的共同占有两种类型。前者指各个共同占有人均有权在未经其他共同占有人同意的情况下使用占有物的共同占有，此种情形下的行为人将物据为己有构成盗窃罪与侵占罪的想象竞合。后者则是任何共同占有人均无权单独使用占有物的共同占有，行为人此时据为己有则无疑问地成立盗窃罪。想象竞合说则是日本刑事法令研究会所持的立场。[4]对此笔者认为，区别说的解释是较为合理的。

（四）包装物的占有问题

包装物的占有问题，一般是指物主将处于相对密封状态的财物交给他人握持之后所产生的财物的占有问题。最典型的例子是快递员将密封的快递拆开并据为己有的行为。在此问题上，存在委托人占有说、受托人占有说和区别说。委托人占有说一般基于观念占有的立场，认为委托人将财物密封这一事实在观念上排除了受托人的占有。受托人占有说则基于事实占有的立场，认为受托人在事实上握有该财物从而成立对该物的占有。区别说则将包装物规范区分为外包装和内容物两部分，进而认为外包装由受托人占有，而内容物则归委托人占有。笔者赞同受托人占有说，其原因是其余两种学说均存在明显的漏洞。委托人占有说的问题在于，依据前述，事实上的支配力是刑法中占有成立的必要条件。而在包装物的问题上，委托人对财物完全不具有事实

---

[1] 参见高铭暄、王作富主编：《新中国刑法的理论与实践》，河北人民出版社1988年版，第584页，转引自黎宏：《论财产犯中的占有》，载《中国法学》2009年第1期。

[2] 参见黎宏：《论财产犯中的占有》，载《中国法学》2009年第1期。

[3] "在对等、平行者之间成立共同控制关系，其中一方避开另一方实施非法占有财物的行为，就是将对方交给自己占有的财物侵吞了，这无疑是侵占而不是盗窃。"参见刘明祥：《论刑法中的占有》，载《法商研究（中南政法学院学报）》2000年第3期；黄祥青：《刑法适用疑难破解》，法律出版社2007年版，第258页，转引自黎宏：《论财产犯中的占有》，载《中国法学》2009年第1期。

[4] 参见刘明祥：《论刑法中的占有》，载《法商研究（中南政法学院学报）》2000年第3期。

上的支配力，可以说事实支配力为零。此时如若仍要认为其在财物上成立占有，则明显有占有概念过度观念化的嫌疑。区别说的问题则主要体现在哲学层面，即物的部分组成整体，整体与部分是不可分割的关系。而区别说却将财物整体在规范上强行切分成两个部分，进而认为在两个部分上成立不同的占有，显然也是不合理的。与此相较，受托人占有说面临的问题是对委托人密封财物之行为的解释。对此笔者认为，委托人密封财物的行为充其量只能体现委托人内心的主观期望，而并不能为其提供任何事实上的支配力。这种主观期望本身并不必然对财物的占有状态产生影响。例如，物主将财物埋于无人知晓的地下的情形一般认为成立对该物的占有。但倘若物主在众目睽睽之下将财物埋于地下，则这一行为在实质上与将财物故意放置于公共场所、除去有着并非抛弃的主观表示之外没有其他区别。他人明知其并非抛弃物而不阻却将其据为己有的行为，由于没有破坏他人在该物上的占有也只成立侵占罪。

结　论

盗窃罪与侵占罪均属于平和取得型财产犯罪。二罪的核心区别在于作为对象物的财物的占有状态。研究刑法中占有的判断标准无疑具有重要意义。现代民法中的"占有"一词源于罗马法与日耳曼法中占有概念的结合，随着社会经济的不断发展，其观念属性愈发强烈。而刑法中的占有则是以事实要素为主，观念要素为辅的概念。刑法中占有的事实要素的存在是其成立的必要条件。是否存在足够强的事实要素决定了刑法中占有的有无。而在事实要素具备的基础上，规范要素的作用体现在决定占有归属的部分。对比二部门法中的占有概念，二者在要素组成、制度价值等方面具有相当的一致性，但在具体要素的含义、侧重点等方面又存在着很大的差异。

我国个人所得税法所得概念界定的理论证成和实证分析

——以网络打赏收入为视角

陈超跃[*]

绪　论

在2016年3月7日的"财政工作和财税改革"记者会上，时任财政部部长楼继伟称："相关方案已经提交国务院，按照全国人大立法规范和国务院要求，今年将把综合与分类相结合的个税税法方案提交全国人大审议。"[1]在2017年的"两会"上，时任财政部部长肖捷又提出正在研究设计和论证的个人所得税改革方案。[2]在新一轮个人所得税改革方案如此难产的背后，暴露出我国现行个人所得税制的诸多问题。其中最基础也是最被人忽视的就是所得概念的界定问题。

个人所得税，作为一个直接关系到国家与纳税人之间以及纳税人相互之间的利益分配的税种，其是否真正起到了作为二次分配所应当发挥的作用，直接关系到国家的经济发展和社会稳定。我国在这一轮

---

[*]　中国政法大学刑事司法学院2015级本科生。
[1]　参见新华网2016年3月7日财政部部长楼继伟在"财政工作和财税改革"记者会上的发言内容，载http://www.xinhuanet.com/photo/2016-03/07/c_128779048.htm，最后访问日期：2018年1月20日。
[2]　参见中新网2017年3月7日财政部部长肖捷在十二届全国人大五次会议记者会上的发言内容，载http://www.chinanews.com/shipin/spfts/20170307/837.shtml，最后访问日期：2018年1月20日。

个税改革中也做了不少大胆的尝试，比如预计将在新一轮税改中把分类所得税制改为综合与分类相结合的个人所得税制。[1] 所以客观而言，本轮个税改革相比以往的对具体问题"缝缝补补"的做法是有所进步的。

免征额提高[2]、由分类所得税制向分类和综合计征所得税制改革和专项扣除考虑家庭因素，[3] 成为学界和公众关注的三大重点问题，同样也是本轮改革的主抓手。然而作为个人所得税法基础性问题的所得概念界定问题，却一直没有纳入到立法机关和主持税改的相关部门的视野当中，甚至连学界对此的讨论也呈现逐年降温的趋势。不过笔者相信很多人对于所得的概念都有不同的理解。例如所得和征税所得是完全等同的吗？所得概念的模糊将产生两大问题：其一，个人所得税法本身漏洞重重，加之立法观念落后，导致个人所得税的二次分配功能难以发挥；其二，个税改革好似无头苍蝇，改革的步子时大时小，而且时常进一步退三步。[4]

除此以外，在理论价值方面，所得概念界定与量能课税原则的贯彻程度关联性极强。[5] 量能课税原则的有效贯彻也是个人所得税得以发挥二次分配功能的基本要求，然而即使量能课税原则本身在应用时也应有所限制。[6] 不过在当今税务机关获取纳税人涉税信息能力不断加强的背景下，[7] 让所得概念界定突破目前的正向列举式也是有可能

---

[1] 参见翟继光：《税法学原理：理论·实务·案例》，清华大学出版社2012年版，第58页。

[2] 参见翟继光：《财税法基础理论研究》，中国政法大学出版社2017年版，第210~212页。

[3] 参见薛钢、李炜光、赵瑞：《关于我国个人所得税课税单位的选择问题》，载《南方经济》2015年第7期。

[4] 参见[美]维克多·图若尼主编：《税法的起草与设计》（第1卷），国际货币基金组织、国家税务总局政策法规司译，中国税务出版社2004年版，第2~3页。

[5] 参见刘剑文、熊伟：《财政税收法》，法律出版社2017年版，第269页。

[6] 参见刘剑文、熊伟：《税法基础理论》，北京大学出版社2004年版，第132~134页。

[7] 参见陈增伟、徐锡峰：《数字化革命对税收工作的挑战与应对》，载《税务研究》2016年第10期。

的。[1]

归纳起来,现在国际上对于所得的概念界定共有两种典型做法:第一种是英国模式,该种模式中,抽象所得概念并未成文化,而仅以列举的方式规定所得的类型,税基天然较为狭窄;[2] 第二种是美国模式,该种模式将抽象所得概念成文化,对于那些虽然涵盖在其范围内但不应当征税的收入使用反向列举法排除,税基天然较为宽广。[3] 虽然两种界定模式所确定的征税所得的范围理论上可以达到几乎相同,但是第二种方法明显比第一种方法更具有生命力,也更加适合我国这种纳税人个人收入种类处于不断革新阶段的国家。

我国现行个人所得税制的问题很复杂,而解决根本问题的第一步就是将所得的概念清晰界定。界定的基本方法有很多,笔者决定在本文中综合采取以下几种方法:其一,从需要课征的客体抽象出来的特征来综合确定所得的概念,而非从所得概念本身的哲学意涵入手;其二,结合我国的发展历史和未来长期的发展方向来综合确定所得概念,而非将别国的所得概念直接应用;其三,比较法的研究方法,即适当借鉴国外的先进经验,取其精华,去其糟粕;其四,以法律实效主义[4]为方法论,以能够在未来真正解决相关税制建设问题为界定宗旨,以发挥个人所得税二次分配功能为最终目标对其进行研究。

经过以上方法所确定的所得概念要能达到以下效果:其一,该所得概念要有助于立法机关和财政部形成独立自主清醒直观的判断;其

---

[1] 之所以长久以来我国选择在《个人所得税法》中以正向列举法来划定征税所得的范围,就是因为该界定方法使得所得的概念极具有可操作性。但是随着时代的进步,这种方法的局限性开始显现:其一,将每一种征税所得都一一列举,无助于纳税人纳税意识的培养;其二,正向列举法远远不能穷尽当今社会纳税人所有的应纳税收入,从而导致量能课税原则难以贯彻。在大数据分析和人工智能技术不断趋于成熟的今天,税务机关对于纳税人的各种涉税信息获取的手段和方法越来越多样,获取的信息也越来越完整。技术水平的进步正是所得概念的界定突破正向列举定式的契机。

[2] 参见[美]奥尔特等:《比较所得税法——结构性分析》(第3版),丁一、崔威译,北京大学出版社2013年版,第136~138页。

[3] 参见[美]奥尔特等:《比较所得税法——结构性分析》(第3版),丁一、崔威译,北京大学出版社2013年版,第165~167页。

[4] 参见柯华庆:《科斯命题的博弈特征与法律实效主义》,载《中山大学学报(社会科学版)》2008年第2期。

二,该所得概念要有助于加强纳税人对于税改方向的理解和纳税人纳税意识的培养;其三,该所得概念要能为我国个人所得税法的修订指明道路。

一、所得概念研究的国外经验与国内现状:评析与问题的提出

(一)国外经验与评析

在查阅大量文献后,笔者发现除了不同的国家对于所得的概念有不同界定以外,不同的学者也对其有着不同的分类。有的学者将其总结为三种,分别为增值概念、来源概念和信托概念;[1]有的学者将其总结为四种,分别为"流量学说""周期性学说""净增值学说"和"所得源泉说";[2]有的学者将其总结为两大种,即取得型所得概念和消费型所得概念,[3]在取得型所得概念下又分为限制型所得概念和包揽型所得概念。其上的三种分类方式虽然看似繁琐,但是各有千秋。不过由于分成三种的做法更为成熟,所以笔者更加倾向于分成三种:"所得源泉说""信托概念说""净资产增加说"。

1."所得源泉说"

"所得源泉说"(source concept)[4]是起源于英国的学说,是三种学说中最为古老的一种学说,它的代表人物是弗里茨·纽马克、塞泽尔等。该学说认为,"所得的产生应当是具有循环性和反复性的",[5]"只有连续取得的所得才是所得",[6]故排除了因财产的转让等临时获得的所得。而之所以将资本利得等偶然性所得排除在外,

---

[1] See Victor Thuronyi, *Comparative Tax Law*, Kluwer Law International, 2003, p.233.

[2] 参见刘剑文:《国际所得税法研究》,中国政法大学出版社2000年版,第48~51页。

[3] 参见[日]金子宏:《日本税法》,战宪斌、郑林根等译,法律出版社2004年版,第138~142页。

[4] See Victor Thuronyi, *Comparative Tax Law*, Kluwer Law International, 2003, p.236.

[5] 刘铁、徐蓉:《所得税法中所得概念的界定与厘清》,载《天府新论》2010年第3期。

[6] 赵惠敏:《所得概念的界定与所得课税》,载《当代经济研究》2006年第1期。

就是为了促进资本的积聚，以迎合资产阶级的需要和资本主义社会的发展。[1] 对于财产转让类所得不征税，看似是减轻了纳税人的负担，其实国家要求个人所得税所提供的国家财政收入的总额是一定的，当将财产转让类的收入排除在征税所得之外时，国家势必要通过增加工资薪金等的税率来弥补，其实是减轻了资产阶级的纳税负担，增加了以工资薪金为主要收入的工人的纳税负担。不过英国在后续的实践过程中也做了一些修正，比如引入了资本利得税，从而逐渐弥补了该国所得概念的漏洞，不过时至今日，英国的法院对资本利得税的态度仍然比较消极。正是该种模式和学说对于所得的范围限定的狭隘，[2] 导致英国在拓宽个人所得税税基时频频受阻。可见这种所得的概念对于当下我国——一个支付方式多元化，收入种类多元化且不断涌现新型的收入种类和支付方式的国家——明显会给税基拓宽带来很大的麻烦，同时对于个人所得税发挥二次分配所应有的功能也构成极大的阻碍。故该种所得的概念并不适合我国借鉴。[3]

2."信托概念说"

"信托概念说"（trust concept）与"所得源泉说"都被一起应用于英国和其他联邦国家。[4] 由丁这两个概念连接紧密，所以在应用时，不被英国等联邦国家所区分。该学说和所得源泉说一样起源于农业时期。其核心内涵为：由于信托本身会有损害本金的风险，所以这种通过处置本金而产生的资本利得不被视为征税所得。该学说和所得源泉说很多情况下对于纳税人收入是否为征税所得的判断结果是相同的，故其依然存在界定范围过窄的缺陷，对于量能课税原则的贯彻依然不足。所以该种学说也是属于一种过时而且不适合我国国情的学说。

---

[1] 参见［美］奥尔特等：《比较所得税法——结构性分析》（第3版），丁一、崔威译，北京大学出版社2013年版，第136~138页。

[2] See section 1 (a) of UK Income Tax Act 2007.

[3] 参见陈清秀：《税法各论》，法律出版社2016年版，第52~53页。

[4] See Victor Thuronyi, *Comparative Tax Law*, Kluwer Law International, 2003, p. 238.

3. "净资产增加说"

"净资产增加说"（accretion concept），[1] 该学说的主要代表人物是德国的经济学家范尚茨[2]。范尚茨的"净资产增加说"认为，所得包括所有的净收益和由第三者提供劳务以货币价值表现的福利、所有的赠与、遗产、中彩收入、投保收入和年金、各种周期性收益，但要从中扣除所有应支付的利息和资本损失。[3] 海格与西蒙斯则对其进行了改良，并提出了"纯资产增加说"，他们认为，"所得是个人一定时期之内消费的财产和净增加的财产的总和。"[4] 美国是该学说应用的主要代表，而其现行税法典中也明确规定了抽象所得概念。[5] 该学说和其抽象定义模式对于当下的我国和未来的我国而言共有三大优点：其一，抽象定义模式能够应对几乎所有的新型个人所得型收入是否应当课税的问题；其二，通过开列负面清单的方法和成熟的税收抵免制度能够对于过宽的税基进行符合国情的修正；其三，抽象定义、反向列举排除相结合的模式降低税改频率，维护法的安定性、降低税改成本。不过它也存在一定问题：其一，由于规定的范围过广，所以为实际核实征收造成了困难；其二，由于将尚未实现的所得算入资产增加，会导致对于纳税人过度征税的问题。[6] 第一个问题已经可以逐渐通过技术手段解决。同时也可以通过开列负面清单的方式，适当限缩所得范围，从而同时达到有效缓解两个问题的效果。可见想要真正地将其应用于我国，该所得概念尚需微调。

（二）国内研究现状和评析

根据量能课税原则，[7] 我国学界对于个人所得税制改革共有两种

---

[1] See Victor Thuronyi, *Comparative Tax Law*, Kluwer Law International, 2003, p. 235.

[2] 参见赵惠敏：《所得概念的界定与所得课税》，载《当代经济研究》2006年第1期。

[3] 参见赵惠敏：《所得概念的界定与所得课税》，载《当代经济研究》2006年第1期。

[4] 刘铁、徐蓉：《所得税法中所得概念的界定与厘清》，载《天府新论》2010年第3期。

[5] See 26 U. S. Code § 61.

[6] 参见李俊明：《我国损害赔偿金可税性探讨》，载《交大法学》2015年第2期。

[7] 参见刘剑文：《税法学》，北京大学出版社2017年版，第113~116页。

呼声：一种是在现行的个人所得税制下直接增加针对富人征收的富人税；另一种就是通过拓宽税基、降低税率的方式，将富人的主要收入全部纳入到征税所得范围之内，从而加强个人所得税的二次分配作用。随着所得概念研究的不断深入，国内学者对于个税改革的方向看法也越来越倾向于第二种。"净资产增加说"作为最适宜推进第二种个人税改的所得概念学说，也逐渐被学界所认可。我国现行《个人所得税法》所确定诸多应税所得（例如一些"其他所得"类型的所得）也反映了"净资产增加说"，不过却缺乏"净资产增加说"应用的关键一步，即抽象所得概念成文化。

学界研究相关问题的焦点其实有二：其一，如何适当添加某些新型所得种类以弥补漏洞；其二，如何合理限制"净资产增加说"下的所得的概念让其在我国国情下具有可行性和优越性。在2010年刘铁、徐蓉合著的《所得税法中所得概念的界定与厘清》中则是将多种所得概念分类方法下的多种所得概念进行比较，认为"净资产增加说"应当是我国个税改革的大方向。[1] 2011年穆春燕在《个人所得税征税客体研究》一文中则提出应当将"非法所得"也纳入到所得的概念之中进行课税。[2] 再如2015年，周晓光在《资本利得税收法律问题研究》一文中从个人所得税和其他税种的衔接和资本市场对于资本利得税的反应的角度，试图建立起一套完整成熟的资本利得税税收体系。[3] 2015年，李俊明在《我国损害赔偿金可税性探讨》的一文中，就提出了应当将损害赔偿金分成补偿和多于补偿等的部分，进行差别对待，分别纳入到不征税所得和征税所得的范畴之内的观点，而且提出了所得应当具有三种特性：基于一定的经济活动、外部流入、能为人所支配。[4] 由于近几年来我国收入结构面临巨变，[5] 且我国学界

---

[1] 参见刘铁、徐蓉：《所得税法中所得概念的界定与厘清》，载《天府新论》2010年第3期。

[2] 参见穆春燕：《个人所得税征税客体研究》，河南大学2011年硕士学位论文。

[3] 参见周晓光：《资本利得税收法律问题研究》，武汉大学2015年博士学位论文。

[4] 参见李俊明：《我国损害赔偿金可税性探讨》，载《交大法学》2015年第2期。

[5] 参见张守文：《税制变迁与税收法治现代化》，载《中国社会科学》2015年第2期。

对于所得概念研究得本就不够深入，相关文章不是很多，所以2010年之前的文章要么就是和我国当下国情严重不符、观点过时，要么就是和以上文章的观点有重合，故不再予以罗列。

综上，笔者认为我国所得概念的界定模式应当以"净资产增加说"为基础，并考虑如何进行适当限制，因为随着个人所得税第三方涉税信息提供制度的建立，[1] 征管方面的阻碍会逐步破除。而且只有采取该种学说以及抽象定义模式，才使税务机关能够依法及时地处理现行列举的收入种类以外的层出不穷的新型个人收入的课税问题，从而更加有助于量能课税原则的贯彻。

二、新型所得的特征分析

（一）典型新型收入及征税现状

网络打赏作为一种介于高境界免费[2]和内容付费[3]的新型商业模式，借助直播平台和微信公众号两大风口的助力，正慢慢走向大众消费的"舞台中央"。2016年移动直播风口中，作为直播平台的主要盈利模式，"网络打赏"的金额纪录屡被刷新。"头部网对四家主流直播平台前1万名主播的统计显示，2016年，2名主播收入过千万元，45%的主播收入在5万~10万元之间。"[4] 而早在2013年，纵横中文网上，就有一名书迷向某网络文学作者的新书一次性打赏折合约100万元人民币的纪录。[5] 随着网络打赏数量和金额的不断提高，一些问

---

〔1〕 参见单亮、张莉：《个人所得税第三方涉税信息提供制度比较研究》，载《金融经济》2018年第4期。

〔2〕 高境界免费就是指不向用户直接收费，而是通过开发其他闲置资源来获取对价的一种商业模式，比如在应用软件中为其余商家打广告，从而根据用户的浏览量计收广告费。

〔3〕 内容付费是指直接向用户收取服务对价的一种商业模式，是如今大热的"知识变现"的主要模式，比如付费网课，或者付费电子文档等等。

〔4〕 张瑶："中国独创商业模式，网络'打赏'该如何定性？"，载财经杂志网，载 http://news.caijingmobile.com/article/detail/332978？source_id=40&share_from=weixin，最后访问日期：2018年2月1日。

〔5〕 张瑶："中国独创商业模式，网络'打赏'该如何定性？"，载财经杂志网，载 http://news.caijingmobile.com/article/detail/332978？source_id=40&share_from=weixin，最后访问日期：2018年2月1日。

题也随之出现。2016年11月25日，罗某"卖文救女"获得总计200万余元赞赏金，后赞赏金又被全部退还。[1]

在如此巨额资金流动的背后，笔者看到的却是个人所得税法的失语。[2] 根据税收法定原则，如果某类收入未被规定需要缴税的，则无需缴税。再加上纳税人的消极对待和纳税意识普遍不高等因素，最终导致该类收入无论金额多大都不必缴税，如此便明显地违反了量能课税原则。

国内直播平台的打赏功能起步早于国外，不过由于缺乏抽象所得概念，无法对赠与课税，国内对于打赏究竟属于何种所得的认识无法统一，而且平台和主播的纳税意识不强，所以征税情况一片混乱。[3] 而与之对比的美国，虽然在实践上也分为两派，一种视为工资，一种视为赠与，不过由于其采取了"净资产增加说"且具有抽象所得概念，可以依法对赠与课税，所以并未造成征税混乱。[4]

有学者建议通过强制让经纪公司和网络主播签订雇佣合同，将打赏类所得直接纳入工资薪金所得或者劳务报酬所得，由经纪公司代为

---

〔1〕 张瑶："中国独创商业模式，网络'打赏'该如何定性？"，载财经杂志网，载 http://news.caijingmobile.com/article/detail/332978？source_id=40&share_from=weixin，最后访问日期：2018年2月1日。

〔2〕 由于我国个人所得税法中抽象所得概念的缺失，以上的无论是200万元的赞赏金和100万元的巨额打赏金均未被视为征税所得。

〔3〕 国内的大型平台，如斗鱼、快手都是自己制定一个内部规定，各行其是，而且实际缴纳情况也不得而知，而国内小型平台里的主播基本不缴税，小型平台自身也对于这种情况置若罔闻。

〔4〕 笔者之所以将国外打赏现状的研究重点放在美国，是因为美国是净资产增加说应用的代表并且实现了抽象所得概念成文化，而且其四大直播平台（Twitch、Youtube、Facebook、Twitter）都已经引入了打赏功能，其他小型平台也有不少带有打赏功能。虽然起步较晚，但是其并未出现我国的征税混乱，做法一般分成两派，一种视为工资，一种视为赠与，就比如四大平台中，Twitch 和 Youtube 一样，主播与平台签约，公开称 donation（赠与），实际上是 income（工资），一般是由平台向美国国税局上报所得数据，并由平台按照工资代扣代缴；而 Facebook 和 Twitter 一样，平台视打赏为 donation（赠与），平台向美国国税局上报所得数据，由主播个人按照赠与缴纳个税。美国之所以没有出现我国的征税混乱，主要原因就是其顶层设计良好，抽象所得概念成文化使税务机关对几乎所有新型收入征税都不存在正当性问题，即只要符合净资产增加的条件就可征税，而这正是值得我国借鉴的地方，也是本文的意义所在。

扣缴。然而从法律实效主义适度改良的观点[1]看，这种做法非但难以达到预期效果，而且往往会对网络直播行业造成巨大打击。[2]

网络打赏是一个外延很广的概念，其主要包含直播打赏和网文打赏这两大类。为了避免"概念对概念"地空谈，以下首先从网络直播打赏和微信赞赏这两种典型的打赏实例入手分析，然后探讨其应当以何种方式纳入到现行法律规范中去。具体方法是，首先将该典型新型收入与可能混淆的劳务报酬所得、稿酬所得、经营所得等进行比较，如果均无法归入到其中任何一类，再分析其是否属于目前尚未纳入个税征税所得的赠与所得，最终得出结论。

（二）网络打赏收入特征分析

网络打赏收入在实践中虽然可能媒介不同、形式也多种多样，比如微信赞赏是通过网络文章、网络直播打赏是通过直播内容，但是从税法的角度来看，这些形式还是有一些具有法律意义的共同特征的，而且唯有这些共同特征才对于解决问题网络打赏收入的课税的问题具有重要意义。由于网络直播打赏和微信赞赏是网络打赏的两大代表，[3]

---

[1] 参见柯华庆：《实效主义法学方法如何可能》，载《法学研究》2013年第6期。

[2] 据业内人士介绍，"经纪公司一般很少会和网络主播签雇佣合同，因为一家经纪公司往往会和五六百个主播有合作，如果全部签订雇佣合同，单单社保这一部分无谓的成本就会达到很高的数额，甚至直接将一些平台压垮。而且网络主播多数也不愿意这样做，因为如果确定雇佣关系，就意味着薪水要受到公司极大的限制和监管。按现在的状态，网络主播与公司之间只是合作关系，个人受到的约束和监管比较小，而那些月收入低于5000元的网络主播基本上都没有和公司签订任何雇佣合同。"所以即便是通过立法和高强度的执法实现了强制每一位主播都和经纪公司签订雇佣合同，对于直播行业的发展也绝非幸事，难以承受的交易成本以及巨额的社保金会让大部分直播平台以及经纪公司倒闭，而当这一部分成本压在观众身上时，观看直播恐怕会成为一种贵族娱乐的方式。更何况这种情况仅仅是可能在理论上实现。更可能成为现实的是，大部分网络主播成为"违法黑播"，对执法资源造成极大消耗。笔者认为完全可以通过更加开放的态度和软化的方式来解决这个问题。

[3] 之所以选择网络直播打赏和微信赞赏这两个并不同级的概念作为例子，是因为现在网络打赏共分为两大媒介，即网络直播和网文，由于网络直播行业同质化程度较高，本身又作为网络打赏的半壁江山，其代表性不言自明，而之所以选择微信赞赏的原因是，微信公众平台作为短篇网文发布平台中最具影响力的平台，和人们的生活息息相关，而且在举例时更加容易被理解，而长篇网文还在发展阶段，形式多种多样，而且不存在一家独大的平台，所以不适合作为例子抽象出共同特征。所以笔者最终选择了网络直播打赏和微信赞赏作为分析实例。

所以本节首先对于两种收入进行简单介绍然后归纳出二者共同的特征作为网络打赏收入的基本特征。

1. 网络直播打赏收入简介

主播的收入总共由三部分组成：时薪、衍生副业、礼物。

时薪被归入工资薪金类，由平台代扣代缴，衍生副业被归为个人生产经营所得，由税务局进行依法课税。惟独第三种礼物的属性尚有争论。而这种礼物的收入就是本文所称的网络直播打赏收入。[1]

本文所讨论的网络直播打赏收入是针对与平台和主播之间仅具有"分成合同"以及平台单方面制定"分成规定"的一般情况，如果平台和主播之间已经签有劳务合同或者雇佣合同，那么按照劳务报酬所得或者工资薪金所得征税即可。[2]

2. 微信赞赏收入简介

其实除了网络直播打赏以外，网文打赏也属于网络打赏之一，而微信打赏作为短篇网文打赏的主要组成部分，是作为打赏所具有的其余特性的最佳分析样本。[3] 腾讯对于推出微信赞赏功能的初衷的解释是"扶持优质内容"，可见推出打赏功能的目的就是不断提升文章质量使其达到商业级水准。

3. 网络打赏收入特征总结

笔者认为网络打赏收入于税法意义上有三个特征：随机性、多因性、经济性。

打赏的随机性。打赏的随机性主要体现在时间随机、数额随机和

---

[1] 赵丽：《业内人士揭网络直播利益分成内幕》，载法制网，http://www.xinhuanet.com/legal/2017-03/21/c_1120664644.htm，最后访问日期：2018年2月10日。

[2] "分成合同"是指其内容只包括缔约双方如何就打赏金额分成的合同。"分成合同"是由于主播的流动性非常强，平台和主播之间为了降低成本和规避法律风险所衍生出的一种合同，为直播行业所广泛采用。同时有些平台也会单方面制定"分成规定"，即平台单方面制定打赏金如何分成的规则，主播只有遵守，没有任何协商余地。这两种平台和主播的合作形式是直播行业最一般的情况。

[3] 其代表性主要体现在两个方面：其一，以微信为平台受众群体足够大，同时通过微信公众号针对不特定人发布，符合网络文章的受众随机的特点；其二，其内容不限，平台功能强大，作者除了可以发布具有优秀内容的商业性文章，也可以发布一些募捐信息，让读者可以通过微信赞赏来进行捐赠。不过在罗某"卖文救女"事件发生后，腾讯公司立即调整了微信公众平台文章的发布规则，禁止通过赞赏功能募捐。

人员随机三个方面。打赏的数额和时间点以及是否打赏都是由用户自己决定的——这是打赏这种独特的商业模式所决定的。这种随机性无论是主播还是平台都难以根绝，否则就会导致整个商业模式的崩溃。所以观众和读者对于打赏具有完全决定权。

打赏的多因性。直播平台的用户对于网络主播进行打赏是有多种原因的，不仅仅是因为主播所精心准备的直播内容。具体来讲，还包括主播的个人魅力，以及主播对于粉丝日常生活的关心问候等等。虽然直播内容是很重要的一部分，但是粉丝经营对于主播来说也是日常工作中非常重要的一环——不仅仅是在线上交流，赠送粉丝一些纪念品等，一些主播还会专门办一些线下的粉丝见面会。而这些都成为打赏的直接或间接的原因。[1]

打赏的经济性。有些主播每天都精心准备于固定时段在平台直播，而一些平台为了防止直播过程出现卡顿等影响直播效果的情况出现，每月甚至花费上千万的带宽费。这些百万级、千万级的主播其实都是经过直播平台和经纪公司细心包装的，其中不少人甚至还拥有自己的团队。可见打赏具有一定的经济性。

(三) 与现行个人所得税法相关所得类型区分

想要针对网络打赏收入征税，首先需分析其与现行个人所得税法所规定的几类有些许共同点的个人所得类型进行辨析，如果能够归入其中一种，就可以直接依照该所得类型的相关规定课税而无需进行单独规定。笔者会在本节将网络打赏收入与工资薪金所得、个体工商户生产经营所得、劳务报酬所得、稿酬所得、偶然所得进行区分辨析。

在辨析之前，笔者还要区分一下大多数学者在讨论时容易混淆的两个问题：其一，网络打赏收入在法律性质上和哪一类所得相同或相似；其二，网络打赏收入应该按照哪一种现行个人所得税法中规定的所得类型征税更合适。前者是理论探讨层面的问题，后者是实践操作层面的问题，前者的结论可以指导后者的研究，但后者的结论不可以推出前者的结论。而有不少学者则是通过后者的结论来推导前者，甚至忽略了网络打赏收入和某种所得的根本差异，由于违反基本逻辑，

---

[1] 不过这些原因是否能够构成一般有偿合同给付均衡的客观"原因"从而否定其为赠与的法律定性，还需后文专门讨论，在此不做赘述。

所以该种讨论的意义不大；还有的学者忽略第一个问题而直接探讨第二个问题，这最终会导致法律丧失法学理论上的自洽性。而为了避免出现上述两大讨论误区，本文的逻辑是先讨论第一个问题，并以第一个问题的结论来指导第二个问题的解决。

1. 与工资薪金所得的辨析

根据现行《中华人民共和国个人所得税法实施条例》（以下简称《实施条例》）第 6 条关于工资薪金的规定："……工资、薪金所得，是指个人因任职或者受雇取得的工资、薪金、奖金、年终加薪、劳动分红、津贴、补贴以及与任职或者受雇有关的其他所得。"可见工资薪金需要以雇佣关系为基础，而平台和被打赏人之间仅仅是合作关系，二者之间无雇佣协议，之所以平台需要在打赏的礼物之中抽成，是因为平台为其提供了相应的服务，这一部分费用系平台使用费。所以打赏收入的性质并非因经平台分成而变质为以雇佣合同或劳动合同为基础的工资薪金所得。而打赏和被打赏人之间也明显没有雇佣关系。所以网络打赏收入并非工资薪金所得。

2. 与个体工商户生产、经营所得的辨析

在《实施条例》中可以得出个体工商户生产、经营所得主要是指：①个体工商户从事工业、手工业、建筑业、交通运输业、商业、饮食业、服务业、修理业以及其他行业生产、经营取得的所得；②个人经政府有关部门批准，取得执照，从事办学、医疗、咨询以及其他有偿服务活动取得的所得。有些人认为，观众在平台购买礼物并赠送主播的行为是打赏构成生产经营所得的依据，即虚拟礼物就是主播和平台所经营的产品。然而从税法角度来看，所谓"送礼物"不过是"直接送钱"的遮羞布——这和网络游戏中充值购买虚拟道具完全不同。在网络游戏中，虽然玩家也会购买游戏内的虚拟物品，但是这些虚拟物品都能起到让购买的玩家更胜一筹的作用。观众为主播送礼物，实质不过是把观众自己账号里面的钱送给主播而已，没有其他增加用户体验的效果，虽然直播画面上会短暂显示打赏者的名字，然而在实践中仅仅为了能够在屏幕上显示自己名字而打赏的人数，与为了将部分个人财产转移给主播以表示对于主播的鼓励和爱慕的人数相比完全可以忽略不计。所以就虚拟礼物的问题上，主播的行为并不构成个人经营活动。而且主播直播的行为也无法被评价为有偿服务——因为观众完全可以免费观看。所以网络打赏收入不是个体工商户生产、经营所得。

3. 与劳务报酬所得的辨析

由于前文已经将网络直播打赏收入限定为平台和主播之间仅具有"分成合同"或"分成规定"的情况，所以平台方的作用仅仅是为主播和观众以及作者和读者之间提供一个平台。在劳务报酬认定的问题上，最关键的还是厘清主播和观众以及作者和读者之间的关系。劳务报酬的认定必须要以劳务关系为基础，即必须是劳务提供方有针对性地为某一特定的劳务受领方提供某种特定劳务或者满足其特定需求。然而在打赏过程中，主播和作者并非依照某一观众或读者的需求去表演或者写作，而且打赏的观众和读者对于主播和作者而言是不特定的，而且单笔打赏金额大小无法预期，二者之间也没有以口头或书面成立的劳务合同，所以主播与观众之间以及作者与读者之间并没有成立任何劳务关系。因此网络打赏收入并非劳务报酬所得。[1]

4. 与稿酬所得的辨析

在《实施条例》中关于稿酬所得的规定是："稿酬所得，是指个人因其作品以图书、报刊等形式出版、发表而取得的所得。"可见，稿酬是出版机构发表作品后给付作者的报酬，是对作者知识创造性劳动的金钱对价给付。所以稿酬是一种特殊的收入，首先支付对价一方应当是出版、发表机构；其次支付稿酬对价的前提必须是作者让渡文章的出版权，具体为发表权和复制权。而读者购买书籍、期刊等刊物支付给销售者的金钱就是其作为商品的价格，它包括纸张费用、印刷费用等，虽然其中含有知识产权费用，但是并非稿酬。微信文章类似于电子书，和普通书籍相比只是载体不同，读者赞赏类似于购买电子书，并不是购买其出版权，也不能随意转载使用。在自媒体时代，发表文章虽然并不一定要通过出版机构，但不变的是稿酬的核心即对价换取发表、复制权。[2] 所以网络打赏也并非稿酬所得。

---

〔1〕 参见杨德敏：《论劳动关系与劳务关系》，载《河北法学》2005 年第 7 期。

〔2〕 参见刘玉敏：《劳务报酬所得：微信赞赏所得定性的另一种可能》，载公众号"黎民说"，http://mp.weixin.qq.com/s/KGNGcvS6FkdlRjUUfWHEew，最后访问日期：2018 年 2 月 5 日。

5. 与偶然所得的辨析

在《实施条例》中关于偶然所得的规定是："偶然所得，是指个人得奖、中奖、中彩以及其他偶然性质的所得。"虽然该项规定中有"其他偶然性质的所得"的兜底性规定，看似涵盖面非常广泛，而且偶然性质本身意义也不甚明确，所以如果单从该兜底性规定本身字面意思入手，打赏收入确实可以归入其中，但是作为现行有效的法律，而且是定义性规定，如果其界限如此模糊，会导致整个法律体系的紊乱，所以一定要找到进一步限缩其概念的规定。该条文中，除了兜底性规定以外尚有三个实例，即个人得奖、中奖、中彩，这三个实例可以帮助进一步限缩偶然所得的定义；即使不是个人得奖、中奖、中彩，想要认定到"其他偶然性质所得"中被识别为偶然所得，也必须要求该项收入与个人得奖、中奖、中彩相当，也就是说该项收入无论是从发生频率还是发生可能性来说，都必须和个人得奖、中奖、中彩相当。然而网络打赏收入本身是可以预期的，虽然单笔打赏的金额不固定，时间不固定，但是当以一个月为单位来看，每个月的金额总量是维持在一定水平的，而且随着内容质量的不断提升，这个水平也会随之提高，而且有不少的网络主播和网文作者是将其作为全部生活来源的，然而作为偶然所得的个人得奖、中奖、中彩则不具有这些特征，金额总量无法通过人力改变，偶然性极大，难以将其作为全部生活来源。所以网络打赏收入也无法纳入偶然所得。

（四）网络打赏收入与赠与所得的辨析

由于网络打赏收入和现行《个人所得税法》中所规定的其他种类所得差别过大，故本文不再予以讨论，也无必要。所以可得出结论为：网络打赏收入无法纳入到现行《个人所得税法》中所列举的"前十项"所得。然而在网络打赏收入无法归入现行《个人所得税法》的情况下，有学者提出应视其为赠与。而如果归入到赠与所得，那么依照现行《个人所得税法》的规定就不应当课税，所以将网络打赏收入与赠与所得进行辨析也至关重要。

笔者认为，想要判断其是否为赠与行为，需从赠与行为缺乏一般有偿合同给付均衡的客观"原因"[1]入手,[2]而这也是"反对赠与者"的核心理由,即认为文章和直播的内容都是打赏行为的客观"原因",从而使"打赏"在根本上与"赠与"决裂,然而这种观点是基于一种对客观"原因"内涵庸俗化的解读。[3]

笔者认为打赏是赠与行为的理由有二:其一,打赏和赠与一样,其义务仅来自于打赏人作出打赏的意思表示;其二,打赏和赠与一样,在财产转移之前都可以被任意撤销。

我国《合同法》第185条规定:"赠与合同是赠与人将自己的财产无偿给予受赠人,受赠人表示接受赠与的合同。"赠与是一种合同行为,而且其与通常的双务合同不同,赠与合同是单务合同。[4] 同时赠与也是无偿合同,赠与行为缺乏给付均衡意义上的客观"原因",仅需赠与人承担无偿转让财产的义务,无需受赠人支付任何对价。赠与人承担义务的原因是其做出了赠与的意思表示,[5]并非受赠人的任何行为。[6] 当赠与人不履行给付义务时,除非特殊情况,受赠人无权要求赠与人继续履行,这也是和普通的双务合同最大的区别。[7]

在直播打赏过程中,主播的表演行为以及其他的粉丝经营活动,都不会引起打赏人的法律上的对待给付义务。即使观众在观看直播内容后选择不打赏,主播和平台对于观众观看直播的行为也无要求观众给

---

[1] 其实赠与行为也是有原因的,比如在为灾区捐款时,捐赠财产的捐赠者是基于回馈社会,回馈国家,以及自己的同情心等原因进行财产转移行为的;再比如A无偿赠与其朋友B一幅名画,虽然从法律的角度看,朋友B是无偿获得了一幅名画,但是实际上,之所以A将名画赠与B而不是其他人,这也是基于A和B之间的情谊等等法律上因公序良俗或者客观因素等障碍无法评价为赠与物的对价的存在。所以赠与行为具有"法律上的无因无偿性,现实生活中的有因有偿性"。

[2] 参见宁丽红:《无偿合同:民法学与社会学之维》,载《政法论坛》2012年第1期。

[3] 参见江平主编:《民法学》(第3版),中国政法大学出版社2016年版,第646~647页。

[4] 参见韩世远:《合同法总论》,法律出版社2011年版,第51~54页。

[5] 参见刘家安:《赠与的法律范畴》,载《中国政法大学学报》2014年第5期。

[6] 参见[美]马瑟:《合同法与道德》,戴孟勇、贾林娟译,中国政法大学出版社2005年版,第144页。

[7] 参见易军:《撤销权、抗辩权抑或解除权——探析《合同法》第195条所定权利的性质》,载《华东政法学院学报》2003年第5期。

予对待给付的权利。而观众的打赏义务是源于观众做出的打赏的意思表示，这和赠与人承担赠与义务源于自己的意思表示是一致的。同时，如果打赏者在做出意思表示后不履行义务，主播也不存在相应的抗辩权，比如同时履行抗辩权、不安抗辩权等。由此可得，网络打赏行为也是一种单务法律行为，而且在打赏者进行金钱给付行为之后，主播也无需再履行任何其他的对待给付义务，也就说明打赏行为具有无偿性，满足赠与行为的构成要件。[1] 因此网络打赏收入是赠与所得。

综上所述，首先，网络打赏收入符合"净资产增加说"关于所得的定义；其次，网络打赏收入是一种应当纳入到现行《个人所得税法》中的征税所得，但是由于现行《个人所得税法》所得概念的缺失，以及该法第2条"9项"规定不全面，导致其又无法纳入"9项"中的任何一种所得；最后，其属于赠与所得中的一种，故需在现行的《个人所得税法》中进行补充，或者由国务院财政部门在其他所得中予以添加。

三、关于重新界定所得概念的立法建议

（一）网络打赏收入法律规制方式的选择

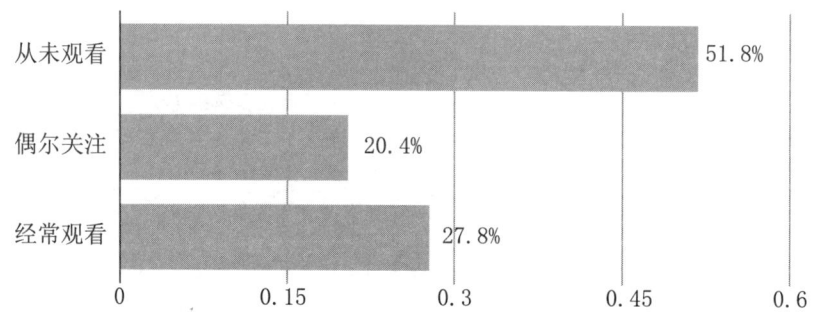

图1　2017年中国网民观看在线直播习惯调查

数据来源：艾媒咨询、中商产业研究院整理。

---

〔1〕 参见卓林婕：《微信赞赏所得为赠与所得的定性与无税》，载公众号"黎民说"，http://mp.weixin.qq.com/s/-Uh3vhPrnk_1d-aML7zPWQ，最后访问日期：2018年2月6日。

一般有两种方式将网络打赏收入作为一种新型的所得种类纳入现行法中：①由立法机关直接在现行《个人所得税法》第 2 条"9 项"中添加单独一项"网络打赏收入"，将其扩充为"第 10 项"；②在"其他所得"中，由国务院财政部门补充确定。而判断哪一方式比较合适，第一步需从明确这两种方式各自的特点入手。

前十项应税项目之所以列入《个人所得税法》，而非由国务院财政部门确定，一般是因其两个特性：其一，是其所代表的收入金额总量极大，而且覆盖面[1]极广，能够覆盖每个纳税人的几种主要的生活收入来源；其二则是由其一推导而来的，即其对纳税人财产进行二次分配的作用极大，极有助于促进社会公平之目标。强调前十项的这两个特性，并非为国务院财政部门确定的"其他所得"不具有，只是从"其他所得"之中的任何一项在这两点特性上远不如《个人所得税法》第 2 条所规定的 9 项的任何一项明显。所以判断两种方式哪种更为合适的核心点就是看该种收入覆盖范围有多广、金额总量有多大以及对于该种收入征收个人所得税其二次分配的作用有多大。

首先从主播收入端来看。"2017 年北京市文化市场行政执法总队与共青团北京市委开展的调研显示，33.1%的网络主播月收入 500 元以下，14.6%的网络主播月收入 500 元至 1000 元，15.9%的网络主播月收入 1000 元至 2000 元，18.0%的网络主播月收入 2000 元至 5000 元，不到一成的网络主播月收入 5000 元至 1 万元，不到一成的网络主播月收入万元以上。"[2] 可见主播收入中马太效应尤为明显，极少数的高收入的主播的收入总量占主播群体总收入的绝大部分。

再从用户打赏端来看。以网络直播为例，观看直播的人数尚未超过国民的半数。[3] 而在观看的人群中，每天观看的仅占 21.6%，[4] 而且观看直播的人打赏金额少于 100 元的群体更是超过了半数。[5] 可

---

〔1〕 此处所指的覆盖面，即为有多少人有这种收入。
〔2〕 赵丽：《业内人士揭网络直播利益分成内幕》，载法制网，http://www.xinhuanet.com/legal/2017-03/21/c_1120664644.htm，最后访问日期：2018 年 2 月 10 日。
〔3〕 见图 1。
〔4〕 见图 2。
〔5〕 见图 3。

见主播身价越高,收入"泡沫"就越大。

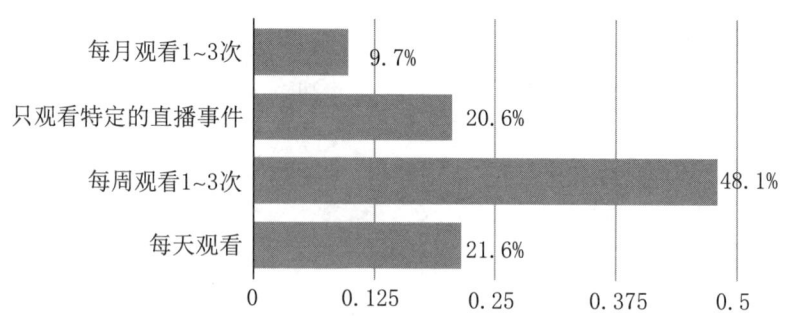

图 2　2017 年中国直播用户观看在线直播频率调查

数据来源:艾媒咨询、中商产业研究院整理。

对此某甲[1]是这样评价的:"网络主播这个行业首先需要'辟谣'的是,年收入百万元甚至千万元,只是推广的一个宣传口号,并不是每个观看网络直播的网友都会送礼物。假如看一个直播的网友真实人数为 100,会送礼物的不会超过 20%。"[2] 据乙[3]介绍:"就网络主播的提成来说,收到不同的礼物,提成并不一样。比如,礼物'游轮'是 1314 元人民币一艘,但是网络主播只能拿到 400 多元的提成。大部分礼物的提成是 50%,这 50%的提成里还有 20%至 30%是公会提成。[4] 所以主播可以得到的礼物提成为 35%至 40%左右。身价越高的网络主播,泡沫越大。"[5]

---

[1] 此为某位从事直播平台业务的资深经理人,姓名隐去。
[2] 赵丽:《业内人士揭网络直播利益分成内幕》,载法制网,http://www.xinhuanet.com/legal/2017-03/21/c_1120664644.htm,最后访问日期:2018 年 2 月 10 日。
[3] 此为某位从事培训网络主播经营业务的培训老师,姓名隐去。
[4] 所谓公会,即各大网络直播平台上,一定数量的签约主播构成一个个组织,有的称为公会,有的称为家族。公会、家族规模不等,主要维护旗下主播艺人的直播现场、粉丝互动和发展管理。
[5] 赵丽:《业内人士揭网络直播利益分成内幕》,载法制网,http://www.xinhuanet.com/legal/2017-03/21/c_1120664644.htm,最后访问日期:2018 年 2 月 10 日。

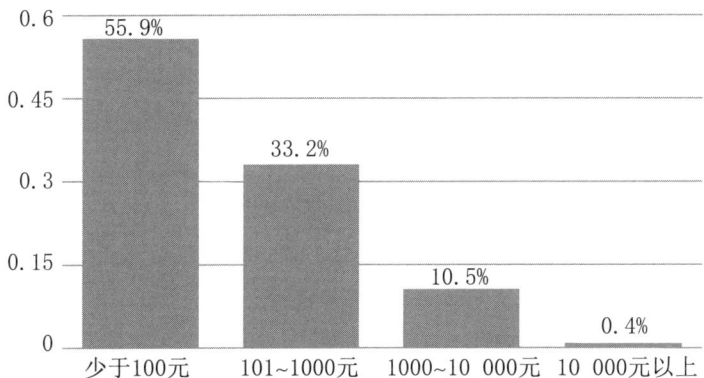

图3　2017年中国在线直播付费用户付费金额区间情况

数据来源：艾媒咨询、中商产业研究院整理。

其实网络打赏只占主播收入很小一部分，高时薪和大量的粉丝在主播的外设店中消费才是主播群体高收入的主要原因，至于那些骇人听闻的巨额打赏则仅仅是凤毛麟角。所以从覆盖面以及金额总量来看，网络打赏都远不及工资薪金等前十项个人收入。而且从金额总量和覆盖面来说，和国务院财政部门所规定的其他所得中的所得种类比较相似——比如银行部门以超过国家规定利率和保值贴补率支付储户的揽储奖金；[1] 再比如我国科学院院士荣誉奖金。[2] 从二次分配的作用发挥强弱的角度看，对网络打赏收入课税也远远弱于工资薪金等前十项应税项目。

综上，笔者建议选择第二种方式，直接由国务院财政部门规定即可。[3]

（二）"限制型净资产增加说"所得概念的提出与纳入法律规范的必要性

在提出"净资产增加说"的限制之处前，首先需要厘清所得、征税所得、不征税所得和免税所得所各自具有的含义。

---

〔1〕 见财税〔1995〕64号：关于银行部门以超过国家利率支付给储户的揽储奖金征收个人所得税问题的批复。

〔2〕 见国税函发〔1995〕351号：国家税务总局关于对中国科学院院士荣誉奖金征收个人所得税问题的复函。

〔3〕 参见张守文：《税法原理》，北京大学出版社2016年版，第70~71页。

一般的公民收入可以被区分为征税所得与不征税所得,被个人所得税法中的所得概念涵盖的包括征税所得和免税所得,非所得概念所涵盖的就是不征税所得。免税所得本身属于征税所得,但基于特定的经济、社会等政策的目的而给予个人所得税的豁免。

提出这些概念的原因就在于,"限制型净资产增加说"所得概念要尽可能扩大征税所得范围,同时减少不合理的税收优惠,如若实是无需课税,就将其纳为不征税所得。从而起到清理税收优惠,[1] 防范地区保护主义的作用。[2]

1. 所得概念的限制之处

通过网络打赏收入这种新型所得以及综合现行《个人所得税法》中的"9项",笔者提出两点限制之处。

(1) 税收效率原则的限制。[3] 所得概念过于广泛,所以一定会有一些征管效率[4]极低的税种:某些税可能一直征收效率就极低——这种情况一般通过开列负面清单的方法即可解决;而某些税是在某段时间内征收效率极低;某些税是在某些地区内征收效率极低。而且往往对这些收入课税不仅仅是效率低的问题,甚至会对当地的经济发展产生巨大阻碍。所以就需要国务院财政部门视实际情况来确定是否应当对该收入停征个人所得税。[5] 为了避免出现财政部门滥权从而突破税收法定原则的问题,国务院财政部门在发布该类通知时需有人大或法律的授权,而且决定的收入种类上也应有所限制,后文会对具体操作进行论述。

(2) 公序良俗原则的限制。[6] 如果将某种收入纳为征税所得课税违反公序良俗,应由国务院财政部门视具体情况确定是否应当对该

---

〔1〕 参见刘剑文等:《财税法总论》,北京大学出版社2016年版,第404页。

〔2〕 参见徐孟洲:《中国税收执法基本问题》,中国税务出版社2006年版,第33页。

〔3〕 参见刘剑文:《税法学》,北京大学出版社2017年版,第117~118页。

〔4〕 参见施正文:《税收程序法论——监控征税权运行的法理与立法研究》,北京大学出版社2003年版,第83~85页。

〔5〕 See Catherine Chen, "Taxation of Digital Goods and Services", *New York University Annual Survey of American Law*, Vol. 70, No. 4 (2015), p. 421.

〔6〕 参见席晓娟:《略论民法基本原则的税法适用》,载《河北法学》2008年第5期。

收入停征个人所得税。其原因就在于长久以来我国对公序良俗更为重视，而且公序良俗的内涵更加丰富，不过由于公序良俗本身具有地域性和可变性，所以由国务院财政部门通过发布通知的方式来单独确定更为妥当。有些收入是在全国范围之内且无论在当下还是可预期的未来都不应征税的，比如子女为尽赡养义务而赠与父母的资产，此类收入依然可以由立法机关通过开列负面清单的方式解决；但是有些收入是仅在某个特定地区不应当课税的，比如藏族地区的特有收入"赔命价"，[1] 因其具有地方性和特殊性，就应当由国务院财政部门发布通知停征该种收入的个人所得税，而如果根据广阔的所得概念对这部分收入课税，可能会因地方的税务机关和纳税人的抵触而难以发挥效用，也不利于地区稳定和民族团结。[2] 此类通知也应有人大或法律的授权，在种类上同样有所限制。

2. 具体操作方法以及原因

具体操作方面有如下限制：首先，范围限制，国务院财政部门仅仅对那些既没有在《个人所得税法》中正向列举的范围内，又不在《个人所得税法》中负面清单排除的范围内的收入种类才有征税决定权，从而降低其突破法律规范的可能性；其次，权源限制，国务院财政部门想要发布通知是必须经过人大或法律授权的，否则会有违背税收法定原则的风险，为了保证国务院财政部门规定的时效性，应由《个人所得税法》对其进行一般性授权，不过并非全权授予；最后，程序限制，在国务院财政部门发布"停征通知"前，应向人大常设机关人大常委会提交，经人大常委会讨论通过才可发布生效，而国务院财政部门发布"开征通知"则依照现行《个人所得税法》中的相关规定发布即可。[3]

原因也有三点：首先，划定如此宽广的所得范围势必会造成很多不必要不合适征税的收入被课征，而对于某种收入征税的"不必要

---

[1] 所谓赔命价，是指一方杀害另一方后，在第三方居间作证下，杀人方为促成刑事和解而向被害方家属所支付的一笔钱。

[2] 参见苏永生：《国家刑事制定法对少数民族刑事习惯法的渗透与整合——以藏族"赔命价"习惯法为视角》，载《法学研究》2007年第6期。

[3] 参见应松年主编：《行政法与行政诉讼法学》，高等教育出版社2017年版，第148~150页。

性"和"不恰当性"是会随时显现随时消失,且具有多样多变性的。如果为了恪守税收法定原则而仅靠立法机构以立法程序在现行《个人所得税法》中添加是不合适且完全无必要的,笔者认为行政机关作为具有专业知识和社会管理职能的机构完全可以担此重任,此也符合我国国情;其次,选择由国务院财政部门发布通知来确定一些收入种类不征税,是因其本身就曾具有类似的权力,比如在现行《个人所得税法》第2条中"其他所得"的相关规定,就是将对某种收入开征个人所得税的权力通过立法的方式授权于国务院财政部门,也就是说在引入新型所得概念之后,仅仅是将授权的范围进一步明确化,将授权的程序进一步规范化而已,并非无端为国务院财政部门扩权;最后,选择由人大常委会来讨论通过主要是基于其为人大常设机构的原因,在兼顾征税法律规范的时效性和税收法定原则的情况下,由人大常设机构人大常委会来讨论通过国务院财政部门的通知是最为恰当的,由人大常委会代表人大对于国务院财政部门所发布的通知逐个审查,由《个人所得税法》在所得概念的条文中进行一般性授权,充分体现了限权思想和税收法定原则,推进个人所得税制的良性改革。[1]

3. 所得概念纳入法律规范的必要性

将该"限制型净资产增加说"所得概念纳入法律规范的必要性主要体现在两个方面:

(1)应对我国现在以及未来不断出现的新型收入。正因为现行的《个人所得税法》中没有明确的所得概念的定义,所以导致很多新型的收入无法及时纳入到《个人所得税法》进行调整,[2]严重阻碍量能课税原则的贯彻。看似缜密全面的列举其实连现今对于网络主播的打赏是否应当视为征税所得并课税的问题都无法解决,而网络主播群体正因为所得概念的空白而迅速地积聚起大量的社会财富成为新贵。[3]由于时代变革以及互联网普及,人们的收入结构和收入种类都

---

[1] 参见姜明安:《行政法与行政诉讼法》(第6版),北京大学出版社2015年版,第161~164页。

[2] 参见刘剑文:《财税法——原理、案例与材料》(第3版),北京大学出版社2017年版,第174~175页。

[3] 比如"五五开开挂"事件中的主角、外号"五五开"的前电竞选手卢本伟,还有如Miss韩懿莹、PDD刘谋等均为身价千万的网络游戏主播。

产生了质的变化。纳税人的收入结构和收入种类从原来以稳定的工资薪金为主,逐渐向以不稳定且支付方式多种多样的收入为主转变。依然将工资薪金类等来源稳定的所得税作为个人所得税收的主要来源,依然将《个人所得税法》第2条所列举的"9项"作为个人所得课税的依据,其结果就是个人所得税两个最为重要的功能——财政收入功能、二次分配功能失效,而引入限制型净资产增加所得概念恰能解决这些问题。限制型净资产增加所得概念的引入同时也为将来培养公民纳税意识、推进税收民主立法打下基础。[1] 而且我国正处于"降费减税"的发展阶段。在财政预算逐年增加的情况下,也只有通过引入涵盖范围更广的所得概念从而不断拓宽税基,才能让我国平稳地渡过这一发展阶段。

(2)为我国未来个税改革指明方向。没有明晰的所得概念作为个人所得税制改革中坚实的基石,导致在前几轮税改当中,税改部门几乎就是围绕起征点的上调等具体问题进行修改,而这根本难以触及我国个人所得税制所存在的种种痼疾。所得概念的模糊同样导致两个问题:首先,就是我国的个人所得税制改革不成体系,总是纠结于一些具体性的眼前问题比如个人所得税的起征点是否需要再提高,尤其是起征点提高的问题,[2] 显得税改部门非常短视。而且尽管将工作重心放在上述这些降税率、提高起征点的问题上,立法机关和国务院财政部门也往往是力不从心。直接的原因就在于那"9项"远远不能涵盖现今社会中纳税人的从理论上应当纳税的所得种类,同时由于国家对于个人所得税收作为国家财政收入日益增长的需求所限,在现有的"9项"下,降低税率确实难度极大。我国的税率想要真正地降下来,我国想要变成真正的税收国家,不断地开拓税基才是改革的正确方向。然而缺乏所得概念的指引,想要在适当的领域开拓税基难度极大。在拓宽税基时,主持税改的部门为了快速解决眼前的问题,往往会选择借鉴其他国家的相关立法,长此以往会导致我国的《个人所得税法》

---

[1] 参见施正文:《个人所得税法听证会与我国税收立法程序的完善》,载《税务研究》2006年第5期。

[2] 根据财政部消息,由于逐年提高工资薪金起征点到3500元,现今全国仅有2400万人左右需要缴工资薪金类的个人所得税。

成为国外立法的大杂烩，虽然能够解决一时的问题，但是却给构建一个完整的个人所得税体系造成了极大的障碍。限制型净资产增加所得概念的主要作用就在于尽量地将以往的不征税所得转化为征税所得，从而为将来改革破除法律障碍。另外，以如此广泛的税基为依据和指导，可以有效降低国务院财政部门在拓宽税基时突破税收法定原则的风险。〔1〕

（三）具体立法建议

在具体界定之前，笔者认为首先需要注意所得概念界定的三个"易错点"：可行性差、〔2〕过于狭窄、〔3〕界定偏差。〔4〕

综上，笔者对于所得概念重新界定以及其相关问题的立法建议主要有三点：其一，在所得概念范围划定的法律条文中——即我国现行《个人所得税法》第2条中的"9项"之前增加抽象的所得概念；其二，国务院财政部门可以在人大常委会批准后发布因违反税收效率原则和公序良俗原则停征个人所得税的通知；其三，在我国现行《个人

---

〔1〕 参见刘剑文：《落实税收法定原则的意义与路径》，载《中国人大》2017年第19期，第35~36页。

〔2〕 一般而言就是在所得的概念界定中加入一些降低可操作性的限制条件，让所得的识别难度极大。就比如仅将纳税人从市场交易中获得的收入视为所得，这种概念虽然具有理论意义：因为一国的市场是由国家提供的，纳税人在市场中进行经营活动并且获取利益，自然需要向国家支付一些国家维护市场良好运行的费用。然而这种通过对于来源的限定来界定所得的方式使得整个概念的可操作性极差，因为无论如何，国家也做不到了解纳税人的每笔收入的来源情况。而这种看似符合理论的概念界定反而使整个概念丧失意义。故在界定所得概念的时候应当将所得概念的可操作性作为基础性问题进行考虑。

〔3〕 当所得概念界定得过于狭窄时，如仅仅限定为工资薪金时，虽然对于工资薪金高的人群也征收相应比较高的税，但是对于极富阶层而言，其收入的主要构成并非工资薪金而是资本利得等其他不稳定而且支付方式各异的收入。那么这就会导致"对富人征低税，对穷人征重税"的违反量能课税原则的情况出现。

〔4〕 如果所得概念的界定出现了偏差，对不应当视为所得的收入也纳入到个人所得当中进行课税，如一个人因意外事故而导致终身丧失劳动能力，如果将其获得的损害赔偿金视为所得并进行足额征税将会导致极大的不正义。尽管按照计算净资产增加的方法，损害赔偿金确实现实地增加了纳税人的缴税能力，而且由于损害赔偿金本身数额极大，所以一般而言相应的缴纳额也就多。然而这显然违背了常识，因为在获得这一笔损害赔偿金后，该纳税人将几乎再无收入。界定偏差其实是因为对于某些特殊情况考虑不足，从而违反的量能课税原则的一种界定错误。

所得税法》其他所得中加入网络打赏收入。

现行的《个人所得税法》第2条应重新规定为：

> 除国务院财政部门另有规定的,[1] 纳税人取得的来源于各处的一切形式的净资产的增加均视为个人征税所得，原则上均需依照本法缴纳个人所得税。
>
> 下列各项个人所得，应纳个人所得税：
> 一、工资……[2]

并由国务院财政部门发布通知由各平台为主播和网文作者代扣代缴"网络打赏收入"，具体的税率应当进一步论证，在论证时可以参照一些大型直播平台，如斗鱼和快手[3]的成熟做法。[4] 同时在相应的司法解释中，同时将其中含有明确募捐性质的网络打赏排除。然后在相关税收征管法律规范和司法解释的其他部分进行协调。[5]

---

[1] 国务院财政部门认为征税成本过高或视为征税所得违反公序良俗有必要依照具体情况视为不征税所得的，需报请人大常委会批准并发布通知，不过在《个人所得税法》中以列举方式认定开征个人所得税的收入种类，国务院财政部门不可发布通知停征个人所得税。对于《个人所得税法》中以列负面清单方式认定不征收个人所得税的收入种类，国务院财政部门不可发布通知开征个人所得税。也就意味着，国务院财政部门不可发布与《个人所得税法》中条文明显违背的通知，从而在这方面降低了违反税收法定原则的风险。

[2] 由于本文仅负责将所得概念引入到《个人所得税法》第2条中以及网络打赏收入的定性问题，所以正向列举部分由于篇幅所限，无法详细说明讨论，故也不予以列举，不过笔者认为可以暂时将现行《个人所得税法》中的9项放入正向列举部分，然后再逐渐增添或删减。

[3] 笔者曾和快手公司中负责这一部分业务的工作人员专门咨询过这方面的看法，其实快手公司在和主播签订分成合同的时候早就开始为主播代扣代缴税款了，在他看来其实操作方法非常简单，只需要国务院财政部门发布统一的征税通知，将网络打赏收入按照"其他所得"20%的税率全额征税，由平台每月代扣代缴即可，这样所有平台就统一了，否则现有些小平台不为主播代扣代缴，主播个人也不缴税，这对于快手这类大型直播平台很不公平。由于其为积极所得，而且某些主播的打赏收入畸高，所以笔者认为在未来的综合和分类税制改革中应当将其划到综合类征收个人所得税。

[4] 由于一直没有统一规定，所以大部分大型网络打赏平台都是各行其是，但是有些平台已经有了比较成熟的做法，可以借鉴。

[5] 参见刘剑文：《中国税收立法基本问题》，中国税务出版社2006年版，第143~145页。

四、结语

当今我国正面临着一个前所未有的大时代,新型产业不断涌现,多种新型的支付方式进入人们的日常生活,人们的收入结构也随之发生剧烈的变动。新时代的《个人所得税法》要迎接新时代的挑战,墨守成规不仅仅会局限我国个人所得税制的发展,更会加剧贫富分化导致社会动荡。而我国个人所得税制之所以缺乏活力的根源就在于现行《个人所得税法》第2条对于所得范围的界定采取了正向列举式的方法,而这对于我国建设"税收国家"造成极大阻碍,故笔者写此文章,向立法机关提出对于个人所得税基过窄的解决方案。不过笔者更希望通过此文将学界的研究重点重新转移到所得概念中来,毕竟所得概念的问题作为研究个人所得税法的基础实是急需更加深入和透彻的研究的。

我国环境损害赔偿金的监管模式研究

张媛媛[*]

绪 论

"书写环保,青山绿水为归依。"[1]在绿色发展语境下,健全和完善环境损害赔偿制度对于建设生态文明制度尤为重要。长期以来环境侵害救济的焦点集中于环境污染或生态破坏所导致的人身损害,对人类活动导致的环境损害的修复缺乏关注。随着我国环境公益诉讼的深入开展,环境生态损害赔偿金的数额巨大,来源愈丰,如泰州的环保公益诉讼天价赔偿案[2],6家化工企业共同承担1.6亿余元的环境修复资金,这笔资金将如何有效用于生态修复,各专家学者莫衷一是。目前我国环境损害赔偿金由谁管理,如何使用,怎样监督等问题的解决,仍然处于探索阶段。

2017年12月,中共中央办公厅、国务院办公厅颁布《生态环境损害赔偿制度改革方案》,要求自2018年1月1日起,在全国试行生态环境损害赔偿制度。两年内的环境损害赔偿制度的试点破解了"企业污染,政府买单"的困局。2015年12月3日施行的《生态环境损害赔偿制度改革试点方案》(以下简称为《改革试点方案》)以"环境有价,损害担责""依法推进,鼓励创新"等为原则,对明确赔偿范围、加强环境损害赔偿资金管理、加强环境修复与损害赔偿的执行

---

[*] 中国政法大学民商经济法学院2015级本科生。

[1] 温源、张翼:《满足人民日益增长的优美生态环境需要》,载人民网,http://cpc.people.com.cn/19th/n1/2017/1024/c414305-29605595.html。

[2] 施忆、唐璐:《泰州环保公益天价赔偿案二审维持1.6亿元赔偿》,载人民网,http://js.people.com.cn/n/2014/1231/c360305-23399318.html。

与监督等方面进行了突破性的规划。2017年9月山东省开始施行《山东省生态环境损害赔偿资金管理办法》，这是我国7个环境损害赔偿试点省市中首家出台的资金管理办法，环境生态损害赔偿金的监管模式初露端倪。环境损害赔偿金管理法律制度层面的阙如，不利于保障赔偿款项专款专用、实现填补环境损害的功能，致使环境损害赔偿金的合理合法使用问题上面临诸多挑战。所以对我国环境生态损害赔偿金管理模式开展研究，具有紧迫性。

从目前在环境损害课题的学术研究成果来看，环境损害问题的解决从无到有，从萌芽到呼吁立法，前人披荆斩棘，在学术丛林里开拓出环境损害赔偿制度的富矿。通过检索与环境损害赔偿有关的文献，笔者发现在环境损害赔偿研究领域，大多研究成果集中于公益诉讼的主体、程序问题以及环境损害赔偿的鉴定问题上，对于公益诉讼判决后产生的巨额环境损害赔偿金的监督与管理相关成果少之又少。虽然在此问题上王灿发教授、吕忠梅教授、徐祥民教授、蔡守秋教授、于文轩教授均做出了积极有益的探索，但由于我国地大物博，国情复杂，目前地方环境损害赔偿金的管理办法仅是"试点办法"的平移，并未进行详细规制，与建立适合全国国情的环境损害赔偿金制度还有一定距离。环境损害赔偿责任的探究需要反复论证与结合实践，有必要通过对地方实践方法进行必要分析论证，探究适合我国的环境损害赔偿金。所以本文将焦点集中于环境损害赔偿金的监管制度上，具有一定的创新性。

再者，以往相关研究均将视角放于"环境损害赔偿金的使用"，对环境损害赔偿金的监督管理论证凤毛麟角，在近年的学术研究中，由环保部门主导的环保基金备受学者青睐，但随着2016年《慈善法》的出台，公益信托模式在环境损害赔偿金管理使用的方式逐渐受到关注，有望成为监管难题的破冰良器。从近20年来的研究数据统计来看，在生态文明建设的背景下，对环境损害赔偿金监管模式的研究越来越受到重视，但制度建设仍然处于浅水区，有深入研究的必要性。

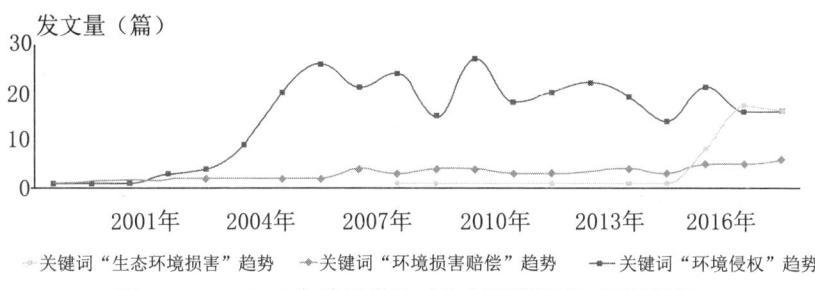

**图 1　1998~2018 年我国学界对生态环境损害、环境侵权、
环境损害赔偿相关问题研究成果数量比较**[1]

本文主要使用比较分析法、文献阅读法与案例分析法，对我国现有的环境损害赔偿金监管制度的困境做出分析，并以公益信托为视角探索我国环境损害赔偿金监管模式制度构建。全文分为三大部分，第一部分提出问题，对我国现有的各地方试行的环境损害赔偿金管理使用办法与地方判决中对环境损害赔偿金的处理对比分析，得出我国环境损害赔偿金监管存在的问题并对典型的监管模式进行了评价。第二部分笔者综合现有环境损害理论对环境损害赔偿金的概念与性质进行了界定，其性质也就决定了该赔偿金的来源与使用范围的限定，结合本文论点，综述了国外关于环境损害赔偿金监管难题处理的不同制度。第三部分是结合国外经验与中国国情，以公益信托为视角，试图通过确定托管人、加强监督、鼓励公众参与、相关配套制度保障的方式构建我国的环境损害赔偿金监管制度，并在最后结合现有的"长安慈环保信托"对环境公益信托在我国的适用是否具有可行性进行了论证。

一、问题的提出：我国环境损害赔偿金监管存在的困境

2014 年最高人民法院颁布《关于全面加强环境资源审判工作　为推进生态文明建设提供有力司法保障的意见》，其中一大部分内容倾向大力推进环境公益诉讼，对其中确定环境公益诉讼的责任方式和赔偿

---

[1]　数据来源于中国知网，通过关键词高级检索与人工识别进行统计。输入关键词分别为"环境损害赔偿""公益信托""环境损害赔偿金""环境损害赔偿金监管""环保基金""公益信托""环境公益信托""文献"。通过数据可以看出，对环境损害赔偿金监管制度的研究成果相对较少但逐渐受到重视。

范围进行了纲领性规定。探索研究环境公益诉讼与私益诉讼赔偿范围的关系，并鼓励地方根据当地实际情况，探索环境损害赔偿基金的监管模式，将环境赔偿金专款用于修复生态、恢复环境、维护环境公共利益[1]。这给环境损害赔偿金的发展提供了政策支持。

2015年中央办公厅、国务院办公厅颁布的《改革试点方案》确定7个试点，并以"环境有价，损害担责""依法推进，鼓励创新"等为原则，对明确赔偿范围、加强环境损害赔偿资金管理、加强环境修复与损害赔偿的执行与监督等方面进行了突破性的规划[2]。

在改革方案颁布前后，各地方也在积极实践、探索寻找环境损害赔偿金的管理模式。海南省高级人民法院于2011年出台《关于开展环境资源民事公益诉讼试点的实施意见》等一大批文件。在改革试点确定后，2015年绍兴市环境保护局、财政局联合制定《绍兴市生态环境损害赔偿资金管理暂行办法》等管理办法。

7个试点省市根据《改革试点方案》要求，印发了本地区生态环境损害赔偿制度改革试点方案，探索形成相关制度文件75项，深入开展案例实践27项，涉及环境损害赔偿金总金额约4亿元，在赔偿权利人、磋商诉讼、鉴定评估、修复监督、资金管理等方面，取得明显阶段性进展，形成了可供全国试行借鉴的经验。[3]

2017年12月，中共中央办公厅、国务院办公厅颁布《生态环境损害赔偿制度改革方案》，要求自2018年1月1日起，在全国试行生态环境损害赔偿制度。这是继2015年的《改革试点方案》后取得的又一阶段性成果。

在这些地方文件中就以下三方面都有规定：第一方面是设计多渠道的资金来源，为环境损害赔偿及修复提供资金保障；第二方面是明确资金使用范围；第三方面是严格资金管理程序，明确生态环境损害赔偿金的申请、使用程序，确保资金安全、高效使用。各地管理办法

---

〔1〕 参见《最高人民法院关于全面加强环境资源审判工作为推进生态文明建设提供有力司法保障的意见》，法发〔2014〕11号。

〔2〕 参见《生态环境损害赔偿制度改革试点方案》，中办发〔2015〕57号。

〔3〕 中共中央办公厅、国务院办公厅印发《生态环境损害赔偿制度改革方案》，载新华网，http://www.xinhuanet.com/politics/2017-12/17/c_1122124171.htm。

的出台将为当地全面追究污染者的环境责任,对环境损害启动及时有效的社会救济提供强有力的政策保障。但总体来说还是处于地方探索阶段,导致各地管理方式不一样,很容易导致赔偿金使用不明、跨界污染治理难等问题。

以下笔者将归纳有限的司法判决和地方管理办法,纵观目前我国地方对环境损害赔偿金的监督与管理进行积极探索并实践的几种模式,从宏观来看存在以下四方面问题。

(一) 管理方式混乱

表1 我国部分省/市环境损害赔偿金管理方式情况

省/市	环境损害赔偿金管理方式
山东省	属省级政府非税收入,应全额上缴省级国库,纳入省级财政预算管理。通过磋商议定的生态损害赔偿资金,由环保主管部门负责执收;通过人民法院环境公益诉讼生效判决、调解确定的生态损害赔偿资金,由人民法院负责执行。生态环境损害赔偿资金具体通过"山东省非税收入征收与财政票据管理系统"上缴,省财政厅负责确定执收单位生态损害赔偿资金执收编码。
江苏省泰州市	环境公益诉讼资金严格实行"收支两条线"管理,由资金使用方提出申请,市环保局审核,经市政府同意后市财政局拨付,并报市中级人民法院、市人民检察院备案。
江苏省无锡市	中级人民法院负责统一收缴,全额上缴市财政专户,坚持"专款专用、以收定支"原则,实行"收支两条线管理";优先满足资金积累。
云南省昆明市	市环保局开设救济资金专门账户,对救济资金统一核算和管理。 市审计局负责对救济资金管理使用进行监督。
浙江省绍兴市	资金实行专户存储、专账管理。 市环保局在财政统一账户下设立"生态环境损害赔偿金"专户,实行专款专用,统一核算。市财政局提供资金收缴的相应票据。
海南省	省高级人民法院按部门预算编制要求提出预算计划,经省财政厅审核,列入其年度部门预算,按相关规定报批下达;当年预算安排不足的,按照预算管理规定办理追加;年底结余资金按预算管理规定处理。

续表

省/市	环境损害赔偿金管理方式
贵州省贵阳市	专设财政专户。
湖南省	分类执收，磋商协议确定的生态环境损害赔偿资金，由生态环境损害地生态环境保护行政主管部门负责执收；人民法院判决、调解生效的法律文书的，由人民法院负责执行。专款专用，金额缴入同级财政部门非税收入汇缴结算户，并及时划缴本级国库，由地方财政部门列为生态环境损害赔偿专项资金管理，专款专用。

通过表格可以看出，各地方对于环境损害赔偿金的管理非常混乱，没有统一的规范。具体体现在：其一，管理方式花样多，山东省将环境损害赔偿金作为非税收入交由国库，昆明市的环境损害赔偿金由市环保局管理，海南省将其划入财政部门管理。环境损害赔偿金作为一笔巨额财产，没有特定的归属人，非统一管理方式容易导致资金的使用缺乏有效监督，难以做到专款专用。其二，缺少法律依据，一方面，制定主体缺乏法律依据。目前出台的环境损害赔偿金管理办法的制定，有的省市由环保局主持，有的省市由政府负责，有的省市由财政局制定，但都没有说明其有制定关于环境损害赔偿金管理办法的正当性，这导致法院制定的管理办法管理权在法院，财政局制定的管理办法赔偿金在财政局管理的乱象；另一方面，由于环境损害赔偿金特殊的性质导致其不能随意交由谁管理，环境损害赔偿金的所有人并非国家，所以交由国库管理的管理办法也没有法律依据。

(二) 监督机制空转

表2 我国部分省/市环境损害赔偿金监督方式情况

省/市	环境损害赔偿金的监督机制
山东省	省财政厅按程序及时收缴、拨付生态环境赔偿资金，审核批复资金支出预算，组织实施资金绩效评价和财政监督检查
江苏省泰州市	市审计局
江苏省无锡市	—

续表

省/市	环境损害赔偿金的监督机制
云南省昆明市	市审计局
浙江省绍兴市	市环保局负责生态环境损害赔偿金的收缴、管理和使用，市财政局负责对收支情况的监督
海南省	省财政厅
贵州省贵阳市	—
湖南省	市州、县市区财政部门，同级生态环境保护行政主管部门，与审计部门

现有的环境损害赔偿金监督方式主要存在三个问题：其一，缺乏监督以及监督主体混乱，为环境损害赔偿金的无法得到有效利用埋下隐患。其中，江苏省无锡市和贵州省贵阳市的管理办法没有规定谁有监督权，而这两个地方的环境损害赔偿金均采用财政专户的管理方式。财政专户的管理方式本身就使得使用方式更灵活，因此更需要监督。其他地方的监督方式也只是浮于表面，没有具体的监督模式和相关措施，谁来监督"监督者"难题没有破解。

其二，缺乏专业的监督主体，目前有规定的监督方式多为审计局、财政厅，这种监督方式忽略了环境损害修复专业性、复杂性的特点，仅仅靠财政方向的政府部门管理难以监督环境修复的实际效果，无法实现环境损害赔偿金设立的真正功能和目的。

其三，忽略公众参与，缺少体系性的监督模式。由于信息不公开，公众难以参与其中，发挥监督作用。鉴于环境损害赔偿金的来源广泛，有来自于法院的判决、调解等，有来自磋商达成的，有来自捐赠的，不同途径获取的赔偿金基于不同的法律关系应明确不同的监督主体地位而非进行单一的政府部门监督，应当建立系统性的监督模式，真正使环境损害赔偿金做到专款专用。

（三）申请程序繁琐

表3 我国部分省/市环境损害赔偿金使用申请程序情况

省/市	环境损害赔偿金的申请程序
山东省	修复项目和修复单位确定后，由修复单位向项目实施地财政、环保部门提出生态环境损害赔偿资金使用申请，同时提交生态损害赔偿资金使用方案、支出预算及相关文件资料，并对提供材料的真实性负责。上述材料逐级上报省财政厅、省环保厅，由省环保厅审核后报省财政厅。
江苏省泰州市	资金使用方提出申请，市环保局审核，经市政府同意后，市财政局拨付，并报市中级人民法院、市人民检察院备案。
江苏省无锡市	中级法院提出申请，报市财政局审核同意并经市政府批准后拨付。
云南省昆明市	申请人填写申请表，由市环保局负责处理。
浙江省绍兴市	申请使用资金的单位，应当向市环保局书面报告工程进展、资金使用中期、终期情况及其绩效。
海南省	申请人填写申请表，由受理案件的省级法院立案庭负责受理，经审核理由正当的，报副院长批准。
贵州省贵阳市	资金使用方提出申请，市环保局审核，经市政府同意后市财政局拨付，并报市中级人民法院、市人民检察院备案。
湖南省	专项资金使用单位向同级生态环境保护行政主管部门提出资金使用申请，按照7种不同的使用类型提交不同的申请表。

通过上表可知，在申请使用环境损害赔偿金时也存在一些问题。首先，申请程序繁琐，缺乏法理依据。以山东省的《生态环境损害赔偿资金管理办法》为例，当环境损害修复项目和修复单位确定后，由修复单位向项目实施地财政、环保部门提出生态环境损害赔偿资金使用申请，同时提交生态损害赔偿资金使用方案、支出预算及相关文件资料，并对提供材料的真实性负责。可见该省对环境损害赔偿金的使用慎之又慎。但从实践来看，上述材料逐级上报省财政厅、省环保厅，层层上报，徒增程序的冗余。其次，程序繁琐必然导致效率低下，每

一笔环境损害赔偿金的使用都要贯穿"整个"行政部门，大量的重复审核程序导致政府空转。对于环境修复，则可能错过修复损害的最佳时期，带来不可弥补的损失。所以在"简政放权，提高效率，方便群众"的政策背景下，这种繁琐的审批制度必然没有长久的生命力。

（四）实施效果不彰

为了确保环境损害赔偿金能得到有效使用，各地方做出大量工作，但从2015年到2018年3月的判决来看，尽管文件、意见、指导方针很多，但实际使用效果并不明显。首先，在检索到的案例中，大部分案件并没有明确指出将环境损害赔偿金支付给何方以及最终由谁管理，在有记录的25个案例中也只是简单说明支付方式和支付账号，并没有解释原因和具体交由谁去修复。其次，信息不公开，通过捐赠等获得的资金，也无法检索到是否用于环境修复以及信息披露情况。最后，事后救济无从体现。当环境损害赔偿金在国库沉淀或挪作他用后如何救济，目前也没有明确的规定。制度上的重重迷雾很难保证环境损害赔偿金真正得到有效利用、环境公益诉讼目的之达成。

二、问题的分析：环境损害赔偿金概述与监管模式评价

（一）环境损害赔偿金概述

1. 环境损害赔偿金的概念

"界定概念是法律首先要解决的问题，没有限定严格的专门概念，我们便不能清楚合理性地思考法律问题。"[1] 界定环境损害赔偿金的概念首先要确定环境损害的定义，环境损害为人类行为之于环境的影响。瑞典《环境损害赔偿法》（1986年）第1条[2]规定了环境损害赔偿金的定义[3]，其将环境侵害包含在环境损害赔偿之中。我国在《改革试点方案》中对生态环境损害是这样定义的："生态环境损害，是

---

[1] [美] E. 博登海默：《法理学——法哲学及其方法》，邓正来、姬敬武译，华夏出版社1987年版，第504页。

[2] 瑞典《环境损害赔偿法》（1986年）第1条规定"本法所称环境损害赔偿，是指基于不动产的人为活动通过环境造成人身伤害、财产损害以及由此导致的经济损失赔偿"。

[3] 赵国青主编：《外国环境法选编》（下册），中国政法大学出版社2000年版，第1159页。

指因污染环境、破坏生态造成大气、地表水、地下水、土壤等环境要素和植物、动物、微生物等生物要素的不利改变，及上述要素构成的生态系统功能的退化。"[1] 该定义将环境损害区别于环境侵害与环境侵权。所谓环境侵害[2]是指由于人类活动施加于环境所产生的各种消极影响和不利后果的总称。环境侵权是指那些由于环境或破坏环境而导致他人人身、财产、精神等传统民事权益受损的行为。[3] 环境侵害、环境损害、环境侵权的关系可以表示如下图：

图2　环境侵害、环境损害与环境侵权关系图

将环境损害与环境侵权相区别是有必要的。两者最典型的区别在于保护的主体不同，环境侵权针对的是特定的人，而环境损害主要针对环境自身的利益，对人的影响是间接的。环境损害的实质是对人类整体环境利益的损害。随着人类的不断增长，资源的有限性更加突显，环境损害已经变成一种社会"风险"，环境损害社会化趋势明显，所以将两者区分有一定的合理性。

目前，我国对环境生态损害赔偿金的概念只是应文字之需零散分布于各种文件，对于环境生态损害赔偿金的明确界定，学界尚无定论。有的学者称之为生态损害赔偿金[4]，有的学者称之为环境公益损害救济金[5]，有的学者称之为环境公益诉讼损害赔偿金[6]。笔者认为将

---

〔1〕　参见《生态环境损害赔偿制度改革试点方案》。

〔2〕　环境侵害是由于人类的活动或行为对环境所产生的不利影响和变化。只要环境发生了不利影响和变化，就会有环境侵害发生。

〔3〕　徐祥民、巩固：《环境损害中的损害及其防治研究——兼论环境法的特征》，载《社会科学战线》2007年第9期。

〔4〕　于文轩：《论我国生态损害赔偿金的法律制度构建》，载《吉林大学社会科学学报》2017年第5期。

〔5〕　王树义、王旭光主编，傅剑清：《论环境公益损害救济——从"公地悲剧"到"公地救济"》，中国社会科学出版社2017年版，第95页。

〔6〕　中华环保联合会课题组：《环境公益诉讼损害赔偿金研究》，载《中国环境法治》2014年第2期。

类似的范围称之为环境损害赔偿金为宜。一方面，从逻辑学上看，广义上的环境的外延包含生态；另一方面，从这笔款项所包含的范围来看，在中国环境法语境下的环境损害赔偿金不仅包括直接由公益诉讼而获得的生态修复赔偿金，还包括其他途径获得的资金[1]。所以相比公益诉讼损害赔偿金，环境损害赔偿金更妥当。综上所述，基本可以得出环境损害赔偿金作为环境损害后果的货币化表现形式，其功能是用于修复人类活动对环境造成的损害。

2. 环境损害赔偿金的性质

只有明确环境损害赔偿金的性质问题，才能解决赔偿金的归属与管理问题。首先，环境损害赔偿金是环境修复成本的货币化表现形式。环境损害赔偿金的产生根源于资源的有限性、环境修复的特殊性与专业性。"公地悲剧"在环境领域屡见不鲜，但由于资源的有限性，人类必须承担起环境修复的责任，环境修复是指在环境损害后果已经发生的情况下，原告请求被告采取一定措施对受到损害的生态环境进行修复，以使其恢复到污染或破坏行为发生前的状态，如"恢复土地生态能力""恢复生物物种种群数量"等。[2] 由于环境侵权案件发生后，很难像传统民法一样将恢复原状的惩罚方式直接搬用，所以在损害发生后，替代性环境修复责任的方式应运而生，比如矿山已经被开采，可以采用异地补植等；又由于环境修复具有很强的专业性、复杂性，不能通过企业或者个人完成，污染者或者破坏者也常不具备修复损害环境的能力，环境损害赔偿金因此出现。

其次，环境损害赔偿金不同于环境污染行政罚款，环境污染行政罚款是一种行政责任承担方式，发挥的是事后的、制裁性的功能。环境损害赔偿金的功能重在环境修复，而非制裁。并且环境污染行政罚款是有上限的，相较于环境破坏后巨大的修复费用，环境损害赔偿金更能适应环境修复的司法实践。

再次，环境损害赔偿金不同于环境污染刑事罚金，环境污染刑事

[1] 详情见附图3。
[2] 胡卫：《环境侵权中的修复责任的适用研究》，法律出版社2017年版，第127页。

罚金是法院判处的环境刑事犯罪人向国家缴纳的一定数额的金钱，目的在于惩治和预防环境犯罪。环境损害赔偿金不必然来源于司法，大多数情况下，为了尽快获得赔偿进行生态修复，一般以政府为主体出面协商。

最后，环境损害赔偿金不同于生态损害补偿金，一方面环境损害赔偿金发挥着"惩罚、教育激励以及筹措环保资金的功能"[1]，环境损害赔偿金更倾向于对损害主体环境负外部性的事后矫正责任，是一种惩罚性机制。

3. 环境损害赔偿金的来源

关于环境损害赔偿金的来源，我国地方出台的管理办法中有部分做出了明确规定，遍稽现有地方立法，整理如下：

目前我国的生态损害赔偿金来源主要有四方面，首先是经环境损害赔偿、环境公益诉讼中由生效判决获得的环境损害赔偿金，这种方式在四个地区均列首位，是环境损害赔偿金的主要来源。其次是生态环境损害赔偿磋商、调解索赔的资金，实施赔偿磋商[2]、完善赔偿诉讼规则是《改革试点方案》的重点内容。生态环境损害赔偿磋商制度是解决环境纠纷的特色制度，其性质为民事性质，一般通过民事纠纷的解决方式来设计磋商规则，运用磋商方式解决环境问题。一方面，在以"和"为贵的中国，磋商制度有很强的操作性，通过磋商将复杂的专业问题简单化，通过立法可为磋商提供法律效力，架设了行政与司法的桥梁，有利于磋商结果得到具体落实。另一方面，通过磋商有利于保障公民、法人和非法人组织在环境问题上的知情权、监督权、

---

[1] 金锦萍：《论公益信托之界定及其规范意义》，载《华东政法大学学报》2015年第6期。

[2] 《生态环境损害赔偿制度改革试点方案》："经调查发现生态环境损害需要修复或赔偿的，赔偿权利人根据生态环境损害鉴定评估报告，就损害事实与程度、修复启动时间与期限、赔偿的责任承担方式与期限等具体问题与赔偿义务人进行磋商，统筹考虑修复方案技术可行性、成本效益最优化、赔偿义务人赔偿能力、第三方治理可行性等情况，达成赔偿协议。磋商未达成一致的，赔偿权利人应当及时提起生态环境损害赔偿民事诉讼。赔偿权利人也可以直接提起诉讼。"

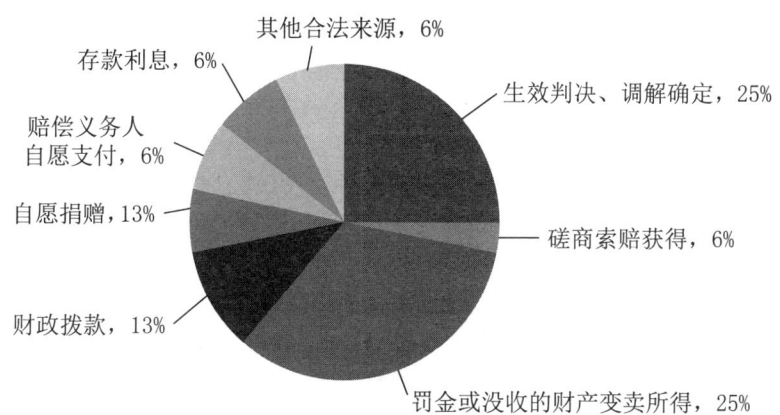

图 3 环境损害赔偿金的来源[1]

参与权。[2] 息烽诚诚劳务有限公司案[3]是我国首例由省级政府提起的环境磋商案件,包括前期应急处置等共需要经费757.42万元。磋商方式将成为环境损害赔偿金的重要来源。再次是环境刑事案件中被判处的罚金或没收的财产。最后是企事业单位(个人)自愿定向捐赠和通过财政拨款等方式,"政府与市场对环境解决的失败产生了环境善治的需求,也促使市民社会力量的引入成为环境治理的制度内核,公众应参与到从环境资源保护到利益共享的整个过程,在互助合作中保证公平、公正和有效。"[4] 所以社会公众参与环境损害的救助,丰富了环境损害赔偿金的来源,为生态修复提供了坚实的保障。

---

[1] 图3根据2010年昆明市人民政府《昆明市环境公益诉讼救济专项资金管理暂行办法》、2011年海南省高级人民法院《关于开展环境资源民事公益诉讼试点的实施意见》、2012年无锡市中级人民法院制定《无锡市环保公益金管理暂行办法》、2014年贵阳市中级人民法院制定《贵阳市中级人民法院关于进一步推进环境民事公益诉讼的审判工作的意见》、2016年泰州市政府制定《泰州市环境公益诉讼资金管理暂行办法》、2017年山东省财政厅、高级人民法院等联合制定《山东省生态环境损害赔偿金管理办法》、2016年绍兴市环境保护局、财政局联合制定的《绍兴市生态环境赔偿金管理暂行办法》综合绘制而成,下称各"地方管理办法"。百分比仅体现占比关系,不体现具体意义。

[2] 参见《贵州省生态环境损害赔偿磋商办法(试行)》,黔府办发〔2017〕71号。

[3] 参见《贵州省环境保护厅与息烽诚诚劳务有限公司等生态环境损害赔偿案——生态环境损害赔偿行政磋商协议的司法确认》,(2017)黔法0181民特6号。

[4] 王树义等:《环境法基本理论研究》,科学出版社2012年版,第241页。

4. 环境损害赔偿金的使用范围

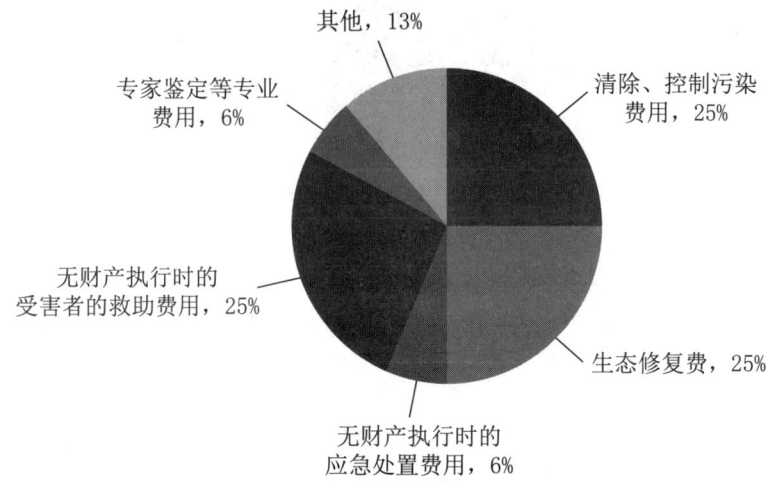

图 4　环境损害赔偿金的使用范围[1]

在我国现行的地方规范中，环境损害赔偿金的使用范围广泛，包括清除污染费用、生态环境修复费用、生态环境修复期间服务功能的损失、生态环境功能永久性损害造成的损失以及生态环境损害赔偿调查、鉴定评估等合理费用[2]。其中有些省市（昆明、无锡）的地方法规将环境损害赔偿金用于无财产执行时的受害者的救助费用，笔者认为这样做是不妥的，上文已述，环境损害赔偿金区别于对个人损害的赔偿金，公益诉讼基金中的私益受害人救济功能应从此项资金中排除。《改革试点方案》也明确"涉及人身伤害、个人和集体财产损失要求赔偿的，适用侵权责任法等法律规定"，将其排除在环境损害赔偿金使用范围外；当受害者的救助出现困难时，国家应该发挥其救助功能，专门成立环境救助基金来对受害者进行紧急救助。

---

〔1〕《生态环境损害赔偿制度改革试点方案》，在发生生态环境损害后，省级政府可指定相关职能部门代表国家通过与责任人进行磋商的方式，提出生态环境损害赔偿要求，磋商结果可向人民法院申请司法确认，赋予执行力；磋商不成功可向人民法院提起损害赔偿诉讼，让污染者担责，以赔偿款去治理和修复被破坏的生态环境。

〔2〕　参见《生态环境损害赔偿制度改革试点方案》，中办发〔2015〕57号。

(二) 我国环境损害赔偿金的监管模式评价

结合目前各地环境损害赔偿金的监管实践和法院作出的司法判决以及在学界的学说讨论，我国环境损害赔偿金的监管模式分为以下四种，综合各种利益考量，这些监管模式各有利弊，但都不尽然适合我国环境损害赔偿金的管理。

1. 国库监管模式

在这种模式下，环境公益诉讼资金上缴国库或在财政中设立专门账户，以达到专款专用的目的，如山东省便采用此种方式。笔者认为环境损害赔偿金不宜上缴国库或交给财政局进行管理。

一方面，行政部门的运行效率较为低下有可能导致环境损害赔偿金变成"死钱"，沉于国库。早在1887年，威尔逊在《行政学之研究》中便提出"政府能够适当地和成功地进行什么工作，其次，政府怎样才能以尽可能高的效率和在费用或能源方面以尽可能少的成本完成这些适当的工作"。像环境损害赔偿金这种需要巨大灵活性与专业性的支出，不宜交给财政部门进行管理。由于我国行政部门信息透明度较低，申请程序封闭不对外，从方便公众监管的考虑，为了避免出现行政机构拆借资金款项、政府机构既是持有者又是监督者的状况，行政部门不适合作为资金的管理人。

另一方面，环境损害赔偿金不归属于国家所有，上缴国库或财政局缺乏合理依据。有学者认为我国宪法规定自然资源国家所有权，所以环境损害赔偿金属于国家，笔者并不认同这种看法。其一，宪法上的国家所有权不并非完全等同于私法上的所有权；其二，环境损害赔偿金不仅包括诉讼得来的赔偿金还包括社会捐助等，环境损害赔偿款项并不是法定国库税费的收入来源，不构成国家的收入，因此政府部门不必然是赔偿款项的持有主体。

2. 法院监管模式

在法院管理模式中，公益诉讼和调解得到的资金是环境损害赔偿金的主要来源，法院在审核款项使用方案后向财政部门提出申请，由此，法院通过判决和申请在款项的取得与使用问题上起着决定性的作用，这将会把法院抛入利益关系漩涡当中，难以发挥法院居中裁判的审判职权。再者，目前法院案款管理自身仍存在着问题，比如法院没有统一的管理模式，财政部和最高人民法院也未做出明确规定[1]；法院案款在实行国库集中统一收付管理后，没有专业的财务管理账簿，只有简单的银行流水，这种粗放的管理模式不适合环境损害赔偿金的管理。

而且，这种方式难以融入社会上的捐款等形式的用于环境修复的资金，既缩小了环境损害赔偿金的来源范围，也浪费了国家司法资源。因此，法院不适合作为赔偿款项的管理人。

3. 基金会监管模式

基金会模式是指建立专门的环境损害赔偿基金会[2]，负责对生态损害赔偿金的管理、适用和监督提供支持。该模式在我国的设立、运行、管理、解散等都有一定的阻碍。

首先在设立方面，基金会的设立在我国有很严格的标准，巨额原始基金便成为第一道门槛[3]。并且基金会的成立需要有完整的机构，人力成本将是不可忽视的巨额成本。

其次在运行、管理方面，基金会所管理的资金使用与支出都有很大的限制，其中最大的弊端就是基金会等财团法人不能动用本金，即不得任意动用基金会自身的基本财产，这样一来，如果环境损害赔偿金的基数过小，法人几乎难以运转[4]。加之，我国的基金会实行分割控制，部门多为行政机关，缺乏必要的资金运营经验、技术和专业人才[5]。基金会管理方式行政色彩浓厚，缺乏监管，资金运作率低。所以综合来看，也不能实现环境损害赔偿金的最佳利用。在解散方面，基金会成立后不能任意解散，这不适应有些短暂性的环境损害赔偿金的管理。

4. 环保基金监管模式

贵阳市中级人民法院于 2014 年 11 月发布的《关于进一步推进环

---

[1] 张嘉琛、张毅：《"互联网+"背景下法院案款管理探究》，载《中国农业会计》2015 年第 12 期。

[2] 于文轩：《论我国生态损害赔偿金的法律制度构建》，载《吉林大学社会科学学报》2017 年第 5 期。

[3] 据《基金会管理条例》(2004) 第 8 条规定："全国性公募基金会的原始基金不低于 800 万元人民币，地方性公募基金会的原始基金不低于 400 万元人民币，非公募基金会的原始基金不低于 200 万元人民币；原始基金必须为到账货币资金。"

[4] 赵廉慧：《信托法解释论》，中国法制出版社 2015 年版，第 525 页。

[5] 张文江：《公益信托价值之思考》，载《山西农业大学学报（社会科学版）》2006 年第 4 期。

境民事公益诉讼审判工作的若干意见》规定："设立环境公益诉讼专项资金。法院可将环境公益诉讼的赔偿款直接判决支付到专项资金，用于生态环境的修复。"一般情况下设立环保基金交给了环保公益组织运行，但很多时候有资格的环保公益组织充当了环境公益诉讼中的原告，如果这时再由其充当被委托人，在诉讼地位上具有不充分性。

环保基金作为一种环境损害赔偿管理模式被国内外广泛应用，但其也存在弊端，正如波斯纳所论述，"即使不发生任何无法预料的情势变迁，永久性慈善信托捐赠仍然会提出一个出现在现代企业中的经济问题，即所有权与管理权的分立。"环保基金往往接受着巨额、来源广泛的资金汇入，但没有在资本市场上面临竞争，并且不用承担基金事业业绩的责任，与此同时，基金管理人对环境损害赔偿基金又不拥有财产权，所以"他们就不能积极地使基金资产或收入的价值最大化。在此，胡萝卜和大棒都不起任何作用"。[1]

（三）环境损害赔偿金监管模式的域外经验

1. 美国：严格的监督机制

美国的损害赔偿制度的构建，也是长期以来聚焦于环境污染引发的侵权救济，到近年来由于自然资源破坏引发的生态损害赔偿问题，开始重视环境损害赔偿制度。1980年美国国会通过了《综合环境反应补偿与责任法》，规定了"危险物质信托基金"和"关闭后责任信托基金"[2]，用来赔偿因有害物质排放对自然环境造成的破坏。在环境修复过程中，一般由联邦机构或者州政府机构按照管辖权的划分提起诉讼，要求污染者或者责任方向这些原告支付因采取预防措施或者修复措施而产生的费用，美国通过设立基金的形式管理与使用环境损害赔偿金。并且在公民诉讼中的原告并不能诉请被告承担环境损害赔偿的责任[3]。但是，政府机构提出的环境公益诉讼，则可以要求被告承

---

〔1〕［美］理查德·A.波斯纳：《法律的经济分析》，蒋兆康译，中国大百科全书出版社1997年版，第273页。胡萝卜加大棒通常指的是一种奖励与惩罚并存的激励政策。波斯纳也提到了州检察长有对慈善基金的法律监督权，但其认为这种监督只是形式上的监督。

〔2〕王曦、胡苑：《美国的污染治理超级基金制度》，载《环境保护》2007年第10期。

〔3〕中华环保联合会课题组：《环境公益诉讼损害赔偿金研究》，载《中国环境法治》2014年第2期。

担损害赔偿责任。

其中美国《1990年油污法》就环境损害赔偿金处理事项有详尽的说明，对自然资源损害的赔偿款项由托管人获得；州检察长有权进行监管，私人财产及未来收益的损害赔偿由索赔者获得[1]；税收损失、公共服务的损失赔偿由相应的行政机关获得。从责任方获得自然资源赔偿款项后，由托管人存放于专门的账户中，用以支付预防污染和修复自然资源的成本。该专门账户实际上构成一种基金。这种环境损害赔偿金的管理制度在实施以来取得了显著的成绩，有利于司法统一，且有利于发挥出环境损害赔偿金环境修复的预设功能。

2. 欧盟：明确的管理权属划分

20世纪90年代，欧盟制定了《水框架指令》，该法目的是加强公法监管，2004年欧盟颁布了《关于预防和补救环境损害的环境责任指令》，主要规定生态环境领域损害赔偿问题。[2] 欧盟成员国德国和法国都建有基金用于生态环境修复。欧盟《关于预防和补救环境损害的环境责任指令》旨在对区别于民事责任的环境责任进行预防和补救，在救济方式上有民事赔偿制度与行政救济两种。

英国出台了《环境损害规例》并在2015年进行了修订，明确了环境损害赔偿责任的承担和追究期限。并且英国将公益信托运用于环境损害赔偿金的管理，在管理方式上更加新颖。英国的公益信托产生于中世纪时期，是英美法系国家最具特色的制度之一，信托制度的确立是为了突破英国普通发票特别诉讼形式的束缚，实现衡平法上的正义和良心。英国早期的公益信托，其设立目的与中世纪的慈善和宗教法人的历史有关。当时英国信托制度由于首先用于宗教性目的，所以公益信托早于私益信托的发展；并且当时的受托人大多为自然人或教会，所以英国的民事信托早于营业信托存在。后为了整顿公益信托受托人的不当管理行为以及一向不尽明确的公益目的，制定了英国《1601年慈善用益条例》，其中关于公益目的的界定共有10条，但当时并没有包含关于

---

[1] 参见毛如柏主编：《世界环境法汇编·美国卷》，中国档案出版社2007年版，第2153页。

[2] 潘德勇：《欧盟环境损害赔偿立法模式对中国的借鉴》，载《贵州大学学报（社会科学版）》2010年第5期。

环保方面的公益。1893年,英国颁布了《受托人法》等进一步完善公益信托制度,现在的英国公益信托制度已经相当完备。2006年《慈善法》中,第一部分第2条将保护与改善环境的事业纳入到公益信托当中。

3. 加拿大:完善的损害赔偿基金制度

在加拿大,其环境损害赔偿金来源于责任人承担的赔偿资金和个人自愿捐赠。环境损害赔偿金的管理由环保部下设独立账户,环保部担任基金管理人。此基金会采用行政依附模式,其与国库管理形式相比,更利于环境损害赔偿金的流通利用,将"死钱"变成修复环境的"源头活水";其与另设基金会相较,节约成立与运行的人力与财力成本,能使环境损害赔偿金做到物尽其用,发挥最大效率的同时,节省政府支付;其与财政部管理相比,更能进行专业化修复,且环境损害赔偿金的使用与管理更易于接受社会的监督。

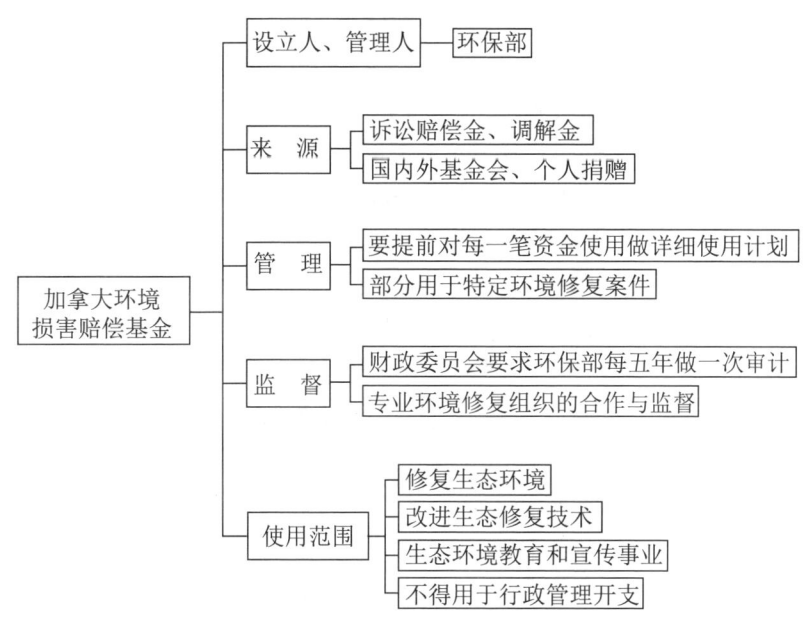

图5 加拿大环境损害赔偿基金制度模式

4. 日本:成熟的损害赔偿社会化制度

日本环境损害赔偿的范围采用了"定型化、类型化的新损害赔偿方式"。并在环境损害赔偿的社会化方面有很大的创新,提倡损害赔偿的社会化即财产担保和行业互助基金。在日本的环境损害赔偿法律体系当中，十分注重公益诉讼制度。日本建有完善的社会化赔偿制度。政府根据"污染者付费原则"，向造成污染的企业按其污染程度征收赔偿基金。在生态领域的环境公害赔偿，如果赔偿义务人不能承担损害，可以适用其公害基金制度进行社会化赔偿。在最近几年，日本为促进社会福利，各大公司均开始设置公益信托，在自然环境保护及乡土文化的复兴方面广泛应用[1]。

英美国家公益信托制度高度完善，是因为其有一片适合公益信托法生长的衡平法土壤，在中国丧失衡平法的信托法应该有更具中国特色的发展方向。

三、问题的解决：环境公益信托模式的探索

（一）赔偿金监管中基本问题的解决

1. 明确赔偿金管理人

赔偿金管理使用问题既是理论问题，又是实践问题，但也只有法律关系明朗，理论问题解释清楚的制度才能长久地运行下去。明确环境损害赔偿金的托管主体才有利于解决环境修复中的公地悲剧[2]。目前，我国没有明确具体的环境损害赔偿金的托管主体，非常不利于环境损害赔偿金的有效利用。吕忠梅教授认为，"环境公益诉讼司法判决的资金属于国家收入，这个性质是不能变的"。所以应该由国家成立专门的基金，进行统一监管。笔者并不认同这种观点。首先，我国国家所有权的行使要具有法定性，现并无明文规定环境损害赔偿金属于国家税收。解决权属问题，还是要环境损害赔偿金制度构建达到最终目的即为了维护不特定公众的公共利益。但由于不特定公众主体分散，难以统一行使，所以可以由政府代为管理，再委托给

---

[1] 邱细钟：《公益信托制度研究》，中国政法大学2003年硕士学位论文。

[2] 王树义、王旭光主编，傅剑清：《论环境公益损害救济——从"公地悲剧"到"公地救济"》，中国社会科学出版社2017年版。由于环境资源具有公共性、不可分割性、有限性，产权难以界定或界定成本高，因此使用者往往不考虑环境资源的公共性和整个社会的意愿，无节制地开发和利用，最终可能导致环境资源越发稀缺。在环境资源上每个人追求利益最大化的最终结果导致所有人遭殃，这就是公地悲剧。

信托公司或类似基金进行实质的管理使用。比如政府通过与企业磋商获得的赔偿金，可以指定给信托公司进行管理，但政府有权进行监督。

再者，从法律经济学来看，由政府管理资源是无效率的。波斯纳通过美国西部森林的例子论证了政府拥有森林并没有起到保护效果，这冲击了环境法中资源所有权的"公共信托理论"。回到我国法律，除《物权法》列举规定的属于国家所有外，并非所有自然资源均属于国家。所以作为环境损害赔偿金，不必然由国家所有，由国家管理。这就给我国环境公益信托理论留下了发展空间，通过公私合作，将环境损害赔偿金委托给更有效率的信托公司尽心公益信托运行，有利于环境损害赔偿金效用最大化。

世界上并不存在截然分开的法律决策和经济决策，在一定意义上，立法和与之不可分离的司法和执法都是经济活动，而经济活动就是要寻求社会资源的最优化配置（虽然这并不意味着法律活动的结果必然是最经济的或财富最大化的）[1]。这给在国内的公益信托有了合适的生根发芽机会。环境损害赔偿金公益信托理论在解决赔偿金管理使用问题上提供了新的分析框架，有助于厘清法律关系。

2. 加强全方位监督

就监管机关而言，英国的公益事业通过公益事务署统一管理全国的公益事业。设立变更和终止公益信托，受托人都应该向公益事务署进行登记。英美法系国家的监管机关，在英国为公益委员会，在美国为检察长，监管机构比较确定，有利于公益事业的统一管理。而在大陆法系国家或地区，如日本监管机关为转关官署或目的事业的管理机关。[2] 相比之下，大陆法系的机关更为非统一。信托的独特优点之一便是财产独立，可以降低投资风险，但在环境信托中，由于没有特定的委托人和受益人，所以财产独立导致这笔资金的流动性增大，因此需要更为严格的监管。我国关于环境公益信托的监管，应由目前政府监管向政府、社会共同监管转变。政府主要监管三方面内容：一是根据需要协调立法、完善有关的细则，保证制度依法运行；二是监管信

---

[1] 苏力：《法治及其本土资源》，中国政法大学出版社1996年版，第98页。
[2] 邱细钟：《公益信托制度研究》，中国政法大学2003年硕士学位论文。

托企业依法运作、稳定运作，使其合理合法地进行招投标与投融资；三是监管各部门制度落实，特别是监督部门提供信息和落实惩戒措施的情况。

（1）信托监察人及行业监督。我国《信托法》第64条规定，公益信托应当设置信托监察人，但具体哪些人可以担任信托监察人，信托监察人的职责是什么并没有明确规定。选定监察人的关键在于监察人具备社会公信力且不容易与信托公司产生关联关系[1]。已有的公益信托实践中一般选择律师事务所、会计师事务所作为监察人。2016年《慈善法》的出台，动摇了信托监察人强制设定的原则[2]。信托监察人从强制设立到自愿设定，但实际操作中，监察人的自由设定会导致之后的信托公司无法完成清算。因为我国《信托法》第71条规定信托终止必须经过监察人认可的要求，否则无法完成清算，慈善信托无法合法终止。所以环境损害赔偿金公益信托在设立时就最好设置信托监察人，以防信托终止没有监察人认可而无法完成清算。由于公益信托的性质就是为了实现公共利益，但受益人又非特定的公众，所以信托监察人有权监督受托人根据信托规定，将信托财产运用到具体的公益目的，一旦受托人违反信托文件的规定，没有将信托财产运用到公益信托目的或者运用不充分，信托监察人可以代表受益人或直接请求受托人履行职责，或请求公益管理机构责令受托人履行职责，或向法院提起诉讼，要求受托人履行职责。

信托公司内部也设有监督机构，行业自律监督有利于实现监管的持续性与信息获得的及时性。有的学者认为法院、检察院也应参与监督，笔者认为涉案法院只需要做到在执行判决阶段的一般监督即可，没有必要进行过于深入的监督，以免过分浪费司法资源。而且即便法院有参与监督的权利，也很难在实践中得到实现。

（2）公益事业管理机构的监督。我国的公益信托制度富有较强的

---

[1] 胡卫萍、田田：《慈善资金的信托运营研究》，载《企业经济》2012年第9期。
[2] 《慈善法》第49条规定：" 慈善信托的委托人根据需要，可以确定信托监察人。"是否设立由慈善信托当事人根据实际需要自由裁量。

行政色彩，其中公益事业管理机构在其中扮演着重要角色。信托法[1]在公益信托发展中，公益事业管理机构的职责远不只这些。由于以前我国信用体制还不健全，公益事业管理机构的监督是必要的，但随着我国信用制度不断健全，应减少公益事业管理机构的严格监督。《慈善法》第45条已经放弃了慈善信托设立需要公益事业管理机构事前审批的立场，新法的基本精神显然是要弱化公益事业管理机构对慈善信托从设立到终止整个过程的监管权力，给环境公益信托中公益事业管理机构的定位提供了方向。

（3）环保社会团体的监督。环境保护社会团体因其在环境保护领域的专业性而获得一定的权威性，与环境损害纠纷没有直接关系从而保证中立性，并且我国的环保社会团体有完善的内控制度、受到严格的行政监管且利于公众监督，一定程度上确保了资金的安全性。第三方监管既可以解决行政主管部门的监管资源的有限度，又可以解决虽然开通了公众参与监督赔偿款项的渠道，但公众对个别环境修复问题不关心的情况。因此，可以在必要时引入具有监督能力的社会团体或特定的公众作为第三方监管人，依程序对环境修复活动进行监督。我国已有相关尝试，2017年6月，长安慈——环境公益信托的"长江水项目"便是通过8家水环保组织进行环境修复的监督。

3. 拓宽公众参与渠道

罗尔斯曾说，"国家并不是公益的唯一代表，也不是公益的唯一维护者，个人或团体可以代表、维护和促进公益"。公众应该在环境损害赔偿金的使用与监督中起到重要作用，这不但有利于环境损害赔偿金的专款专用，还可以避免出现信托公司因盲目追求利益导致的市场失灵与公权力寻租导致的政府失灵。信息披露对于公益信托，尤其是信托公司公募设立的公益信托非常重要。这不仅体现了对捐赠者利益的维护，也体现了公益信托在发展公益事业方面的优势。目前公益信托的信息披露一般包括募集信息披露、定期信息披露和临时信息披露。

---

[1]《信托法》第66、67条分别规定，"公益信托的受托人未经公益事业管理机构批准，不得辞任。""公益事业管理机构应当检查受托人处理公益信托事务的情况及财产状况。受托人应当至少每年一次作出信托事务处理情况及财产状况报告，经信托监察人认可后，报公益事业管理机构核准，并由受托人予以公告。"

信息披露内容须经过信托监察人的认可,此外公益信托财产每年还须经信托监察人审计并出具审计报告和监察报告,最大限度地保证了公益信托财产运作的透明性和使用的公正性。

因此,环境损害赔偿金的管理虽然在信托机构手中,但在使用过程中,公众应该有可行的渠道积极参与,如通过圆桌会议、协商机制等共同出谋划策。环境治理公司或信托公司在制定环境修复方案时,应通过召开听证会、开通意见征集渠道等方式,允许公众对环境修复方案发表建议;并且加强信息公开,如关于环境公益信托的检查、评估工作,招投标的程序情况,在统一平台上发布动态环境修复情况,向社会公开信托事务处理情况及财务使用情况。如长安慈环境公益信托项目通过组织志愿者团队对如皋的长江、通扬运河、如海河、如泰运河的各支河开展河道巡查守护,累计巡河 20 次,巡查 105 条三四级河,发现河水各类污染源 1132 条,80% 为面源污染,递交 8 份反馈问题的材料,有效回复 6 份,充分发挥了公众的参与作用。[1]

4. 相关配套制度的保障

(1)放宽设立条件。信托之所以能在丰富繁杂、更新换代极快的金融投资市场上一直富有生命力,很大程度在于其灵活性。但在我国的金融环境中,发展公益信托需要进一步的束缚松绑。其一,结合公益信托特点,更多关注公益信托目的。公益信托成立的主体要件是明确的委托人、受托人和受益人。但由于环境损害赔偿金的特殊性,很难讨论出委托人,不妨将更多目光投向环境损害赔偿金是否通过信托方式得到最大效率的使用,这才是公益信托设立最终目的。其二,灵活地运用公益信托形式。由于我国的信托业行业的进入要求比较严格,实行与众不同的公益信托审批制,这样带来规范公益信托市场、规避逃税避税的优点外,也降低了公益信托的运行效率,提高了行业门槛。所以在环境损害赔偿金的管理上面,不妨运用灵活的方式,由于环境修复代履行的盛行,当出现公益信托公司或基金时,法院已经进行了审查才能在判决中指定,有一定的信任关系,并且可以通过放松审批过程、加强监管过程来避免环境损害赔偿金的滥用。

---

[1]《长安慈扬子清流项目(第一期)结项》,参见 http://www.lvziku.cn/c518.html,最后访问日期:2018 年 4 月 2 日。

(2) 法律、政策的完善。首先,明确"公益事业管理机构",规范简化审批程序。在我国《信托法》中公益事业管理机构的地位举足轻重,它既是公益信托设立的审批机构[1],又是公益信托活动中的管理机构[2]。一方面,我国公益信托的管理机构并非单独的一个管理机构,而是根据不同目的分而管之,如关于环境损害赔偿金环境公益信托审批机构就是环境管理行政部门。这样的管理模式让性质难以单一划分或公益目的多元的公益信托很难通过审批设立。另一方面,我国目前没有出台具体的审批规程序,实务中,有关公益事业管理机构因无章可循,往往无据可批,以致实践中想设立公益信托,审批无门,极为困难[3]。所以为了确保公益信托能充分发挥社会价值,应尽快明确不同公益信托的审批机构和审批程序。其次,我国调整信托业的法律主要有"一法三规"[4]等,但仍无法满足快速发展的信托行业规范化需求,这不利于公益信托在实务中的发展,所以完善信托法或像《慈善法》一样单独立法势在必行。并且现行法律规范零散分布,缺乏体系化,应在合适的时间进行公益信托立法系统化。

(二) 环境公益信托监管模式的构建

1. 公益信托监管模式架构

关于环境损害赔偿金的公益信托管理模式,初步的构想是由法院将损害赔偿金委托给具有资本管理资质的专业信托公司,由该信托公司具体运行管理这笔资金。信托公司将信托基金及其收益具体运用,即通过向社会公开招投标,选择合格的专业第三方治理公司签订合同,实现生态环境的专业化修复。为了确保公共利益的实现,应在环境公益信托的监督制度上加以完善,如确定监察人中应具有专业会计知识

---

[1] 《信托法》第62条:"公益信托的设立和确定其受托人,应当经有关公益事业的管理机构(以下简称公益事业管理机构)批准。……"

[2] 如《信托法》第67条:"公益事业管理机构应当检查受托人处理公益信托事务的情况及财产状况。受托人应当至少每年一次作出信托事务处理情况及财产状况报告,经信托监察人认可后,报公益事业管理机构核准,并由受托人予以公告。"

[3] 周小明:《信托制度:法理与实务》,中国法制出版社2012年版,第357页。

[4] 《中华人民共和国信托法》自2001年10月1日起施行。《信托公司管理办法》自2007年3月1日起施行。《信托公司净资本管理办法》自2010年8月24日起施行。《信托公司集合资金信托计划管理办法》自2009年2月4日起施行。

背景与法律知识背景的会计、律师,具有专业环境保护知识的公益组织和公众监督等。

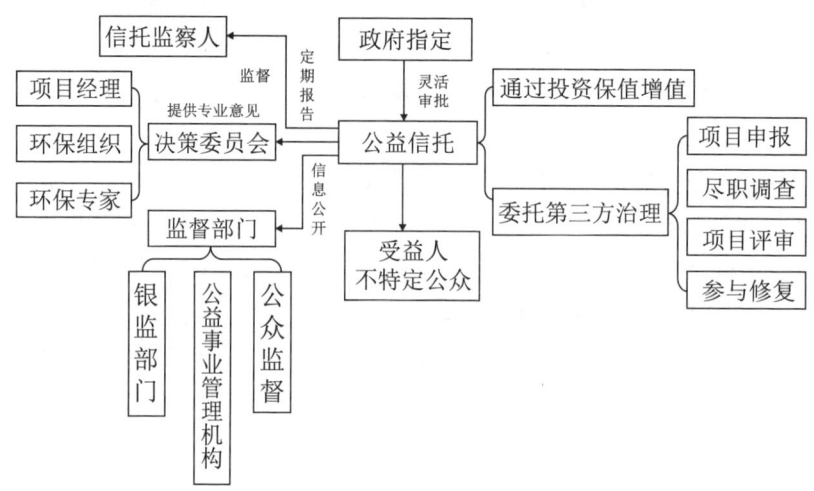

图6　环境损害赔偿金监管之公益信托模式架构

2. 公益信托模式的具体内容

(1) 受托人的选择。在环境公益信托的管理模式中,环境损害赔偿金的使用权利从公权力机关转移到了信托机构,一般情况下是法院在判决时选择公益信托的受托人,如果是公众捐赠可直接通过信托公司平台以透明时效的方式将资金纳入环境公益信托。关于受托人的范围,研究公益信托的学者也有不同的见解,有的学者认为环保公益组织由于其有更强的环境专业性,所以更适合管理这笔基金,但也有学者说由环保公益组织和信托公司同时委托进行管理,既能取环保公益组织环境修复之经验,又可取信托管理之风险隔离、增值保值之优点。但笔者认为大可不必大费周章,因为:第一方面,法院在选择受托人时,本就有一个挑选的过程,信托根源于信义,如果没有彼此信任,也便没有信托关系;第二方面,两方同时管理很可能会出现信托公司"嫌弃"环境损害赔偿金收入甚微疏于管理,环保组织的运行消耗大量资金,这在资源利用上与发挥最大效用的分配方式相去甚远。第三方面,根据现在已经运行的环境公益信托公司,不必担心环境修复专业化问题,一来环境公益信托公司往往设有专业化的决策委员会,以

"长安慈——环境保护慈善信托"为例,其决策委员会不仅包括公益基金项目经理这类金融管理专业,也不乏环保组织顾问、环境法学者、环境科学专家这些业内精英,这有利于环境损害赔偿金的管理与使用。

(2) 明确转委托权。《信托法》规定信托事业不能转委托,并要求受托人在转委托关系中承担绝对责任。但在环境公益信托中,大型环境修复工作仍然需要专业化团队进行修复,环境信托决策委员会只能起到合理选择和监督的作用。所以应该在环境公益信托中,突破固有的信托法规则,明确信托公司可以委托第三方进行环境修复治理。公益信托最大的特点便在于实现其环境修复的目的,制度的构建也应该考虑到现代社会工作分工越来越专业化的背景。

(3) 受托人和监察人的报酬。公益信托的公益性质决定了其不能像营业信托那样由受托人、监察人自主决定或由市场自主决定报酬,而是需要由国家或相关部门对其作出合理限定。"93号文"[1]规定:"受托人管理费和信托监察人报酬,每年度合计不得高于公益信托财产总额的千分之八。"千分之八的合计报酬在公益信托普遍规模较小的情况下基本难以覆盖成本。现在,普遍的做法是,信托公司和监察人不收取报酬。所以环境公益信托可以仿照慈善信托进行报酬给予。

(4) 慎用近似原则。近似原则是指处理公益组织的剩余财产时,只能用于类似公益目的活动。信托法上的近似原则解决了环境损害赔偿使用中的一大难题,即当环境损害赔偿金作为专款专用后有剩余或将要修复的环境发生永久性灭失时资金如何处置的问题。有了近似原则,就可以比照环境公益信托意义的前提下,将其用于其他类似环境损害修复项目中。但在实践中,由于目前我国的资金使用办法的混乱很容易导致近似原则的扩大,如挪作他用或不明性质的为受害人的救济,所以信托公司在适用近似原则时要及时于决策委员会决策,并将信息公开。谨慎利用近似原则,也需要相关配套管理办法的规范。

(三) 环境公益信托模式的优势及可行性

1. 环境公益信托模式的优势

世界上并没有一个十全十美的制度,但一个制度的弱点也许可以

---

[1] 指《中国银监会办公厅关于鼓励信托公司开展公益信托业务支持灾后重建工作的通知》,银监办发〔2008〕93号。

用另一个制度来有效补偿。[1] 公益信托是指委托人把自己的财产转给受托人,受托人管理和运用信托财产,遵守委托人确定的公益目的,把信托财产用于该公益目的的信托[2]。通过公益信托对环境损害赔偿金进行管理,信托公司可以发挥自身在资产管理方面的专业优势,通过招投标的方式吸引有能力的环境治理公司对环境损害进行有效修复,还可以使资金得到有效运用,通过风险隔离、流动性、运作期限匹配等方面使得环境损害赔偿金保值增值。

(1) 程序简单,便于操作。首先,公益信托在设立时自身不具备法人人格,不需要成立专门机构,为了履行信托事务,可利用受托人(信托公司、非营利性组织等)的办公场所以及从业人员,由受托人对信托财产进行管理和运用[3]。所以设置程序比较快捷。其次,公益信托的设立不需要像基金会一样存在出资资产数额和财产形态的要求。再者,公益信托既可以在损害赔偿金规模较小时动用本金进行环境修复,又可以将环境损害赔偿金做长期的投资。不拘泥于基金会不能任意动用基金会自身的基本财产的限制,资金使用更加灵活。最后,公益信托也不会受限于财团法人成立后不得任意解散的限制,当专项环境损害赔偿金使用完毕,便可以解散,降低运行成本。

(2) 中立性强,安全性好。环境信托的中立性管理方式使得环境损害赔偿金具有独立性,公益信托的受托人一般与环境诉讼纠纷案件的裁决以及环境修复方案的确定无利害关系,避免了环保组织充当管理者带来的环境公益诉讼地位不当的麻烦。当前我国部分地方法院自行设立环境公益基金的处理模式存在中立性问题。但交给公益信托则可以避免这样的问题。安全性因素的考量是选择款项持有管理人的关键,环境公益信托制度更有利于环境损害赔偿金的管理和使用安全。其一,公益信托在法律上的连续性设计的特性,使得公益信托设立不因各种情况而终止,能确保稳定地实现对环境损害赔偿金的管理、使用目的,通过公益信托的运行可以将环境损害赔偿金进行合理的使用;其二,环境信托中财产的独立性有利于降低环境损害赔偿金投资中的

---

[1] 苏力:《法治及其本土资源》,中国政法大学出版社1996年版,第332页。
[2] 赵廉慧:《信托法解释论》,中国法制出版社2015年版,第530页。
[3] 赵廉慧:《信托法解释论》,中国法制出版社2015年版,第524页。

风险;其三,由于公益信托的公益性,国家通常采取税收减免措施予以鼓励,减少了税收支出;其四,环境公益信托会有定期的信息公开,有利于社会成员和第三方监管机构的监管,增强环境损害赔偿金使用和管理上的安全性;其五,即便出现环境损害赔偿金管理不善的情况,通过健全监督机制,可以进行有效的救济,及时挽回损失。

(3)信息公开,利于监督。"一切单位和个人都有享用清洁、健康的环境的权利",所以公众在环境公益保护问题上应有更多的主动性。公益信托可以通过信息披露,随时接受社会公众、舆论媒体的监督,保障公众知情权。信息披露不仅可以满足公众的知情权,也可以有利于社会监督。阳光是最好的防腐剂,环境公益信托应该及时向信托监察人报送相关财务报告,及时在多方位平台上公开环境修复进度和资金使用情况。

2. 环境公益信托模式的可行性

一方面,现行政策鼓励公益信托的发展。首先,信托行业制度供给更加充足,"一法三规"确立了行业游戏规则,有利于引导信托行业更加明确的市场地位以及行为规范,我国《信托法》第六章专门规定了公益信托的内容,并在第 61 条规定"国家鼓励发展公益信托",发展环境保护事业、维护生态环境属于公益信托。2016 年 9 月我国慈善领域首部基础性、综合性的法律《慈善法》,全面系统地确立了促进我国慈善事业发展的现代规范。《慈善法》明确慈善信托属于公益信托,并将信托公司引入作为慈善信托受托人主体之一,这将为信托公司带来新的发展契机,也给环境赔偿金的信托模式提供了可能性。其次,信托制度优势被挖潜,信托业务在公益信托事业中更具生长活力,公益信托从性质和目的上,都属于公益事业,所以均享有关于公益事业方面的税收优惠,这有利于信托公司积极承担社会责任。此外,我国信托行业在经历近二十年行业的孵化后,整个行业的发展进入了新的质变区间,发展高度、深度和广度都有了质的飞跃。这些都为环境损害赔偿金的信托化管理奠定了基础。

另一方面,环境公益信托制度在实务已有探索。环境公益信托的制度构想并非异想天开、无根之萍,实际上我国在很多地区的环境损害赔偿金的使用上虽无公益信托之名,但有公益信托之实,最典型的就是各项专项基金（而非基金会）的设定。"贵州清镇法院探索将环境公益诉讼案件的赔偿金交给中国绿色发展联合会代管，建立专项资金用于环境治理项目"，这种尝试的进步意义在于不再去新设立资金管理机构，而是借助已经有的环境保护公益组织，将资金置于该组织管理下。这样一来，一是可以充分利用环境保护组织丰富的环境修复经验，二是通过专项基金的形式实现与公益组织自身财产的隔离，这实质上与本文所提出的赔偿金公益信托在性质上无异，都保证了环境损害赔偿金的独立性。并且近年来公益信托在慈善法领域的蓬勃发展给环境损害赔偿金走向公益信托制度化管理指引了光明的道路。

结 论

环境损害赔偿金得到合理有效的管理和使用关系到法院判决的执行和诉讼目的的实现，也是对诉讼原告为诉讼付出的努力与被告履行诉讼义务的肯定，更是关系到享有环境公益的每一个公众。尽快明确环境损害赔偿金的资金性质，对管理使用方式加以规范，以确保资金的安全性，减少给环境公益诉讼制度带来负面影响[1]。

环境损害赔偿金有着惩罚、教育激励以及筹措环保资金的功能。本文通过对我国现行的立法例与判决的梳理，得出我国环境损害赔偿金的主要来源有生效判决调解确定、磋商索赔、财政拨款与自愿捐赠。环境损害赔偿金的使用范围包括清除污染费用、生态环境修复费用、生态环境修复期间服务功能的损失、生态环境功能永久性损害造成的损失以及生态环境损害赔偿调查、鉴定评估等合理费用。

我国环境损害赔偿金监管模式主要面临着管理方式混乱、监督机制空转、申请使用程序繁琐与实施效果不彰的困境，并且在我国典型的四种监管模式即国库管理、法院管理、基金会管理、环保基金管理中均存在一定的问题。在借鉴国外经验的同时要牢牢结合我国本土司法情况，通过查阅文献，可供我国借鉴的有美国环境损害赔偿金制度中严格的监督机制，欧盟立法中明确的权属范围，无论是加拿大的基金

---

〔1〕 吕忠梅：《环境司法理性不能止于"天价"赔偿：泰州环境公益诉讼案评析》，载《中国法学》2016年第3期。

管理模式还是日本的环境损害赔偿社会化，都有在我国生根发芽的机会。

最后笔者提出建立我国的环境损害赔偿监督机制需要明确环境损害赔偿金的管理人，国家并非环境损害赔偿金的所有权人，却是现阶段比较合适的管理人，由政府掌握环境损害赔偿金交由信托管理，更有利于环境损害赔偿金的功能实现。通过加强全方位监督、鼓励公众参与、完善相关配套制度，并通过理论论证与实践比较，得出环境公益信托在解决环境损害赔偿金监管与使用问题上有其独特的制度优势。

环境公益信托法律制度在环境损害赔偿金监管方面仍然有待于国家立法或者政策实践。资源是有限的，环境修复问题是全球性问题，达摩克利斯之剑一样悬在人类命运共同体头顶上，关切环境问题，通过完善环境损害赔偿金监管模式，促进生态环境良性循环，是我国环境法学者义不容辞的责任。

附　录

附录一　我国现有省/市环境损害赔偿金监督管理方式汇总（截至2018年4月）

省/市	环境损害赔偿金管理方式	监督机制	环境损害赔偿金的申请程序
山东省	属省级政府非税收入，应全额上缴省级国库，纳入省级财政预算管理。通过磋商议定的生态损害赔偿资金，由环保主管部门负责执收；通过人民法院环境公益诉讼生效判决、调解确定的生态损害赔偿资金，由人民法院负责执行。生态环境损害赔偿资金具体通过"山东省非税收入征收与财政	省财政厅按程序及时收缴、拨付生态环境损害赔偿资金，审核批复资金支出预算，组织实施资金绩效评价和财政监督检查	修复项目和修复单位确定后，由修复单位向项目实施地财政、环保部门提出生态环境损害赔偿资金使用申请，同时提交生态损害赔偿资金使用方案、支出预算及相关文件资料，并对提供材料的真实性负责。上述材料逐级上报省财政厅、省环保厅，由省环保厅审核后报省财政厅。

续表

省/市	环境损害赔偿金管理方式	监督机制	环境损害赔偿金的申请程序
	票据管理系统"上缴,省财政厅负责确定执收单位生态损害赔偿资金执收编码。		
江苏省泰州市	环境公益诉讼资金严格实行"收支两条线"管理,由资金使用方提出申请,市环保局审核,经市政府同意后市财政局拨付,并报市中级人民法院、市人民检察院备案。	市审计局	资金使用方提出申请,市环保局审核,经市政府同意后,市财政局拨付,并报市中级人民法院、市人民检察院备案。
江苏省无锡市	中级人民法院负责统一收缴,全额上缴市财政专户,坚持"专款专用、以收定支"原则,实行"收支两条线管理";优先满足资金金积累。	—	中级人民法院提出申请,报市财政局审核同意并经市政府批准后拨付。
云南省昆明市	市环保局开设救济资金专门账户,对救济资金统一核算和管理。市审计局负责对救济资金管理使用进行监督。	市审计局	申请人填写申请表,由市环保局负责处理。
浙江省绍兴市	资金实行专户存储、专账管理。市环保局在财政统一账户下设立"生态环境损害赔偿金"专户,实行专款专用,统一核算。市财政局提供资金收缴的相应票据。	市环保局负责生态环境损害赔偿金的收缴、管理和使用,市财政局负责对收支情况的监督	申请使用资金的单位,应当向市环保局报告工程进展以及资金使用中期、终期情况及其绩效。

续表

省/市	环境损害赔偿金管理方式	监督机制	环境损害赔偿金的申请程序
海南省	省高级法院按部门预算编制要求提出预算计划，经省财政厅审核，列入其年度部门预算，按相关规定报批下达；当年预算安排不足的，按照预算管理规定办理追加；年底结余资金按预算管理规定处理。	省财政厅	申请人填写申请表，由受理案件的省级法院立案庭负责受理，经审核理由正当的，报副院长批准。
贵州省贵阳市	专设财政专户。	—	资金使用方提出申请，市环保局审核，经市政府同意后市财政局拨付，并报市中级人民法院、市人民检察院备案。
湖南省	分类执收，磋商协议确定的生态环境损害赔偿资金，由生态环境损害地生态环境保护行政主管部门负责执收；人民法院判决、调解生效的法律文书的，由人民法院负责执行。 专款专用，全额缴入同级财政部门非税收入汇缴结算户，并及时划缴本级国库，由地方财政部门列为生态环境损害赔偿专项资金管理，专款专用。跨行政区域的生态环境损害赔偿，按分配要求支付给相应的市州、县市区人民政府。	市州、县市区财政部门，同级生态环境保护行政主管部门，与审计部门	专项资金使用单位向同级生态环境保护行政主管部门提出资金使用申请，按照7种不同的使用类型提交不同的申请表。

附录二 我国现有环境公益信托产品汇总（截至 2017 年 10 月）[1]

环境公益信托产品汇总表

名 称	委托人	受托人	信托目的	监察人	执行人
中航信托：爱飞客慈善信托计划	中航通飞 中航资本 中航信托	中航信托	包括绿色环保等公益慈善事业	北京六明律师事务所	广东省爱飞客公益金会
蓝天至爱 1 号慈善信托	上海市慈善基金会	安信信托	《慈善法》规定的慈善公益项目，包括环保	上海市联合律师事务所	上海市慈善基金会
"慈爱致远、善行未来"慈善信托	北京银行私人银行家族信托客户	中航信托、华能贵诚信托	《慈善法》规定的慈善公益项目，包括环保	北京银行	—
长安慈——环境保护慈善信托	江苏中丹化工技术有限公司	长安信托	生态板环境保护	未披露	未披露
北京市企业家环保基金会 2016 阿拉善 SEE 公益金融班环保慈善信托	阿拉善 SEE 公益金融班代表张泉	北京市企业家环保基金会	支持阿拉善 SEE 公益初创期的环保公益组织	中伦律师事务所	—

---

[1] 数据来源于根据中航信托研发与产品创新部"慈善信托产品一览"部分内容。

续表

名　　称	委托人	受托人	信托目的	监察人	执行人
中信·北京市企业家环保基金会2016阿拉善SEE华软资本环保慈善信托	华软资本管理集团管理有限公司	北京市企业家环保基金会、中信信托	荒漠化防治、绿色供应链与污染防治、生态环保与自然教育、环保公益行业发展等领域的初创期中国民间环保组织	中伦律师事务所	—
中铁信托·明德1号宜化环保慈善信托	为湖北宜化化工股份有限公司	中铁信托	主要用于资助环保组织的设立、环保组织开展的环保活动及相关的奖励活动	北京兆实律师事务所	中国生物多样性保护与绿色发展基金会
万向信托	未披露	万向信托	包括但不限于发展教育、环保等社会公益事业	未披露	未披露
万向信托——中国水源地保护慈善信托	民生人寿保险公益基金会	万向信托	促进中国的水环境保护事业发展、保护生态环境	未披露	未披露
四川信托·帮一帮慈善信托	四川省慈善总会	四川信托	扶贫、救助自然灾害等、防止污染和其他公害,保护和改善生态环境等多个慈善领域	未披露	未披露
百瑞仁爱·甘霖慈善信托	某上市公司下属企业	百瑞信托	开展救济贫困、环保等事业发展的慈善活动	未披露	未披露

续表

名　称	委托人	受托人	信托目的	监察人	执行人
中航信托·绿色生态慈善信托	中航信托	中航信托中华环境保护基金会	资助和开展保护环境、促进绿色生态事业的活动及项目；资助和开展绿色生态管理、宣传教育、学术交流及项目；支持和资助促进绿色生态事业发展的科学研究、科技开发和示范项目	广州市联合公益发展中心	—

知名商品商标与特有装潢法律关系探析

辛 婕[*]

引 言

2017年8月16日,最高人民法院对于广东加多宝食品饮料有限公司(下文简称"加多宝公司")和广州医药集团有限公司(下文简称"广药集团")就商品装潢权益归属纠纷一案作出终审判决,判定"红罐包装"的权益由双方共享,由该案引发的"商标与装潢的关系"也成为学术界的热点话题。如何判断商标和特有装潢之间的关系,关乎实务工作的处理方法以及未来相关的立法情况。

那么何为"知名商品""特有装潢",这两个名词并不是知识产权法当中固有的、原生的概念,而是随着商业的迅猛发展,结合实践创设出的概念。《关于禁止仿冒知名商品特有的名称、包装、装潢的不正当竞争行为的若干规定》中对"知名商品"的定义作了界定[1];同时,《最高人民法院关于审理不正当竞争民事案件应用法律若干问题的解释》中对"知名商品"也有较为明确的认定方法[2]。可以看出,我国对"知名商品"的认定是基于该商品在中国境内的市场知名度,这是一个较为灵活的标准,需要从各个方面加以分析。若是在具体案件中主张涉案商品为"知名商品",则需要主张的一方就市场知名度

---

[*] 中国政法大学民商经济法学院2015级本科生。

[1] "商品的名称、包装、装潢被他人擅自作相同或者近似使用,足以造成购买者误认的,该商品即可认定为知名商品。"

[2] "在中国境内具有一定的市场知名度,为相关公众所知悉的商品","人民法院认定知名商品,应当考虑该商品的销售时间、销售区域、销售额和销售对象,进行任何宣传的持续时间、程度和地域范围,作为知名商品受保护的情况等因素,进行综合判断。"

进行举证，由司法机关认定。

而"特有装潢"则是一个更为宽泛的概念，常见"商品的包装装潢"类似表述。但严格意义上的"包装"更侧重于装运的功能性而非装饰性。[1] 本文所述"装潢"是单指包装上、能够作为商业标记的装潢。为避免混乱，笔者在本文中表述为"特有装潢"。商品装潢本是商品的包装物或其附着物上的装饰设计[2]，加上前缀"特有"则是其独特性、显著性的体现，说明其已具有能够显著标识商品来源的能力。在我国现行的法律条文中，"特有装潢"通常是基于"知名商品"的前提下，即表述为"知名商品特有的包装、装潢"[3]。在这样的语句结构下，似乎只有知名商品的特有装潢才能受到保护。

笔者将通过对知名商品特有装潢与注册商标和未注册商标的关系入手进行分析，辅以具体的司法案例，总结出我国现行的司法判定路径；同时，结合新《中华人民共和国反不正当竞争法》（下文简称《反不正当竞争法》）的立法导向，对完善未注册商标的法律保护问题提出可行性建议。

一、知名商品注册商标与特有装潢法律关系

（一）特有装潢应附属于商标

"附属论"的观点认为，商品的特有装潢应与商标归为一体。这样的观点主要有以下几方面的考量：

第一，知名商品的特有装潢属于商标，属于孳息物范畴。根据《与贸易有关的知识产权协议》（《TRIPS 协议》）的规定，可视性标记能够作为商标注册；《中华人民共和国商标法》（下文简称《商标

---

[1] 在我国的《包装通用术语》国家标准（GB4122-83）中，对"包装"的严格定义作了界定："为在流通过程中保护产品、方便储运、促进销售，按一定的技术方法所用的容器、材料和辅助物等的总体名称，包括为了达到上述目的而进行的操作活动。"

[2] 王莲峰：《商标法学》，北京大学出版社 2014 年版，第 29 页。

[3] 根据《关于禁止仿冒知名商品特有的名称、包装、装潢的不正当竞争行为的若干规定》（《国家工商行政管理局第 33 号令》）第 1、2、9 条；《最高人民法院关于审理不正当竞争民事案件应用法律若干问题的解释》第 1、2 条中皆可发现该类似表述。

法》)的第 8 条也对可作为注册商标的范围作了规定,并规定了立体商标。从这一规定来看,商品的包装、装潢应当是属于立体商标的注册范围,因此特有装潢也应属于商标。

第二,商品的特有装潢是商誉的一部分,理应与商标不相分离。根据《反不正当竞争法》第 6 条可以看出,我国对于商品装潢的保护是基于"混淆防止"理论,即防止他人的仿冒而致使消费者在挑选时发生混淆,进而损害特定经营者的利益。从本质来看,商品的特有装潢属于商业标识的范畴,它是某一特定的经营者为了使自己的商品与其他经营者的商品来源相分离的具有显著区别性的标识。该标识在该商品的经营宣传过程中,逐渐与该商品的商标结合在一起,产生了特有的商誉,从而使得消费者在选购商品时通常是通过判断外包装来进行选购,所以,实际上是具有该特定装潢的商品所蕴含的商誉赢得了消费者的信任和购买力。如果其他经营者擅自使用他人商品的装潢,获得了本不属于自己的商业优势,即有损特定经营者的商业利益,也损害了消费者的消费信任。以王老吉加多宝"红罐之争"一案为例,"红罐"包装不仅仅是指红色罐身,其构成要素应该还有其他要素。[1] 因此,"王老吉"商标才是整个特有装潢的重点,没有商标的指向作用,红罐装潢的显著性明显降低,并且也没有如此巨大的商业价值。这就要考虑到在进行判定时不可忽略的一个知识产权的本质问题——商誉的形成、积累与商标有不可分割的关系。

在美国的知识产权纠纷中,也出现过类似的案例。当然,在美国商标法中并未对商标许可过程中产生的商品外观[2]的归属作出规定,但我们可以通过司法实践来进行分析。1966 年的 Distillerie flli ramazzotti 一案中[3],纽约最高法院将在许可合同履约过程中产生的商品外观权益判决属于商标许可人。在法院看来,商业外观作为商誉

---

[1] 中华人民共和国最高人民法院(2015)民三终字第 3 号民事判决书中对"红罐"包装包含的要素的认定:"包括黄色字体'王老吉'等文字、底色等要素组合在内的整体内容。"

[2] 商业外观来源于美国判例与学术理论,是指由文字、图形、形状、包装、颜色等特定元素组成的商品或服务的整体形象,在我国与之相似的概念是"包装装潢"。

[3] Distillerie flli ramazzotti, spa. V. banfi products corporation, 52 Misc. 2d 593, 276 N. Y. S. 2d 413 (1966).

的载体已经成为许可人的财产；在原商标许可合同终止后，承载着商誉的商品外观也应当归属商标许可人，否则即构成混淆。

作为典型的案例，我们可以从美国法院的做法中窥得些许观点。就此案而言，法院的观点与上文提到的"商标商誉一体"的表述基本是一致的。商标作为具有区分作用的标识，在长期的市场经营中已不仅仅是一个区别的意义，更是代表着一个商业主体积累的无形的商业财富与价值。既然如此，该商品自投入市场以来长期独有的装潢自然也被赋予了基于商誉基础的标识意义。

（二）特有装潢可与商标互相独立

支持"独立论"观点的专家学者认为，商标与特有装潢代表着两个不同性质的权益，特有装潢的权益与商标的权利可以分离归属两个不同的主体。

注册商标享有商标专用权，受到《商标法》的规制；而商品的特有装潢受到《著作权法》《专利法》的规制，同时对于知名商品的特有装潢来说还可以通过《反不正当竞争法》予以保护。从法律的效力层级来看，《商标法》和《反不正当竞争法》是处于同一效力层级的，不存在优先或者包含的关系，因此这是两个平等的客体，不应强加上谁属于谁的关系。基于这样的理论分析，吴汉东教授评价道，"包装装潢与注册商标并非一个东西，对它们的支配所产生的社会关系也有不同的法律来调整"。[1] 故而，我们可以理出这样一条逻辑线——当商标专用权的权利人和商品的经营者都是同一个经营主体时，特有装潢的归属自然不会产生争议，即归属该主体；而当商标专用权与商品的经营者相分离时，纠纷随之产生。我们应当看到，此时的特有装潢不单纯是一个简单的设计作品，它蕴含了相当的市场价值，而这蕴含的市场价值是经营者投入了大量的精力、经过长时间的积累所产生的，如果因为要随着商标权的转移而转移到别的企业，对原本为此作出了大量贡献的企业是不公平的。因此，确认争议双方对该特有装潢的贡献尤为重要，也就是说，"要确认谁是这个包装装潢的所有者，必须弄

---

[1] 参见《"王老吉"红罐包装之争再起硝烟》，载《法制日报》2012年9月4日，第4版。

清谁创造了这项知识产权"[1]。

知识产权律师朱妙春先生赞同装潢与商标相分离，并结合在先使用原则来考虑特有装潢的归属，这为我们判断特有装潢权益的归属提供了一个新的思路。[2]

而林秀芹教授认为，我们可以借鉴日本的做法，转变认定路径，从而更准确地认定知名商品特有装潢的权利归属[3]。日本的《不正当竞争防止法》对商品标识的知名度的要求为公众"广为知晓"，但并不考虑商标的归属，而只需要考虑这个"标识"属于何人。因此在认定的顺序上，日本以认定装潢是否知名和特有为前提，进而直接认定特有装潢权益的归属主体，跳过了"商品"这个载体。如果未经权利主体的同意而使用了具有知名度和特有性的装潢，则构成不正当竞争行为。

与上一部分提到的美国1966年的Distillerie flli ramazzontti一案相反的，是2007年的Pilot Corp. of America 一案[4]。本案中，被告Fisher-Price，Inc.（下文简称FP）的总公司在与原商标被许可人Tyco合并后承担了商标许可合同的权利义务，生产、销售带有Magna Doodle商标的产品，被告自行设计出产品的外观包装，以自己的名义进行了版权登记并告知了商标许可人——原告Pilot Corp. of America（下文简称PCA）。在合同关系终止后，FP继续销售替代商品，包装与曾经的Magna Doodle完全一致，只是在标语和商标上有所不同。由此，原告诉称被告侵犯其商标权和商品包装外观权。然而在本案中，法院判决原告败诉。除开原告举证不力的原因外，美国法院对版权和商品外观的关系的认定和对于合同许可范围的推定也存在商榷的余地。

---

[1] 中华人民共和国最高人民法院（2015）民三终字第3号民事判决书。

[2] 朱妙春：《"王老吉"商标纠纷之我见》，载《中国发明与专利》2012年第8期。"知名商品特有的名称、包装、装潢的权利主体是该商品的经营者，即生产者、销售者（包括营销者），该权利与商标专用权可以分离，即可以分别属于两个不同的主体；同时，由于加多宝公司最先使用红罐包装，并且经过长期使用具有一定的知名度，所以该特有装潢权益理应归属加多宝公司"。

[3] 林秀芹、黄钱欣：《知名商品特有包装的权利归属问题研究——以日本新近司法案例为视角》，载《知识产权》2013年第4期。

[4] Pilot Corp. of America v. Fisher-Price, Inc., 501 F Supp. 2d 292 (2007).

美国法院认为，既然申请了版权注册就应当拥有其创造并享有版权的商品外观；同时，法院推定商标许可合同中被许可的范围仅限于商标，而不包括合同订立后创作的包装外观。这样的判定遭到了一定的质疑，有观点认为，即使 FP 申请了版权注册，也无法将承载着商誉的商品外观与商品剥离[1]。

二、知名商品未注册商标与特有装潢法律关系

（一）未注册商标的法律地位

在我国，未注册商标是与注册商标相对应的概念。根据《商标法》第 3 条的规定我们可以得知，注册商标是经过商标局核准注册的商标，并且商标注册后可享有商标专用权。相反地，未注册商标是指未经商标局核准注册而使用人自行使用的商标。由此可见，我国对于商标注册采取的是注册赋权的原则。注册赋权原则体现的则是将注册这一程序性要求包含在取得商标专用权的条件中，以突显商标注册的价值——"推定价值、赋权价值、公示公信价值"[2]。这是我国一直恪守的商标权取得的一元论，将注册作为要素，凡经注册才可享有权利，享受法律的保护。

反观未注册商标，虽然法律允许商业主体使用，但它未经注册，不享有商标专用权，因此无法像注册商标那样受到全面的保护，主要体现在：一方面，未注册商标的使用人不得对抗他人的使用；另一方面，未注册商标反而可能与在相同或者类似商品上的注册商标相同或者近似，构成侵权行为，无法保障自身的合法利益。

与注册商标相比，未注册商标的价值体现在实际使用，只有进行实际使用，积累了商誉，才能真正确保商标的实质价值。但未注册商标的使用在现实中存在不易掌控的弊端，原因在于公示性的欠缺会导致公平的欠缺。商标使用人在使用过程中难以协调利弊，"从而在追求

---

〔1〕 李国庆：《论美国商标许可合同中的商品外观权益归属——兼评王老吉与加多宝包装装潢纠纷案》，载《知识产权》2013 年第 6 期。

〔2〕 付继存：《商标法的价值构造研究——以商标权的价值与形式为中心》，中国政法大学出版社 2012 年版，第 215~216 页。

商标的公平价值中制造了两难境地"[1]：一方面是商标使用带来的商业价值的积累；另一方面是商标权利人、使用状况等的不确定因素可能带来的潜在纠纷。所以，未注册商标的不稳定与注册赋权制度的矛盾，成为制约未注册商标体现商标实质价值与阻碍发展其保护方法的症结所在。

（二）我国对未注册商标的保护

在我国《商标法》的规定中，对未注册商标的保护涉及三类，囊括的类型较广[2]。这样的范围似乎已将未注册商标全面纳入《商标法》的保护体系当中，但实际上保护力度与注册商标相比相差较远。根据我国的单一注册原则可知，商标只有经过注册才享有商标专用权，受到《商标法》的保护；而未注册商标，因为欠缺公示性和稳定性，维权难、标识难，在实际的商业活动中使用不便，与法律所追求的价值之一——效率背道而驰，它所享有的与商标专用权相比只是一种"弱于权利的法益"[3]。

那么这个"弱于权利的法益"保护如何体现呢？在《商标法》第15条、第32条涉及在先使用有一定影响的未注册商标的保护，赋予有一定影响的未注册商标的使用人在他人抢注其商标时有权阻止其抢注行为的权利，并且将保护范围扩大至相同或类似商品上。也即，对有一定影响的未注册商标使用人来说，法律保护其对于该商标的在先使用，同时阻却他人对该商标的抢注。这是《商标法》对于有一定影响的未注册商标的保护。

《商标法》第13条则是体现了对未注册驰名商标的保护。该条规定，未注册驰名商标的商标使用人既可以对抗他人在相同或者类似商品上进行注册，也有权禁止他人在相同或者类似商品上使用。所以当商标使用人向法院提起诉讼，请求保护其商标的法益时，法院要首先判断的就是该未注册商标是否属于驰名商标。另外，虽然《商标法》

---

[1] 刘春田：《商标法律的现代化》，载《中华商标》2001年第12期。

[2] 包括未注册驰名商标的、在先使用有一定影响的未注册商标和普通未注册商标。

[3] 冯晓青、罗晓霞：《在先使用有一定影响的未注册商标的保护研究》，载《学海》2012年第5期。

给予未注册驰名商标的商标使用人对抗他人注册和禁止他人使用的权利，但相比注册驰名商标而言也是十分有限的。其一，未注册驰名商标仅在同类商品上获得保护，而注册驰名商标可以获得跨类保护；其二，在侵权救济途径上，未注册驰名商标的救济途径也仅是要求侵权人停止侵害。在《最高人民法院关于审理商标民事纠纷案件适用法律若干问题的解释》中规定了对于未注册驰名商标侵权的救济措施，即停止侵害，但不包括赔偿损失；同样地，在《最高人民法院关于审理涉及驰名商标保护的民事纠纷案件应用法律若干问题的解释》第11条也规定了驰名商标所有人对复制、摹仿或者翻译侵害其在先的未注册驰名商标的注册商标可以请求法院判决停止使用。而注册驰名商标的救济途径除了停止侵害，还可以要求侵权人进行赔偿、消除影响。虽然司法解释对于未注册驰名商标的保护体现了《商标法》第13条"禁止使用"的精神[1]，但其救济手段显然仍有很大的空白。

普通未注册商标在实际使用中存在商誉价值不高、使用混乱等弊端，相对前两种未注册商标而言保护措施更不易实行，保护动力也不足，但这不能成为不予保护的理由。《商标法》第15条有关代理关系中商标注册可撤销的问题，同样也可以视为对普通未注册商标的保护。在满足该条要件的基础上，被他人抢注的普通未注册商标的使用人可以申请撤销，不论商标的价值如何。实际上这也是诚实信用原则的体现，是商业经营的基本的要求。不考虑商标价值是否足够高，只要是使用人经过实际投入使用的，都应给予适当的保护。这样的保护理念归结于商标价值的源泉——使用。《商标法》通过将诚信经营的道德要求条文化以满足普通未注册商标的保护需要。

除《商标法》之外，符合条件的未注册商标也能够获得《反不正当竞争法》的跨类保护。在旧《反不正当竞争法》第5条第2项的规定下，必须属于知名商品特有的名称、包装、装潢才能够受到跨类保护。因此，如果未注册商标满足知名商品特有名称的保护要件，可通过《反不正当竞争法》获得保护。但该法在2017年修改后，相关条文的内容改为"有一定影响的商品名称、包装、装潢等相同或者近似的

---

[1] 参见来小鹏、傅家杰：《论驰名商标司法认定制度的完善》，载《电子知识产权》2009年第8期。

标识",意味着未注册商标若是满足"有一定影响的名称"也可受到跨类保护。新法在认定路径和认定条件两方面均有了实质性的变化。这也揭示了我国对于未注册商标保护机制向着更多元、更全面的趋势发展。

但是,我国现行法律中没有充分系统地提及关于未注册商标的权利保护问题,对未注册商标的整体也没有一个通用、统一的制度和规范加以管理,只是在某种情况下,对未注册商标的部分权益予以保护。

为什么未注册商标现有的保护机制依旧呈现出不成熟不完善的弊端呢?笔者在前文已述,未注册商标存在着不稳定性,使其无法通过一个行之有效的固定模式予以公示,相应的权利人和权利范围也就无法予以确定。在实践中,有些地方工商局选择备案制来作为未注册商标的管理模式,通过公示与查询,能够一定程度上防止商标侵权或者不正当竞争行为。[1] 这虽然是一种临时的保护措施,但为未注册商标的公示提供了可供参考的途径。细究其中,未注册商标不能因为"未注册"就否认其"商标"的实质特性;既然其"商标"的特征仍在,也就应当将其作为"商标"进行同等的保护。而现阶段之所以未能得到与注册商标同等的保护,是因为"未注册"带来的不稳定不确定与商标注册的公示公信价值相抵触,二者产生矛盾,尚未找到调和的平衡点。也即,考虑到商标的市场运用中有明确标识商家和商誉累积的作用,尚无法给予不确定的未注册商标与注册商标同等的法律地位。

(三)特有装潢与未注册商标

未注册商标的保护在我国法律中主要体现为在先使用的保护,且对该商标的知名度有一定要求,至于是否会考虑到其他因素则是我们从条文中无法获知的。那么对未注册商标的保护是否包含其特有装潢,是否对该商品的知名度有要求?抑或,特有装潢能否直接按照未注册商标的性质进行保护?这些都是笔者在这部分将要阐述的问题。

1. 特有装潢能否视为未注册商标

特有装潢能否视为未注册商标,首先在于特有装潢是否可以作为

---

[1] 杨小鹏:《对未注册商标使用实行备案制度》,载《中华商标》2005年第1期。

区别商品来源的商业标记。[1] 商业标记包括商标、商号、商业域名、商品名称、装潢、商务广告语等,范围大且种类繁多,它们一同构成了商业标记体系,为商誉的逐渐积累提供了可视性的载体。显然,特有装潢因其具有区别商品或服务的能力,因此能够确定其属于商业标记;若再进行更详细的划分,则可以划分为商业标记中的知名商品特有标识。[2]

其次,特有装潢能否被独立地视为商标。这一点需要结合我国《反不正当竞争法》对商品装潢保护的有关条文来确定。值得一提的是,此时新法生效不久,因此我们可以借助新旧法律的对比来探究对未注册商标的保护机制。在旧法的第 5 条第 2 项明确规定了对商品装潢的保护条件是:"知名商品特有的名称、包装、装潢",也即建立在商品首先为知名商品的基础上,当知名商品的特有装潢达到了"驰名"的程度时,它本身也是可以视为未注册驰名商标。从概念来看,知名商品特有装潢与未注册驰名商标都属于商业标记,均能起到识别商品来源的作用。二者存在重合,但又不完全等同,比如在保护的条件和方式上就存在差异。而在新法生效后,有关条文被修改为"有一定影响的商品名称、包装、装潢",从特有装潢必须依附于"知名商品"的前提,到可以独立作为被保护的对象;从"知名"到"有一定影响",《反不正当竞争法》对特有装潢的保护可谓是经历了跨度极大的改变。笔者认为,在新法的背景下,特有装潢可归类于"有一定影响的商业标记",从而使之能够更好地受到法律的保护。显然,新法的修改与旧法相比在知名度的要求上有放宽的趋势,适用范围明显扩大。既然保护的是"有一定影响的商品名称、包装、装潢(所列属于商业标记的范畴)",那么已经达到"驰名"要求的特有装潢自然也被包含在其中,这时能够根据该条法律而受到保护的商业标记较以往会有数量的增加。至于如何认定该装潢"有一定影响",则需要司法机关

---

〔1〕 张今、姜凯志:《商业标记的法律保护》,载《知识产权》1994 年第 3 期。"商业标记泛指用来表示企业产品或服务的所有文字和图形","一般附着于商品外形或运用在广告宣传中,其目的是将一个企业的产品或服务区别于其他企业的产品或服务"。

〔2〕 张术麟:《商业标记权的法律保护》,知识产权出版社 2008 年版,第 140 页。

在审判时结合该商品所占市场情况和公众知悉程度予以认定。

因此,笔者认为,特有装潢可以蕴含未注册商标的性质,如果其知名度达到"驰名"还可以通过司法机关的认定成为未注册驰名商标,受到的保护力度更大。但需要注意的是,若仅考虑新《反不正当竞争法》的规定,对讨论特有装潢能否作为未注册商标的意义不大,因为新法将保护对象扩大到"商业标记",表明特有装潢无论能否被作为未注册商标都会受到同样的保护。因此应当着重关注特有装潢能否作为未注册驰名商标和有一定影响的未注册商标,只有其本身首先满足相应知名度的要求,并经过司法机关的个案认定,才能对其性质有一个肯定,从而获得《商标法》更好的保护。

可以看出,《反不正当竞争法》对特有装潢的保护包含了"驰名"的特有装潢,具有市场保护的兜底作用,它们共同构成商业标记的保护体系。

2. 对未注册商标的法益保护范围

笔者在前文当中已经提及,我国对未注册商标的保护涉及三类。对于未注册商标而言,它的法益体现在通过使用成为商誉积累的载体,且当商誉达到一定市场影响度的时候才能成为法律保护的客体。

众所周知,我国是实行单一注册制的国家,商标专用权的取得来源于注册。这样的制度有其合理性与正当性,能够弥补商标使用获权带来的弊端。然而在未注册商标的保护问题上,法益本身就来源于使用。法律如果允许其他人任意抢注他人已在先使用并积累了一定商誉的商标,将有悖于诚实信用原则和公平正义原则。我国《商标法》第15条关于代理关系中商标注册可撤销的规定,能够作为普通未注册商标的保护;未注册驰名商标以及在先使用有一定影响的未注册商标的保护的法律依据,笔者也在前文中进行了论证,这里不再赘述。

因此对于未注册商标,法律给予它们的保护更多的是从能否通过使用获得一定的权利以及确定在先使用,并未将使用该商标的商品的特有装潢作为一个独立的客体进行保护。

三、知名商品商标与特有装潢法律关系实证分析

(一) 特有装潢与注册商标之案例分析

1. 红罐之争的启示

商标与特有装潢的关系一直是学术界和实务界中存有的争议。对于注册商标而言，商标权属确定、权利状态清晰，分析的思路比较清楚；相比之下，未注册商标因不享有商标专用权，对其法益的保护问题更为复杂。在 2017 年 8 月 16 日，我国最高人民法院对著名的"红罐之争"一案作出了终审判决，使得王老吉与加多宝对红罐凉茶包装装潢归属的争议尘埃落定。作为众所周知的典型案例，笔者认为该案对于分析注册商标与特有装潢的关系有着标志性的意义，或许能为我们的总结带来一点启发。

在本案中，加多宝公司与广药集团在王老吉的商标许可使用合同中并未明确约定红罐凉茶的特有装潢权益归属，而当事人双方又均主张对其享有权利。因此，红罐凉茶的特有装潢权益的归属成了判断加多宝公司是否构成侵权的先决问题，重要程度不言而喻。

一审法院认为，商标可以不作为装潢的必需要素，甚至可以分离；若将商标作为装潢的一部分则二者融为一体，此时不应将其割裂开；同时，商品特有装潢权益应因商标归属的变化而变化。在笔者看来，现在的商品装潢多含有本商品的商标，即商标作为该装潢的组成要素，甚至是该特有装潢的核心要素，二者融为一体的情况较为多见。这样一来，判定的问题似乎没有那么复杂。除此之外，一审法院还提到一个观点，即使鸿道集团（加多宝公司母公司）对此特有装潢享有外观设计专利权，也不能与特有装潢权益同日而语。基于上述理由，一审法院认为凉茶的特有装潢权益由广药集团享有。这样的判决理由能够符合目前部分学者持有的观点，似乎也能够自圆其说，却在二审中却被最高人民法院一举推翻。在二审中，法院综合了该品牌在涉案特有装潢权益形成过程中所起作用、谁是涉案装潢的在先使用人、加多宝公司的经营活动在涉案特有装潢权益形成过程中发挥的作用以及消费者角度的认知来考虑，认为争议双方在涉案特有装潢权益形成过程中均发挥了巨大的、积极的作用，为避免出现显失公平的结果，判决当

事人双方在不损害他人合法利益的前提下可以共享涉案商品的特有装潢权益。

显然,二审的判决理由更加充分,考虑也更加全面,与一审法院"一刀切"的做法相比更为稳妥公平。本案之所以争议颇大,是因为"许可使用期间形成的特有包装装潢,既与被许可商标的使用存在密切联系,又因其具备反不正当竞争法下独立权益的属性,而产生了外溢于商标权之外的商誉特征。"[1] 在一审及二审的审理过程中,法院均对"王老吉"红罐凉茶是否是知名商品、涉案装潢是否为该商品的特有装潢作出认定,从而适用《商标法》及《反不正当竞争法》中的相关条文,而商标是否注册则不是法院认定知名商品及特有装潢的重点。

2. "燕子牌"和"夏桑菊"的思考

无独有偶,在最高人民法院民事判决书(1999)知终字第8号中判决"燕子牌"铅笔的特有装潢权益归属争议双方,即福建省轻工业品进出口集团公司(以下简称轻工公司)和福州铅笔厂共有。在本案中,轻工公司和福州铅笔厂曾共有"燕子牌"注册商标,双方均对铅笔外观装潢图案的设计付出了心血和精力。当商标的归属变化时,相应的铅笔装潢图案并未随商标的变化而变化。即使如此,法院仍将轻工公司与福州铅笔厂认定为本案特有装潢的共同权利人。该判决表明,"同一商品上使用的两件及以上商业标识的权属,并不要求绝对同一"[2]。因此,知名商品特有装潢的归属并不绝对地与商标归属保持一致。

同样地,在"夏桑菊"特有装潢纠纷一案中,最高人民法院在裁定书中肯定了在商品知名度形成过程中除商标外的其他标识仍可发挥识别作用。[3] 这就表明当商品的知名度较高、商品装潢也具有一定的独特性以至于商品装潢能够单独作为商品的标识起到区别作用时,文

---

[1] 最高人民法院民事判决书(2015)民三终字第3号。

[2] 黄璞琳:《同一商品上使用的注册商标与特有装潢权属可分归不同主体》,载《中华商标》2015年第6期。

[3] 最高人民法院民事裁定书(2008)民申字第983号:"一种商品既可以通过商标与同类商品相区别,并通过广泛宣传和销售而为相关公众所知悉,也可以通过企业名称、商品的特有名称、包装或装潢等标识与同类商品相区别,并通过广泛宣传和销售而为相关公众所知悉。因此,商标的使用与商品的知名度并无必然联系"。

字商标就不是必需。因此法院在审理的时候着重考虑了商品的知名度和装潢是否"特有",商标的注册及使用情况也不是该案所关注的重点。

(二)特有装潢与未注册商标之案例分析

在以上的案例中涉案商标均为注册商标,如果涉案商标为未注册商标,是否会因商标的注册与否有些不同呢?在新华字典纠纷一案中,原告商务印书馆有限公司(下文简称商务印书馆)与被告华语教学出版社有限公司(下文简称华语公司)就商标侵权纠纷对簿公堂。其中"新华字典"是否是未注册商标及华语公司是否使用新华字典近似装潢从而构成不正当竞争行为则是双方对峙的焦点。北京知识产权法院在结合了争议点所涉及的事实后,认定"新华字典"为未注册驰名商标。而在特有装潢的归属的认定上,法院采用了与"红罐案"一样的认定路径,即先认定商务印书馆的《新华字典》属于知名商品,继而认定其装潢具有特有性。[1] 因为本案中,无论是"新华字典"还是《新华字典》,二者归属的商业主体均是商务印书馆,自然知名商品的特有装潢权益也归于商务印书馆。而法院在认定的过程中,将上述两个争议点作为两个独立的问题来考虑,即"新华字典"是否为未注册驰名商标不影响《新华字典》是否为知名商品及装潢是否特有,一个是《商标法》的范畴,另一个是《反不正当竞争法》的范畴,这是两个独立的认定模式,不存在相互影响的情况。作为涉案商标为未注册商标的典型案例,其判决同样能够印证笔者在上文提到的观点:在知名商品特有装潢的认定过程中,商标的性质不是其考虑的必要因素,或者说,不论是注册商标还是未注册商标,在商品特有装潢权益归属发生争议时均能适用统一的模式,不因商标法律状态的不同而不同。

由此可见,在涉及知名商品特有装潢的案件中,商标与特有装潢被视为两个独立存在的客体来判断,从而引申出特有装潢是否是一种权利、该权利归属规则的问题。判断特有装潢权益归属的重要途径是首先判定涉案商品是否为知名商品,其次判断涉案装潢是否为商品特有,再根据该知名商品和商标的归属判断该特有装潢权益的归属;若

---

[1] 北京知识产权法院民事判决书(2016)京73民初277号。

归属不清晰,则会结合争议双方对涉案特有装潢的贡献和在先使用情况等因素加以考量。在这个过程中,商标是否注册及其使用情况不作为考虑的必要因素,甚至不作考虑。无论涉案商标注册与否,认定商标的性质和认定知名商品特有装潢这两个问题是独立的,二者互不干扰。

四、正确判定知名商品商标与装潢权益归属的思路与建议

(一)我国的判定路径

此处笔者将认定特有装潢权益归属的思路过程称之为判定路径。可以这样理解,判定路径是实现目的的程序与手段,在认定知名商品特有装潢这个问题上,不难看出我国的做法是:首先,要认定涉案商品是否为知名商品;其次,要认定该装潢是否为该知名商品特有的装潢,即装潢要具有显著识别性。在满足上述两要素后,方可依据《反不正当竞争法》中关于商品特有装潢的保护规定,而商标的注册与否不影响该商品是否为知名商品,它仅仅表示商标的一种静态的法律性质。这样的认定顺序与旧《反不正当竞争法》第5条第2项的条文表述是一致的,但它也反映出一定的问题——既然要保护的是特有装潢,只要该装潢满足一定条件即可,何须加之以商品是否知名的认定?

通常许多案例在经过了上述的判定,认定了知名商品和特有装潢后,从而判定其中一方是否构成不正当竞争行为,并不涉及该特有装潢权益归属问题。因为在涉案商标、涉案知名商品都确定归于同一商业主体时,特有装潢权益的归属自然不存在争议;当争议双方在涉案商标和涉案知名商品的归属问题上意见不一时,特有装潢权益的归属问题随之产生。在争议不断、双方各执己见的情况下,如何判断特有装潢权益的归属,涉及判定的标准问题,笔者将在下文中进行论证。

(二)利益平衡理论下的判定标准分析

笔者认为,若要提炼出特有装潢权益归属的判定标准,实际上是考虑争议双方在权益形成中所起的作用,从而将利益冲突状态变成一种稳定、平衡的状态。这就着眼于知识产权法的基石——利益平衡。利益平衡是"一定的利益格局和体系下呈现的利益体系相对和平共处、

相对均势的状态"[1]，它不强调两种对立的利益间必须要完全的、绝对的对等，而是要对两种对立的利益双方都要有充分的考虑和衡量，实现双方利益的最大化，同时不得损害第三人利益和公共利益。利益平衡作为一项原则，贯穿于立法和司法活动。在知识产权法中，利益平衡要求知识产权法作为一种制度安排，对不同权利主体之间的利益进行分配和取舍，以求在各主体及其冲突利益之间达到一个适度恰当的理想状态。

那么知识产权法平衡的是何种利益？主要是围绕"知识产品创造者的生产、传播和使用而产生的利益"[2]。这里既涉及知识产权人的私人利益，也涉及社会公共利益。在利益平衡的要求下，我们在解决利益冲突的问题时需要进行充分的衡量，考虑与利益相关的各种因素，这种衡量的结果往往是利益平衡，而在衡量过程中起指导作用的是利益平衡的观念和原则——公平正义。由此可见，当双方因某项利益而引发冲突时，我们应当考虑与该利益有关的因素，分析其起到的作用大小，从而明晰归属、合理分配，消除不稳定的冲突状态。这一理论能够很好地反映在法官的审判思路中，以"红罐案"为例，法官在其权益归属的判断中综合了双方对涉案特有装潢权益形成过程中所起作用、谁是涉案装潢的在先使用人以及消费者角度的认知来考虑，其中起到重要作用的是在先使用的情况和双方对此的贡献这两种因素。进行衡量旨在追求当事人之间冲突利益的平衡，从而得到公平正义的结果。

因而，在特有装潢归属的判定上，该理论运用的主体即是对特有装潢归属产生争议的主体，通过"在先使用情况"和"双方贡献大小"来判断所涉利益的归属是较为合理且有据可寻的，由此我们可以提炼出"在先使用原则"和"贡献原则"，两大原则来源于坚实的理论基础，又能够根据个案的情况灵活变通，无需考虑商标是否注册的情形，具有较高的普适性和稳定性。

---

[1] 冯晓青：《知识产权法利益平衡理论》，中国政法大学出版社2006年版，第11页。

[2] 冯晓青：《知识产权法利益平衡理论》，中国政法大学出版社2006年版，第7页。

(三) 新《反不正当竞争法》的价值导向

在笔者撰写论文时，正值新《反不正当竞争法》生效，与旧法相比，新法在许多条文的表述上有了极大的改动。其中与本文联系最密切、最关键的原第5条第2项条文表述更改为"擅自使用与他人有一定影响的商品名称、包装、装潢等相同或者近似的标识"。由原本的"知名商品特有装潢"到"有一定影响的装潢"可谓是飞跃性的质变，关系到对知名商品特有装潢的认定问题。结合前文所述，在旧法条文的表述前提下，当同类纠纷发生时，法院首先会对商品的知名度作出认定，其次会对涉案装潢是否特有进行判断，进而得出结论，既反映了对知名度、特有程度的要求之高，又体现出认定的顺序要求。而新法的出台则是破除了原本固定好的"商品知名+装潢特有"的认定模式，跳过了涉案商品必须为"知名商品"的大前提，直接着眼于装潢"有一定影响"，在知名度上也放松了要求，保护范围明显扩大，充分体现了该法的保护对象是为相关公众所知悉的商业标识，而非知名商品。

因此，新法的修改是基于我国对已具有显著区别商品来源能力的商业标识的保护思路和方法的转变，突出强调了商业标识在区别商品来源上的独立作用，进一步弱化了商标在商品标记中的单一地位，那么商标是否注册、使用情况如何就不是该条立法本意所要着重考虑的内容了。

(四) 思考及建议

1. 关于改变判定路径

在知名商品特有装潢的认定问题上，我国以往是秉持着"知名商品+特有装潢"的判定路径，而这种标准的问题在于对商品的知名度有较高的要求，将商业标识的区别作用放到了第二位。需要提及的是，由上文的论述可知，在判定的过程中，商标注册与否并不是判断特有装潢归属问题的必经之道，故而不体现在现有的判定路径中也实属正常。在现行状况下，若产生特有装潢权益归属争议时，法官可以以"贡献原则+在先使用原则"为标准进行审理。同时，在新《反不正当竞争法》出台后，我国在商品标识侵权问题方面有了重大转折，它体现了我国对商品特有装潢权益的认定标准的发展趋势，也表明了立法者对此类问题的处理态度的转变。新旧标准相比，新的标准排除了涉案商品为"知名商品"的硬性要求，直接强调保护已有一定影响的商业标识，是对"商标"本质正确认识的体现。如此一来，"贡献原则+在先使用原则"依旧可以使用，保证了其稳定性和实用性，而商标的法律状态（注册与否）对判断结果的影响就更加微乎其微了。

当然，新法始生效，在司法实务中的运用甚少，因此在这里笔者无法通过具体的案例来分析新法在实践中的操作性。但我们有理由、也有信心期待，在新法新标准的规范和指导下，在我国未来的实务审判中对于涉案装潢权益的保护能够有较大的发展。

2. 关于判定标准的适用

上文中，笔者基于对利益平衡理论的分析提炼出"在先使用+双方贡献"的判定标准，而该标准如何适用在审判实务中，关乎此标准的实用性。对此，笔者以为，该标准较为抽象，需要法官加入主观的判断，但主观判断并不意味着可以恣意想象、脱离实际，我们依然需要通过举证——即客观的证据来辅助主观的衡量。对于"在先使用"，当事人可以通过提交第一次使用该装潢的证据，或能够体现出是该主体首先设计并使用了该装潢的证据以判断时间上的先后；对于"贡献原则"，则可以通过客观数据来加以证明，如商业主体在经营过程中导致的商品销售额的增加、所占市场份额的变化、社会公众知悉度的变化以及营销手段的强度（比如打广告）等，数据的变动可以体现出商业主体在经营营销过程中所付出的精力和心血，这当然是当事人对商誉积累的贡献。

以上，笔者对于判定标准的适用进行了简要的阐述，其实这也是举证方面的问题，只有提出了具体的证据，法官才能据此进行判断，不会存在恣意裁判的问题。换言之，客观的证据本就是对恣意判断的限制，在客观证据的基础上，主观因素的介入正是体现了利益衡量在判断过程中的指导作用。

3. 对未注册商标的立法保护

在我国现行《商标法》的保护思路下，将未注册商标按照知名度分为三类，分别给予不同程度的权利。但这些权利并不等同于商标权，也不可能赋予未注册商标与注册商标同样的权利。因此，在现有立法外，还可以考虑从以下方面对未注册商标进行更全面的保护：

（1）对未注册商标的使用进行备案登记制。未注册商标之所以难以受到全面的保护，是因为缺乏公示性，导致在使用过程中无处可查。因此，如何防止未注册商标的使用造成混乱，从而保护未注册商标的在先使用及其他权益，备案登记制未尝不是一个好的选择。备案登记不同于工商注册，因此备案登记的未注册商标并不享有商标专用权。商标使用人只需在使用前对该商标进行相应的备案，以备发生纠纷时能够通过备案查询该商标的使用主体，确定使用权利人，从而防止侵权的发生，保护商标上所承载的商誉。

（2）在《反不正当竞争法》中增加对未注册商标的保护。《商标法》是从微观的角度处理商标问题，侧重保护私主体的权益；《反不正当竞争法》则更多地从宏观的角度解决不正当竞争问题，侧重维护公共秩序。在前文中，笔者已论述过未注册商标在竞争法中的保护角度。是否有可能在《反不正当竞争法》中加入直接保护未注册商标的条款？当然，新法 2018 年才生效，在可预期的近段时间内再修法的可能性不大，但不意味着此保护趋势不应被认可。笔者认为当下可以通过实施细则、司法解释等方式适当加入对未注册商标的保护；若未来再行修法，可以增加直接保护未注册商标的条款，尽可能完善"事前保护"与"事后救济"。

结　论

随着商业的发展，我们可以看到越来越多的商品经过一定的宣传和推广能够在市场上拥有自己的一席之地，商品除商标外的商业标识也逐渐起到显著的区别作用，特有装潢就是其中之一。近年来，关于商品特有装潢侵权的案件层出不穷，如何在激烈的商业竞争中保护权利人的权益成为多方关注的问题。在面对知名商品特有装潢的关系及装潢权益归属问题上，若无一个统一的方案，审判规则的确定面临一定的难度。因此笔者认为，商标与特有装潢是两个独立的客体，特有装潢作为一种法益也应当有其归属。基于此，特有装潢归属规则的论证才有意义。在解决此问题时，首先要弄清涉案商标和涉案商品是否属同一主体，若是，则特有装潢权益毫无疑问地也归于该主体；若不是，则需要结合在先使用和贡献原则进行进一步地判定，而商标的法律状态如何不会对该判定路径和标准的适用产生实质性的影响；对于包含认定涉案商品为"知名商品"这一前置程序的现行标准也将随着新《反不正当竞争法》的实施而得到修正。同时，笔者认为应当关注未注册商标的权益保护，完善《商标法》与《反不正当竞争法》共同建立的保护体系，保护未注册商标的商业价值，保证商业活动合理有序地进行，为我国的商业主体创造更加充满活力的竞争氛围。

中国古代法律图表发展源流初探

徐 昊[*]

绪 论

法律图表，从字面意思来看就是存在于法律领域的图画和表格。而实际上，法律图表是指将相关法律内容按照一定标准进行归纳总结、最终以图画或表格之形式呈现、用以正确理解和准确适用法律的一种方法和手段。

法律图表最大的特点就是简捷性和实用性，与其他法律方法或手段相比，法律图表显得更加直观和易于理解，对梳理和整合相关法律知识具有重要作用，因此常常被用在法律注释方面。中国古代注释法律的历史源远流长：秦代《法律答问》是官方注律的显著代表，汉代"以经入律"之风盛行，晋代"张杜律"更是法律注释的经典之作，即使一些原因导致某些朝代法律注释受到抑制，但法律注释的传承从未湮灭，清代更是传统社会法律注释发展的鼎盛时代，无论是官方立法还是民间立著都相当看重律法的注释与说明。何敏在《从清代私家注律看传统注释律学的实用价值》中按照注律方法的不同将清代律学流派分为："编辑注释派""考证派""司法实用派""图表派""歌诀派""便览派""比较研究派"七种。[1] 其中"图表派"是指清代注

---

[*] 中国政法大学国际法学院2015级本科生。

[1] 对于清代律学流派的分类，何敏首先提出了七种律学流派之观点，随后胡旭晟、罗昶则就各派之目的与特征进一步深入论证，在其看来，图表派、歌诀派、便览派之目的都是为了便于查阅、记诵。参见何敏：《从清代私家注律看传统注释律学的实用价值》，载《法学》1997年第5期；胡旭晟、罗昶：《试论中国律学传统》，载《浙江社会科学》2000年第4期。

释律学中习惯运用表格和图画方式进行注律的流派,是法律图表之集大成者。清代涉及法律图表的私家著作多达二十余部,广泛涵盖通行律令则例、刑名钱谷乃至法医学等诸多内容,逻辑严谨缜密,形式规范精致,令人叹为观止。可以说,清代不仅是注释律学发展的鼎盛时期,更是法律图表发展的巅峰时刻。

一般而言,法律图表有广义和狭义之分。广义上的法律图表是指表现一切法律相关内容包括律令条例、礼制、法医学等内容的表格和图画,最早表现为先秦时期便已经存在的、表示丧服制度的"宗枝图",而在西汉时期以图画的形式表现丧服制度则更为常见:元龚端礼在其著作《五服图解》中记载了西汉宣帝时期谏大夫王章所创的"鸡笼图"(参见附录A:《五服图解》所载西汉"鸡笼图"),而在长沙马王堆的西汉墓葬中也发现了与"丧服图"相关的壁画和随葬品。[1] 其后东汉、魏晋乃至明清诸朝皆有众多关于丧服制度的图表。[2] 与之相比,以律令条例为主要内容的图表出现的较晚。这种类型的图表往往被定义为狭义上的法律图表,其也正是本文所重点探讨的对象。鉴于法律图表在简化、整合法律规范方面所具有的得天独厚的优势,其出现往往与注释律学的发展有着较大关联。晋代以来,律学注释一改汉代"引经注律"的风格,以正确定罪量刑为目的,开始更多地关注律学的实用性,注释的内容逐渐更多地来源于司法实践案例而非经义典籍。这种倾向于实用性的转变正恰好贴合了法律图表简洁、凝练的特征,也正是在晋代之后的唐朝,以律令条例为内容的法律图表(即狭义上的法律图表)应运而生。

---

〔1〕 西汉时期已出现丧服图确有佐证:其一,元代龚端礼在其著作《五服图解》中记载,西汉元康二年,汉宣帝于石渠阁召集群臣讨论丧服制度,但苦于"古宗枝图列九族,世俗难晓",故谏大夫王章在研究周代丧服图的基础上以鸡笼为形式绘制新的丧服图,即"鸡笼图"。其二,长沙马王堆二号和三号汉墓的壁画和陪葬中均出现了丧服图,虽非鸡笼图之形式,然确实佐证了丧服图在汉代已经出现的事实。"鸡笼图"制式可参见附录一:《五服图解》所载西汉"鸡笼图"。

〔2〕 魏晋南北朝时期是丧服学发展的盛世,三百六十年间出现了六十余本丧服学研究著作,其中涉及以图表形式表现丧服制度的著作有:齐王傅射慈的《丧服变除图》、王俭的《丧服图》、贺遁的《丧服图》、崔逸《丧服图》《五服图》《五服图仪》《丧服礼图》等。参见丁凌华:《丧服学研究与"准五服制罪"》,参见张伯元主编:《法律文献整理与研究》,北京大学出版社2005年版。

一、唐宋时期：法律图表的初步发展

有迹可循的狭义上的法律图表最早出现于唐朝：藏于法国国家图书馆的敦煌文书中有一份《天宝令式表》的残卷，该卷以表格的形式收录了部分唐朝天宝时期通行的律令格式，包括：国忌（属于祠部式）、田令、禄令、假宁令、公式令、平阙令、不阙令、装束令、文部式以及官品令等多条令式，对研究唐代法制具有重要作用。据考证，《天宝令式表》应当为天宝时期敦煌某位官吏出于方便携带和寻觅之目的而抄录的手卷，其底本应当为官府厅壁上所载的律令格式。[1] 这种记载于厅壁之上的律令格式与现今所常见的唐代诸令风格迥异，主要具有以下几个特征：一是仅录"当司格式"，二是仅录"其中要节"，三是便于"寻觅"。[2] 而《天宝令式表》正巧完全具备以上三种特征：其一，其仅仅收录了当司所涉及的令式多条而并非迻录全部律令格式；其二，仅选录了令式之要节而非摘抄全文；其三，采用了表格的形式以达到便于寻觅之目的。由此可见，《天宝令式表》本身应当为官府厅壁所载律令格式的手抄版，其内容的主要来源应当是天宝时期敦煌地区（当时称炖煌郡或沙洲）所通行的法律规范。

《天宝令式表》是较早的以现行法律规范为内容的图表著作，其所表现出的某些特征与清代法律图表极为相似，甚至可以被视作清代

---

[1] 唐朝时期厅壁记盛行，厅壁记又称"厅记""厅壁题名记"，常常被镶嵌在唐代政府各级机构的墙壁上，其内容主要为当时所通行的律令格式、政策制度，但也会涉及诸如历史、经济、地理水文、风土人情等诸多方面，是研究唐朝历史风貌的珍贵资料。

[2] 唐代向来有选录律令格式要节以备寻觅之制。这种选录的律令格式往往由各司按照自身的需求有选择性地予以抄录，因此在格式上往往与正式的法典和官文书有所不同。《通典》卷一六五刑法门刑制下：贞观二年七月，刑部侍郎韩回奏：刑部掌律令，定刑名，按覆大理及诸州应奏之事，并无为诸司寻检格式文。比年诸司每有予夺，悉出检头，下吏得以生奸，法直因之轻重。又有先饬：当司格式并书于厅事之壁。宜委诸曹，各以本司杂钱，置所要律令格式。其中要节，仍准旧例录郎官厅壁。又有《唐会要》卷三九定格令：文明元年四月十四日敕：律令格式为政之本。内外官人退食之暇，各宜寻览。仍以当司格令，书于厅事之壁，俯仰观瞻，以免遗忘。参见刘俊文：《天宝令式表与天宝法制——唐令写本残卷研究之一》，载《敦煌吐鲁番文献研究论集》，中华书局1982年版。

法律图表之滥觞，不仅对研究唐代法制具有重要的借鉴意义，也体现出了晋代以来律学发展对实用性的重视和追求，影响深远。

表1 《天宝令式表》所录令式

格	栏	名称	注
第一格		国忌	第五格：三十五格，又名《官品令》，单成一卷，记叙了唐代天宝时期官品共三十阶，均用表格表示。但由于年代久远且多有省略杂错，故刘先生在考释时将其按照纵向顺序进行排列，取表格之意而舍表格之形。
第二格	第一栏	田令	
	第二栏	禄令	
	第三四栏	平阙式	
第三格			
第四格	第一栏	装束式	
	第二栏	假宁令	
	第三栏	公式令	
	第四栏	文部式	
第五格		三十五格（官品令）	

除《天宝令式表》之外，唐代法律典籍中还出现了以图表形式归纳总结法律的"傍通"：日本著名法典《养老令》的私撰注释书——《令集解》曾大量引用了唐代法律文献，其中就有《纪氏傍通》一则。该卷采用图表的形式注释律令，与其他律令注释形式如"张云""简云"等一起展现了唐律注释的丰富与多样。[1]

到了宋代，随着注释律学的进一步发展，研究者们开始尝试以各种方式解读法律：如傅霖的《刑统赋解》以歌、赋的形式解读《宋刑统》，使之通俗易懂；刘筠的《刑法叙略》介绍了刑官的设置及其历史沿革，是一部优秀的"刑官史"；孙奭的《律附音义》对唐律的词义做了详细的解释；还有王键的《刑书释名》解读了黄帝时期至宋金时代的古今刑名。这些宋代律学的研究成果，初步展现出了法律注释的不同方法，如法律歌诀、音韵训诂等。研究宋代实际语音的著作

---

〔1〕 以"纪氏傍通"形式存在的唐律注释书在国内早已经佚失，唯有在日本《养老令》的注释书《令集解》中可以窥见部分。

《切韵指掌图》就是宋人应用图表注解中古韵书中反切问题的智慧结晶，而作为法律注释方法之一的法律图表似乎也可以在宋代窥见。

宋人王键所著的《刑书释名》，以简明扼要的形式对黄帝刑以来到宋金时期的全部刑罚进行了解释。[1] 全书共分两个部分，第一部分是将各朝代的刑罚进行分类和总结，涵盖从黄帝时期至隋唐宋金的九种不同刑制，刑名单起一列、空格书写，解释定义则紧随其后另起一列、顶格书写。整个部分格式统一，排列整齐，疏而不漏，虽未明确表格之名，却有表格之实（参见附录B：《刑书释名》之"黄帝刑"）。[2] 而第二部分则是按照罪名对古今用刑进行解释，共列举并解释了如椓黥、刖、醢等49种刑罚，格式与第一部分别无二致（参见附录C：《刑书释名》之"古今用刑"）。[3]《刑书释名》虽未明确说明其编排方式是按照表格的形式进行，然其简洁的语言、工整的格式均带有表格的特质，可以说是已经初步具备了法律图表的雏形。

如果说《刑书释名》体现了宋代以近乎法律表格的形式编纂律学著作的研究方向，那么傅霖的《刑统赋解》则是以歌、赋注释律学的典型代表。这些形式各异的律学著作初步展现了注释律学多方向、多形式发展的历史趋势，对后世注释律学的发展产生了深刻的影响。清代注释学派的诸多分类，如"歌诀派""便览派""图表派"等均可以在宋代初窥其踪。

除此之外，宋代的一些法律研究成果也为后来元明清三代编制法律图表提供了内容借鉴。

以明清法典常见的"例分八字之义"图为例（参见附录D：《大清律例》卷一"律目·例分八字之义"），[4] 最早完整地提出"例分八字"这一概念的是北宋的范镇。[5] 其在一篇"策问"中指出："律

---

[1] 参见（宋）王键：《刑书释名》，商务印书馆1938年版。
[2] 参见附录B：《刑书释名》之"黄帝刑"。
[3] 参见附录C：《刑书释名》之"古今用刑"。
[4] 参见附录D：《大清律例》卷一"律目·例分八字之义"。
[5] 参见陈锐："'例分八字'考释"，载《政法论坛》2015年第2期，第167~183页。

之例有八：以、准、皆、各、其、及、即、若"。[1] 而后律学家傅霖在著作《刑统赋解》中结合北宋时期的法律对每个字都做了初步的注解，其解释相比范镇更加详细和全面，也更加成熟。北宋时期对"例分八字"的解释方法（即先简单介绍字义再结合法条分析）一直沿用到后世。因此可以说，宋代决定了"例分八字"的发展方向，对明清两代法典中常见的"例分八字之义图"的形成起到了直接作用。

再以"五刑图"为例[2]，傅霖在《刑统赋解》中首次提出了"刑异五等"的说法，并在做出基本解释后附上了法律歌诀，这是对传统"五刑"理论的新发展，在其后则影响了元明清三代"五刑"理论的发展。

而对于清代法医学而言，南宋宋慈所著的《洗冤集录》则为其发展提供了理论基础。作为法医学界集大成之作，《洗冤集录》代表了当时最为先进的司法检验水平，书中许多关于尸伤检验的方法与现代法医学的理论不谋而合，为其后元明清诸朝所沿用，一些清代法医学图表著作如《洗冤集录》（同名作品，为清代曾恒德所著）等几乎并未脱离《洗冤集录》的理论体系，而是以其为重要内容基础，并适当辅以当时的实践经验和理论创新，力图在形式上有所创新。[3]

故而可以说，唐宋时期是法律图表的初步发展和奠基时期，不仅首开了以图表注律之先河，而且在这一时期所形成的众多律学成果也不断地为后世的法律图表所借鉴，影响甚笃，意义非凡。

二、元代：法律图表的勃兴

对于中国古代法律发展而言，元代是一个相当重要的时期。这不仅体现在元代的立法有着浓郁的草原民族特色，还体现在元代对于立法技术的创新和发展。正是在元代，法律表格取得了突破性的发展：一方面，在编纂《元典章》时，立法者创造性把表格放入基本法典之

---

[1] 吕祖谦：《宋文鉴》，齐治平点校，中华书局1992年版；王应麟：《困学纪闻》，翁元圻等注，上海古籍出版社2008年版。

[2] "五刑"理论在魏晋南北朝时期就已经形成，隋唐时期进一步发展定型，宋代傅霖则在其基础上进一步发展，参见《大清律例》卷二"诸图·五刑图"。

[3] 关于清曾恒德所著《洗冤集录》的介绍可以参见后文。

中,置于多卷卷首或者节首,以起到目录索引之效用;另一方面,元代律学家王元亮在编写《唐律疏议纂例图表》时首次大规模地应用图表注释法律,极大地推动了法律图表的发展。

《元典章》,全称为《大元圣政国朝典章》,始刊于英宗至治二年(1322年),是至治以前元朝各种法令文书的分类汇编,也是目前研究元代法制最为丰富和集中的历史资料。而与过去的法典相比,《元典章》不仅体现在编排体例上有所创新,[1] 更首开引法律图表入法典之先河,官方立法应用法律图表的传统正是从元代伊始。《元典章》全书共60卷,包括前集和新集。前集涵盖了元宪宗七年到元仁宗延祐七年颁行的所有法律,新集则收录了延祐后期到英宗至治二年所颁行的法律(参见附录E)。[2] 整部法典一共收录了53个法律表格(法律图表),其中前集有47个法律表格(法律图表),新集则含有6个法律表格。这是中国历史上第一部正式引入法律图表的法典,不仅回答了法典能否引入法律图表的困惑,其以图表作为章节目录索引的编排方式也为立法技术的创新提供了绝妙的思路:将具有实际法律效力的法条作为列表的对象,既起到了目录索引的作用,也有助于更快地检索和适用法条。值得注意的是,虽然元代并不是法律图表发展的鼎盛时期,但其却是在官方立法中应用法律图表规模最大的朝代。与《大明律》后所附的15幅图表和《大清律例》中所载的17幅图表相比,《元典章》中总计53幅图表显得更加丰富,也更有自己的特点。

元代法典应用法律图表最重要的特点之一就在于其应用的灵活性,这一点从法律图表放置的位置就可看出。《元典章》中的法律表格主要被放置在两个地方,即卷首和节前。一方面,立法者将各卷的内容进行归纳总结并形成表格放置在诸卷卷首,起到了快速查阅法律条文之目录效果;而在另一方面,立法者却并未囿于追求形式整齐而盲目

---

[1] 《元典章》采取纲、目、子目三级分类编排,在书中体现为"部—卷—节"(如:刑部—卷十三·诸盗三—防盗),这种方法不同于过去《唐六典》所采取的编纂方式,克服了编排标准与现实不符的硬伤,从而使得法典的使用更加快捷方便,影响了明清两代。

[2] 陈高华等点校:《元典章:大元圣政国朝典章》,中华书局2011年版。

地使用法律表格。[1]《元典章》中有相当一部分表格位于各卷卷中，被放置在各小节之首，虽然其内容和规模比之卷首表格显得更小，但纵观元代判例不难看出，这些表格所包含的法律条文适用几率极高。

此外，《元典章》应用法律图表还有另一个值得称道的特点，即引入了真正意义上的"法律图画"。出现在《元典章》中的两幅图画分别为"验尸法式之仰面"与"验尸法式之合面"，位于《元典章·刑部》第十三卷"诸杀二"卷首，规定了当犯罪现场死者尸体呈现仰面和俯面时仵作应当从哪些部位着手验尸。这两幅验尸图是中国历史上唯一被载入官方基本法典的图画，其引入不仅体现了《元典章》所含图表之来源并不局限于法律条文的灵活性，也是对元代刑侦技术发展的绝佳佐证。可以说，《元典章》应用法律图表的方式很明显地表现出了其立法的显著优点，即强调实用价值而不过分囿于追求形式统一，私以为，这是《元典章》较之其他法典的明显进步。

将法律表格纳入到基本法典之中是元代立法的重要特点之一，也是传统立法技术的重大突破，在之后的明清两代，将法律图表纳入基本法典已成为固定做法，以图表形式帮助索引法律条文之方法更是被两朝律学家们发挥得淋漓尽致。

如果说元代官方立法对法律表格技术的应用影响了后世法典的编纂，那么元代律学家王元亮在其著作中对图表的大量运用则直接影响了清代法律图表的发展。清代"图表派"大篇幅地应用法律图表注释法律的做法似乎也可以从此处得以窥见。

王元亮，元代司法官员，曾任中书省左曹掾、检校官等职，著有《唐律释文》《唐律纂例五刑图》等书，对唐律的保存、研究和传播卓具贡献。[2] 其传世的代表著作为《唐律疏议纂例图表》，目前以附录的形式收录在曹漫之先生主编的《唐律疏议译注》中。王元亮在编排

---

[1]《元典章》应用法律图表之具体情况请参见附录F：表一收录了置于《元典章》各卷卷首的表格，表二收录了置于卷中诸小节之首的表格。

[2]"王元亮，字长卿，以明法选吏台部，由中书省左曹掾，为断事官经历，光禄寺主事，尝钩校征理貊材欠缗，为钞三千定而畸语闻有旨登之赏典，时论推其清干，泰定二年（1325年），进奉训大夫江西等处行中书省检校官，品在第五。"参见：（元）柳贯：《太康王氏扶城墓表》，载（元）柳贯：《柳贯诗文集》（第11卷），柳遵杰点校，浙江古籍出版者2004年版。

该书图表时采取以横向罗列罪名、纵向罗列刑罚、表名置于左端、注释详见其右的编纂方式，约繁就简，条理清晰，使唐律的内容变得更加"易知易解"（参见附录F：《唐律疏议纂例图表》节选——六赃定罪）。[1] 全书共包含124幅图表，规模宏大、逻辑严密，特别是在定罪用刑方面，罪刑分列，相互比对，十分具体。

在编排体例上，王元亮纂例主要以唐律为基础。《唐律疏议纂例图表》分为十二个部分，包括：名例、卫禁、职制、户婚、厩库、擅兴、贼盗、斗讼、诈伪、杂律、捕亡、断狱，与《唐律疏议》完全契合。但是从内容上来看，王元亮纂例并非只是单纯的总结和归纳唐律，其中也穿插着宋、金、元三朝的法律制度。[2] 同时，书中还存在着较多由作者自己归纳总结而成的法律图表，其内容可以在《唐律疏议》的字里行间大致窥见，但《唐律疏议》却并未对其作出明确详细且有体系的说明，关于这一点，"例分八字之义"可以做出有力的佐证。[3]

《唐律疏议纂例图表》是较早的、大量以图表的方式归纳整理法律条文的著作，既是对唐宋两代律学研究成果的继承，也带有元代立法的独特色彩，更对明清两代法律图表的发展产生了深刻的影响：清代法律图表类著作大多选择以整部著作之篇幅解读、注释法律，这种全面应用法律图表的做法与王元亮纂例正是不谋而合。

法律图表在元代的发展可以说是突破性的，无论是《元典章》对法律图表的应用还是王元亮积极尝试以图表进行私家注律的做法，都使得法律图表的地位和影响力得到了极大地提升，对明清两代的发展起到了独特而重要的作用。

---

[1] 王元亮应用法律图表的具体特点可以参见附录F：《唐律疏议纂例图表》节选——六赃定罪。

[2] 这一点主要体现在"刑异五等"上，其共分为三个表格，包括刑异五等（一）唐、刑异五等（二）大元、刑异五等（三）宋金，分别归纳总结了四朝关于"五刑"方面的法律规定。

[3] "例分八字之义"在《唐律疏议》中并未有专门的规定，但在《唐律疏议纂例图表》中却被详细地收入"名例"篇，单成一个图表。陈锐在"'例分八字之义'考释"中提到：例分八字之义在隋唐时期已经可以窥见。参见陈锐："'例分八字'考释"，载《政法论坛》2015年第2期。

三、明代：法律图表的成熟

明代是我国古代律学发展的又一重要时期，而在此之前元代引法律图表入法典的做法也给明朝立法者以新的启发。从明太祖洪武年间开始，立法者就开始进行引图表入律的尝试：收录了明代前期众多礼制、礼仪类立法的法律文献——《节行事例》就在开篇记载了几张洪武时期的祭祀图表，包括："国子监朝学陈设图""府州县学陈设图""四配位图""十配位（东哲五位图）图""两廡图""乡饮酒宾主介僎序列图"，主要展示了正祭时陈设和祭者的位置，并在图旁详细注明了祭祀要点。[1] 这些图表较之晦涩冗长的法律条文而言显得更加直观和生动，再配以注释，更加详细易懂地阐释了立法者对礼制的要求和规定。

如果说《节行事例》只是明代立法者就法律图表入律在礼制立法方面所进行的单独尝试，那么《大明律》把"五刑之图""狱具之图""丧服总图""本宗九族五服之图""妻为夫族服图""妾为家长族服之图""出嫁女为本宗降服之图""外亲服图""妻亲服图""三父八母服图""例分八字之义""六赃图""纳赎例图""律例钱钞图""收赎钞图"共15幅图表收入附录并置于律典之后，则证明了明代立法开始广泛应用图表来表示律例中难以理解的内容。与元律相比，《大明律》对法律图表的应用更加成熟：法律图表的制作更加精致仔细，而且其功能指向也有所变化。一方面，从其位置上来看，明代法律图表抛弃了法条目录这一职能，各个图表由散落于法典的不定之处变为统一于典尾"附图"，法律图表的独立性大大增强，查阅起来也更加容易；另一方面，与元代应用法律图表"广泛却粗浅"不同，明代法律图表的内容则显得更加"细致而深刻"：明代15个法律图表主要集中于服制（8幅）、赎刑（2幅）、刑罚总论（3幅）等方面，从中可以体现出明代立法对伦理纲常的重视和对传统刑罚理论的发展；同时，从格式上来看，由于明代应用法律图表部分舍弃了其作为法条目录的

---

〔1〕 参见杨一凡、田涛主编：《中国珍稀法律典籍续编》，戴建国点校，黑龙江人民出版社2002年版。

功能，对简略性的要求进一步降低，因而图表变得更加详细，格式也更加规整严谨。

明代官方立法对法律图表做出的一番改动在清代被《大清律例》所承袭，可以说，明代在基本法典中应用法律图表的方式直接奠定了清代官方立法中法律图表的发展基调。

"从明朝中叶开始，律学发展的一个特点就是私家注律不断和持续兴盛。"[1] 衰微于宋元的中国传统律学在明代开始了复兴，许多私家注律的优秀作品纷纷面世，也正是在明代，法律注释"图表派"开始初露端倪，为其在清代的兴盛发展奠定了重要的基础。由于有官方认可，法律图表的影响力较之元代又有了较大的增强：明代嘉靖至崇祯年间出现了一些法律图表如《新刻大明律图》《律条罪名图》等，[2] 这些图表大多散见于各种律学著作当中，虽然作者、版本等信息不甚详焉，但其对法律图表的发展仍有着不可忽视的重要意义。以曾被收录在国家图书馆藏《律条疏议》残本中的《律条罪名图》为例，[3] 该图共有101页，编排方式与《唐律疏议纂例图表》相似，均是以图表形式罗列律条罪名，每一罪包含罪名、律文、刑罚，排列有序，使人一目了然。《律条罪名图》是明代私家注律尝试利用法律图表分析、注释大明律的产物，同时在一定程度上也体现了元代王元亮利用图表形式解读唐律对明代律学家的影响。

虽然在明代私家注律中的法律图表始终是以附庸的形式出现在其他派别的作品之中，也未取得像清代那样大的成就，但其较之前代仍然有了一定的进展。况且就其官方立法来看，明代对法律图表的应用几乎已经达到了游刃有余的程度，无论是应用的规模还是应用的方式

---

[1] 张晋藩：《中国法律的传统与近代转型》，法律出版社2009年版，第236页。
[2] 参见李守良：《明代私家律学研究》，中国政法大学2012年博士学位论文。
[3] 《律条疏议》为明代永乐年间张楷所著，是明代私家注律的经典力作之一。该书在明代曾多次印刷出版，其中比较为人所认可的是天顺年间所刻板本。但中国国家图书馆藏有另一版本的《律条疏议》残本，其与天顺版本有着较大的不同。其中最大的不同就体现在天顺版本的《律条疏议》并无"律条罪名图"。有学者认为，天顺版本的《律条疏议》最为权威，"律条罪名图"并非是张楷所著。虽然"律条罪名图"的作者不详，但无可否认其一定为明朝时期的产物。参见张伯元：《律注文献丛考》，社会科学文献出版社2016年版。（明）张楷：《律条疏议》，参见张伟仁主编：《中国法制史书目》，"中央研究院"历史语言研究所1976年版。

都显得更加成熟。毫无疑问的是，正是有了明朝时期的发展，清代法律图表才能厚积薄发，在接下来的300多年里大放异彩。

四、继承与发展：清代法律图表的成就

清代是中国最后一个王朝，也是传统律学最后的发展阶段。正是在清代，法律图表发展到了巅峰时期：终其一朝，除了《大清律例》以外，共有约二十本图表类私家律学著作问世，这些作品内容丰富、体例规整，各有创新却又互相影响，最终形成了独特的"图表本"系统，法律图表也因此成功地位列清代七大注释律学流派。[1] 纵使如此，法律图表在清代的兴盛却也并非是一蹴而就的，而是得益于自唐宋以来历朝历代的积累蓄力和自身不断的改进创新，这一点无论是在官方的基本法典还是私家的注释之作中都可以充分体现。

（一）基本法典对法律图表的继承与发展

在基本法典中引入法律图表的做法最早可以追溯到元代：英宗至治二年（1322年）刊印的《大元圣政国朝典章》（《元典章》）首次开始尝试使用表格作为法典的章节目录，以起到快速检索和适用法条的作用。其后的《大明律》在编制时也承袭了引表入典的做法并加以适当地创新：将常用的15幅图表从法典的不定位置中抽出并统一置于典尾的附录之中，增强法律图表的独立性和体系性。

而在清朝建立以后，出于顺应民意、巩固统治和取长补短等方面的考量，清代在制定法典的时候很大程度上借鉴了明代的立法成就。《大明律》引法律图表入法典的立法手段也被清代立法者所借鉴和承袭：清代基本法典——《大清律例》在卷首列出了"例分八字之义""六赃图""纳赎诸例图""过失杀伤收赎图""徒限内老疾收赎图""诬轻为重收赎图""五刑图""狱具图""丧服图（含"丧服总图""本宗九族五服正服之图""妻为夫族服图""妾为家长族服之图""出嫁女为本宗降服之图""外亲服图""妻亲服图""三父八母服

---

[1] 即"编辑注释派""考证派""司法实用派""图表派""歌诀派""便览派""比较研究派"七种，该律学流派的划分以按照注律方法的不同为标准。参见何敏：《从清代私家注律看传统注释律学的实用价值》，载《法学》1997年第5期。

图）"共 9 幅大图，其中包含 8 个小图，总计 17 幅法律图表。[1] 这些图表所涉及的法律概念往往拥有比较悠久的历史（如"例分八字之义""五刑图"等图表其最早的历史可以追溯到北宋时期，"丧服图"的历史甚至可以追溯到先秦时期），在经过历朝历代的律学家不断地研究和发展后最终形成了比较稳定和完善的成果，为后来的官方立法所普遍认可。因此，《大清律例》在引入"例分八字之义""狱具图"等法律图表时几乎完全参照了《大明律》的相关内容而未对其进行较大的更改。

当然，清代立法者在应用法律图表时也并非完全承袭自《大明律》，而是结合自身的情况和实际作出了一些修改。首先，与《大明律》置图表于典尾的做法不同，《大清律例》对于图表放置的位置做出了很大的调整：所有的法律图表均被归结在一起置于法典之首，仅次于目录而存在。其次则是关于图表内容的修改，《大清律例》对明代官方立法中所附的图表进行了不同程度的增添和删改，包括：

（1）将过去 8 幅有关丧服制度的图表全部合并在一起，总称为"丧服图"。

（2）将明代的"收赎钞图"拆分整理成"过失杀伤收赎图""徒限内老疾收赎图""诬轻为重收赎图""老幼废疾收赎和官员妻赎罪收赎"四个部分，前三个部分各自独立存在，老幼废疾收赎和官员妻赎罪则被收入"纳赎诸例图"中（对于此部分内容，"诬轻为重收赎图"后有注释）。

（3）删去明代"纳赎例图"中关于犯者以各种体力劳动折抵刑罚的内容，并加入老幼废疾收赎和官员妻赎罪相关内容形成新的"纳赎诸例图"。

（4）将《大明律》附图中的"服制"部分删去，列于《大清律例》第三卷之首，不再将其视作图表。

从法典的编排可以很明显地看出，清代应用法律图表并没有一味地照抄律典，而是在整理和保留明代法律图表的基础上基于现实需要适量增减。个人认为，正是这种对实用性的不懈思考和追求不仅使得

---

[1] 参见（清）阿桂等：《大清律例》（影印版），中华书局 2015 年版。

《大清律例》中的法律图表更好地体现了其实践价值，也是法律图表在清代拥有勃勃生机的根本原因。

（二）私家律学著作对法律图表的继承与发展

法律图表在清代的兴盛发展固然离不开官方立法的借鉴和支持，但在乾隆年间大量涌现的图表类私家律学著作才是清代"图表派"成长和发展的中坚力量。清代私家注律中的图表类著作大多以通行之制为内容，这种以法律规范作为图表内容来源的做法较早可以追溯到唐代，即为上文所提及的唐《天宝令式表》。而随着法律图表的不断发展，到了清代，个人以图表形式解读和阐释现行法律规范的做法开始变得十分常见，以法律图表等方式简化律例、提高法律适用效率甚至已成为清代众多法律工作者的共识。而除此之外，元代王元亮以全本著作之篇幅应用法律图表的做法似乎也给予了清代律学研究者们以新的灵感。总之，自清乾隆时期开始，许多大规模应用图表注释律例的著作应运而生，较为著名的有《名法指掌》《律表》《律例掌珍》《三订律例图说辨讹》等。

《名法指掌》，又名《名法指掌增订》，为清朝沈辛田所辑，计有两卷，分为四册，内另附《钱谷刑名便览》一册（董南厚著）。该书初成于乾隆五年（1740年），八年（1743年）值大清律例重修颁行，复将新例增订纳入。[1] 该书是清代律学"图表本系统"的第一部作品，其最大的特点或者说对律学的创造性影响就是，首次以图表的形式，将州县基层衙门处理事务中经常会援引的律例，分门别类地绘制在一个个的图表中，[2] 影响极大，"堪称清代注释律学图表本系统的典范。"[3] 沈辛田所著的《名法指掌》以大清律例的刑名部分为素材，按照实际需求从中挑选出常用章目所涉及的律例、事例、则例等内容，适当加以删减，按照罪名在前刑罚紧随其后的方式进行编排。这种以现行律例为内容的法律图表契合了当时社会的实际需求，因此

---

［1］ 参见李仪：《重修名法指掌》，载张晋藩主编：《清代律学名著选介》，中国政法大学出版社2009年版。

［2］ 参见李仪：《重修名法指掌》，载张晋藩主编：《清代律学名著选介》，中国政法大学出版社2009年版。

［3］ 张晋藩：《清代私家注律的解析》，载张晋藩：《清律研究》，法律出版社1992年版。

中国古代法律图表发展源流初探

随着律例的更改变化，许多律学家（幕僚讼师）纷纷对《名法指掌》进行了增订重刊或者是重新编纂，使其不断焕发出新的生机，成为清代"活着的法律图表"。[1]

同时，与单纯抄录现行律例的做法有所不同，该书在编排方式上也做了适当的改进和创新：《名法指掌》舍弃了严格遵照《大清律例》体制的死板做法，将实体法与程序法放在一起进行提炼，以罪名作为索引相关律例的基础，不仅有助于提高办案效率，也为清代法律工作者快速了解和准确掌握法律做出了重要贡献。

而与《名法指掌》等律学著作全本应用法律图表有所不同，以《律例便览》为代表的著作则展现出了清代私家注律碎片化应用法律图表的风采。

《律例便览》为清咸丰年间蔡逢年所著，全书共四册，分为八卷，并额外附有处分则例图要六卷。[2] 正文涵盖律例共计421条，每一条按照内容则可以分为四个部分，一是刑；二是律例；三是注释；四是案例和各家学说。[3] 对于律例、注释和案例学说等三部分，作者采用了普通的文字方法进行注释和说明。而对于第一部分，即涉及《大清律例》中有关"刑"的内容，其则选择了以图表的形式予以说明，即将《大清律例》及其他现行法律中关于该罪名的各种等级之刑罚以表格的形式进行归纳总结和罗列，以达到使人一目了然的效果。除此之外，对于该书最后所附的《处分则例》（又名《处分则例图要》）部分，作者选择全部以图表的形式进行呈现，在体例上则按六部律的分

---

[1]《名法指掌》在清代有三次较为有名的修订，即：同治九年由徐灏修订后再版重刊的《重修名法指掌》、道光年间纽大炜重刊的《名法指掌新例增订》和黄鲁溪重辑的《名法指掌新纂》。除了这三次增订外，清代道光年间尚存在着一部以《名法指掌》为基础、重新编纂而成的律学著作，即邵绳清所著的《读法图存》。

[2] 咸丰九年初版，为四册八卷，随后同治七年、同治九年、同治十一年、光绪二十二年的重刊版本均为六册，八卷。参见杨晓辉：《律例便览》，载张晋藩主编：《清代律学名著选介》，中国政法大学出版社2009年版。

[3]《律例便览》共分八卷，按照名例律、吏、户、礼、兵、刑、工和督捕则例的体例进行编排，卷一名例律43条，卷二吏律23条（职制14条，公式9条），卷三户律81条（户役15条、田宅11条、婚姻17条、仓库23条、课程8条、钱债3条、市廛4条），卷四礼律21条，卷五兵律61条、卷六刑律159条、卷七工律11条和卷八督捕则例10条。

类方式进行编排（即：吏、户、礼、兵、刑、工，共计六卷），主要回答了如何对官员犯罪进行处分的问题，颇具实践意义。

除《律例便览》以外，其他法律图表类著作如《读律心得》等也采取了这种在特定部分适当应用法律图表的做法。与全本式应用法律图表相比，这种形式虽然在体系性上略逊一筹，但在实践中却显得更加灵活和便于操作，所以直到今天仍然可以时时窥见其身影。

清代是私家注律的黄金时代，也是法律图表发展的巅峰时期。与前代相比，清代图表类私家律学著作不仅种类更加丰富且格式也更加工细。这些著作在继承了过去法律图表优秀成果的基础上不断发展和创新，彼此之间相互影响但又各具特色，极大地推动了"图表派"在清代私家注释律学领域的壮大和发展，最终促进了清代私家注律学派中独特的"图表本系统"之形成。

（三）清代图表类法医学著作的继承与发展

事实上将法医学类图表归入法律图表之范畴并非为作者首创。鉴于中国古代法医学和法学的密切关系，早在元英宗时期，《元典章》就将两幅验尸法式图纳入到法典之中，归于"刑部·诸杀二"一节。[1] 而对于中国传统法医学而言，南宋宋慈所著的《洗冤集录》可以说是当之无愧的经典之作，其不仅对之后诸朝的仵作工作具有极大的指导意义，也对法医学理论的研究卓具贡献：元、明、清三代均有大量研究《洗冤集录》的法医学著作产生，[2] 清代甚至颁行了一部由官方总结编纂的法医学专著——《律例馆校正洗冤录》（又名《洗冤录》）。[3] 而对法律图表而言，《洗冤集录》也为其发展提供了

---

〔1〕 关于《元典章》引法医学图表入法典的介绍可参见上文对元代法律图表的介绍。

〔2〕 元明清三代研究《洗冤集录》的主要作品有：宋末元初赵逸斋所著《平冤录》、元代王与所著《无冤录》、清吴蕙所刊《宋元检验三录》、清王明德所著《洗冤录补》、清代陈芳生所著《洗冤录说》、清代王又槐所著《洗冤录集证》、清代翟中溶所著《洗冤录辩正》、清代姚德豫所著《洗冤录集解》等等。

〔3〕 参见张翘、袁家超：《洗冤录详义》，载张晋藩主编：《清代律学名著选介》，中国政法大学出版社2009年版。节选如下：康熙三十三年（1694年），国家律例馆在参证数十种古代医书的基础上修成并颁行《律例馆校正洗冤录》。该书是清代官方对之前司法检验诸书的一次系统总结，无论是内容还是体例都相较于宋代《洗冤集录》而言大为完善，成为清代标准的法医检验用书。

充分的内容支持。本文即将谈及的同名著作《洗冤集录》正是清代法医学著作的典型代表，也是清代法律知识类图表（法医学）的经典之作。

《洗冤集录（清）》为清乾隆年间曾恒德所著，较早见于乾隆四十五年刻本，后被收入清末《光绪会典》。[1] 该书以图画的形式对宋代宋慈所著的同名著作《洗冤集录》进行增补注释，在几乎完全保留其全部法医学理论的同时也适当收录了宋元明乃至清代法医学的一些研究成果。在编排方式上，作者曾恒德舍弃了过去直接地、大篇幅地引用原文并在其后加附注释的传统做法，创造性地引入了图画形式对宋慈的《洗冤集录》进行阐释和说明，不仅形式新颖而且实用性更强，对提高清代司法检验水平具有较大的实践意义。

清代法医学研究对图表的使用其实也从侧面佐证了法律图表的地位。事实上虽然元明清三朝研究《洗冤集录》的著作很多，却并未从根本上突破宋慈所建立起的传统法医学理论体系。在这样的背景下，曾恒德另辟蹊径使用图表形式解读阐释《洗冤集录》也就显得格外的新颖和独特。这不仅体现了当时法医学研究的形式纷呈，也从另一个角度证明了法律图表在清代的影响和地位。

表2 宋、元、明时期应用法律图表的概况

朝代	官方所著法律图表		非官方所著法律图表			特点
	律典(文)名	法律图表数目	律著名(图表名)	作者	法律图表数目	
唐代	《天宝令式表》	不详				
宋代			《刑书释名》	王键	不详	初具法律图表雏形
元代	《大元圣政国朝典章》	55	《唐律疏议纂例图表》	王元亮	124	表、图皆具

[1] 为方便区分，后文一律表达为《洗冤集录（清）》。

续表

朝　代	官方所著法律图表		非官方所著法律图表			特　点
	律典（文）名	法律图表数目	律著名（图表名）	作　者	法律图表数目	
明　代	《大明律》	15	《新刻大明律图》《律条罪名图》	不　详	约为2	官方应用多集中在礼制方面；私家注律未成独立图表类著作
	《节行事例》	6				

中国古代法律图表的发展自唐宋时起，经元明积累蓄力，最终在清代走向辉煌并终结。这其中固然有着内容、形式等方面的传承与发展，但刨根究底之下，深蕴其中的却是历朝历代对实用性的不断追求。刑为治民之器，法为束民之本，法律的生命力在于内容实用而非形式华美，作为注律方法之一的法律图表亦然。力图简捷，追求实用，这才是法律图表蓬勃发展的根本源泉。纵观三十余部涉及法律图表的典籍和著作，绝大部分均是以现行法律规范为主要内容展开的，图表的简捷性和法律的普世性相得益彰，最终才形成了法律图表所独有的风采和魅力。

结　语

法律图表的出现，归根结底在于法律人对高效适用法律之需要和已有法律情况复杂、亟待整理之现实状况的冲突。图画和表格形式所体现出来的简洁性、便捷性正恰恰切合了晋代以来注释律学的发展方向和价值取向：即追求律学的实用性、实践性。因此，在唐宋时期，作为律学注释新方法的法律图表开始初步发展，经过元明两代的蓬勃发展，逐渐走向成熟，最终在清代达到了巅峰，形成了私家注律中独树一帜的"图表派"，无论是数量还是质量都远胜过去诸朝。法律图表作为清代私家注律的重要方式，代表着注释律学向着实用、便捷方向发展，不仅对指导司法实践具有显著的意义，而且对法律知识的传播与普及也起着重要而独特的作用。即使是现在，当面对立法过于繁多复杂的境况时，出于更高效地查找、适用法律之目的而应用法律图表仍然是不可忽视的社会需求，我想这也就解释了为什么直到今天法律图表仍然比较活跃吧。

附　录

附录A：《五服图解》所载西汉"鸡笼图"

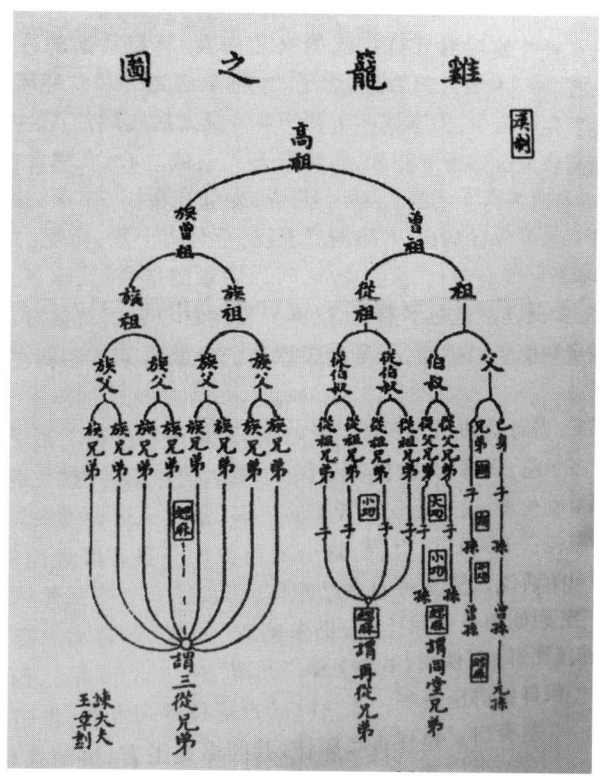

附录 B：宋代《刑书释名》之"黄帝刑"

刑書釋名	宋王鍵	黃帝刑	一曰鞭朴二曰鑽鑿	鑽臍刑去膝蓋骨也鑿黥刑也以墨涅其面	三曰刀鋸	刀割鼻也鋸刖刑斷足也	四曰斧鉞	斬刑軍戮也

附录 C：宋代《刑书释名》之"古今用刑"

刑書釋名	斧質	應劭曰沈沒也	沈命	漢注抵觸也	抵死	聯卦釋文刺鑿其額命曰天	天	宋武帝拉杀诸葛民兵	拉

附录 D：《大清律例》卷一"例分八字之义"图

例分八字之义							
若	即	及	其	各	皆	准	以
若者，文雖殊而會上意。謂如犯罪未老疾，事發時老疾，以老疾論，若在徒年限內老疾者，亦如之類。	即者，意盡而復明。謂如犯罪事發在逃者，衆證明白，即同獄成之類。	及者，事情連後。謂如彼此俱罪之贓，及應禁之物則沒官之類。	其者，變於先意。謂如論八議罪犯，先奏請議，其犯十惡不用此律之類。	各者，彼此同科此罪。謂如諸色人匠撥赴内府工作，若不親自應役，雇人冒名，私自代替，及替之人，各杖一百之類。	皆者，不分首從，一等科罪。謂如監臨主守，職役同情，盜所監守官物，併贓滿數，皆斬之類。	准者，與實犯有間矣。謂如准枉法、准盜論，但准其罪，不在除名、刺字之例，罪止杖一百、流三千里。	以者，與實犯同。謂如監守貿易官物，無異實盜，故以枉法論、以盜論，並除名、刺字，罪同斬、絞，並全科

附录 E：元代《大元圣政国朝典章》所载图表

表 E：《元典章》中置于各卷卷首的图表

	类别	卷名	总表(图)名	子表名	注释
前集 元宪宗七年至仁宗延祐七年（1257~1320）	吏部	卷二 官制二		内官升转；外官升转；江淮官升降；军官品级	
		卷七 公规一			
		卷八 公规二			
	户部	卷一 禄廪	延祐新定		
		卷二 分例			
		卷三 户计			断例
		卷四 婚姻			
		卷五 田宅			
		卷六 钞法	皇庆定例	挑剜裨凑宝钞以真作伪者与伪造宝钞；倒换昏钞、添苔工墨、结揽昏钞、抑遏倒换、昏钞不使退印	
			延祐新定		
		卷八 课程			
	礼部	卷二 礼制二		文武品从服带；贵贱服色等第	
	兵部	卷一 军役		军人在逃；军驱在逃	
		卷二 军器			断例
		卷三 驿站			
		卷四 递铺			
		卷五 捕猎		捕猎飞放、皮货则例	
	刑部	卷一 刑制	五刑之制		
		卷二 刑狱	狱具之制		
		卷三 诸恶			
		卷四 谋杀一		过失杀、劫杀、谋杀、故杀、戏杀、误杀、斗杀、杀死亲属、奴婢杀主	

续表

类别	卷名	总表(图)名	子表名	注释
	卷四 谋杀一		杀死奴婢佃户、因奸杀夫、因奸杀订婚夫、杀死贼人、冬月脱人衣服冻死	
	卷五 诸杀二		验尸法式之仰面	此为元典章中唯一两幅图画,内容为尸体正反姿势的检验部位。
			验尸法式之合面	
	卷六 诸殴			

表 E1:《元典章》中置于各卷卷首的图表（接上表）

卷七 诸奸				
卷八 诸赃一				断 例
卷九 诸赃二				断 例
卷十一 诸盗一			大德元定	
			延祐新定（强盗、偷财物贼、赎房子/刽房子的贼。偷盗驼马牛贼、偷驴骡贼、偷羊猪贼）	
			书贼、防火发冢	
卷十四 诈伪				断 例
卷十五 诉讼				断例抹子
卷十六 杂犯一				断 例
卷十八 阑遗				断 例
卷十九 诸禁				断 例
新集 仁宗延祐后期到英宗至治二年（1320~1322）		刑部	诸盗	延祐新定例

表 E2：《元典章》中位于各节节首的图表

	类别	卷名·节名	总表名	子表名	注释
前集 元宪宗七年至 仁宗延祐七年 （1257~1320）	台纲	卷二 台纲二·照刷	照刷（断例）		
	吏部	卷一 官制一·资品	资品	文资、武资、杂流	
		卷四 职制一·赴任	赴任程限		
		卷四 职制一·不赴任	不赴任旧例		
		卷五 职制二·封赠	封赠		
		卷七 公规一·公事	公事催限		
		卷八 公规二·案牍	案牍		
	礼部	卷二 礼制二·印章	印章品级分寸料例		
		卷二 礼制二·牌面	军官解典牌面		
		卷三 礼制三·丧礼	本宗五服之图、外族服、三殇服、女嫁为本族服、三父八母服、妻为夫之族服		
		卷三 礼制三·葬礼	墓葬禁步图		
	刑部	卷十三·捕盗	捕盗		
新集 仁宗延祐后期 到英宗至治二 年（1320-1322）	户部	钞法·倒钞			
		田宅·交易			
		婚姻·嫁娶			
		婚姻·服内成亲		断例	

附录F：《唐律疏议纂例图表》节选——六赃定罪

		强　盗	窃　盗		枉　法	
六赃定罪以下皆唐律条	五　十		不得财			
	六　十		得财一尺			
	七　十		一　匹			
	八　十		二　匹			
	九　十		三　匹		无禄受财，减有禄一等，一尺	
	一　百		四　匹	有禄受财，一尺	一　匹	
	一　年		五　匹	一　匹	二　匹	
	一年半		十　匹	二　匹	三　匹	
	二　年	威力不得财	十五匹	三　匹	四　匹	
	二年半		二十匹	四　匹	五　匹	
	三　年	劫财一尺	二十五匹	五　匹	六　匹	
	二千里	二　匹	三十匹	六　匹	七　匹	
	二千五百里	四　匹	三十五匹	七　匹	八　匹	
	三千里	六　匹	持杖虽不得财	四十匹	八　匹	九　匹
	加役流		五十匹止			
	绞	十匹及伤人	劫五匹		十五匹	二十匹
	斩	杀　人	伤　人			

他山之玉

学术法大

日本的犯罪预防

——环境犯罪学的意义、范围和局限性

[日] 吉中信人*

一、绪论

近十年来,关于日本犯罪预防,尤其是环境犯罪学方向上的研究为数不少。这些研究大多建立在美国和英国的理论基础之上。然而,由于我们的文化和习俗与西方国家不同,这些起源于其他国家的理论对于日本社会来说是陌生的。本文将根据犯罪现象反映当地社区特点这一事实,对这些国外理论在日本的适用性加以考察。近年来,随着犯罪的增加,日本地方政府逐渐对这一领域产生了兴趣。自1994年以来,有关部门已制订并执行了不少针对预防犯罪和社区安全的地方性行动方案。

随着这些趋势的出现,目前的论文试图从日本的视角来研究预防犯罪。我们关注的是广岛县和广岛警察厅提出的倡议。2003年到2005年,该倡议对广岛市的安佐南区尤其有效——全广岛县犯罪率下降了近38%,而安佐南区对这一成果做出了重大贡献。在考虑广岛倡议之前,让我们探究犯罪预防的历史背景和理论视角。

二、日本犯罪预防的历史背景

日本预防犯罪的历史细节已经超出了本文的范围,因此在这里只

---

* 日本广岛大学吉中信人教授分别于2016年秋季与2017年秋季两次来华为中国政法大学本科同学讲授日本刑事司法制度,本文为其上课材料之一,蒙吉中教授惠允,《学术法大》编辑部涉外组同学将其译出,在此对吉中教授表示最诚挚的感谢。

提供一个简明的大纲。

习惯上，邻居们聚集在一起，在种植水稻、建筑房屋等各种日常事务上互帮互助。这是日本的社会结构中一个不可或缺的组成部分。权力机关经常利用这些联系预防犯罪。大多数日本人都很熟悉江户时代的五人保甲制度。一保甲之内有相应的监察和约束机制。保甲成员需保持警惕，并阻止他们彼此沉溺于不良活动。在集体负责制的原则下，有这样一条规定：如果一个保甲未能履行其职责，则其所有成员都要受到惩罚。据说，五人保甲制度在当时是非常有效的预防犯罪的方法。

明治时代中，"邻组"社区协会广泛成立。居民区内的"邻组"参与各种各样的社会和民事活动。例如，该组织的负责人既可筹集一笔钱来办喜事，也能组织对死者家属的抚恤。这类社会团体注重仪式和义务，而那些善于社交、充满自信的人，会在其中获得成就感和自尊感。尽管大多数学者都认为近年它的影响力已经减弱，社会和邻里义务的网络涉及义务和责任的概念，这是日本社会交往的基本原则。"邻组"在占领时期一直存续，直至被盟军取缔。现阶段邻组逐渐复兴，但其影响力已大不如前。

后来新形成的社区团体继承了社区协会的许多功能。不过他们在与集团成员打交道时使用的手段比较强权专制，西方占领机关对他们有所戒心。这些组织的领导人多有天皇忠臣和帝国政府犬马的名声，更加剧了西方当局的怀疑。同时，这些组织的成员和领导人无不监视不遵守当局政策法令的国民，而后向有关机关告密。

战后的日本出现了一类地方犯罪预防团体（斑纹会），而在农村地区，治安联防队则完全取代了邻组。时至今日，联防队仍在继续发挥作用，但由于城中公寓住户和单身住户的抵触，他们在城市中的人员逐渐减少。此外，当地社区正面临严峻的威胁，流动人口的日渐增多成为现代社会的特点，追求享乐的潮流日益盛行，社会上传统的犯罪威慑正在减弱。更复杂的是，斑纹会作为半官方组织，警察部门对其寄予了维护公共秩序的期望。公众与警察在某种程度上保持着密切关系，公众倾向于把自己从这种准官方机构中分离出来。

1975年后日本的犯罪率有显著的上升，并且自从2002年犯罪率达到二战后日本最高值开始,限制犯罪已经成为国家议程上最重要的议题之一。遍及日本的社区安全协会在那个时候作为新反抗措施浪潮的一部分而涌现。这些协会主要致力于通过社区成员的参与和不同阶层的合作来实现有效的犯罪预防。

三、从理论层面看犯罪预防

犯罪预防并不是一个全新的概念。这必然是历史上众多政府和人民考虑的重中之重。但是犯罪预防的理论一直到20世纪后半期才得到体系化的整合和发展。1971年,C. 雷·杰福雷提出了"通过环境设计预防犯罪"(CPTED)的概念。1976年,P. 布莱丁汉和F. 福斯特设计出一种和医学领域中疾病预防相类似的预防犯罪的概念模型。1981年之后,随着P. 布莱丁汉和他的妻子编辑的著作《环境犯罪学》的出版,我们开始了解到犯罪预防在刑法、刑事司法和犯罪学领域的重要性。如今涌现出了很多关于犯罪预防的理论。譬如M. 托尼和D. 福英顿提出了关于预防犯罪方法的四种模型。它们分别是法律执行模型、发展模型、社区模型和情形模型。但是我们一般将这些模型简单分为两类,一种是与前瞻性措施相联系的"前不法行为"模型,另一种是指向应对措施的"后不法行为"模型。

在刑法领域中,关于犯罪预防的讨论往往集中在刑罚的威慑效果或者惩罚机制。但是,根据现代刑法理论,人们在做出违法行为之前都不会因为惩罚机制的威慑所忧虑。特别是在大陆法系和日本刑法之中,"实施违法行为"是原则上的构成要件。这一概念是日本法从德国法中借鉴而来,原先被称为"AnfangderAusfuhrung",最初是法国刑法理论中的"commencementd'exécution"。现代刑法以"后不法行为"为基本原则,这样的机制在不通过惩罚威慑的前提下保证了人们的自由和其他重要的人权。除了包括个人威慑的效果,刑事司法系统还把监禁和监视作为预防犯罪人再次犯罪的手段。因此我们把这种通过一个惩罚机制的预防犯罪的手段称为"后不法行为"的模型。这主要是针对已经被证明有罪的犯罪人。

"前不法行为"模型主要针对潜在犯罪人。这个模型可以分为两类:社会犯罪预防和情形犯罪预防。

社会犯罪预防指的是建立在儿童和青少年社交或者家庭、邻居的亲密关系之上的多种多样的预防措施。这种措施的首要目的是重塑潜在犯罪人的人格，从而提前防止未来可能会发生的犯罪；其次，它通过提高潜在被害者的被害可能意识，使他们在面对潜在犯罪人的时候能够更好地保护自己。社区警察制度也被看作是一种社会犯罪预防的形式。

情形犯罪预防是环境犯罪学的一种模式，之前主要在英国为人们所熟知。这种方法认为犯罪是瞬间决定和选择的结果，从而主要研究这些直接原因而不是更多地考虑社会和心理因素。所以"机会"作为这个概念中的一个核心因素而出现。不法行为等级的降低可以通过采取实际措施降低犯罪行为的发生几率来实现。1979年在美国，可汉和福尔森创造出一种更为复杂的机会理论，被称为"日常活动理论"。人们通过工作、购物和闲暇放松等日常活动就可以满足他们的基本生活需要。这些活动确定了人们在任何时间点的地理坐标和所做的事情。根据可汉和福尔森的理论，对人和对财产的犯罪只需要满足三个条件，它们分别是：一个有犯罪动机的犯罪人，一个合适的目标和缺乏保护者这一要件。后两个条件则特别取决于人们日常活动的方式。

那么，社会犯罪预防和情形犯罪预防又有什么区别呢？

首先，社会犯罪预防主要研究个人，而情形犯罪预防则主要关注导致犯罪的情形。这个差别主要源于对犯罪这个概念本身的理解差异。简单来说，是犯罪行为由犯罪人实施了，还是说犯罪行为自主发生了？前者可能是一种认为有可能通过改变人来降低犯罪率的积极观点的反映。但是，要说犯罪行为是独立于人的行为自主发生的，则可能有悖改变对潜在犯罪人的怀疑态度；相反，这样的立足点可以将潜在犯罪人设计为公民社会的敌人，从而培养一种对于改变潜在犯罪人完全不闻不问的态度。当然，可能有人认为特殊情形犯罪预防的范式植根于至少两种情形的模型。一方面，每个国家都会有年段犯罪记录，并且认为这是一种自然现象，这种观点和认为人的存在是自然的一部分的理论相一致。另一方面，很多属于复原模型的国家积极改革先已存在的修正机制，但这些努力都失败了。从历史上讲，现代环境犯罪学的开端和情形犯罪预防措施的出现几乎和复原模型的衰落以及刑法政策领域的司法模型的主导同步。

事实上,在20世纪70年代,直至80年代初,英国学者和政治家都逐渐对所谓探寻犯罪人格因素的研究表示不满。当时警察机关记录的案发数激增,公众对行凶抢劫的恐惧也与日俱增,这项研究却未见进展。主流犯罪学研究主要针对的是犯罪的个人原因和罪犯的生活环境及社会背景,对犯罪行为本身发生时的现场情境反而关注不足。长久以来,虽然探究犯罪原因的研究意义重大,有关人士普遍觉得这项研究进展太慢,做出成果旷日持久,便将目光转移到犯罪管控——即最大限度减少犯罪机会的研究上。他们认为这类研究可行性更强,效益也更明显。传统的"先天、后天"二元理论并不能对控制犯罪作出指导,人们的兴趣因此逐渐转向犯罪情境,犯罪人的犯罪行为却鲜有人问津[1]。在某种程度上,这种案件导向的犯罪预防理论可以引导司法机关关注案件本身,从而避免其侵犯人权。

即便如此,我们仍应对上述方法存在的问题保持警惕。如果犯罪预防朝着大卫·加兰德的"控制文化"[2]趋势发展,它就会偏离犯罪人改造矫正和促进社会改革的方向,挑战现有的个体责任和社会管控学说。除此之外,它往往过于强调情境管控、刑事处分和罪犯威慑,而忽视社会预防的作用[3]。需要说明的是,现阶段,在绝大多数发达国家中,刑事处分对降低节节攀升的犯罪率和监禁率并无显著效果。尽管在日本,回归旧时代重刑主义的压力仍然不可小觑,但在制裁之外,我们对预防措施的需求正愈发明确。[4]

社会预防和案件预防的第二个区别在于司法机关的参与程度。社

---

[1] Sessar K. ,"Zueiner Kriminologie ohne Täter", Oder auch: *Diekriminologene Tat*, Mschr. Krim80. Jahrg. , Feb, 1997, S. 1ff. 伊费尔和布兰代特认为情境导向犯罪实质上导致"无罪犯犯罪"的理论悖论,见 Eifer S. Und Brandt, D. , " Video überwachung in Deutschland. Theorie und Praxissituations bezogener Krminal prevention", Mschr. Krim88. Jahrg. , Juni, 2005, S. 157ff.

[2] D. Garland, *The Cultureof Control: Crime and Social Order in Contemporary Society*, University of Chicago Press, 2001.

[3] R. Hastings,"Perspectiveson Crime Prevention: Issues and Challenges", *Canadian Journal of Criminology and Criminal Justice*, (Apr. , 2005), p. 21.

[4] A. M. Schunck, "American Crime Prevention: Trendsand New Frontiers", *Canadian Journal of Criminology and Criminal Justice*, (Apr. , 2005), p. 459.

会预防的主体是社区内的居民，案件预防的主体则是行使执法权的司法机关和政府部门。一直有人批评行政权力借社会预防干涉公民私生活。举例而言，随意设置监控摄像可以看作是社会预防的撒网式滥用，从而侵犯了人权。然而，从犯罪社会预防的普遍方法论来看，这类侵权与司法系统的行为无关。比如在法国，几乎没人认为社会预防措施会构成所谓的"撒网式"侵权。[1]

罪前预防和强制措施之间的关系对这一问题的影响不大。根据大陆法系传统，司法机关不仅可以对被告人判处刑罚，还可以对已决犯，甚至对潜在再犯分子采取强制措施以确保公共安全——在法语中，"强制措施"一词原意即是"安全措施"。在德国，这一概念也叫"安全保险措施"。而在普通法系，学术界很容易联想到《1908年联合王国预防犯罪法》，其中规定对于惯犯累犯，亦即英国《1948年刑事司法法案》中定义的"持续犯"，可以适用"预防性拘留"，并允许在其服满判决刑期后，另行加刑5至10年[2]。

罪前预防和强制措施的概念都对犯罪风险有所涉及，因此具有一定共性。然而在分权原则上，我们需要对这两个概念做谨慎区分。罪前预防是行政权力的一部分，而强制措施则是司法机关的权力，据此，我们可以认为环境犯罪类似于"行政犯罪"[3]。

四、广岛市减少犯罪专项计划——安佐区实践

2002年，日本全年刑事案件案发数达到了二战结束以来的最高峰。事实上，自1975年起，日本的案发数就已经开始高速增长。尽管

---

〔1〕 B. W. Jones, *Crimeand Citizenship = Preventing Youth Crime in France Through Social Integration*, Chris Weston Evans European Award, 1993.

〔2〕 Droit penal compare, Dalloz, 2002, p. 144.

〔3〕 这里指出了环境犯罪的双重属性。如果将环境犯罪学单纯理解为行政犯罪学的同义语，不免有些乏味，也体现不出这一概念的实用性，学术界对此颇有争议。有人甚至批评这一概念换汤不换药，实质只是简单要求减少犯罪的思想堆砌，缺乏合理严谨的逻辑论证和站得住脚的学术理论。虽然如此，我们仍需注意到，现代环境犯罪学是生发于传统犯罪学理论的。我们还应注意到现有的包括环境犯罪学领域的犯罪预防理论仍处在发展阶段，还有很多问题值得探讨商榷。

如此，即便是在 2002 年，日本全年的案发数也远少于同期各西方发达国家[1]。不过，鉴于目前日本国内犯罪高发态势显著抬头，减少违法犯罪、维护安全声誉已经提上政府日程。自 1994 年起，日本中央及各都道府县公安、警察机关均设有生活安全课，但它并非专门负责犯罪预防的部门。因此，在绝大多数都道府县，公安、警察机关都会与地方政府合作开展减少犯罪专项计划。

随着其在纽约取得巨大的成功，日本的各地政府——包括广岛县——也开始采用该理论及其提供的策略。广岛县政府提出了"携手减少犯罪——广岛县全民预防犯罪运动"宣言的广岛计划，自 2002 年以来参与者众。除了当地政府和县警察署以外，许多普通民众也参与到该行动中，如长者、非营利性组织的成员、儿童，甚至还有自愿和穿着制服的爱犬们一起巡行的养狗人士（汪汪队，即饲主自发组建的治安巡逻队）。他们参加了各式各样的活动，以期减少犯罪和增强社区安全，而对该计划而言，他们的参与及合作至关重要。在这方面，广岛警察署也起到了关键作用，他们努力建立有效的公共关系，通过派发传单和海报唤起公众对入室行窃、偷盗、诈骗等犯罪活动的注意，他们也针对不同类型的犯罪教育公众。如今，我们甚至可以通过互联网和有线电视知道校园里游荡的可疑分子。此外，正如许多西方国家一样，日本正越来越多地使用电视监视器、紧急警报、摄像头等技术和机械设备来预防犯罪。被认为具有缓解效应的蓝色街灯在格拉斯哥被证明有效以后，日本的一些地方也安装了。在广岛的市中心也安装了闭路电视。广岛县甚至有"封闭式小区"，通过许多安装在镇上的摄像头，能让市民在家里的电脑监控着孩子上学，为了完善这套装配，各地政府都给小学生配给了便携的紧急报警器。

在广岛县的首府广岛市有 8 个行政区，其中的安佐南区被指定为加强犯罪预防的典型区。在 2002 年，安佐南区曾是广岛市犯罪率最高的一个区，2003 年，为了促进工作或居住在安佐南区的市民广泛地参

---

[1] 根据 1989 年《犯罪白皮书》，日本犯罪率相对较低的原因主要有以下几条：①日本人天性遵纪守法；②二战后经济发展良好；③失业率低；④教育普及；⑤社区犯罪管控制度发达；⑥岛国环境；⑦国民与公安警察机关和刑事司法系统配合度好；⑧公安警察机关和刑事司法系统效率高。

与犯罪预防活动,当地政府设计了一个试验计划。这一倡议的基础理念是社区安全协会的设立,该协会旨在提高社区效能和为社区动员提供支持,下分为以下三个致力于特定主题的部门会议:构建安全城镇,提高预防犯罪的意识,给年轻一代健康的成长环境。涉及预防犯罪的有关方面会参加相关的部门会议,该会议依各自的联系每月召开一次,与会者被要求报告他们所做的努力,以及讨论各类问题并为其找出解决方案。会议成员来自不同的背景,其中包括大学生、家庭主妇、退休人士以及预防犯罪的专家。尽管这些工作是自愿性的,但他们仍积极地参与会议,出谋划策,并表示很高兴能为预防犯罪贡献力量。[1]

我们认为这一种预防计划能提高和加强社区里的社会纽带,这一想法也得到了支持,许多预防性措施都设想:犯罪、侵害、不安全都是当地的问题,因而当地的社区最有条件来识别这些问题,想出对策并实施。安佐南区的一些居民通过在屋顶安装蓝灯以及在车侧展示引人注意的口号,佐证了这一原则。还有一些出租车司机在便利店的停车场一边等候乘客,一边亮出"让我们携手减少犯罪"的灯牌,留意着可疑的犯罪者。

多亏了如"携手减少犯罪吧,安佐南区!"这样大规模的计划,广岛县的犯罪率在2002年到2005年间下降了37.7%(从59 330到36 938),一跃成为犯罪率降低的全国第一县。除此之外,广岛也避免了犯罪的位移,犯罪的位移在环境犯罪学通常被认为是一个典型问题。在全县范围内,除了诈骗以外的各类犯罪都减少了,由于出现了一种新型的叫做"是我是我"身份诈骗,诈骗案的发生数量在2002年至2005年间上升了大约116.8%。[2]

五、"是我是我"诈骗的原理

什么是"是我是我"诈骗?"是我是我"诈骗按照字面意思即

---

[1] 其中一位成员说,"在参加这个会议以前,我对预防犯罪的重要性并不在意。但我现在认识了许多认真对待且定期参加志愿活动的人,他们很棒。"另一位参与者说,"我们变得更加亲近,我在这里认识了一些好朋友,我真的觉得这样的努力很好。"也有其他成员有同样的感受。

[2] 载http://www.police.pref.hiroshia.jp/020/toukei/sichousonl7.pdf.

"是我"。年轻人假装是需要钱的儿子打电话给长者:"是我,我现在需要钱!"这一类型的案件在2003年增长到了6504起[1],几起该类诈骗的变种也被报道了,犯罪者假冒称警察或者律师来使受害者进入圈套。根据警方,独居老人是这些身份诈骗案的主要犯罪目标。身份盗用和身份诈骗是统称所有通过欺诈手段不正当地取得并使用他人的个人资料来骗取财物的犯罪的术语。个人信息的被广泛出售和传播为身份盗用发生率的增加推波助澜,然而"是我是我"的犯罪者不需要得到特别有效的个人信息,他们只需要从黄页收集长者们的联系电话以后,拨打一连串的电话。根据国家警察厅调查,尽管这是一个广为宣传的威胁,这些通过操作电话装作急需用钱的亲戚的欺诈者依然在骗取中年以及更年长的日本市民的财物。

这个机构表示这些罪犯仅在2003年4月就设法骗取了总计大约10亿元人民币。[2] 对于骗子来说,四月份大概是一个有利可图的特殊时期,因为它标志着一年中学术上和财政上的开端,而且通常被视为年轻人在金钱需求方面存在异常情况的时期。[3] 在2004年1月到4月这四个月的时间中,骗子骗取了大约32亿人民币[4],而在2003年全年也只是获得43亿人民币。[5] 与各种类型的"喂喂"欺诈的紧急状况相一致,这一时期还出现了更为广泛的"身份欺诈"的概念。[6] 但是"喂喂"仍然是一种独特的威胁,而且现在变成了日本的法律和秩序的心腹大患。从环境犯罪学的视角来看,去估测罪犯们所处的当下环境是非常困难的,因为使用电话是当然合法的,甚至被作为一项确保通信自由的权利被保护。此外,举例而言,当一个骗子从东京打电话来,对于广岛的地方警察机构来说要如何处理这种活动呢?

为了抑制这种类型的"远程犯罪",潜在的受害者需要接受有关

---

[1] 载 http://www.npa.go.jp/toukei/keijil6/15-3-6.pdf.
[2] 日本时报,2004年5月28日。
[3] 日本时报,2004年5月28日。
[4] 他们在2004年大约获取了185亿人民币。载 http://police.pref.hiroshima.jp/020/toukei/sichousonl7.pdf.
[5] 日本时报,2004年5月28日。
[6] 它们都被包含在最广泛的'FurikomeSagi'(the 'PayUp' fraud)之中,也同样包括虚拟诉求。

此类犯罪的性质以及应对方法的教育。在特殊的情景诱因下,"喂喂"欺诈行为作为普通人的行为而言,会被认为是不合理的。也许可以从减少受害弱势群体的角度去占得解决此类问题的先机,甚至也许不必要从社会学或心理学的角度去防止此类行为的发生。[1]

六、分析

广岛的减少犯罪项目在整体上取得了显著的成功。但是数据显示,这个项目对于性犯罪来说并不十分有效,而且到目前为止在身份欺诈方面没有取得什么效果。我们应该考虑这个犯罪预防策略的优点和缺点。我们在环境犯罪学的背景下大体上能够提出至少四个问题,这些问题可以在广岛倡议中被检验。[2]

第一,正如系统中某些学院派批评家所指出的那样,尽管这一影响是间接的,但环境犯罪学中的一些途径有可能侵犯人权,因为他们的目标不仅是潜在的犯罪人,还有普通公民。这些批评家尤其担忧警察和政府权力在个人私生活中的渗透。当代的人权概念在本质上包括了在国家控制下的自由。然而,我们相信,生活在21世纪的人们迫切需要国家保障他们的自由。只有一个能够监督权力滥用的监察系统才能保护我们免受犯罪人的侵害。尽管广岛的公众强烈支持犯罪预防倡议,但是相比于潜在的权力滥用而言,他们好像对于防止潜在犯罪的发生更为焦虑。但是,如果犯罪预防畸变成政府对私人生活的过度干预,就应当组建相应的机构加以监督管理,例如行政监察委员会。

第二,有些批评家指出,环境犯罪学通过强调犯罪恐惧,在公众间制造出一种相互不信任。这种恐惧感会集中连片传播蔓延,这段时间我们甚至会警惕身边的人,以防他偷我们的钱包!没有人可以否认在集体中相互信任和尊重的重要性。如果社会成员不信任彼此,这对于社会生活而言不是一个好的预兆。幸运的是,在广岛,公民的隐私

---

〔1〕 事实上,"喂喂"欺诈的案件数量在2004到2005年年间从14 459件减少到6854件。载 http://www.npa.go.jp/toukei/keiji16/15-3-6.pdf, http://www.npa.go.jp/toukei/seianki2/20060424.pdf.

〔2〕 [日]守山正:《环境犯罪学理理论》,载 [日]西村古稀:《犯罪与被害环境修复》,敬文堂2002年版,第214页起。

似乎能在潜在违规行为中得到保护，而且犯罪预防活动确实培养了成员间更加紧密的互信。就日本人来说，我们也许应该强调对他人持漠不关心的态度而不是主动地不信任。俗语说，日本人会区分"圈里圈外"，在圈里的每一个成员都会有强烈的归属感，而他们对圈外则持一种漠不关心的态度。正如 Durkeim 所说，犯罪的存在使得普通人感受到团结。日本社会也许在这方面也不例外。

第三，存在社会排斥问题。对潜在犯罪人，环境犯罪学是试图放逐的。举例来说，在英国，1998 年《犯罪与扰乱秩序法》通过立法将曾经或者将来有可能要实施反社会行为的人排除出公共区域。这种规制措施也许会确保立法严格与有力执行，但如果我们不采取一种充满同情的方式去看待犯罪人的罪行和人权，他们将会因为被排斥的身份而成为永远的犯罪人，成为无用的人，从而产生被遗弃的犯罪人这一阶层，幸运的是，我们现在不需要在广岛引进控制这些措施的政策。理论上，大多数县都出台了禁止少数人群体在夜晚进入游乐场的相关条例。然而，事实上，除非是在这些人犯罪的情况下，这些规则很少适用，或者适用并不广泛。

第四，存在转移问题。有人认为，在一种环境下犯罪的可能性减小会使得这种可能性转移到其他犯罪活动中。出于这种考虑，我们可以参考 Mayhewetal（1980）在 1971 年对偷取新车的车锁进行处理后对旧车的偷盗行为就有所增加的这一发现。研究者考虑到这种转移更多发生在专业偷窃而非偶然偷窃行为中。[1] Gill（2000）发现很多抢劫者会选择避开有安全设施的房屋。在一些案例中，监控和摄像机的使用会刺激抢劫者采取暴力的行为并摧毁这些设备。在一些发生在有监控的地方的案件中，抢劫者大多会选择蒙住脸，这一举动仅仅会增加职员和顾客的恐慌。摄像机可以麻痹职员，使其进入一种安全的假想中，而且能鼓励经理去移动安全屏幕。[2]

但是克拉克（1980）指出，故意毁坏公共电话亭的行为在电话亭修复之后确实有所减少，在这种情况下，移位现象并没有发生。皮斯（1992）还发现，英国部分地区邻里监督组织的建立减少了当地盗窃

---

[1] S. Jones, op. cit., p. 127.
[2] S. Jones, op. cit., p. 127.

案的数量,而周围的地区也没有出现移位。

然而,在广岛地区,却没有发现移位现象。由于移位现象的缺位,广岛人能够因安全措施而一同受益。广岛的成功又是为何呢?至少有两个重要原因。

第一,要归功于广岛针对情境犯罪和社会犯罪都有效的预防措施。如果广岛只采取预防前者的措施的话,他们的成果想必就不会这样出色了。以安佐南区为例,当地社会组织通力合作,积极打击犯罪行为,大大重塑了社区的凝聚力和居民安全感。然而,对情境犯罪的预防也是非常重要的,可以使用高科技产品来做到。居民可以购买一只机器狗用于家庭安保,当它发现有盗贼试图作案时,就能够拍下照片并且用电子邮件发给房主。但如今在日本大行其道的仍然是传统的社会犯罪预防方式。乡村居民外出仍然不锁门,并不顾虑这样做会给犯罪分子可乘之机。最近,当地政府和警察局也开始建议居民锁门,很快就转变了这种风气。

第二,广岛的成功和日本社会"群体主义"的特征也有关。一个人在社会中的角色和责任比他的个人特质要重要得多。虽然1868年的明治维新把很多西方文化引入了日本,"合群"仍然是日本社会的主流价值观。当社会决定促进犯罪率的降低时,所有组织都会不加迟疑地一齐朝着这个方向努力。此外,日本的社会具有一种同质性。日本既没有英国那样鲜明的社会阶级差异,也没有美国那样的种族多样性。所以,当社会发生危机时,日本人很容易就能达成共识。

第三,一言以蔽之,广岛的成功源自以社会共同体为基础的犯罪预防。

七、总结

本论文提出环境犯罪学在日本和西方都是重要的安全策略,对情境犯罪(街头犯罪、盗窃等)的预防至关重要,对"喂喂"欺诈,这种常人在特殊诱因下做出的理性行为,也是一种有效对策。减少理想犯罪目标也能够降低应对犯罪的难度。这不需要用复杂的犯罪学理论来解释。

然而,环境犯罪学并不是治理所有犯罪的万灵药。它对惯犯或多罪重犯而言基本上是无效的。近几年来，日本出现了一些性质更恶劣的犯罪，有些离奇的案例很难用西方犯罪学的传统理论来解释。这些罪恶的始作俑者可能是具有非社会、不合群等性格特质，也可能是患有精神类疾病。主流犯罪学需要继续努力以辨识这类犯罪的起因。

本论文所调查的现象启示我们，应该将环境犯罪学和主流犯罪学结合起来。犯罪学家们应该清晰地划分这两种学科应当负责的领域，避免重复劳动。

广岛的案例很显然地证明了环境犯罪学的强大潜力。事实上，广岛之所以成功，是因为它能把社会犯罪和情境犯罪的预防手段结合起来。我们称之为以社会共同体为基础的犯罪预防。但这种方法也存在着一定的局限性。把多种主流犯罪学的手段有机地组合起来，应用到预防犯罪的政策当中，让广岛成为了日本最安全的城市之一。

（翻译：占慧玮 陈诗茹 苏汉廷 刘乃玮 陈雨萱 孙铁铭）

注释：

[1] 日本有句古话讲"不讲规矩就得被规矩"，但是还有一种与此相反的说法："闯红灯的人最不怕红灯。"事实上，"不讲规矩"的 Horieman 就"被规矩"了。很多日本人认为维持自己所在集体的秩序非常重要。我们认为这种趋于适应集体、服从权威的性格是导致日本低犯罪率最重要的原因之一。分析这种问题，不能简单地说日本人就是生来性情正直、规则意识超群的。有趣的是，随着犯罪率的不断降低，人们对犯罪的恐惧却增强了。电视节目时常展现犯罪行为，而日本人又很容易受到这类节目的影响。日本人可能具有特殊的随众性格，以至于容易受到他人想法的同化。有些日本人并不在意坚守"自由"的概念。

[2] 大部分犯罪学理论都使用生物学或者心理学方法来分析疑难案件的原因，很少用到社会学的方法。在日本，心理学方法同样比社会学方法更受欢迎。心理学解释被认为是科学合理的，而社会学解释却容易被误解成是意识形态的。这种心理学方法的盛行不仅体现于犯罪学中，也体现在恢复性司法当中：日本的司法系统很重视罪犯的忏悔，这可能与东亚社会通常把忏悔作为犯罪者重新被社会共同体接纳的前提有关。但是有些法学家认为强调忏悔构成了对思想自由的侵犯，因此是违宪的。他们认为现代国家无权干涉

人的思想。有些社会学家也在着手分析心理学解释的本质功能。虽然生物学和心理学方法在解释疑难案件上确实有一定效果,但必须警醒的是,把所观察到的任何现象称作"病症"都有可能是在凭空造物。将罪犯视作病患能够从个人层面解释犯罪的原因,但是却可能忽略社会层面的原因。

声　明	1. 版权所有，侵权必究。
	2. 如有缺页、倒装问题，由出版社负责退换。

图书在版编目（CIP）数据

学术法大. 第2卷/卢春龙，卢少华主编. —北京：中国政法大学出版社，2020.1
ISBN 978-7-5620-9192-9

Ⅰ.①学… Ⅱ.①卢… ②卢… Ⅲ.①法律－文集 Ⅳ.①D9-53

中国版本图书馆CIP数据核字(2019)第190233号

出　版　者	中国政法大学出版社
地　　　址	北京市海淀区西土城路 25 号
邮寄地址	北京 100088 信箱 8034 分箱　邮编 100088
网　　　址	http://www.cuplpress.com（网络实名：中国政法大学出版社）
电　　　话	010-58908289(编辑部) 58908334(邮购部)
承　　　印	保定市中画美凯印刷有限公司
开　　　本	650mm×960mm　1/16
印　　　张	24.25
字　　　数	365 千字
版　　　次	2020 年 1 月第 1 版
印　　　次	2020 年 1 月第 1 次印刷
定　　　价	86.00 元